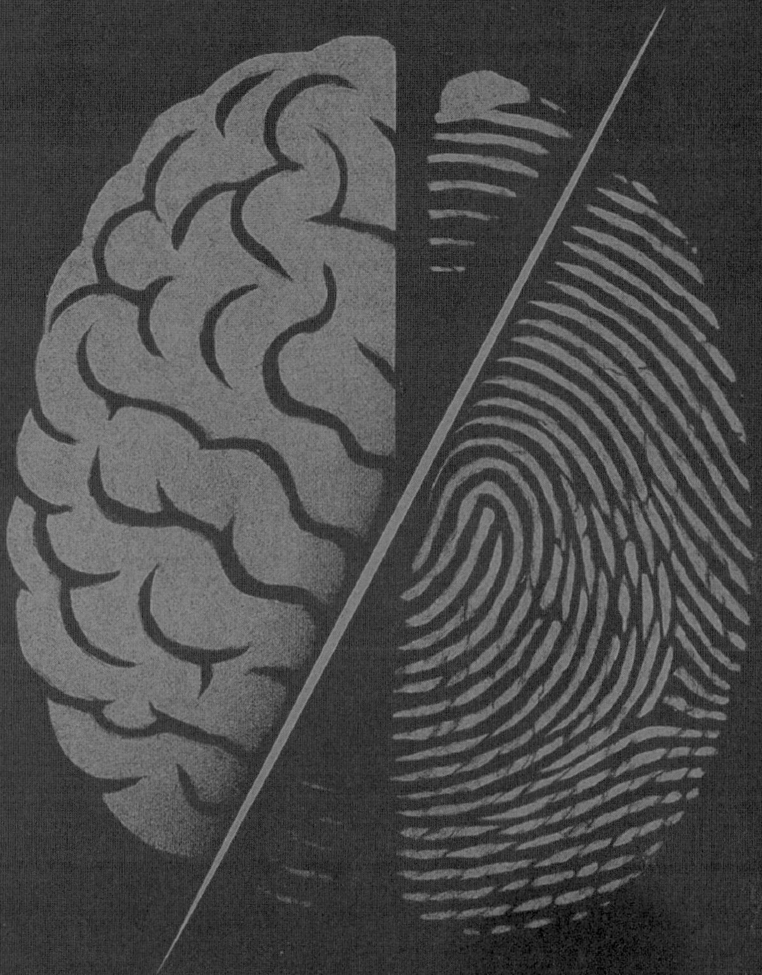

범죄심리학 제4판

CRIMINAL PSYCHOLOGY

도서출판 그린

박지선 지음

서문

살인, 성폭력 범죄 등에 대해 열심히 책을 쓰던 중, 나는 한동안 상당한 회의를 느꼈다. 범죄의 원인을 밝히고, 범죄자의 특성을 설명하며, 범죄 행동을 분석하는 이 책의 내용이, 혹시라도 범죄자들의 잔인하고, 끔찍한 범죄 행위에 대한 '변명'을 만들어주는 것은 아닐까 하고.

그러나 이 책을 세상에 내어 놓는 이 시점에서 내가 자신 있게, 그리고 단호히 말할 수 있는 것은, 이 책의 목적은 단연 범죄를 예방하기 위함이라는 것이다. 궁극적으로 다시는 그러한 범죄가 되풀이되지 않도록 하기 위해서, 우리는 범죄자에 대해 알고, 범죄자의 행동을 분석하며, 범죄의 원인을 밝힐 필요가 있고, 이를 위해 이 책은 심리학적인 관점에서 범죄자와 범죄 행동에 접근하려 노력하였다.

본서는 크게 세 부분으로 이루어졌다. 첫째, **제1부 범죄와 심리학**은 범죄를 설명하는 다양한 심리학의 하위 분야에 대해 알아보고, 그중에서도 범죄자의 행동을 이해하고 설명하는 데 가장 밀접한 관련이 있다고 할 수 있는 사회심리학과 임상심리학을 중심으로 살펴보았다. 이어지는 **제2부 주요 범죄 유형과 심리학**은 다양한 범죄 유형 가운데서도 가장 심각한 범죄인 살인과 성범죄를 중심으로, 국내에는 따로 소개된 적이 없었던 성적 살인에 대한 내용과 최근 우리 사회에 극심한 우려를 낳고 있는 아동 대상 성범죄에 대해서도 알아보았다. 이와 더불어, 최근 우리 사회에 극심한 두려움을 불러일으키고 있는 '묻지마(이상동기) 범죄'와 함께, 강력 범죄 중 하나인 '강도' 범죄에 대해 추가적으로 살펴보았다. 특히 이번 개정판에서는 최근 심각한 사회문제로 주목받고 있는 '교제 폭력'과 함께, '스토킹' 범죄에 대해서도 알아보았다. 마지막 **제3부 범죄 수사와 심리학**에서는, 범죄 현장 행동을 분석하여 범인 검거에 기여하는 수사 기법인 범죄자 프로파일링 기법과, 특히 연쇄 사건의 경우 범행들 사이의 행동적 유사성을 분석하여 동일범 여부를 판단하는 수사 기법인 연계 분석에 대해 살펴보았다.

개정판이 나올 수 있도록 아낌없이 지원하고 격려해주신 도서출판 그린 윤덕우 사장님 외 모든 직원분들께 깊이 감사드린다.

2025년 4월

박 지 선

목 차

제5장 성적 살인 / 143

제6장 묻지마(이상동기) 범죄 / 175

제7장 성범죄 / 217

제13장 연계 분석 / 431

제 1 부

범죄와 심리학

제 1 장

심리학 이론과 범죄

Contents

- 들어가며
- 심리학의 정의와 목표
- 심리학의 다양한 하위분야와 범죄
- 범죄심리학의 정의
- 심리학적 이론과 범죄
- 범죄자적 성격
- 공격성
- 심리학 이외의 범죄 관련 이론
- 심리학과 범죄 수사 – 프로파일링

Questions

1. '범죄심리학'하면 가장 먼저 떠오르는 것은 무엇인가?
2. 최근 가장 충격적이었던 범죄 사건은 무엇이었나?
3. 나는 '왜' 그리고 '어떻게' 범죄심리학을 공부하려고 하는가?
4. 심리학은 범죄자 행동 분석과 범죄 수사에 어떻게 기여할 수 있을까?

Objectives

1. 범죄심리학의 정의를 파악하고, 목표를 이해한다.
2. 심리학의 다양한 하위 분야가 범죄 연구에 기여하는 바를 이해한다.
3. 범죄 행동을 설명하는 다양한 심리학적 이론을 학습한다.
4. 심리학 이외의 범죄 관련 이론에 대한 통합적인 지식을 넓힌다.
5. 범죄 수사에 심리학이 기여하는 바를 이해한다.

Chapter 01

심리학 이론과 범죄

들어가며

심리학은 인간의 정신과 행동을 체계적이고 과학적으로 연구하는 학문으로, 광범위한 이론적 접근을 포함하는 복합적인 학문이다. 범죄를 이해하는 데 있어 심리학자들은 범죄의 원인과 범죄자의 범행 동기, 혹은 범죄 행동을 설명하기 위해서 다양한 이론을 개발하고 실증 연구를 수행하는 등 다각적인 기여를 해왔다. 인간의 정신과 행동을 설명하는 학문인 심리학은 범죄 행동에 대한 이해와 설명을 통해 보다 건강하고 바람직한 사회를 구현하는데 기여할 수 있다.

여기에서는 우선 심리학이라는 학문에 대한 개관과 함께 다양한 심리학의 하위 영역(생리, 발달, 사회, 성격, 인지, 임상, 법 등)에 대해 살펴볼 것이다. 더불어, 범죄 심리학의 정의에 대해 중점적으로 살펴본 뒤, 범죄 행동과 관련 있는 심리학적 이론들을 살펴볼 것이다. 또한 범죄의 원인에 대해 심리학적 이론 외에 생물학이나 사회학적 이론에 대해서 고찰한 뒤, 마지막으로 범죄 수사에 심리학적 이론과 지식을 적용하는 기법인 프로파일링에 대해 알아볼 것이다.

심리학의 정의와 목표

심리학은 인간의 정신과 행동을 체계적이고 과학적으로 연구하는 학문으로, 집단이나 사회가 아닌 개개인을 하나의 분석 단위로 하여 현상이나 행동의 원인을 개인의 정신 과정이나 사고 체계 등의 내적 특성에서 찾고자 한다(오세진 외, 2010). 이때 행동은 직접적으로 관찰 가능한 외적 행위로, 측정될 수 있는 신체적, 언어적, 사회적 행위를 모두 포함한다. 그에 반해 개인의 정신 과정이나 내적 상태는 기억, 사고, 신념, 가치나 태도 등을 포함하는 개념으로, 관찰이 불가능하지만 인간을 이해하고 인간의 행동을 설명하는 데 있어 필수적 역할을 담당한다. 심리학을 과학적인 연구의 집적체로 간주하는 것은 심리학적 지식의 축적 과정이 인간의 정신과 행동에 대한 가설 설정과 함께 체계적인 자료 수집과 조사, 실증적인 검증을 거쳐 이루어지기 때문이다.

심리학의 목표는 경험적 지식의 축적을 통해 인간의 정신과 행동을 이해하고 설명하기 위한 것이다. 즉, 인간의 정신과 행동에 대한 객관적이고 정확한 이해를 돕고, 이를 통해 삶의 전반적인 영역에 걸쳐 인간의 행동에 영향을 미치고 변화시켜 궁극적으로 삶의 질을 높이기 위한 것이다(오세진 외, 2010).

심리학은 광범위한 지식의 집적체로, 인간의 다양한 측면에 초점을 두는 많은 하위 분야들을 포함한다. 이러한 하위 분야에는 생리 심리학(인간의 정신과 행동에 대한 뇌, 신경계, 유전자 등의 영향력에 관한 연구 분야), 발달 심리학(인간의 전 생애에 걸친 발달과 신체적, 인지적, 도덕적 성숙 등에 관한 연구 분야), 사회 심리학(인간의 행동에 대한 집단이나 사회적 환경의 영향력에 관한 연구 분야), 성격 심리학(인간의 행동에 영향을 미치는 개인의 고유한 성격 특성에 관한 연구 분야), 인지 심리학(인간의 사고와 기억, 정보 처리 과정 등에 대한 연구 분야), 임상 심리학(이상 성격 및 부적응, 정신 장애의 평가와 치료 등에 대한 연구 분야) 등이 포함된다. 이 외에 특히 범죄와 관련하여, 심리학적 이론을 경찰 수사와 법원 판결, 수감자 교정 등 광범위한 법적 절차에 적용하는 분야인 법심리학 등 심리학은 많은 응용 분야들(학교 심리학, 조직 심리학 등) 또한 포함한다.

심리학의 다양한 하위분야와 범죄

1. 생리 심리학

생리 심리학자들은 뇌나 호르몬 등 인간의 생리적 기능이 행동에 어떻게 영향을 미치는가를 이해하고자 한다. 특히 범죄와 관련하여 생리 심리학은 범죄자의 행동에 영향을 미치는 유전적 요인이나 뇌의 기능 등을 연구한다. 예를 들어 동일한 유전자를 공유하는 일란성쌍생아 중 한 명이 범죄 행동을 할 경우, 다른 한 명도 유사하게 행동할 가능성이 이란성쌍생아에 비하여 높은지에 대한 연구를 통해 유전이 행동에 어떻게 영향을 미치는가를 탐구한다(Rowe, 1985; Segal, 1985). 또한 인간의 폭력적인 행동에 미치는 호르몬의 영향에 대해서, 특히 테스토스테론의 수준과 남성의 공격성 간의 상관관계는 범죄에 있어서의 성차와 개인차를 밝히는 데 주된 관심사 중 하나로 오랫동안 연구되어 오고 있다(Kreuz & Rose, 1972).

2. 발달 심리학

발달 심리학자들은 유아기, 아동기, 청소년기, 성인기와 노년기에 이르기까지 인간의 다양한 생애 단계에 걸쳐 나타나는 언어적, 인지적, 사회적 변화의 원인과 과정을 탐구한다. 또한 애착의 형성과 안정된 대인 관계의 발달, 도덕성의 습득에 대해서도 이해하고자 한다.

특히, 인간의 행동이 생물학적으로 결정된 본성에 의해 결정되는지, 아니면 대인 관계나 학습을 통한 사회적 경험의 산물인지에 대한 천성(nature) 대 양육(nurture)의 논쟁은 발달 심리학의 핵심적인 논쟁의 대상이 되어왔다. 천성 대 양육 논쟁에 대한 수많은 연구를 통해 내려진 잠정적인 결론은 천성과 양육 요인 둘 다 상호작용하여 인간의 행동에 영향을 미친다는 것이다.

특히 범죄와 관련하여, 발달 심리학자들은 범죄 발생의 원인에 있어 범죄자의 생물학적, 유전적 특성의 영향력을 밝히는 동시에, 양육 방식이나 교육과 같은 사회화가 미치는 영향력의 상호작용에 대해서 연구한다. 또한, 초기 발달 과정에서 나타나는 애착 형성의 실패와 공감 능력의 부재가 타인에게 범죄 피해를 끼칠 가능성에 대해서도 탐구한다(Erikson, 1976).

3. 사회 심리학

사회 심리학자들은 대인 지각과 태도, 대인 간 상호작용에 영향을 미치는 개인의 태도, 집단이 집단 구성원들의 행동에 영향을 미치는 방식 등에 대해 연구한다. 보다 구체적으로, 자신과 타인, 세상에 대한 개인의 태도 형성과 변화, 동조나 복종 등의 방식으로 개인의 행동에 영향을 미치는 집단의 영향력, 또한 집단에서의 의사 결정과 과제 수행에 대해서도 연구한다. 특히, 개인이 속한 집단에서 비롯되는 사회적 영향력이 범죄 행동을 어떻게 유발하는지에 대해서도 탐구한다. 사회 심리학과 범죄에 대해서는 본 책의 2장에서 본격적으로 탐구할 것이다.

그림 1. 사회 심리학 - 집단의 영향력을 잘 보여주는 Asch(1955)의 동조 실험

4. 성격 심리학

성격 심리학자들은 여러 상황에 걸쳐 비교적 일관적으로 개인에게서 고유하게 나타나는 행동 및 사고방식인 성격의 구조와 형성, 개인차에 대한 연구를 통해 개인의 행동을 설명하고 예측하는 것을 그 목표로 한다(오세진 외, 2010). 성격 심리학 연구 결과는 범죄와 관련하여 반사회적 행위에 취약한 개인의 성격적 특징을 밝히거나, 범죄 행위를 저지르는 데에 있어서의 개인차를 설명하고 이를 예방하는 데 기여할 수 있다.

5. 인지 심리학

인지 심리학자들은 인간의 정보 처리나 해석, 사고 과정이 어떻게 행동에 영향을 미치는가에 대해서 연구한다. 특히 범죄와 관련하여, 사고의 오류나 인지적 왜곡은 범죄자의 행동을 설명하는 데 있어 매우 중요한 요소로 간주된다(Yochelson & Samenow, 1976). 예를 들어 여성이 남성의 성적 접촉 시도에 대해 싫다고 말할 때, 이것이 사실은 허락의 의미라는 생각은 일부 성범죄자가 갖는 왜곡된 사고의 한 가지 예라고 할 수 있다(Burt, 1980).

6. 임상 심리학

임상 심리학자들은 정서적 문제나 부적응, 정신 장애를 가진 사람들의 진단 및 치료에 중점을 둔다. 임상 심리학은 심리 검사나 면담 등을 통하여 개인의 심리적, 병리적 특성을 분석하고, 부적응이나 일탈적 행위를 유발하는 요인을 밝혀 이를 치료하고 예방하고자 하는 것이 그 목표라고 할 수 있다.

특히 범죄와 관련하여, 임상 심리학은 조현병(정신분열증)이나 우울증 등의 정신 장애와 폭력적 행동의 관계를 밝히는 데 유용할 수 있고, 또한 성범죄자들에 대한 치료 효과를 증진시키는 데에도 기여할 수 있다. 임상 심리학과 범죄에 대해서는 본 책의 3장에서 본격적으로 탐구할 것이다.

7. 법심리학(legal psychology 혹은 psychology of law)

법심리학은 광범위한 법적 절차와 관련하여 심리학적 이론이나 지식이 기여할 수 있는 바에 대해 다각도로 연구한다(차재호, 2001). 1908년 독일 출신의 심리학자 Munsterberg가 목격자의 기억의 왜곡이나 증언과 관련된 내용이 담긴 "증언대에서(On the witness stand)"라는 책을 발표한 이래로, 법 체계와 관련하여 심리학이 공헌할 수 있는 바에 관한 연구들이 쏟아져 나오고 있다.

법심리학은 경찰의 채용 및 업무 수행, 수사 관련 절차에 심리학적 원리를 적용하는 경찰 심리학(police psychology), 범죄의 원인과 범죄자의 특성 및 범죄 행동을 연구하는 범죄 심리학(psychology of crime), 주로 법원에서의 증언이나 판결 절차에서 나타나는 심리적 과정에 주목하는 법정 심리학(forensic psychology), 수감자의 평가와 치료, 재활과 관련된 교정 심리학(correctional psychology) 등 여러 하위 분야를 포함한다(오세진 외, 2010; 차재호, 2001; Bartol & Bartol, 2008). 박광배(2002)는 법과 심리학이 밀접하게 상호작용할 수 있는 범위가 점차적으로 확장되어 가고 있음을 지적하며, "종래의 법정심리학, 범죄심리학 등과 더불어 법과 관련된 인간행위 전반에 걸친 연구들이 '법심리학(psychology and law)'으로 통합되어 가고 있다"라고 기술하였다(p. 14).

보다 구체적으로, 법심리학자는 법원에서 피고인이 정신 장애를 가지고 있는지, 혹은 재판받을 능력을 가지고 있는지의 여부를 법원이 결정할 수 있도록 도우며, 배심원의 의사 결정 과정과 그에 영향을 미치는 요인에 대해서도 연구한다. 또한 어떤 사람이 미래에 폭력적으로 행동할 가능성을 예측하는 위험성 평가를 통해, 향후 범죄의 가능성을 평가하고 이를 예방하기 위해서도 노력한다.

또한 범죄 수사에 있어 심리학적 원리나 현상에 대한 이해를 적용시키는 경향은 꾸준히 증가해 왔는데(Copson, 1995), 특히 최근에는 용의자의 범위를 제한하기 위한 목적으로 범죄자들의 범행 당시 행동을 분석함으로써 범죄를 저지른 사람의 유형을 밝혀내어 수사에 도움을 제공하고자 노력한다(Pinizzotto & Finkel, 1990; Ressler, Burgess, & Douglas, 1988).

범죄심리학의 정의

범죄심리학은 개인의 내적 특성에 주목하여 범죄의 원인, 범죄자의 인지적·성격적 특성, 범죄 행동의 개인차, 범죄자의 치료 및 재범 방지를 통한 범죄의 예방 등 다양한 분야를 그 연구 대상으로 한다. 이상현(1994)은 범죄심리학을 "범죄자에 대한 지식을 수집하고 정리하여 체계화함으로써 범죄자를 보다 타당하게 이해하려는 데 목적이 있는 학문"으로 규정하고(p. 8), "범죄나 비행에 관한 여러 가지 문제 중에서 심리학이 대상으로 하기 쉬운 문제에 관하여 심리학적 이론과 방법을 사용하여 연구하는 인문과학의 일부분"이라고 정의 내렸다(p. 8). 보다 최근에 이수정(2024)은 범죄심리학을 "범죄자의 범죄원인에 대한 심리학적 연구를 수행할뿐만 아니라 이를 형사사법 분야에 적용하여 유무죄를 판단하기 위한 근거자료를 확보하고 죄질의 경중을 판단하며, 궁극적으로는 범죄를 예방하고자 하는 목적을 위한 광범위한 연구를 수행하는 영역"이라 정의 내렸다(p. 21).

본서에서는 범죄심리학을 범죄나 범죄자를 설명하는 데 있어 심리학적 이론과 지식을 적용하여 범죄와 관련된 현상에 대한 이해를 높이는 학문이라고 정의하고, 인간이 범죄를 저지르는 데 영향을 미치는 인지적, 성격적 특성과 범죄자의 범행 동기와 심리 상태, 범죄 현장에서 나타난 행동, 범죄자들 간의 개인차에 근거한 유형 분류 등 범죄와 범죄자를 보다 잘 이해하고 설명하기 위해서 다양한 심리학적 원리와 이론들을 적용시킬 것이다.

본서의 전체적인 구성을 살펴보면, 우선 범죄자의 정신과 행동을 설명하는 여러 심리학적 관점과 이론을 소개하고, 심리학의 여러 하위 분야 가운데에서도 특히 사회 심리학과 임상 심리학적 지식을 범죄 행동에 적용시켜 소개하였다. 그다음으로, 다양한 범죄 가운데에서도 주요 강력 범죄(살인, 성적 살인, 성범죄, 아동 대상 성범죄, 강도 등)의 원인과 특성, 범죄자 유형 분류, 치료 등에 대해 알아보고, 점차 심각한 사회문제로 주목받는 교제 폭력 및 스토킹에 대해서도 살펴보았다. 마지막으로 범죄 수사에 심리학적 이론을 적용시켜 점차적으로 각광받고 있는 범죄자 프로파일링 기법과 그 확장인 연계 분석 기법에 대해 알아보았다.

궁극적으로, 본서는 심리학적 이론과 지식을 바탕으로 범죄자의 특성과 범죄 행동에 대한 이해를 높이고, 범죄자의 행동을 예측하고 변화시켜 보다 건강하고 바람직한 사회를 구현하는데 기여하는 것을 목표로 한다.

심리학적 이론과 범죄

범죄의 원인과 범죄자의 행동을 설명하기 위해서 심리학자들은 이론 개발 및 경험적 연구 수행 등 다양한 노력을 기울여 왔다. 여기에서는 범죄 행동을 설명하는 여러 심리학적 이론들을 살펴볼 것이다.

1. 정신분석

정신분석 이론에서 인간의 행동을 이해하기 위해 가장 기본적으로 중요하게 생각하는 것은 인간의 본능과 무의식이다. 정신분석학의 아버지인 프로이드는 인간에게 삶의 본능(eros)과 죽음의 본능(thanatos) 두 가지가 있다고 보았는데, 죽음의 본능의 주된 구성 요소가 바로 공격성이다. 또한 정신분석 이론에서 무의식(unconsciousness)은 인간의 정신 구조에 있어 그 심연에 해당하는 부분으로, 우리가 인지하는 의식(consciousness)이나 의식과 근접해 있어 조금만 노력하면 깨달을 수 있는 전의식(preconsciousness)과는 달리, 우리가 스스로 자각하거나 깨닫지는 못하지만 인간 행동에 가장 큰 영향을 미치며 꿈이나 실언 등을 통해 드러난다고 가정한다(Freud, 1933).

인간의 행동에 영향을 미치는 무의식의 작용을 밝히려면 인성의 본질적 부분에 접근해야 한다. 프로이드가 주장한 인간의 성격 구조는 크게 생물학적 욕구 충족에 중점을 두는 원초아(id), 원초아의 욕구를 사회적으로 허용되는 방식으로 조절하는 자아(ego), 그리고 옳고 그름과 같은 도덕적 측면을 담당하는 초자아(superego)의 세 가지로 나뉜다(〈그림 2〉 참조). 즉각적인 본능의 충족을 요구하는 원초아는 쾌락 원칙(pleasure principle)에 의해 작동하지만, 이 원초아의 욕구가 사회적으로 적합한 행동으로 표출되도록 조절하는 자아는 현실 원칙(reality principle)을 따르며, 사회의 도덕적 가치와 신념에 맞는 양심적인 행동을 하도록 통제하는 초자아는 도덕 원칙(morality principle)을 따른다. 자아와 초자아는 우리가 성장함에 따라서 발달하는 과정에서 겪은 사회화의 결과물이며, 특히 아동기와 청소년기에 걸친 부모의 양육 방식 등의 영향을 받는다.

그림 2. 정신분석 이론 – 성격의 구조

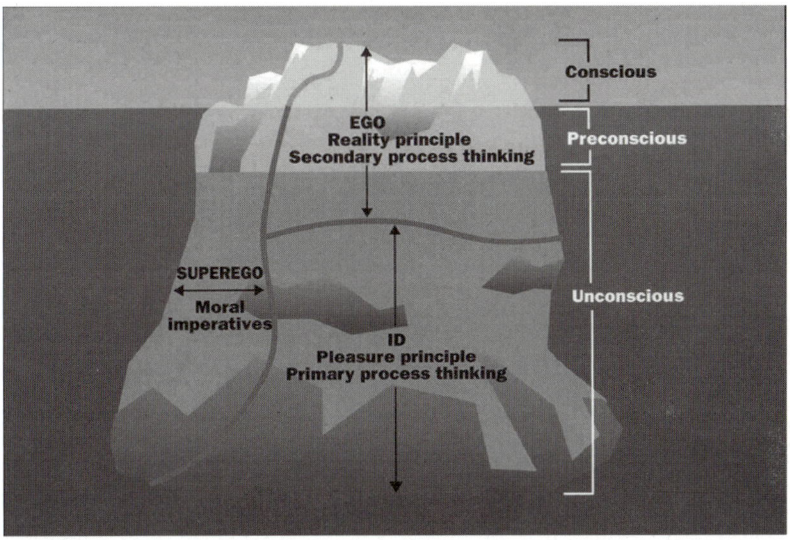

프로이드(1933)에 따르면 어린 시절에 부모의 죽음이나 신체적, 정신적 학대를 당하는 것과 같은 불행한 경험을 했을 때 이것이 내적으로 해결되지 않은 채 오랜 시간 동안 갈등으로 남아있다면, 이는 자아의 성숙과 초자아의 발달을 방해하여 후에 반사회적 행위로 이어질 가능성이 있다. 즉, 자아와 초자아의 통제력 상실로 인해 원초아에 기원한 공격적, 성적 충동이 사회적으로 적합한 행동으로 표출되도록 조절하는 데 실패한다면, 이는 결국 반사회적 행위가 나타나는 원인이 된다.

2. 아이젱크의 성격 이론

Eysenck(1977)의 성격 이론은 생리 심리학에 기반을 두고 있는데, 그는 범죄 행동을 이해하려면 개인의 뇌와 신경 체계 등 신경생리학적 특성과 개인의 환경 조건 및 사회화 사이의 상호 관계를 고려해야 한다고 주장했다. 아이젱크는 범죄 행동을 결정하는데 있어서 중요한 역할을 수행하는 것은 유전적 요인과 지능, 환경적 요인인데, 이 외에도 세 가지 성격적인 요인들(외향성, 신경증, 정신병)이 주요한 역할을 한다고 주장했다(Eysenck, 1996; Eysenck & Eysenck, 1985).

그는 성격의 기본 차원이 중추신경계의 영향을 받는 외향성(E: Extraversion), 말초신경계의 영향을 받는 신경증(N: Neuroticism), 그리고 정신병(P: Psychoticism)의 세 가지로 집약된다고 주장했다(Eysenck, 1981). 외향성 성향이 높은 사람은 활동적이고 충동적이며 계속적으로 자극을 추구하는 반면, 내향성(I: Introversion) 성향이 높은 사람은 신중하고 조용하며 비사교적이다. 한편 신경증적 경향은 정서적으로 불안하고 걱정이 많으며 늘 긴장되어 있고 스트레스를 많이 받는 성향에서부터, 반대로 평온하고 보다 안정적인 정서를 보이는 성향에 이르기까지의 넓은 범위를 갖는다. 정신병 성향이 높은 사람은 냉정하고 자기중심적이며, 공격적이고 비사회적인 특징을 보인다.

아이젱크는 범죄 행동이 외향성, 신경증적 성향과 가장 많이 관련된다고 믿었다(Eysenck & Eysenck, 1985). 우선 외향성 성향이 높은 사람들은 끊임없이 높은 흥분과 자극을 추구하여 일정 수준의 각성을 유지하려는 시도를 하는데, 이러한 높은 자극 추구를 위한 행위에는 반사회적 행위가 상당 부분 관련이 있다. 아이젱크는 이렇게 외향적인 사람들이 동시에 신경증적 성향 또한 높을 때, 충동적이고 불안정하며 자신의 행동에 대한 결과를 신중히 예측하지 못하기 때문에 범죄 행동을 저지를 가능성이 높다고 주장하였다(Miller & Lynam, 2001).

그러나, 외향성과 범죄 행동과의 상관관계를 비롯하여 그의 이론은 실증적 연구를 통해 거의 지지되지 않는 것으로 드러났다(Jamison, 1980). 그럼에도 불구하고, 아이젱크의 이론은 범죄 행동에 미치는 유전적 요인의 영향을 신경계의 특성에 초점을 두어 고려했고, 이 과정에서 생물학적 개인차를 강조한 점에서 높이 평가받고 있다(Bartol & Bartol, 2008; Nebylitsyn & Gray, 1972).

3. 사회학습이론

행동주의 이론은 인간의 행동이 학습의 결과로 나타나는데, 어떠한 행동을 했을 때 이에 대해서 긍정적인 자극(보상)을 받으면 그 행동의 빈도가 증가하고, 반대로 부정적인 자극(처벌)이 뒤따르면 그 행동의 빈도가 감소한다는 원리에 기초하고 있다(Skinner, 1969).

Bandura(1973)의 사회학습이론은 행동이 직접적인 보상이나 처벌에 의해 결정된다는 행동주의 이론에서 한 단계 나아가, 단순히 타인의 행동을 관찰하는 것에 의해서도 사람들의 행동이 변화한다고 주장한다. 즉, 인간의 공격성은 학습되는 것으로, 주로 가족이나 주변 환경, 대중매체를 통하여 폭력적으로 행동하는 타인을 관찰하는 경우 행동 모델링(behavior modeling)의 과정을 통하여 공격적인 행동을 하게 된다. 즉, 모델링은 타인의 행동을 관찰하는 것만으로 유사하게 행동하게 할 가능성이 증대된다는 것인데, 예를 들어 성인이 인형을 대상으로 공격적인 행동을 하는 모습을 담은 비디오를 시청하는 것은 아이들로 하여금 공격적인 행동을 유사하게 나타내게 하는 원인이 될 수 있다(〈그림 3〉 참조).

그림 3. Bandura의 Bobo doll 실험에 나타난 행동 모델링(behavior modeling)

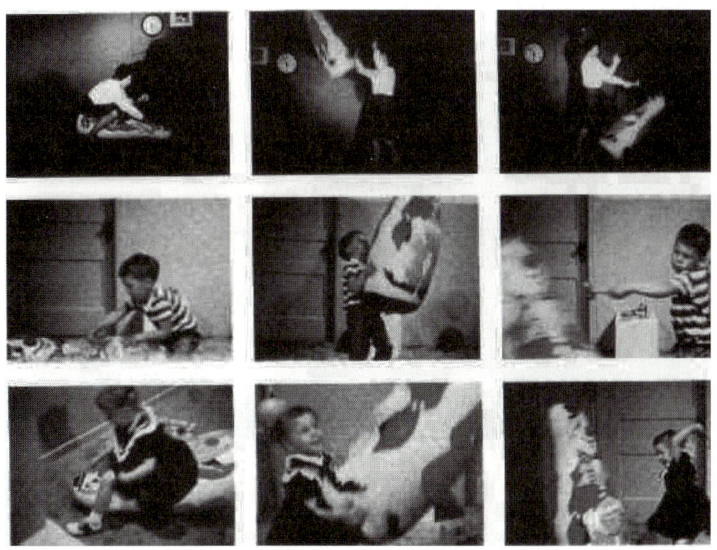

특히 범죄로 인해 즉각적인 이득을 보는 누군가를 관찰하는 것은 관찰자로 하여금 공격적인 행동을 할 가능성을 증대시킨다는 사실이 드러났다(Bandura, 1977). 이렇게 자신이 직접 보상을 받지는 않지만 타인이 보상을 받는 것을 관찰함으로써 자신의 행동이 변화하는 과정은 대리적 강화(vicarious reinforcement)라고 불린다.

4. 사회인지이론

단순히 행동에 뒤따르는 보상과 처벌에 의해 행동이 결정된다는 학습 이론의 한계에서 벗어나서, 사회인지이론은 자극을 받아들이는 인간의 정신 과정, 특히 정보 처리와 인지적 해석 과정에 주목한다. 즉, 범죄를 저지르는 사람들은 그렇지 않은 사람들보다 상대방의 언어나 반응을 해석하는 데 있어 왜곡되고 비관습적인 해석을 할 가능성이 높으며, 이로 인해 적대적이거나 공격적인 행동을 보일 가능성이 높다는 것이다(Greening, 1997; McGloin & Pratt, 2003).

예를 들어, 성적 접근에 대해 거절을 표현하는 여성의 반응을 해석할 때 성범죄자는 "속으로는 좋으면서도 겉으로는 싫다고 표현하는 것이다"라는 자기중심적이고 왜곡된 인지적 오류를 범함으로써 성적으로 폭력적이고 강압적인 범죄 행동을 저지르게 된다(Lipton, McDonel, & McFall, 1987).

Yochelson & Samenow(1976)는 수년간의 연구 끝에 범죄자들과 비범죄자들을 가장 잘 구분 지을 수 있는 것은 사회적, 환경적, 혹은 일반적인 성격 요소들이 아닌, 주로 사고방식에서의 차이점이라고 결론지었다. 범죄자적 성격 이론(Yochelson & Samenow, 1976)은 범죄자들이 자신이 무가치한 것으로 느껴지는 상태(zero state)에 대한 두려움을 없애고 이러한 감정으로 빠져드는 자신을 보호하기 위해, 대인 간 상호작용에서 일어날 수 있는 사건과 그에 대한 반응에 대해 인지하는 사고 과정에서의 오류와 왜곡을 보이게 되는데, 이것이 바로 궁극적인 범죄 행동의 원인이라고 주장했다(Yochelson & Samenow, 1976).

참고

범죄자적 성격

Yochelson & Samenow(1976)는 범죄뿐만 아니라 일상생활이나 대인간 상호작용에서 범죄자들이 흔히 보이는 인지적인 왜곡이나 사고 과정에서의 오류에 대해 다음과 같이 정리했다.

1. **변명하기 :** 변명은 책무를 이행하지 않은 것에 대한 책임을 회피하는 수단이다. 범죄자들은 흔히 자신의 책임을 부인하기 위한 이유를 대며, 자신이 책무를 이행하는 데 실패한 것에 따르는 부정적 결과들을 회피한다. 예를 들어, 자신이 학교 생활이나 직업에서 맡은 바 책임을 다하지 못할 때 이를 본인의 탓으로 받아들이기보다는 부모나 환경 탓을 하는 경우 등이 이에 해당된다.

2. **남 탓하기 :** 자신으로 인해 누군가가 겪고 있는 고통에 대해서 다른 사람에게 그 책임을 지우려 하는 것이다. 폭행을 저지른 범죄자가 피해자가 맞을 만한 이유가 있어서 때렸다고 주장하거나, 강간 범죄자가 피해자가 밤늦은 시간에 술에 취한 채 혼자 다녀 사건을 초래했다고 주장하는 경우 등이 이에 해당된다.

3. **정당화하기 :** 잘못을 정당화하는 이유들을 열거함으로써 죄책감을 피하는 것이다. 부인을 수시로 폭행하는 폭력적인 남편이, 부인이 밥상을 차리지 않았다거나 자신의 말을 무시한다는 등 폭행에 대한 (본인이 생각하기에 정당한) 이유를 나열하는 경우가 해당될 수 있다.

4. **재정의하기 :** 초점을 다른 사람에게로 옮기거나, 대화의 주제를 본인이 잘 모르거나 대답하기 곤란한 것에서 쉽고 편안한 것으로 바꾸는 것, 혹은 어떤 상황이 긍정적으로 보이도록 하기 위해 다른 이름을 부여하는 것 등을 일컫는다. 경찰이 사건에 대한 진술을 요구할 때 범죄자가 자신에게 불리한 부분은 넘어가거나 꾸며낸다든지, 혹은 부인을 폭행하는 남편이 이를 '애정 표현'으로 지칭한다거나 자식들에게 가하는 폭력을 '사랑의 매'로 미화시키는 경우 등이 해당될 수 있다.

5. **극도의 낙관론 :** 구체적인 행동 계획이 없이 비현실적인 목표를 설정하

는, 극단적으로 희망적인 혹은 마술적인 사고를 일컫는다. 영화 〈몬스터〉에서 아무런 학위나 경력 등이 없는 Aileen Wuornos가 무작정 자신이 변호사가 되겠다고 말하는 경우 등이 이에 해당한다.

6. **거짓말 :** 사실의 날조를 통한 기만의 과정으로, 크게 다음의 세 가지 형태가 존재한다.

   1) 거짓을 범함(Commission) : 그야말로 진실이 아닌 것을 지어내는 것으로, 우리가 일반적으로 생각하는 거짓말이 이에 해당한다.

   2) 생략 : 절반의 진실만을 이야기하는 등 진실의 특정 부분을 누락함으로써 결과를 조작하는 경우를 일컫는다.

   3) 동의 : 자신이 믿지 않거나 동의하지 않는 것에 대해서 겉으로는 긍정적으로 반응함으로써 누군가에게 동의하는 것처럼 위장하는 것을 일컫는다. 예를 들어, 집단 강간 상황에서 범행을 주도하는 주범에게 속으로는 내키지 않으나 겉으로는 동조하고 격려하는 것처럼 공범들이 행동하는 경우가 이에 해당한다.

7. **놀리기 :** 스스로를 높이기 위해 누군가를 난처하게 만들거나 해를 끼치는 것으로, 예를 들어 거짓말을 하거나 남을 깎아내림으로써 자신을 돋보이게 하려는 경우가 포함된다.

8. **과대 포장하기 :** 다른 사람들의 눈에 자기 자신을 더 좋게 보이도록 만들기 위해서 자신의 공적과 능력을 과장하는 것을 일컫는다. 이는 보통 자기 확신의 결여와 자존감의 부족에 대응하기 위한, 즉 약한 자아를 보상하기 위한 행동일 때가 많다.

9. **가정하기(assuming) :** 무언가를 당연하게 여기며 사전 확인 없이 그냥 그럴 것이라고 생각하고 그에 따라 행동하는 것을 일컫는다. 결국에는 부정확한 믿음을 기반으로 한 잘못된 결과를 야기하기 쉽다.

10. **자신이 특별하다는 생각 :** 자기 자신을 평균을 훨씬 넘어선 특별하고 독특한 존재로 규정하며, 다른 이들에게 해당되는 규범이나 사실이 본인

에게는 적용되지 않는다고 생각하는 것을 일컫는다. 이와 더불어 사회에서 일반적으로 정한 규범이나 기준에 따르는 것을 거부하기도 한다.

예를 들어 소설 〈죄와 벌〉의 주인공은 세상이 평범한 사람들인 범인(凡人)과 그렇지 않은 비범인(非凡人)의 두 부류로 나뉘는데, 자신이 속한 범주인 비범인에 해당하는 사람들은 사회에서 정하는 규범 등을 뛰어넘은 사람들로 이를 지킬 의무가 없다고 보았다.

11. **환심 사기:** 입에 발린, 진정성 없는 칭찬이나 겉으로만 상대에게 동의하는 것처럼 행동하는 것으로, 상대방이 그에 대한 답례나 의무감으로 자신을 위해 호의를 베풀도록 은밀히 조종하는 경우를 일컫는다.

12. **해체된(분열된) 성격 :** 자신의 신념과 모순된 행동을 보이는 위선적인 행태를 일컫는다.

13. **최소화하기 :** 행동의 의미를 축소하고, 자신의 행동이 타인에게 상처를 주거나 혹은 잘못된 행동임을 인정하지 않으려는 경우를 일컫는다. 강간 범죄자가 자신의 범행이 피해자에게 가져오는 충격과 상처, 고통에 대해 별 것 아닌 것으로 치부한다든지, 폭행 가해자가 자신이 피해자에게 가한 심각한 상해에 대해 "가볍게 몇 대 툭툭 쳤을 뿐이다"라고 주장하는 경우 등이 이에 해당된다.

14. **애매모호함 :** 특정한 입장 표명을 피하기 위해 불분명하거나 불특정적으로 말하는 것으로, 자세한 진술을 피하는 것으로 나타난다.

15. **분노 :** 공격적인 감정들을 양산함으로써 다른 사람들을 조종하거나 겁주며 통제하는 것이다.

16. **권력 놀이 :** 위의 분노와 비슷하지만, 감정을 뚜렷하게 보이지는 않으면서 권위를 이용하는 것이다. 이를 통해 부당한 이익을 얻으려 하거나, 타인이 자신의 명령에 따를 것을 부당하게 강요한다.

17. **피해자 역할 :** 자기에 대한 연민으로 '사실 불쌍한 사람은 나'라는 등의 태도를 보이는 것으로, 누군가의 연민을 이용하기 위해 무력함을 꾸며

보여주기도 한다. 부인을 학대하는 폭력 남편이 평소 부인의 불성실함이나 부정으로 본인이 마음고생을 해 왔다며 "진짜 피해자는 나"라고 주장하는 경우 등이 이에 해당된다.

18. **극적 고조** : 사람들 사이에서 헛소문 등을 퍼뜨리는 등 상황을 마음대로 조작하며 과장되게 행동하는 것으로, 다른 사람들에게 소란을 일으킴으로써 흥분과 스릴을 경험하고 이를 통해 자신이 느끼는 지루함을 경감시키는 것이다.

19. **선택적 정보 검색** : 정보를 자신만의 기준으로 선택적으로 여과하여 받아들이는 것으로, 자신의 태도나 믿음에 반하거나 이를 바꾸도록 요구하는 의견을 묵살한다.

20. **소유** : 누군가를 자신이 마음대로 주무르고 명령할 수 있는 소유물인 것처럼 취급하고, 어떤 사람이나 사물에 대해서 부당한 책임을 지우고 권위를 취할 수 있는 것처럼 생각하는 자기중심적인 관점을 일컫는다.

21. **이미지 메이킹** : 자신이 누구인지 허위의 표상을 통해 위장하고, 거짓된 인상을 심는 것이다. 본인 스스로 지각하는 자신의 약점을 감추거나 책임을 회피하기 위한 방어로서 사용되는 경우가 많다.

22. **과대망상** : 스스로를 실제보다 더 대단하게 생각하고, 허세를 부리며, 자기 자신의 중요성을 과장해서 생각하는 것이다.

23. **늑장부리기** : 하루하루 미루거나 연기하며 행동을 지연시키는 것이다.

공격성

때때로 범죄는 높은 수준의 폭력과 공격성을 수반한다. Megargee(1982)와 Siann(1985)이 내린 정의에 따르면, 공격성은 상대를 상처 입히거나 상대로부터 이익을 얻어내기 위한 의도를 가진 경우로, 반드시 상대의 신체에 위해를 입히는 결과를 낳지 않더라도 그 의도만으로 이에 해당될 수 있다. 반면에 폭력은 다른 사람에 대한 강한 신체적 무력의 사용을 수반하며, 특히 범죄적 폭력은 타인에게 손상을 입히는, 법에 의해 금지된 행동을 일컫는다. 폭력은 계획적이거나 우발적일 수도 있고, 지속되거나 일시적일 수도 있으나, 중요한 것은 언제나 그 대상에 해를 가하거나, 그러려는 의도를 가진 점이다(Daniels & Gilula, 1970).

프로이드(1933)는 인간이 선천적으로 가지고 있는 죽음의 본능의 주된 구성요소가 바로 공격성이라고 주장했다. 그는 공격적 에너지는 스포츠 등 사회적으로 승인된 방식을 통해 방출되어야 하며, 그렇지 못할 경우 공격적 에너지가 위험 수위에 다다르게 되면 폭력적 범죄 행위를 통해 표출될 가능성이 높다고 주장했다.

동물에 대한 연구 결과 Lorenz(1966)는 공격성이 인간과 동물 모두에게 존재하는 본능이며, 종족 보존과 영역 방어를 위한 타고난 전투 본능으로부터 기인한 것이라고 주장했다. 이 전투 본능은 종의 생존을 위해 세대에 걸쳐서 진화해왔다. 이러한 공격적 본능은 개인 안에서 계속해서 증가하다가 어느 시점에 이르러 폭발하기도 한다. Storr(1970) 역시 공격성은 본능적인 충동에 기인하며, 위태로운 수준에 도달하면 방출하려는 속성을 가지고 있다고 주장했다.

Dollard, Miller, Doob, Morerer, & Sears(1939)는 공격성이 언제나 좌절의 결과이며, 목표를 이루지 못했을 때의 좌절감에 대한 자동적 반응이라고 주장했다. 그러나 이 좌절-공격성 가설은, 좌절에 대해 사람들이 언제나 공격성을 표출하는 것은 아니며, 공격성은 좌절 이외에도 여러 복합적 요소가 함께 작용하여 영향을 미친다는 점에서 많은 비판을 받았다(Berkowitz, 1989; Berkowitz & LePage, 1967).

일부 이론가들은 특정한 성격을 가진 사람들이 다른 사람들보다 더 폭력적으로 행동할 가능성이 더 높다고 주장한다. Megargee(1966)는 폭력에 대한 욕구가 공격적 충동을 억제하려는 통제력보다 높아지면 폭력이 발생한다는 것을 기본 전제로 하여, 폭행 범죄자를 통제 결함형(undercontrolled)과 과잉 통제형(overcontrolled)의 두 개의 성격 유형으로 나누었다. 먼저 통제 결함형은 공격적 행동에 대한 억제가 상당히 낮은 사람으로, 좌절감을 느끼거나 화가 날 때마다 보통 공격적으로 대응한다. 즉, 공격성은 그 사람이 속상하거나 화가 났을 때 일상적인 반응으로 나타나는 행동 양식이다. 반면 과잉 통제형은 매우 다르게 행동하는데, 공격성의 표현에 대한 억제가 극단적으로 엄격해서 어떠한 자극에도 공격적으로 대응하는 일은 매우 드물지만, 예기지 못한 상황에서 극단적인 폭력을 보인다. Weiss, Lamberti, & Blackburn(1960)은 이들을 "갑작스러운 살인자들(The sudden murderer)"이라고 불렀는데, 주로 내성적이며 외로움이나 좌절감으로 고통받는 특성을 갖고 있다는 것을 발견했다. Lee, Zimbardo, & Bertholf(1997) 역시 과잉 통제형인 사람들은 내적 억제가 무너졌을 때 보다 극단적인 폭력성을 방출한다고 주장했다. 또한 Blackburn(1968)은 영국의 Broadmoor병원에 수감되어 있던 범죄자들에 대한 연구에서, 살인, 과실치사, 혹은 살인 미수로 유죄판결을 받은 38명의 범죄자들과 단순 폭행을 저지른 25명의 범죄자들의 성격 프로파일을 비교했다. 그 결과, 전자에 속했던 범죄자들이 훨씬 더 내성적이고, 순응적이며, 과잉 통제형이고, 덜 적대적이었다고 보고했다.

Toch(1969)는 폭력적 행동이 대인 간 갈등을 처리하는데 효율적인 것으로 학습한 사람들의 경우, 폭력이 향후에도 하나의 대인 관계 전략으로 지속적으로 나타난다고 주장하였다. 이러한 사람들은 이후에도 다른 사람들과의 상호작용에서 본인이 원하는 것을 얻을 수 없거나 곤란한 상황에 놓이면 폭력을 사용하여 문제를 해결하려는 경향을 지속적으로 보인다(Toch, 1969).

Huesmann, Eron, Lefkowitz, & Walder(1984)는 어린 시절 상대적으로 더욱 공격적인 행동을 나타냈던 아동들이, 20여 년이 지나도 신체적 폭력을 드러내거나 배우자를 학대하는 등 여전히 더 높은 공격성을 보였다는 결과를 보고했다. Huesmann & Eron(1989)은 인지적 도식의 개념을 사용하여 이를 설명했는데, 인지적 도식은 상황에 따른 행동 방식에 대한 지침으로, 공격적인 아동의 경우 폭력적인 행동을 문제 해결 전략으로 자주 사용함으로써 갈등적인 상황이 발생하게 될 때 다른 대안을 고려하지 않고 자연스럽게 공격적 반응이 나타날 가능성이 높아진다. 이러한 문제 해결 방식으로서의 공격성은 어린 시절에 형성되어 생애 전반에 걸쳐 지속적으로 나타난다(Huesmann et al., 1984).

Dodge & Coie(1987)는 공격성이 높은 아이들이 상대방의 행동이나 반응을 해석할 때 심각한 왜곡이 나타나는 것을 확인했다. 이는 적대적 귀인 편향이라 불리는 것으로, 모호하거나 중립적인 상대방의 말이나 행동을 적의가 있고 위협적인 것으로 해석하고, 이에 대해 공격적인 반응을 지속적으로 나타내려는 경향을 일컫는다(Dodge, 1993). 이러한 적대적 귀인 편향을 보이는 아동은 이것이 하나의 대인 관계 양식으로 굳어져, 성인이 되어도 만성적인 폭력을 보이는 지속적인 범죄자가 될 가능성이 높다(Blackburn, 1993).

심리학 이외의 범죄 관련 이론

심리학적 이론 외에도 범죄에 대한 다양한 과학적인 이론들이 존재하는데, 여기에서는 그중에서도 생물학적 이론과 사회학적 이론에 대해서 살펴보기로 한다.

1. 생물학적 이론

생물학적 이론은 범죄의 원인을 범죄자의 신체적 특징이나 뇌와 호르몬의 기능, 생화학적 조건, 유전의 영향 등 생물학적 속성에서 찾으려고 시도해 왔다. 이러한 생물학적 이론 가운데 신체적 특성을 범죄 성향과 연결시키는 이론 중 가장 잘 알려진 것은 Lombroso(1911)의 이론이다. Lombroso는 범죄자의 두개골 등 신체적 특성이 원시 시대의 야만인과 비슷하다고 주장하는 등 범죄자는 태생적인 결함 때문에 진화적으로 비범죄자보다 덜 발달된 사람이라고 주장했다. Lombroso(1911)에 따르면, 범죄자는 태어날 때부터 결정되며("born criminals") 이들은 범죄자로 남는 것 외에 다른 선택의 여지가 없다. 이러한 관점은 19세기 말에는 폭넓게 인정받았으나, 20세기 초 실증적 증거의 부족으로 많은 비판을 받았다. 예를 들어 Goring(1913)은 범죄자와 비범죄자 집단 사이의 Lombroso가 주장하는 어떠한 해부학적 차이점도 찾을 수 없다고 주장했다.

그림 4. 태생적 범죄자 이론을 주장한 Lombroso(1911)

Lombroso 이외에도 Sheldon(1940)은 독일의 정신과 의사 Kretschmer(1925)의 체질 이론에 영향을 받아, 인간의 체형을 내배엽형, 외배엽형, 중배엽형으로 분류하고 이를 범죄성과 연관 지었다. Sheldon(1940)에 따르면 사람의 신체적 유형에 따라 성격에 차이가 존재하는데, 예를 들어 내배엽형의 경우는 뚱뚱하고 행동이 느린 반면, 중배엽형은 근육이 잘 발달되어 활기차고 공격적이기 때문에 폭력적인 범죄를 저지를 가능성이 비교적 높다. 즉, Sheldon(1949)은 일탈적 청소년들은 그렇지 않은 청소년들보다 신체적으로 더 잘 발달되었기 때문에 쉽게 알아볼 수 있으며, 이러한 신체적 특성의 개인차가 범죄성과 관련이 있으며 이는 환경보다는 유전의 결과라고 믿었다(Sheldon, 1949).

20세기 중반에 Bachet(1951)은 Lombroso가 외적으로 드러나는 해부학적 특징들에만 지나치게 많은 관심을 기울였다고 주장하고, 범죄자와 비범죄자 사이의 진정한 차이점은 내적인 뇌 기능의 측정을 통해 발견될 수 있다고 생각했다. Bachet(1951)은 수감자와 비수감자들의 뇌파(electroencephalogram: EEG)에 있어서의 차이점을 연구했고, 비범죄자들에게서보다 범죄자들에게서 비정상적 뇌 기능이 더 현저하게 나타나며 이것이 범죄 행동에 영향을 미친다고 결론지었다.

이러한 신체적 특징이나 뇌 기능 외에, 범죄의 원인을 유전적 영향에서 찾으려는 시도들은 일반적으로 쌍생아나 입양아들을 대상으로 한 연구 등을 통해 선대의 범죄성이 후손에게로 이어지는지를 탐구한다(오세진 외, 2010). 예를 들어 아버지의 범죄성이 아들에게서도 그대로 나타나는지를 살펴본 결과, 범죄자인 아버지를 둔 아들이 그렇지 않은 경우보다 반사회적 행위를 할 가능성이 더 높다는 결과가 보고된 바 있다(Smith & Farrington, 2004). 그러나 범죄 행동에 어느 정도의 유전적 영향력이 확인된다고 하더라도, 여기에서 환경의 영향력을 완전히 분리시켜 생각하기는 힘들다(오세진 외, 2010; Laub & Sampson, 1998). 즉, 범죄자인 아버지를 둔 아이들과 그렇지 않은 아이들 사이의 환경적 차이(경제적 수준, 양육 방식 등)가 범죄성에 영향을 미쳤을 가능성을 배제할 수 없는 것이다(Laub & Sampson, 1998; Smith & Farrington, 2004).

범죄에 미치는 유전적 영향을 환경과 분리시켜 검증하기 위해서 일란성쌍생아와 이란성쌍생아의 비교 연구가 진행되어 왔다(Scourfield, Van den Bree, Martin, & McGuffin, 2004; Segal, 1985). 즉, 일란성쌍생아는 유전과 환경 모두를 공유하는 반면 이란성쌍생아는 환경만 공유하므로, 이들을 비교하여 범죄에 미치는 유전과 환경의 영향력을 분리시켜 검증하는 것이다. 이러한 비교 연구들은 대부분 이란성쌍생아들보다 일란성쌍생아들이 반사회적 행동을 유사하게 보인다는 결과를 보고함으로써 범죄에 미치는 유전적 영향력을 지지한다(Dionne, Tremblay, Boivin, Laplante, & Perusse, 2003; Ellis, 1982; Rowe, 1985). 또한, 입양아 연구를 통해 생부나 양부의 범죄성과 아이의 범죄성 간의 관계를 조사한 결과, 생부의 범죄성이 아이의 범죄성과 유의미한 연관성이 있다는 결과 또한 보고된 바 있어(Hutchings & Mednick, 1977), 환경적 영향력과는 별개로 유전적 특성이 범죄에 미치는 영향력에 대한 근거가 되고 있다.

이 외에도 간질, 뇌손상, 종양과 같은 신경학적 손상은 범죄 행동의 직접적인 원인이 되기보다는 범죄성의 통제를 약화시켜 반사회적 행동의 간접적 원인이 될 수 있는데, 중요한 것은 이러한 대부분의 경우에 심리사회적 요인의 작용 없이 신경학적 장애 자체만으로는 범죄 행동이 거의 야기되지 않는다는 점이다(Schlesinger, 2004). 예를 들어, 텍사스 대학에서 총을 난사하여 수십 명의 사상자를 낸 사건을 저질렀던 Charles Whitman은 부검 결과 악성 뇌종양을 가지고 있었다. 그러나 종양이 대량 살인의 직접적인 원인이 되었다기보다는, Whitman의 폭행 전력과 무기에 대한 집착, 해병대 저격수로서의 사격 기술, 우울증 전력, 적대감의 간헐적인 분출, 장기간 지속되었던 대량 살인에 대한 환상 등 많은 심리사회적 원인의 영향력 또한 간과할 수 없다(Schlesinger, 2004).

2. 사회학적 이론

범죄의 사회학적 이론은 행동의 원인을 개인의 내적 특성에서 찾는 심리학적 이론과는 달리, 해체된 가정이나 가난, 계층적 갈등과 같은 사회적 요소들에서 범죄의 원인을 찾는다. 즉, 사회학적 범죄학은 연령이나 사회적 계층, 지역적·문화적 특성과 같은 다양한 사회인구학적 변수와 사회화의 과정이 범죄에 미치는 영향에 대해 중점적으로 연구해 왔다.

사회구조이론은 범죄 행동이 개인의 고유한 특성에 의해 결정되는 것이 아니라 사회적 계층이나 빈곤 등 사회적 환경에 의해 결정된다고 보았다(Brownfield, 1986; Tittle & Meier, 1990). 이 중에서도 사회해체이론에 따르면 범죄는 급격한 산업화의 진행으로 실업률이 높아지고 학교나 가정이 제 기능을 수행하지 못하는 해체된 지역의 사회 환경에 의해 그 발생률이 결정된다(Shaw & McKay, 1972). 이러한 하류층의 구성원들이 급격한 사회 변동 상황에서 규범이나 가치에 대한 신념이 흔들릴 때, 이를 무규범 혹은 아노미 상태라 지칭한다(Merton, 1968). 아노미 이론은 범죄가 이러한 사회구조적 환경 때문에 사람들의 가치 체계나 도덕 원칙이 와해되어 나타난 결과물이라고 보았다(Merton, 1968).

사회학적 범죄 이론들 중 가장 널리 알려진 것은 Sutherland(1939)가 주장한 차별적 접촉 이론으로, 이에 따르면 사람들은 가족이나 친구 등 자신과 친밀한 타인과의 상호작용에 의해서 범죄 행동을 학습한다. 이들은 범행을 저지르는 수법뿐 아니라 범죄 행위를 정당화시키는 합리화나 책임 부정 등의 중화 기술에 대해서도 배워, 범죄를 저질러도 죄책감을 느끼지 않게 된다(Sykes & Matza, 1957).

한편 Hirschi(1969)는 사람이 왜 범죄를 저지르지 않는가에 주목하여, 가족이나 이웃 등 사회와 맺고 있는 다양한 유대 관계가 개인이 범죄를 저지르는 것을 막는다고 보았다. 다시 말해서, 범죄는 이러한 사회적 유대 관계가 없거나 약하여 범죄 행위에 대한 억제력이 약화된 사람들이 저지르는 것이다(Anderson, Holmes, & Ostresh, 1999). 보다 구체적으로, 가족이나 친구 등 주변 사람들에 대한 강한 애착을 느끼고, 학교 생활에 잘 적응하고 종교 관련 활동을 하는 등 관습적 활동에 참여하며, 사회가 중요하게 강조하는 가치나 도덕적 신념을 공유하는 사람은 그렇지 않은 사람에 비해 범죄를 저지를 가능성이 낮다고 본다(Garnier & Stein, 2002; Jenkins, 1997; Regnerus & Elder, 2003).

심리학과 범죄 수사 - 프로파일링

심리학자들은 광범위한 법적 절차에 심리학적 이론이 적용될 수 있는 방법에 대해 다각도로 연구한다. 최근에는 범죄 현장에서 범죄자가 나타낸 행동 분석을 통해 범죄를 저지른 사람의 유형을 밝혀내어 용의자의 범위를 좁히는 범죄자 프로파일링 기법의 발전을 통해 범죄 수사에 도움을 제공하고자 노력한다(Pinizzotto & Finkel, 1990; Ressler et al., 1988).

수사기법으로서의 프로파일링의 타당성과 신뢰성 구축을 위해서는 범죄자 프로파일링에 대한 다양한 경험적 연구가 실시되고 그로부터 도출한 결과가 축적되어야 하지만, 그보다 앞서 범죄 행동에 대한 심리학적 이론들에 기반을 둔 프로파일링의 논리가 명확해야 한다. 예를 들어, 범죄 현장에서의 행동에 근거한 범죄자에 대한 분류 체계는 프로파일러의 개인적인 경험에 의존해서는 안 되고, 범죄 행동의 차이를 구별하는 데 있어 심리학에서 다루는 성격 특성에서의 개인차나 정신 장애와 폭력과의 연관성과 같은 기본적인 인간 행동에 대한 이해가 우선되어야 한다.

또한, 프로파일링의 확장으로 일련의 범행에 드러난 유사성 분석을 통해 같은 범죄자가 저지른 범행인지를 밝혀내는 행동적 연계 분석의 경우에도, 그 이론적 토대를 위해서는 오랫동안 성격 심리학의 주된 쟁점이었던 행동의 범상황적 일관성이나 상황의 영향에 대한 이해가 전제되어야 한다.

주요 용어 KEY TERMS

범죄심리학	정신분석 이론	사회학습이론
행동 모델링	사회인지이론	범죄자적 성격
공격성	태생적 범죄자	사회구조이론
사회해체이론	아노미	차별적 접촉 이론
사회유대이론	프로파일링	행동적 연계 분석

【Summaries】

- 범죄심리학은 범죄나 범죄자를 설명하는 데 있어 심리학적 이론과 지식을 적용하여 범죄와 관련된 현상에 대한 이해를 높이는 학문이다.
- 다양한 심리학의 하위 영역(생리, 발달, 사회, 성격, 인지, 임상, 법 등)들은 범죄 연구에 다각도로 기여하고 있다.
- 타인의 폭력적인 행동을 관찰하는 것만으로도 공격성은 학습된다.
- 범죄자들은 사고 과정에서 다양한 오류와 왜곡을 보인다.
- 프로파일링은 범죄 현장에서 범행 분석을 통해 범죄를 저지른 사람의 유형을 밝혀내어 용의자의 범위를 좁혀 범죄 수사에 도움을 제공하고자 노력하는 기법이다.

참고문헌 References

박광배 (2002). *법심리학.* 서울: 학지사.

오세진 외 (2010). *인간행동과 심리학.* 서울: 학지사.

이상현 (1994). *범죄심리학.* 서울: 박영사.

이수정 (2024). *최신 범죄심리학.* 서울: 학지사.

차재호 (2001). 범죄와 심리학. *한국심리학회 춘계 심포지움 자료집,* 1-29.

Anderson, B. J., Holmes, M., & Ostresh, E. (1999). Male and Female Delinquent's Attachments and Effects of Attachments on Severity of Self-Reported Delinquency. *Criminal Justice and Behavior, 26,* 435-452.

Asch, S. E. (1955). Opinions and social pressure. *Scientific American, 19,* 31-35.

Bachet, M. (1951). The concept of encephalosis criminogenes. *American Journal of Orthopsychiatry, 21,* 793-799.

Bandura, A. (1973). *Aggression: A social learning analysis.* Englewood Cliffs, NJ: Prentice Hall.

Bandura, A. (1977). *Social learning theory.* Englewood Cliffs, NJ: Prentice Hall.

Bartol, C. R. & Bartol, A. M. (2008). *Criminal Behavior: A psychosocial approach* (8th ed.). New Jersey: Pearson Prentice Hall.

Berkowitz, L. (1989). Frustration-aggression hypothesis: Examination and reformulation. *Psychological Bulletin, 106,* 59-73.

Berkowitz, L. & LePage, A. (1967). Weapons as aggression-eliciting stimuli. *Journal of Personality and Social Psychology, 7,* 202-207.

Blackburn, R. (1968). Personality in relation to extreme aggression in psychiatric offenders. *British Journal of Psychiatry, 114,* 821-828.

Blackburn, R. (1993). *The psychology of criminal conduct; Theory, research and practice*. Chichester: John Wiley & Sons.

Brownfield, D. (1986). Social class and violent behavior. *Criminology, 24,* 421–438.

Burt, M. R. (1980). Cultural myths and supports for rape. *Journal of Personality and Social Psychology, 38*, 217–230.

Copson, G. (1995). "Coals to Newcastle? Part 1: A Study of Offender Profiling." *Police Research Group Special Interest Series: Paper No. 7.* London: Home Office Police Department.

Daniels, D. N. & Gilula, M. F. (1970). Violence and the struggle for existence. In D. N. Daniels, M. Gilula, & F. Ochberg (Eds.), *Violence and the struggle for existence*. Boston: Little, Brown.

Dionne, G., Tremblay, R., Boivin, M., Laplante, D., & Perusse, D. (2003). Physical aggression and expressive vocabulary in 19–month–old twins. *Development Psychology, 39*, 261–273.

Dodge, K. A. (1993). Social–cognitive mechanisms in the development of conduct disorder and depression. *Annual Review of Psychology, 44*, 559–584.

Dodge, K. A. & Coie, J. D. (1987). Social information processing factors in reactive and proactive aggression in children's peer groups. *Journal of Personality and Social Psychology, 53*, 1146–1158.

Dollard, J., Miller, N., Doob, L., Morerer, O. H., & Sears, R. R. (1939). *Frustration and Aggression*. New Haven: Yale Iniversity Press.

Ellis, L. (1982). Genetics and criminal behavior. *Criminology, 10*, 43–66.

Erikson, E. (1976). Reflections on Dr. Borg's life cycle. *Daedalus, 105*, 1–28.

Eysenck, H. J. (1977). *Crime and personality*. St. Albans, England: Paladin.

Eysenck, H. J. (1981). *A model for personality*. New York: Springer.

Eysenck, H. J. (1996). Personality and crime: Where do we stand? *Psychology, Crime & Law, 2*, 143–152.

Eysenck, H. J. & Eysenck, M. W. (1985). *Personality and individual differences*. New York: Plenum.

Freud, S. (1933). *New introductory lectures on psychoanalysis*. New York: Norton.

Garnier, H. & Stein, J. (2002). An 18-year model of family and peer effects on adolescent drug use and delinquency. *Journal of Youth and Adolescence, 31*, 45-56.

Goring, C. (1913). *The English convict*. London: Her Majesty's Stationery Office.

Greening, L. (1997). Adolescent stealers' and nonstealers' social problem-solving skills. *Adolescence, 32*, 51-56.

Hirschi, T. (1969). *Causes of delinquency*. Berkeley: University of California Press.

Huesmann, L. R. & Eron, L. D. (1989). Individual differences and the trait of aggression. *European Journal of Personality, 3*, 95-106.

Huesmann, L. R., Eron, L. D., Lefkowitz, M. M., & Walder, L. O. (1984). The stability of aggression over time and generations. *Developmental Psychology, 20*, 1120-1134.

Hutchings. B. & Mednick, S. A. (1977). Criminality in adoptees and their adoptive and biological parents: A pilot study. In S. A. Mednick & K. O. Christiansen (Eds.), *Biological Based in Criminal Behavior*. New York: Gardner Press.

Jamison, R. N. (1980). Psychoticism, deviancy, and perception of risk in normal children. *Personality and Individual Differences, 1*, 87-91.

Jenkins, P. (1997). School delinquency and the school social bond. *Journal of Research in Crime and Delinquency, 34*, 337-367

Kretschmer, E. (1925). *Physique and character*. London: Kegan Paul.

Kreuz, L. E. & Rose, R. M. (1972). Assessment of aggressive behavior and plasma testosterone in a young criminal population. *Psychosomatic Medicine, 34*, 321-332.

Laub, J. S. & Sampson, R. J. (1998). Unraveling families and delinquency: A reanalysis of the Glueck data. *Criminology, 26*, 355-380.

Lee, M., Zimbardo, P. G., & Bertholf, M. (1977). Shy murderers. *Psychology Today, 11*, 68-70.

Lipton, D. N., McDonel, E. C., & Mcfall, R. M. (1987). Heterosocial perception in rapists. *Journal of Consulting and Clinical Psychology, 55*, 17-21.

Lombroso, C. (1911). *Crime: Its causes and remedies* (H. P. Horton, Trans.). Boston: Little, Brown. (Original work published 1876).

Lorenz, K. (1966). *On Aggression*. New York: Harcout Brace World.

McGloin, J. M. & Pratt, T. (2003). Cognitive ability and delinquent behavior among inner-city youth: A life-course analysis of main, mediating, and interaction effects, *International Journal of Offender Therapy and Comparative Criminology, 47*, 253-271.

Megargee, E. I. (1966). Undercontrolled and overcontrolled personality types in extreme antisocial aggression. *Psychological Monographs, 80(3)*, 1-29.

Megargee, E. I. (1982). Psychological determinants and correlates of criminal violence. In M. E. Wolfgang & N. A. Weinder (Eds.), *Criminal violence*. Beverlhills, CA:Sage.

Merton, R. (1968). *Social theory and social structure*. New York: Free Press.

Miller, J. & Lynam, D. (2001). Personality and antisocial behavior. *Criminology, 39*, 765-799.

Munsterberg, H. (1908). *On the witness stand*. Garden City, NY: Doubleday.

Nebylitsyn, V. D. & Gray, J. A. (1972). *Biological bases of individual behavior*. New York: Academic Press.

Pinizzotto, A. J. & Finkel, N. J. (1990). Criminal personality profiling: An outcome and process study. *Law and Human Behavior, 14*, 215-233.

Regnerus, M. & Elder, G. (2003). Religion and vulnerability among low-risk adolescents. *Social Science Research, 32*, 633-658

Ressler, R. K., Burgess, A. W., & Douglas, J. E. (1988). *Sexual homicide: Patterns and motives*. New York: Free Press.

Rowe, D. (1985). Sibling interaction and self-reported delinquent behavior: A study of 265 twin pairs. *Criminology, 23*, 223-240.

Schlesinger, L. B. (2004). Classification of Antisocial Behavior for Prognostic Purposes. *Journal of Psychiatry & Law, 32*, 191-219.

Scourfield, J., Van den Bree, M., Martin, N., & McGuffin, P. (2004). Condunt problems in children and adolescents: A twin study. *Archives of General Psychiatry, 61*, 489-496.

Segal, N. (1985). Monozygotic and Dizygotic Twins: A comparative analysis of mental ability profiles. *Child Development, 56*, 1051-1058.

Shaw, C. R. & McKay, H. D. (1972). *Juvenile delinquency and urban areas*. Chicago: University of Chicago Press.

Sheldon, W. H. (1940). *The varieties of human physique*. New York: Harper & Row.

Sheldon, W. H. (1949). *Varieties of delinquent youth*. New York: Harper Bros.

Siann, G. (1985). *Accounting for aggression: Perspectives on aggression and violence*. London: Allen and Unwin.

Skinner, B. F. (1969). *Contingencies of reinforcement*. New York: Meredith.

Smith, C. & Farrington, D. (2004). Continuities in antisocial behavior and parenting across three generations, *Journal of Child Psychology and Psychiatry, 45*, 230-247.

Storr, A. (1970). *Human Aggression*. Harmondsworth: Penguin.

Sutherland, E. H. (1939). *Principles of criminology*. Philadelphia: Lippincott.

Sykes, G. & Matza, D. (1957). Techniques of neutralization: A theory of delinquency. *American Sociological Review, 22*, 664–670.

Tittle, C. & Meier, R. (1990). Specifying the SES/Delinquency relationship. *Criminology, 28*, 271–295.

Toch, H. (1969). *Violent men: An inquiry into the psychology of violence*. Chicago: Aldine.

Weiss, J. M. A., Lamberti, J. W., & Blackburn, N. (1960). The sudden murderer. *Archives of General Psychiatry, 2*, 670–678.

Yochelson, S. & Samenow, S. E. (1976). *The criminal personality* (Vol. 2). Ne York: Jason Aronson.

제 2 장

범죄와 사회심리학

Contents

- 들어가며
- 윤간의 정의와 특성
- 윤간에서의 집단 역학
- 강간 통념의 정의와 기능
- 강간 통념 관련 연구 결과
- 성범죄자들의 인지적 왜곡
- 강간 통념의 측정과 관련 척도
- 국내 윤간 사례 – 밀양 여중생 성폭행 사건(2004)

Questions

1. 사회심리학은 집단 범죄를 설명하는 데 있어 어떠한 기여를 할 수 있을까?
2. 한 명의 범죄자가 단독으로 저지르는 범죄와 비교했을 때, 여러 명의 범죄자가 모여 범행을 저지르는 집단 범죄에는 어떠한 차이점이 있을까?
3. 강간 사건에 대한 신문 기사 가운데, 피해자의 옷차림이나 평소 행실 등을 언급하거나 문제 삼는 기사를 본 적이 있는가? 이러한 시선은 왜 존재하며, 사회에서 어떠한 기능을 하는가?
4. 어떠한 사람들이 강간 통념에 대한 수용도가 높을까? 또한, 강간 통념 수용도가 실제 성범죄자들의 행동과는 어떠한 관련이 있을까?

Objectives

1. 단독 범행과는 구별되는 집단 범행에서의 범죄자의 행동과 집단이 그에 미치는 영향력에 대해서 이해한다.
2. 윤간 상황에서 집단 구성원들 사이의 집단 역학을 이해한다.
3. 강간 통념의 정의와 기능을 학습한다.
4. 사회 심리학적 지식을 바탕으로 집단이 개인의 범죄 행위 유발에 기여하는 요인을 밝히고, 범죄자의 행동을 변화시켜 범죄를 예방하는 방안을 모색한다.

Chapter 02

범죄와 사회심리학

들어가며

사회 심리학은 집단이나 사회적 환경이 인간의 행동에 미치는 영향력을 심층적으로 연구하는 심리학의 한 하위 분야이다. 특히 사회 심리학은 집단이 개인의 행동에 영향을 미치는 방식과 함께, 개인의 태도나 신념이 형성되고 변화하는 데 있어 집단이나 사회가 어떠한 영향력을 미치는지에 대한 광범위한 연구 결과를 포함한다.

한 명의 범죄자가 단독으로 범행을 저지르는 경우 외에, 여러 명의 범죄자가 함께 모여 강도나 성범죄 등의 범행을 저지르는 집단 범죄를 이해하는 데 있어서 사회 심리학은 반사회적 행위를 하는 집단이 그 집단의 구성원인 개인에게 어떻게 영향력을 행사하는지를 밝히고, 또한 집단의 영향력이 구성원 개인의 공격성과 반사회적 행동을 유발하고 극대화시키는 과정을 규명하는 데 기여할 수 있다는 점에서 범죄와 범죄자를 이해하는 데 필수적으로 중요하다. 즉, 사회 심리학적 지식을 바탕으로 집단이 개인의 범죄 행동에 영향력을 미치는 원인과 과정을 밝힌다면, 이를 통해 범죄자 개인의 행동을 변화시켜 궁극적으로 범죄를 예방하는

데 기여할 수 있다.

본 장에서는 우선 두 명 이상의 범죄자에 의해 저질러지는 강간 범죄인 집단 강간 혹은 윤간을 중심으로 집단이 개인 범죄자에게 미치는 영향력과 윤간 상황에서의 집단 역학에 대해 살펴보았다. 또한 강간 범죄와 그 피해자 및 가해자에 대해 대부분의 사람들이 지속적으로 가지고 있는 편향된 신념인 강간 통념에 대해 자세히 살펴보고, 강간 통념이 범행의 책임을 가해자로부터 피해자에게로 돌려 여성에 대한 억압과 통제 구조를 존속시키는 등 사회적으로 작용하는 다양한 기능에 대해 살펴보았다. 그 후, 이러한 강간 통념 관련 연구 결과와 함께 강간 통념의 측정과 강간 통념 수용도 평가에 대해 여러 관련 척도를 중심으로 살펴보았다. 마지막으로, 실제 국내에서 발생했던 윤간 사건 중 하나인 밀양 여중생 성폭행 사건(2004)을 통해, 윤간 상황에서의 집단 역학과 강간 통념이 이러한 범죄의 발생과 지속에 기여한 바에 대해서 분석하였다.

윤간의 정의와 특성

대부분의 강간범들은 범행 시 단독으로 행동하지만(대검찰청, 2013; 전영실 외, 2007; Groth & Birnbaum, 1979), 여러 명의 범죄자가 함께 범행에 가담하기도 한다. 이렇게 강간에 두 명 이상의 범죄자가 연루되었을 경우 집단 강간 혹은 윤간이라고 지칭한다.

집단 상황일 때 개인의 행동은 일반적으로 변화하고, 특히 집단으로 범죄를 저지를 당시 범죄자들의 행동이 범죄성의 극단을 도출하는 경우가 빈번하다는 점에서(Klein & Maxson, 1987), 단독 범행과는 구별되는 집단 범행에서의 범죄자의 행동과 집단이 그에 미치는 영향력에 대해서 이해하는 것은 중요하다(Reiss, 1988).

강간의 원인이나 강간범의 재범 위험성 평가, 범죄자 치료 등에 대한 연구는 최근 국내외를 통틀어 급증하고 있지만, 윤간에 대해서는 여전히 관련 연구가 극도로 부족한 실정이다. 그러나 윤간은 우선 그 발생 건수에 있어서도 전체 성범죄 가운데 무시할 수 없는 비중을 차지하며(최인섭·전영실·이종택, 1991; Blackburn, 1993), 범행 시 발생하는 폭력의 정도에 있어서 단독범에 의해 저질러지는 강간 범죄에 비해 훨씬 심각한 폭력을 수반하는 경우가 많아(박지선·서윤정, 2010; Hazelwood, 2001; Wright & West, 1981) 피해자에게 미치는 영향을 고려해 볼 때도 보다 심층적이고 다각적인 연구가 요구된다.

한 명의 범죄자가 저지른 강간 범죄와 다수의 범죄자가 집단으로 저지른 범행 사이에 범죄자 배경 특성 및 범행 수법 등 여러 측면에서 주목할 만한 차이점이 보고된 바 있다. 먼저 범행 당시 연령에 있어, 윤간 범죄자들의 경우 20대나 그 이하가 대부분을 차지하는 등 단독범들에 비해 상대적으로 나이가 어린 것으로 드러났다(최인섭·전영실·이종택, 1991; Scully & Marolla, 1985; Wright & West, 1981). 또한 일반적으로 범행 당시 윤간 범죄자들이 단독범들에 비해 피해자를 무차별적으로 구타하는 등 보다 심각한 수준의 폭력을 피해자를 대상으로 저지르며, 강간 외에 강도 등 다른 범죄가 경합되어 나타나는 경우가 보다 빈번한 것으로 드러났다(박지선·서윤정, 2010; Wright & West, 1981).

그림 1. 윤간을 다룬 영화 "피고인(The Accused, 1988)"

피해자를 대상으로 한 폭력의 정도에 있어서, 대부분의 윤간은 잔인할 정도의 심각한 폭력성을 수반하기 때문에 피해자에게 극심한 공포와 고통을 불러일으킨다(박지선·서윤정, 2010; Hazelwood, 2001). 그 결과, 한 명의 범죄자를 대면했을 경우 피해자가 소리를 지르거나 범죄자에 대항해 싸우는 등 저항을 시도해보는 것에 비해, 윤간 상황에서는 이러한 시도가 훨씬 덜 나타나는 경향이 있다(Wright & West, 1981). 이는 범행 당시 다수의 범죄자와 대면했을 때 피해자가 공포감에 압도당하여 어떠한 행동을 하기가 힘들뿐더러, 심각한 수준의 폭력이 수반되는 경우가 많아 어떠한 식으로든 저항 시도 조차 하기가 어렵기 때문이다(Hazelwood, 2001).

윤간에서의 집단 역학

1. 리더의 역할

강도나 강간 등 여러 범죄 유형을 막론하고 집단으로 범행을 저지르는 범죄자들 각각의 범행 동기나 목적, 범행 당시 가담 정도와 수행한 역할은 다양하며, 집단 구성원들 간에 분명한 개인차가 존재한다(Amir, 1971; Donald & Wilson, 2000; McCluskey & Wardle, 2000). 윤간에 있어 모든 공범들 간에 의견 일치로 범행이 시작되는 경우는 드물며, 대부분의 경우 가해자들 중 한 명이 범행을 선동한다(Groth & Birnbaum, 1979). 즉, 한 명이 범행을 제안하고 피해자를 가장 먼저 강간하며, 나머지 공범에게 범행을 하도록 설득하고 보다 적극적으로 강간에 참여하도록 강요하기도 한다(Amir, 1971; Porter & Alison, 2001). 거의 모든 윤간 상황에서 이러한 "리더"는 한 명씩 존재하며(Hazelwood, 2001), 강간이라는 목적을 위해 집단 구성원들을 움직이기 때문에 이러한 리더의 존재는 윤간을 실행하는 데 본질적이고 결정적인 역할을 한다(Amir, 1971).

일반적으로 집단 내에서 리더는 다른 구성원들에게 집단의 나아갈 방향을 제시하고, 목표를 설정하고 이를 달성하도록 영향력을 행사하여 구성원들의 행동을 변화시키는 사람이다(Cartwright & Zander, 1968). 윤간 상황에서, 일반적으로 리더는 범행을 처음 제안하거나 피해자를 선정하고, 범행 장소 등 계획을 세우고 실행하는 데도 앞장서며, 범행 당시에도 가장 먼저 피해자를 강간하거나 공격하는 등의 역할을 한다(Amir, 1971).

윤간의 과정을 통하여 리더는 자신에게 힘과 권력이 있고, 피해자 및 범행 상황 전체를 조종할 수 있는 것처럼 느끼며, 피해자뿐만 아니라 공범들 또한 통제하고 있다는 느낌을 받는다(Groth & Birnbaum, 1979). 리더와 나머지 공범들에게 가장 큰 차이점이 있다면, 리더는 독단적으로 범행을 저지를 가능성과 윤간을 저지를 가능성에 있어서 큰 차이가 없는 반면, 리더를 따랐던 사람들은 보통 그러한 윤간 상황이 아니면 다시 강간을 저지를 가능성이 낮다는 점이다(Groth & Birnbaum, 1979).

리더 외에 공범들은 직접적인 성폭행에는 참여하지 않을 수도 있으나, 범행을 막거나 피해자를 돕기 위한 어떠한 행동도 하지 않으며 리더가 피해자를 강간하도록 방조하고 범행을 저지르는 데 부가적인 용기를 북돋는 역할을 한다(Groth & Birnbaum, 1979). 공범자들은 그 존재만으로도 피해자에게 위협이 되며, 때로는 직접 피해자를 저지하거나 물리력을 행사하기도 한다(Amir, 1971). 공범들은 자신의 남성다움을 입증하기 위해 범행에 참여하기도 하지만, 동료들 사이에서 지속적으로 인정받고 그 집단에 남아 있고 싶은 마음에 범행에 참여하는 경우도 많다(박지선·서윤정, 2010; Amir, 1971; Groth & Birnbaum, 1979).

2. 윤간 상황에서 나타나는 책임의 분산과 몰개인화

한 명의 범죄자가 저지르는 강간 범행에서와는 구별되게, 윤간 상황에서는 여러 공범들 사이에서 책임의 분산 현상이 일어난다. 물론, 단독 범행에서 범행의 책임이 온전히 범죄자에게 있는 것과 마찬가지로, 윤간 상황에서도 공범들 각자가 범행에 얼마나 적극적으로 가담하였든지 간에 피해자를 대상으로 한 성폭력이 발생하는 것을 막거나 피해자를 돕지 않고 방조하고, 범행에 적극적으로 가담한 리더를 비롯한 다른 구성원들에게 부가적인 용기를 주었다는 점에서 모든 구성원 각자가 범행에 분명한 책임이 있다. 그러나 일반적으로 집단의 인원수가 증가할수록 해당 구성원 개개인의 책임 의식은 줄어들게 되는데(Latané & Darley, 1970), 즉 범행에 가담한 범죄자의 수가 한 명에서 그 이상으로 늘어날수록 공범들의 존재로 인해 구성원 각자의 범행에 대한 개인적 책임감은 줄어들게 된다. 그 결과, 윤간 상황에서는 단독 범행과 비교해 보았을 때 범죄자들이 범행에 대한 죄책감에 상대적으로 둔감해지고, 피해자를 대상으로 더 심각한 수준의 폭력성을 보이거나 더욱 모욕적인 행동을 강요하기도 한다(박지선·서윤정, 2010; Hazelwood, 2001).

이러한 책임의 분산 현상은 몰개인화(deindividuation) 과정으로도 설명 가능하다(Festinger, Pepitone, & Newcomb, 1952). 사람들이 특정 집단의 일원으로서 행동할 때에는 자신만의 개성을 잃고 단독으로 행동할 때보다 익명성을 갖게 되는 것이 일반적인데, 이러한 익명성은 우리가 평소에 혼자서는 하지 않을 금지된 행동에 대한 자기 규제를 완화시키는 기능을 하여 일탈 행위나 공격적 행동에 대한 통제력을 잃게 만든다(Festinger et al., 1952; Postmes & Spears, 1998). 이렇게 개인이 아닌 집단의 일원으로서의 익명성은 자의식과 같은 개인으로서의 느낌을 둔화시키고, 그 결과 자신의 행동에 대한 개인적 책임감이 줄어든다고 느끼게 되어 평소에는 억제되어 나타나지 않았던 적대감이나 잔인함, 이기심과 관련 있는 행동들을 겉으로 드러내게 된다(Zimbardo, 1969).

때때로 이러한 몰개인화 현상에 그치지 않고, 사람들은 집단의 일부가 됨으로써 자신의 정체성을 잃고 개인적 책임감에 둔감해질 뿐 아니라, 익명성을 가짐으로써 개인으로써 혼자서는 느끼지 못했던 어떠한 막강한 힘을 갖게 되었다고 느끼기도 한다(Le Bon, 1895). 이러한 막강한 힘의 존재는 나의 행동으로 인해 상대방이 느끼는 공포나 고통에 대한 공감을 둔화시키며, 따라서 피해자의 행동에 크게 영향 받지 않게 되어 결과적으로 잔인하거나 무자비한 행동도 비교적 쉽게 하게끔 만든다(Zimbardo, 1969). 이러한 과정들을 통해서, 사람들은 집단의 일원이 되었을 때 평소에는 억제되어 있던 공격성을 때때로 표출하거나 일탈 행위를 저지르기도 한다. 이러한 과정을 윤간 상황에 적용시켜 보면, 공범들과 함께 행동하면서 각자 피해자와 범행에 대한 개인적 책임감은 줄어들게 되고, 집단의 일원이라는 익명성에서 기인하는 막강한 힘의 작용으로 평소보다도 더욱 폭력적이거나 잔인한 행동을 범행 당시 드러내게 된다(박지선·서윤정, 2010).

그림 2. 몰개인화와 익명성, 일탈 행위

3. 집단 내 지위 다툼의 수단으로써의 윤간

단독 범행과는 달리 윤간 상황에서만 독특하게 작용하는 점 중의 하나는 공범들 사이의 연대감의 공유이다(Groth & Birnbaum, 1979). 즉, 가해자는 피해자와 상호 작용할뿐만 아니라 공범들과도 같이 상호 작용하는 것이며, 이때 피해자는 가해자가 동료들 앞에서 자신의 남성다움과 동료애를 입증하고 동료들로부터 인정받기 위한 수단으로 작용한다(박지선·서윤정, 2010; Groth & Birnbaum, 1979).

또한 강간은 동료들 사이에서 자신의 남성성과 강인함을 과시하고 이를 통해 집단 내에서 무시할 수 없는 지위를 획득하는 수단이 되기도 한다(Amir, 1971). 윤간 상황에서 가해자는 자신의 "남성다움"과 강인함을 동료들에게 입증하기 위해 다른 동료들보다 더 폭력적으로 행동하려고 하고, 시간이 지날수록 피해자를 대상으로 더욱 모욕적이고 비인간적인 행동을 강요한다(Groth & Birnbaum, 1979). 이때 피해자와 친밀한 대화를 나누거나 피해자를 안심시키는 등의 행동들은 공범들 사이에서 "남자답지" 못한 것으로 간주될 수 있으므로, 단독 범행에서와 달리 이러한 행동은 거의 나타나지 않는다(박지선·서윤정, 2010).

강간 통념의 정의와 기능

강간 통념(rape myths; Burt, 1980)이란 강간 범죄와 그 피해자 및 가해자에 대해 대부분의 사람들이 지속적으로 가지고 있는 편향되고 고정관념적인 신념이나 태도를 일컫는다(이석재, 1999). 예를 들어, 강간 피해자들은 원래부터 품행이 정숙하지 못한 사람들이라든지, 여성의 노출이 심한 복장이 강간 피해를 유발한다든지 하는 등의 믿음이 사람들 사이에서 통상적으로 강간 사건과 관련하여 공유되는 대표적인 강간 통념이라 할 수 있다(이석재·최상진, 2001; Kanin, 1984; Lonsway & Fitzgerald, 1994). 사람들이 가지고 있는 강간 통념의 적용 범위는 이처럼 피해자의 평소 행실에 대한 태도나 사건 발생에 대한 피해자의 책임 정도뿐만 아니라, 강간 사건의 성립 자체에 대한 기준이나 피해자 진술에 대한 신빙성 등 사람들 사이에서 통상적으로 강간 사건과 관련하여 폭넓게 공유되어 나타난다(김범준, 2007; Lottes, 1988).

강간 통념은 범죄의 책임을 가해자에서 피해자에게로 돌리기 때문에 궁극적으로 강간 사건의 범죄 성립을 부정하고, 범죄 사실이 공개됨으로 인해 가해자가 입는 타격을 최소화하며, 사건으로 인한 피해자의 고통이나 후유증을 과장되거나 거짓된 것으로 폄하하는 한편 가해자가 억울한 누명을 썼다는 등 가해자에 대한 옹호와 동정을 불러일으키기도 한다(Brownmiller, 1975; Burt, 1983; Krahe,

1988). 이는 여성의 품행이나 태도에 대해서 남성에게는 적용되지 않는 제약과 통제를 가하고, 여성이 자신이 겪은 부당한 폭력에 대해 저항하려는 시도를 보일 때 이를 억압하는 등 사회 전반적으로 여성에 대한 남성의 지배 구조를 유지시키는 데에 일조한다(Scully & Marolla, 1985). 이와 동시에 다른 한편으로는, 정숙하지 못한 행실을 보이거나 사람들의 통상적인 관념에 일치하지 않는 행동을 보이는 여성에 대해서는 폭력적인 행동으로 제재를 가하는 것이 허용된다는 사회적 인식을 강화시킨다(이석재, 1999; Brownmiller, 1975).

이러한 태도는 언론 보도에서도 그대로 드러나는데, 강간 사건에 대한 신문 기사에도 범죄 발생의 책임을 피해자에게로 돌리는 등 강간 피해자에 대한 편향된 시선이 상당 부분 드러나는 것으로 나타났다(이정교·서영남·최수진, 2009). 이러한 결과는 피해자의 평소 행실과 범행 당시 품행을 문제 삼고, 동시에 가해자의 여성에 대한 강압적인 성폭력에 대한 합리화를 제공함으로써, 궁극적으로 남성 중심적이고 성차별적인 사람들의 인식을 유지하는 데 기여한다고 볼 수 있다(김은지·박지선, 2011).

강간 피해자는 가해자로부터의 직접적인 일차적 범죄 피해 이외에도, 사건을 조사하고 판결을 내리는 등 광범위한 형사사법 체계 하에서 종종 이차적인 피해에 노출된다. 강간 사건 조사 과정에서, 성범죄 피해 사실에 대한 구체적인 진술을 해야 하는 피해자는 그 자체로 엄청난 심적 부담과 고통을 느낀다. 그런데, 만약 이 과정에서 피해자들을 대하는 경찰관 등 형사사법기관 종사자들이 강간 범죄 발생의 책임이 피해자에게 있다는 등의 편견 어린 태도를 보인다면, 이는 피해자들에게 모멸감과 수치심을 느끼게 하는 등의 이차적 피해를 유발할 가능성이 높다(이석재, 1999; 이승준, 2008).

또한 강간 범죄 사건의 성립을 막고 사건의 심각성을 최소화하기 위해 가해자 측에서 피해자의 평소 평판이나 행실을 문제 삼는 경우가 많고, 이 과정에서 피해자의 사생활이 노출되거나 피해자의 인권이 부당하게 침해되기도 한다(Bartol & Bartol, 2008). 특히 수사관이나 법관이 범죄 발생의 책임을 따지는 과정에서 피해자의 평소 행실을 문제 삼는다면, 이는 가해자에 대한 부적절한 처벌 등 양형과 관련된 사안들에 대해 직접적으로 영향을 미칠 수 있으므로 문제의 심각성이 더해진다(Lonsway & Fitzgerald, 1994).

실제로, 경찰의 강간 통념 수용도가 높을수록 사건 발생에 대한 피해자의 책임을 높게 지각하고, 사건으로 인해 피해자가 느끼는 고통을 최소화하며, 가해자에 대한 처벌 수위를 낮게 평가하는 것으로 나타났다(박지선·김정희, 2011). 따라서, 강간 범죄 사건 조사와 처리 과정에서 피해자를 직접 대면하는 등 직간접적으로 관여하는 경찰관 및 형사사법 기관 종사자들을 위해, 강간 통념이 형사 사법 절차상에서 피해자에게 야기하는 이차적 피해와 이를 방지하기 위한 교육 프로그램이 필요하다.

참고

피해자의 평소 행실과 품행에 대한 편향된 시선 (매일경제, 2011.08.31)

성추행 ○○대 의대생, 피해자 악의적 설문조사

집단 성추행 혐의로 기소된 ○○대 의대생 중 한 명이 피해 여학생에 대한 악의적인 설문조사를 벌였다는 주장이 제기됐다.

국회 여성가족위원회 최○○ 위원장은 29일 국회에서 기자회견을 열어 "피해자가 가해자의 악의적인 명예훼손 2차 피해를 당하고 있다"라고 주장했다.

최 위원장은 "가해자는 ○○대 의대생들에게 피해자는 평소 이기적이다, 아니다, 피해자는 평소 사생활이 문란했다, 아니다, 피해자는 사이코패스다, 아니다 등의 문항이 기재된 설문조사를 직접 했다"며 "이런 행동은 별도의 명예훼손죄를 구성할 만큼 악의적이며 최소한의 양심마저 저버린 행동"이라고 말했다.

이 설문조사는 범행을 부인하는 학생에 의해 최근 이뤄졌다고 최 의원 측은 전했다.

강간 통념 관련 연구 결과

우선 강간 통념 수용도가 높을수록 법적으로 강간의 정의에 부합하는 사건이라도 해당 사건을 강간으로 간주하지 않고(Norris & Cubbins, 1992), 가해자를 덜 탓하는 반면 피해자를 더 탓하며(Check & Malamuth, 1985; Muehlenhard & MacNaughton, 1988), 강간의 심각성과 강간이 피해자에게 미치는 영향을 사소한 것으로 평가하는 동시에 강간 피의자에게 더 낮은 형량을 부과하는 것으로 나타났다(Quackenbush, 1989).

강간 통념은 성차별적인 태도나 성역할에 대한 개념 등과 상당 부분 연관이 있다(Burt, 1980). 보다 구체적으로, 우선 적대적인 성차별 태도를 현저하게 보이는 사람일수록 강간 통념 수용도가 높고, 따라서 강간 사건의 발생의 책임을 피해자에게 더 많이 기인하는 경향을 보인다(윤병해·고재홍, 2006; Check & Malamuth, 1985; Quackenbush, 1989). 또한 남녀 간의 구별되는 성역할에 대한 고정관념이 강한 사람일수록 강간 통념 수용도가 높고, 따라서 사건 발생에 있어 가해자보다는 피해자에게 책임을 전가하여, 사건 발생 당시 가해자의 행위에 강제성이 없다고 해석하거나 피해자의 피해 사실을 인정하지 않는 등 사건이 강간죄에 성립하지 않는다고 판단하는 경향이 있다(김정인·손영미·김효창, 2006; Feild, 1978).

또한 가부장적 남성관을 두드러지게 드러내는 마초 성격(Macho personality)이 강할수록 강간을 신고하는 여성들의 주장이 대부분 거짓이라고 생각하거나 피해자의 평소 행실에 문제가 있을 것이라고 생각하는 등 강간 통념 수용도가 높은 것으로 나타났다(Bunting & Reeves, 1983). 더불어, 강간 통념 수용도가 높은 남성들은 일반적으로 여성에게 더 많은 적대감을 드러내는 것으로 나타났는데(Forbes, Adams-Curtis, & White, 2004), 여성에 대한 적대감이 많은 사람들은 실제로 여성들이 원치 않는 성적 행위를 강요하는 행동을 보이는 것으로 나타났다(Malamuth, Sockloskie, Koss, & Tanaka, 1991).

강간 통념 수용도는 이렇게 단순히 사람들의 신념이나 태도와만 연관이 있는 것이 아니라, 성적으로 폭력적인 행동을 하는 경향과도 직접적인 관련이 있다. 즉, 강간 통념 수용도가 높은 사람들은 실제로 성적으로 공격적인 행동을 보이는 경향이 더 두드러진다(Koss, Leonard, Beezley, & Oros, 1985). 실제로, 성범죄 전과가 있는 청소년이 다른 일반 범죄 전과가 있는 청소년보다 더 높은 강간 통념 수용도를 보이는 것으로 드러났다(신의진 외, 2005). 이는 강간 범죄 전과가 있는 사람들이 강간 범죄 전과가 없는 사람들보다 자신의 강간 행위를 잘못된 일로 인정하지 않으며, 오히려 범죄 발생의 책임을 훨씬 더 피해자에게 전가하는 경향이 있다는 결과와도 일맥상통한다(Ben-David & Schneider, 2005; Scully & Marolla, 1985). 다시 말해서 성폭력 가해자들은 피해자들에 대한 편향된 태도를 적극적으로 활용하여 오히려 피해자를 탓함으로써 이를 자신의 범죄 행위에 대한 정당화의 수단으로 삼는다(Bunting & Reeves, 1983; Peterson & Mulenhard, 2004).

그리고 일반적으로 여성보다는 남성이 훨씬 더 높은 강간 통념 수용도를 보이지만(고재홍·지영단, 2002; 이건호·강혜자, 2005; 이석재·최상진, 2001; Brady, Chrisler, Hosdale, Osowiecki, & Veal, 1991; Ellis, O'Sullivan, & Sowards, 1992; Feild, 1978), 여성들에게서 이러한 강간 통념이 전혀 수용되지 않는 것은 아니다. 이는 정당한 세상 이론(the just world phenomenon)으로 설명할 수 있는데, 이 이론은 우리가 살고 있는 이 세상이 공평한 곳이며, 좋은 일은 착한 사람들에게 일어나고, 나쁜 일은 악한 사람들에게 일어난다고 믿고 싶어 하는 사람들의 경향을 가리킨다(Lerner, 1980). 즉, 권선징악과 일맥상통하는 사회심리학적 개념인 이 이론은 장기적인 목표를 세우고 그 목표를 달성하기 위해서 당장의 어려움이나 불편함을 감수하며 살아가는 우리들 대부분의 생활 기저에서 우리가 하루하루 열심히 살아가는 원동력이 되기도 한다. 그런데 선량하게 살아온 사람에게 강간 피해와 같은 극도로 불행하고 끔찍한 일이 발생했다고 했을 때, 이 세상이 공정한 곳이라는 사람들의 믿음은 크게 흔들리고 사람들의 불안이나 혼돈은

극에 달한다. 따라서, 사람들은 이러한 불안과 혼돈으로부터 스스로를 보호하기 위하여, 나쁜 일을 당한 사람에게서 그에 합당한 이유를 찾으려고 한다. 즉, 강간 피해자의 경우 평소 품행이 단정하지 못했다든지, 범행 당시 선정적인 옷차림으로 범죄 피해를 유발했다든지 하는 등의 이유를 들며 범죄 피해를 당할 만하다고 생각되는 설명이나 이유를 찾으려고 한다. 이러한 인지 과정은 '강간 범죄 피해를 당한 여성'을 특수한 집단의 사람들인 것처럼 분리시킴으로써, 이러한 피해를 당한 적이 없는 여성들을 불안으로부터 보호하는 기제로 작용한다(Lonsway & Fitzgerald, 1994).

성범죄자들의 인지적 왜곡

사람들은 나쁜 짓을 저지를 때 종종 변명이나 핑계를 늘어놓는 등 행동에 대한 정당화를 통해 자신의 죄책감과 부끄러움을 중화(neutralization)시키려고 노력한다(Sykes & Matza, 1957; Terry, 2006). 범죄자들에게서도 이러한 중화는 범행에 대한 사실 부인이나 피해자로의 책임 귀인 등 다양한 인지적인 왜곡의 형태로 나타나는데, 이를 통해 범죄자들은 범행에 대한 죄책감을 느끼지 않고 수치심으로부터 스스로를 보호한다(Abel, Becker, & Cunningham-Rathner, 1984; Terry, 2006). 그 결과, 이러한 인지적 왜곡은 범죄자들이 계속해서 범행을 저지르는 데 기여하는 한 가지 요인이 되기도 한다(Sykes & Matza, 1957).

성범죄자들이 피해자에 대한 그릇된 편견을 포함하는 강간 통념을 자신의 범죄 행위에 대한 정당화의 수단으로 삼는 것 또한 이러한 인지적 왜곡의 한 형태로 볼 수 있다(Bunting & Reeves, 1983; Peterson & Mulenhard, 2004). 이처럼 인지적 왜곡은 특히 성범죄자들 사이에서 다양한 방식으로 나타나는데, 여기에는 자신의 책임 부인 및 행위 정당화, 범행에 대한 부정이나 최소화 등이 포함된다(Pogrebin, Poole, & Martinez, 1992; Sykes & Matza, 1957).

1. 정당화

일반적으로 성범죄자들은 피해자가 먼저 자신을 유혹하여 강간을 유발했다거나, 옷차림이나 품행에 있어서 성폭력 피해를 당할 만했다고 주장하는 등 오히려 피해자의 행동을 탓하는 방식으로 범행을 정당화하여 자신의 행동에 대한 죄책감을 감소시킨다(Pogrebin et al., 1992; Sykes & Matza, 1957). 이들이 자신의 행동을 정당화하는 데 사용하는 변명들은 강간 통념과 상당 부분 중복되는데, 예를 들어 여성들이 남성의 성적 시도에 대해 싫다고 말할 때 이것은 사실 허락의 의미라거나, 피해자가 심하게 저항하지 않은 것은 사실 동의의 의미와 다름없다거나, 대부분의 여성들은 사실 속으로는 강간을 즐긴다거나, 성적으로 문란한 여성들은 강간을 당해도 괜찮다는 생각 등이 이에 해당한다(Scully & Marolla, 1984).

아동 대상 성범죄자들의 경우에는 아이도 즐겼다든지, 아이가 먼저 성적인 접촉을 시작했다든지, 저항하지 않았으니 결국 아이도 성관계를 원했던 것이라는 등의 변명도 사용한다(Haywood et al., 1994; Terry, 2006). 덧붙여 많은 아동 대상 성범죄자들은 부모로부터 학대를 당하거나 관심이나 애정을 받지 못하는 등 취약한 아이들을 범행 대상으로 삼는데, 이 경우 이들은 다른 사람이 보여주지 않는 관심과 사랑을 자신이 보여준다고 믿으면서 범행에 대한 죄책감을 없애려고 한다(Terry, 2006).

한편, 자신이 저지른 범죄 행위에 대해 잘못한 일이며 그것이 피해자가 아닌 자신의 책임이라고 인정하는 일부 성범죄자들에게 있어서도 이러한 정당화의 기제가 나타나지 않는 것은 아니다. 이들은 주로 술과 같은 약물의 영향력 하에 있었기 때문에 스스로를 통제할 수가 없었다든지, 혹은 실직이나 이혼과 같은 사건들로부터 비롯된 엄청난 정서적 스트레스로 인해서 이성적인 판단력을 순간적으로 상실했다든지 하는 변명으로 범행에 대한 수치심과 후회를 피하려고 노력한다(Scully & Marolla, 1984; Sykes & Matza, 1957).

2. 부정

많은 성범죄자들은 범행에 대한 자신의 책임에 대해서 부정한다(Haywood, Grossman, & Kravitz, 1994; Pogrebin et al., 1992). 예를 들어, 어떤 성범죄자들은 범행에 대해 전혀 근거 없는 일이며 피해자가 모두 날조한 이야기라고 주장하거나, 진짜 범죄자는 다른 사람인데 본인이 범인으로 억울하게 몰렸다고 주장하면서 범행을 완전히 부정하기도 한다(Terry, 2006). 혹은 피해자와 성관계를 맺은 사실 자체에 대해서는 인정하지만 피해자의 의지에 반하여 강제적으로 이루어진 강간이었다는 것은 인정하지 않고, 피해자도 당시에 동의했다는 등의 이유를 들며 범행에 대해 부정하기도 한다(Marshall, Anderson, & Fernandez, 1999).

3. 최소화

한편, 위와 같이 범죄자들이 자신의 범행을 부정하지는 않더라도, 다수의 성범죄자들은 범행으로 인한 결과를 최소화시켜 생각한다(Sykes & Matza, 1957; Terry, 2006). 예를 들어 성범죄자들이 범행 당시 피해자들에게 과도한 폭력을 사용하지 않은 경우, 범행의 결과로 피해자가 입은 상처나 충격, 고통에 대해서 최소화시켜 생각하려는 경향이 있다(Sykes & Matza, 1957; Terry, 2006). 다시 말해서, 피해자가 신체적인 상해를 입지 않은 경우, 이들은 자신이 저지른 행동이 심각한 범죄 행위임을 부정하며 자신들이 비난받을 이유가 없다고 주장하기도 한다(Scully & Marolla, 1984).

4. 정서의 오해석

많은 성범죄자들이 대인 관계에서 타인이 보이는 비언어적, 정서적 단서를 잘못 해석하는 경향을 가지고 있고, 피해자들의 분노나 두려움 같은 감정 상태를 잘 읽어내지 못한다(Marshall et al., 1999; Terry, 2006). 따라서 만약 상대방이 성적 접촉에 대해서 거절의 의사를 표시하거나 이미 시작된 관계를 도중에 끝내려고 시도하면, 이들은 피해자가 싫다고 하는 것을 "괜찮다"라는 의미로 받아들이고 이를 계속적으로 강요하는 경향이 있다(Terry, 2006). 또한 피해자가 느끼는 감정에 대한 공감 능력의 부족은 많은 성범죄자들에게서 뚜렷이 나타나는데, 이는 범행의 결과로 피해자들이 당하는 고통이나 상처에 대해 둔감해지게 함으로써 범행에 대한 죄책감을 경감시키고, 계속적인 범행을 저지르는 것을 가능하게 한다(Terry, 2006; Williams & Finkelhor, 1990).

강간 통념의 측정과 관련 척도

강간 통념 수용도를 측정하는 도구들은 주로 강간의 발생 원인과 사건에 대한 피해자의 책임 정도, 피해자의 평소 품행에 대한 평가, 강간 범죄 성립 기준과 피해자 진술의 신빙성 등에 대해 일반인들이 가지고 있는 신념이나 태도 등을 평가한다(이석재·최상진, 2001; Burt, 1980). 우선 Burt(1980)가 개발한 강간 통념 수용도 척도(Rape Myth Acceptance Scale; RMAS)는 이와 관련한 다양한 문항들을 포함하며(〈표 1〉 참조), 국내외 강간 통념 관련 수많은 연구에서 가장 빈번히 사용되는 척도 중 하나이다(신뢰도 계수: Cronbach's α =. 875). 이 외에도 많이 쓰이는 척도로는 강간에 대한 태도 척도(Attitudes Toward Rape Scale; ATR: Feild, 1978)가 있으며, 국내에서는 강간통념척도(이석재, 1999)가 관련 연구에서 여러 번 사용된 바 있다.

표 1. 강간 통념 수용도 척도(Rape Myth Acceptance Scale: Burt, 1980)

번호	내용
1	여자가 첫 데이트에서 남자의 집에 동행하는 것은 그와의 성관계를 허락한다는 의미다(A woman who goes to the home or apartment of a man on their first date implies that she is willing to have sex).*
2	어떤 여자라도 강간의 대상이 될 수 있다(Any female can get raped).*
3	여자들이 거짓으로 강간 신고를 하는 이유는 관심을 끌고 싶어서이다(One reason that women falsely report a rape is that they frequently have a need to call attention to themselves).*

4	어떤 여자라도 정말 저항하기를 원한다면 강간범을 성공적으로 물리칠 수 있다(Any healthy woman can successfully resist a rapist if she really wants to).*
5	여자가 짧은 치마 등 야한 옷차림을 하는 것은 성범죄 피해를 자초하는 일이다(When women go around braless or wearing short skirts and tight tops, they are just asking for trouble).*
6	강간 피해자들은 대부분 난잡한 성관계를 하거나 평판이 좋지 않은 사람들이다(In the majority of rapes, the victim is promiscuous or has a bad reputation).*
7	만일 여자가 남자와 애무를 하다가 사태를 걷잡을 수 없게 되어 성폭행을 당했다면 잘못은 여자에게 있다(If a girl engages in necking or petting and she lets things get out of hand, it is her own fault if her partner forces sex on her).*
8	여자가 히치하이킹을 했다가 강간을 당했다면, 그녀는 당할 만하다(Women who get raped while hitchhiking get what they deserve).*
9	건방지고 도도한 여자는 강간을 당해도 싸다(A woman who is stuck-up and thinks she is too good to talk to guys on the street deserves to be taught a lesson).*
10	많은 여성들은 무의식적으로 강간당하기를 바라고 있으며, 그러한 상황에 무의식적으로 자신을 노출시킨다(Many women have an unconscious wish to be raped, and may then unconsciously set up a situation in which they are likely to be attacked).*
11	여자가 모임에서 술에 취해 처음 만난 남자와 성관계를 했다면, 그녀가 원하든, 원하지 않든 간에 성관계를 갖고자 하는 다른 남자들에게도 응해야 한다(If a woman gets drunk at a party and has intercourse with a man she's just met there, she should be considered "fair game" to other males at the party who want to have sex with her too, whether she wants to or not).*
12	강간 피해를 신고하는 여성 가운데, 상대에 대한 분노와 보복하려는 동기로 거짓 신고를 하는 여성의 비율은 얼마나 된다고 생각하는가(What percentage of women who report a rape would you say are lying because they are angry and want to get back at the man they accuse)?**
13	강간 피해를 신고하는 여성 가운데, 자신이 임신한 것을 알고 자신의 명예를 지키기 위해 강간을 당했다고 신고를 하는 여성의 비율은 얼마나 된다고 생각하는가(What percentage of reported rapes would you guess were merely invented by women who discovered they were pregnant and wanted to protect their own reputation)?**
14	누군가가 당신에게 와서 강간을 당했다고 주장한다면, 다음 각각의 경우 그 사람의 말을 얼마나 믿을 수 있겠는가(A person comes to you and claims they were

	raped. How likely would you be to believe their statement if the person were)?*** ① 당신의 절친한 친구라면(your best friend)? ② 인디언 여자라면(an Indian woman)? ③ 이웃집 여자라면(a neighborhood woman)? ④ 어린 남자아이라면(a young boy)? ⑤ 흑인 여성이라면(a black woman)? ⑥ 백인 여성이라면(a white woman)?

* Likert형 7점 척도로 응답: "전적으로 동의한다"(1점) – "전적으로 반대한다"(7점)
** "거의 다 그렇다" – "4분의 3정도" – "반 정도" – "4분의 1정도" – "거의 없다" 중 하나로 응답
*** "항상" – "자주" – "때때로" – "가끔" – "전혀" 중 하나로 응답

강간 통념 수용 척도(McMahon & Farmer, 2011, 〈표 2〉 참조)는 총 40개의 문항을 '전혀 동의하지 않는다'부터 '전적으로 동의한다'까지의 7점 리커트 척도로 측정하는 IRMA(Illinois Rape Myth Acceptance Scale; Payne, Lonsway, & Fitzgerald, 1999)를 수정한 것으로, 총 22개의 문항으로 구성된 척도이다(신뢰도 계수: Cronbach's α =. 87). 각각의 문항은 "전적으로 동의한다(1점)"에서부터 "전혀 동의하지 않는다(5점)"까지 Likert형 5점 척도를 사용하여 그에 동의하는 정도를 나타내도록 하였다.

표 2. 강간 통념 수용 척도 (McMahon & Farmer, 2011)

번호	내용
1	여성이 술에 취한 상태에서 강간을 당했다면, 여성 또한 스스로를 통제하지 못한 것에 대해 어느 정도 책임이 있다.(If a girl is raped while she is drunk, she is at least somewhat responsible for letting things get out of hand.)
2	노출이 있는 옷을 입는 여성은 문제를 자초하는 것이다.(When girls go to parties wearing slutty clothes, they are asking for trouble.)
3	여성이 파티에서 남자와 단 둘이 방 안으로 들어간다면, 강간을 당한다고 하더라도 결국 본인 탓이다.(If a girl goes to a room alone with a guy at a party, it is her own fault if she is raped.)
4	문란하게 행동하는 여성은 문제를 자초하는 것이다.(If a girl acts like a slut, eventually she is going to get into trouble.)

5	여성이 강간을 당했을 때, 이는 종종 '싫다'고 말하는 방식이 분명하지 않았기 때문이다.(When girls get raped, it's often because the way they said "no" was unclear.)
6	여성이 먼저 키스를 하거나 유혹하기 시작했다면, 남성은 여성이 성관계를 맺고 싶어 하는 것으로 생각하는 것이 당연하다.(If a girl initiates kissing or hooking up, she should not be surprised if a guy assumes she wants to have sex.)
7	남성이 강간을 하는 것은 대체로 강한 성욕 때문이다.(When guys rape, it is usually because of their strong desire for sex.)
8	남성은 보통 여성에게 성관계를 강요할 의도는 없으나, 때로는 걷잡을 수 없이 너무 흥분하기도 한다.(Guys don't usually intend to force sex on a girl, but sometimes they get too sexually carried away.)
9	강간은 남성의 성욕이 통제되지 않을 때 발생한다.(Rape happens when a guy's sex drive goes out of control.)
10	남성이 술에 취했다면 의도치 않게 누군가를 강간할 수도 있다.(If a guy is drunk, he might rape someone unintentionally.)
11	남성이 술에 취해서 스스로가 하는 행동을 인지하지 못했다면, 이는 강간으로 여겨져서는 안 된다.(It shouldn't be considered rape if a guy is drunk and didn't realize what he was doing.)
12	남성과 여성이 모두 술에 취해있었다면 이는 강간이라고 할 수 없다.(If both people are drunk, it can't be rape.)
13	여성이 성관계 거부 의사를 말로 표현했을지라도, 신체적으로 저항하지 않았다면 강간으로 볼 수 없다.(If a girl doesn't physically resist sex—even if protesting verbally—it can't be considered rape.)
14	만약 여성이 신체적으로 맞서 싸운 것이 아니라면 강간이라고 볼 수 없다.(If a girl doesn't physically fight back, you can't really say it was rape.)
15	여성에게 멍이나 상처가 없다면, 강간은 어쩌면 일어나지 않은 것일 수도 있다.(A rape probably doesn't happen if a girl doesn't have any bruises or marks.)
16	'강간죄'로 기소된 사람이 무기를 소지하고 있지 않았다면, 그 사건을 강간이라고 볼 수 없다.(If the accused "rapist" doesn't have a weapon, you really can't call it rape.)
17	여성이 '싫다'고 말하지 않았다면 그 여성은 강간 피해를 당했다고 주장할 수 없다.(If a girl doesn't say "no" she can't claim rape.)
18	많은 경우에, 강간을 당했다고 말하는 여성들은 실제로는 성관계에 동의했으나 나중에 이를 후회하는 것이다.(A lot of times, girls who say they were raped agreed to have sex and then regret it.)

19	강간 신고는 종종 남성에게 복수하기 위한 수단으로 사용된다.(Rape accusations are often used as a way of getting back at guys.)
20	강간을 당했다고 말하는 여성들 중 많은 경우가, 남성을 유혹했지만 나중에 이를 후회한 것이다.(A lot of times, girls who say they were raped often led the guy on and then had regrets.)
21	많은 경우에, 강간을 당했다고 주장하는 여성들은 정서적 문제가 있다.(A lot of times, girls who claim they were raped have emotional problems.)
22	바람을 피우다 걸린 여성들은 때때로 그것이 강간이었다고 주장한다.(Girls who are caught cheating on their boyfriends sometimes claim it was rape.)

모두 Likert형 5점 척도로 응답: "전적으로 동의한다(1점)" – "전혀 동의하지 않는다(5점)"

함의

성범죄 피해자 진술의 신빙성을 폄하하고, 여성들이 강간당했다고 주장하는 것은 대부분 거짓이라는 등의 편향된 인식은 피해자들로 하여금 피해 사실을 주변에 알리는 것을 꺼리게 만들어 결과적으로 강간 범죄의 낮은 신고율에 상당 부분 기여하는 측면이 있다(김은경·최수형·박정선, 2009; 박지선·김정희, 2011; 이석재·최상진, 2001; Burt, 1980). 이렇게 강간 통념은 피해자들에 대한 이차 피해를 가중시키는 반면 가해자들의 행위는 정당화하고, 따라서 강간 범죄 신고에 있어 피해자들을 주저하게 만드는 요인이 되어 강간 범죄자들이 검거되거나 처벌받지 않고 지속적으로 재범을 하여, 궁극적으로 우리 사회의 성범죄가 근절되지 못하는 하나의 원인으로 작용하기도 한다(권희경·장재홍, 2003; 김은지·박지선, 2011; 박지선·김정희, 2011). 따라서, 성범죄를 예방하는 데 있어서 사건과 관련 없는 일반인들에게도 만연한 이러한 강간 통념을 타파하는 사회 전반적 의식 개선이 요구된다.

국내 윤간 사례 - 밀양 여중생 성폭행 사건(2004)

1. 범행 개요

경상남도 밀양 소재의 3개 고교에 재학 중이던 총 44명의 학생들이, 2004년 1월 중순부터 11월 하순까지 약 1년 가까이에 걸쳐 여관 등에서 여중생 자매를 집단으로 성폭행하였다. 이들은 처음 피의자 중 한 명이 전화를 잘못 걸어 연결된 울산에 사는 중학교 3학년 여학생(피해자 중 언니)을 밀양으로 부른 뒤 친구들과 함께 여인숙으로 데려가 성폭행하고, 신고하면 학교에 소문을 내겠다고 협박한 뒤 피해자의 여동생까지 밀양으로 불러 성폭행을 지속한 것으로 알려졌다. 이들은 피해자를 대상으로 인터넷에 피해 사실을 공개하겠다는 등의 협박을 지속적으로 하였다. 피의자 중에 몇 명은 인터넷 채팅으로 알게 된 창원의 여중생 2명도 추가 성폭행 한 것으로 드러났다.

2004년 12월, 피의자 44명 가운데 범행 가담 정도가 상대적으로 가장 컸던 10명이 기소되고(구속 7명, 불구속 3명) 20명은 소년부로 송치되었다. 나머지는 피해자와 합의했다는 등의 이유로 공소권 없음 결정이 내려졌다. 법원은 2005년 4월, 기소된 10명에 대해 결국 소년부 송치를 결정했다. 즉, 1년 여에 걸쳐 상습적으로 집단 성폭행에 가담했던 가해자 총 44명 가운데 실형을 선고받은 사람은 단 한 명도 없었다.

2. 수사 당시 문제점

본 사건 처리 과정에서, 피해자를 보호하고 지원해야 할 형사사법 기관 실무자들이 오히려 피해자에게 수치심을 느끼게 하며 이차적 피해를 유발하는 등 여러 가지 문제점을 그대로 노출한 바 있다. 보다 구체적으로, 피의자들과 피해자의 대질 신문 과정에서 범인식별실을 이용하지 않고 피해자들로 하여금 공개된 장소에서 가해자를 지목할 것을 요구함으로써 피해자의 심적 부담을 가중시키고 신변의 위협을 느끼게 하는 등 피해자에 대한 보호나 배려가 없었던 점, 피해자들의 실명 및 인적 사항과 피해 사실이 담긴 경찰 문건이 기자들에게 노출되어 피해자의 신상 정보가 공개되고 피해자의 인권이 침해된 점, 사건 조사 과정에서 담당 경찰관들이 피해자에게 "남자 꼬시러 밀양에 갔느냐", "너희들이 밀양 물 다 흐려놨다", "내 딸이 너희들처럼 될까 봐 겁난다"는 취지의 발언을 해 피해자에게 모욕감과 수치심을 느끼게 한 점 등이다(이승준, 2008). 또한 대질 신문 과정에서 피의자 부모들이 피해자들에게 "앞으로 잘 사나 두고 보겠다, 몸조심하라"는 등의 협박성 발언을 한 것으로 드러났다(이승준, 2008).

그림 3. 밀양 윤간 사건 가해 고교생 40여 명(연합뉴스, 2011년 10월 10일자)

3. 사건 후

피의자들은 법원의 보호처분을 받고 소년원에서 보호관찰을 받거나 봉사 활동 등을 마치고, 현재는 학교에 다니거나 직장에서 근무하는 등 평범한 생활을 영위하는 것으로 드러났다.

반면 피해자는 사건의 후유증으로 정신과 치료를 받았고, 사건이 알려진 이후에 원래 살던 곳을 떠났으나 전학을 받아주는 학교가 없어서 여러 학교를 전전하다가 어렵게 서울의 한 학교로 전학하였다. 그러나 피의자들의 부모가 탄원서를 써달라며 피해자의 교실까지 찾아오는 등 고통이 이어졌다. 그 결과 피해자는 학교 생활에 잘 적응하지 못하고 가출하는 등 결국 학교를 그만두고, 여전히 정상적인 사회생활을 영위하지 못하고 있는 것으로 알려졌다.

4. 본 사건에 나타난 윤간의 집단 역학

이 외에도 2006년 8월부터 2007년 2월까지 광주광역시 북구에서 고등학생 19명과 중학생 6명 등 총 25명이 여중생 한 명을 피의자의 집이나 학교 화장실 등에서 11차례에 걸쳐 집단으로 성폭행 한 사건이 있었다. 사건의 발단은 2006년 8월, 피의자 중 한 명이 평소 친분이 있던 피해자를 불러내어 "인터넷 채팅 중에 음란 이메일을 주고받은 사실을 주변에 알리겠다"라고 협박하여 성폭행하고, 11월에는 성폭행 사실을 소문내겠다고 협박하며 친구 및 선후배 여러 명과 함께 성폭행하였다. 이후에 다른 남학생들도 이 사실을 알고 집단으로 성폭행에 가담하였다.

이러한 사건에는 윤간의 전형적인 특징들이 그대로 반영되어 있는데, 우선 나이 어린 범죄자들이 자신들과 비슷한 연령대의 피해자를 대상으로 하여 반복적으로 장기간에 걸쳐 범행을 저지른 점이다(최인섭·전영실·이종택, 1991; Groth & Birnbaum, 1979; Scully & Marolla, 1985; Wright & West, 1981).

또한 집단 역학적인 측면에 있어서도, 공범들의 존재는 범행을 저지르는 가해자들 서로에게 부가적인 용기를 주며(Groth & Birnbaum, 1979), 자신이 성폭력을 당하는 장면을 여러 명의 가해자가 함께 지켜봤다는 사실은 피해자로 하여금 상상할 수 없을 정도의 수치심을 불러 일으키고, 따라서 피해자가 범행 사실을 주변에 알리거나 신고하는 데 있어서 엄청난 부담으로 작용했을 수 있다.

또한 여러 명의 청소년들이 함께 범행에 가담했다는 사실은 각자의 범행에 대한 개인적 책임감을 감소시켜, 이들이 범행에 대한 죄책감을 크게 느끼지 않고 피해자에게 모욕적인 행동을 강요하는 것을 용이하게 만든다(박지선·서윤정, 2010; Zimbardo, 1969). 실제로, 광주 윤간 사건의 경우 공범들이 가위바위보를 통해 강간의 순서를 정하는 등 피해자를 대상으로 한 비인간적 행위가 자행되었던 것으로 알려졌다.

5. 강간 통념과 관련한 본 사건의 함의 분석

밀양 사건과 광주 사건 모두의 발생과 1년 여에 걸친 사건의 지속, 확산에는 강간 통념이 뿌리 깊게 관련되어 있다. 밀양 사건의 경우, 가해자들은 피해자가 성폭행 사실을 신고하면 학교에 소문을 내겠다고 협박한 뒤 피해자의 여동생까지 불러 성폭행을 지속하였고, 인터넷에 피해 사실을 공개하겠다는 등의 협박을 하였다. 또한 광주 사건에서도, 사건의 발단이 피의자와 피해자가 음란 이메일을 주고받은 사실을 주변에 알리겠다고 협박하여 성폭행한 것이고, 이후 성폭행 사실을 소문내겠다고 협박하며 공범 여러 명과 함께 윤간으로 확산되었다. 즉, 본인들이 성폭행이라는 심각한 범죄를 저지르고도 가해자들은 자신들의 범죄 사실이 탄로 날 것을 두려워 하기는 커녕, 성폭력 사실이 주변에 알려졌을 때 그것이 피해자에게 미치는 악영향을 미끼로 삼아 오히려 피해자를 협박하여 범행을 오랜 기간 동안 지속시켰던 것이다.

이러한 일이 가능했던 기저에는 피해자의 평소 행실과 사건 발생 당시 품행을 문제 삼고, 이것이 가해자의 강압적인 성폭력에 대한 정당화를 제공하는 강간 통념의 작용이 깔려 있다고 볼 수 있다. 즉, 여성의 품행이나 태도에 대해서 남성에게는 적용되지 않는 제약과 통제를 가하는 남성지배적 사회구조 속에서, 가해자와 피해자가 서로 음란 이메일을 주고받았으나 이 사실이 특히 피해 여학생에게는 평소 품행이 단정하지 못했다거나 행실이 좋지 않았다는 등 협박의 구실로 작용하고, 피해자가 입은 부당한 성폭력 피해에 대해 신고 등의 수단으로 저항하고자 할 때 성폭력 피해를 당한 사실 자체가 가해자보다 피해자의 평판에 훨씬 더 큰 타격을 입혀, 결과적으로 학교에 소문을 낸다거나, 인터넷에 피해 사실을 공개한다는 협박이 피해자로 하여금 피해 사실을 신고하지 못하고 지속적인 피해를 입게 되는 원인으로 작용하였다. 이와 동시에, 이미 성폭력 피해를 입은 여성에 대해서는 폭력적인 행동으로 제재를 가하는 것이 허용된다는 사회적 인식은, 시간이 지날수록 가해자의 수가 점차 늘어가고, 범행이 반복되며, 이러한 연속적인 피해 때문에 더더욱 피해자가 피해 사실을 주변에 알릴 수 없는 한 가지 원인으로 작용하는 악순환이 일어나게 된 것이다.

또한 밀양 사건에서는 형사사법 체계에서 성폭력 피해자의 이차 피해의 심각성을 여실히 드러내고 있다. 사건 조사 과정에서, 피해자는 남성 경찰관 앞에서 성폭력 과정에 대한 구체적 묘사를 포함한 진술을 할 당시 엄청난 수치심을 느꼈고, 여성 경찰관의 배치를 요청했으나 묵살당했다고 밝혔다(이승준, 2008). 더군다나, 피해자들과 대면하는 경찰관이 피해자에게 "남자 꼬시러 밀양에 갔느냐"는 등 피해자의 행실 및 인격을 폄하하는 동시에 사건 발생의 책임을 피해자에게 돌리는 발언을 하고, "너희들이 밀양 물 다 흐려 놨다"는 취지의 발언으로 피해자에게 모욕감과 수치심을 느끼게 하는 등의 심각한 이차적 피해가 나타났다.

이렇게 수사관이나 법관 등 형사사법 체계 종사자들이 범죄 발생의 책임을 따지는 과정에서 사건 발생의 책임이 피해자에게 있다는 등의 편견 어린 태도를 보일 때, 이는 양형과 관련된 사안들에 대해 직접적으로 적용될 수 있다(Lonsway & Fitzgerald, 1994). 실제로 밀양 사건에서 40여 명의 가해자들 가운데 실형을 선고받은 사람은 단 한 명도 없었다는 사실은, 강간 통념이 피해자들에 대한 이차 피해를 가중시키는 반면 가해자들의 행위는 정당화하여 가해자들이 경미한 처벌을 받는 데 기여한 측면이 있음을 시사한다고 볼 수 있다.

이렇게 밀양과 광주 윤간 사건에서 볼 수 있듯이, 가해자와 피해자뿐만 아니라 우리 사회에 만연한 강간 통념은 피해자들로 하여금 범죄 피해 신고를 주저하게 만들고, 그 결과 강간 범죄자들이 검거되거나 처벌받지 않고 지속적으로 재범을 하여 궁극적으로 성범죄가 근절되지 못하는 하나의 원인으로 작용하였다.

마지막으로, 사건 후 가해자들은 평범한 생활을 영위하는 반면, 피해자는 정신과 치료, 이사, 전학, 가출, 학교 중퇴 등으로 피해의 후유증에서 장기적으로 벗어나고 있지 못하고 있는 것으로 알려졌다. 실제로, 성폭력 피해자가 사건 발생의 책임을 자신에게로 귀인 시킬수록 더 오랜 기간 동안 우울증 등 심각한 후유증으로 고통받으며, 사건 후 일상생활에 적응하는 능력도 크게 떨어지는 것으로 나타났다(Frazier, 1990; Katz & Burt, 1988; Meyer & Taylor, 1986). 이러한 사실은 성폭력 범죄 피해를 당하고 이를 공개하고 신고하는 피해자들에 대해 우리가 성폭력 피해의 책임을 가해자들이 아닌 피해자들에게 돌려 강간 통념에 기반한 "낙인"을 찍어, 이 모든 과정이 피해자로 하여금 범죄 피해와 그 후유증으로부터 벗어나는 것을 막고 있는 것이 아닌가 하는 의문을 불러일으킨다.

따라서, 이러한 일이 재발되지 않도록 하기 위해서 우리 사회에 만연한 강간 통념을 타파하는 사회 전반적 의식 개선이 요구되며, 범죄 발생의 원인과 책임 소재를 분명히 하고 이차 피해를 방지하며 가해자에 대한 적절한 처벌이 내려질 수 있도록 하는 교육적, 정책적 노력이 절실하다.

주요 용어 KEY TERMS

집단 범죄	윤간	책임의 분산
몰개인화	집단 역학	강간 통념
이차 피해	강간 통념 수용도	적대적 성차별 태도
성역할 고정관념	마초 성격	여성에 대한 적대감
대인 폭력성 허용도	인지적 왜곡	중화
RMAS	강간 통념 수용척도	

【Summaries】

- 윤간 범죄자들의 경우 20대나 그 이하가 대부분을 차지하는 등 단독범들에 비해 상대적으로 나이가 어리고, 피해자를 무차별적으로 구타하는 등 보다 심각한 수준의 폭력을 피해자를 대상으로 저지른다.
- 윤간 상황에서는 범죄자들의 피해자와 범행에 대한 개인적 책임감은 줄어들게 되고, 집단의 일원이라는 익명성 때문에 더욱 폭력적이거나 잔인한 행동을 나타낸다.

- 강간 통념은 피해자의 평소 행실과 범행 당시 품행을 문제 삼고, 가해자의 여성에 대한 강압적인 성폭력에 대한 합리화를 제공함으로써, 여성에 대한 억압과 통제 구조를 존속시키는 데 일조한다.
- 적대적인 성차별 태도를 현저하게 보일수록, 남녀 간의 구별되는 성역할에 대한 고정관념이 강할수록, 가부장적 남성관을 두드러지게 드러내는 마초 성격(Macho personality)이 강할수록, 여성에 대한 적대감이 많을수록, 대인 관계에 있어 폭력의 허용 정도가 높을수록 강간 통념 수용도가 높다.
- 성범죄 가해자들은 피해자들에 대한 편향된 태도를 적극적으로 활용하여 오히려 피해자를 탓함으로써 이를 자신의 범죄 행위에 대한 정당화의 수단으로 삼는다.
- 우리 사회에 만연한 강간 통념은 피해자들로 하여금 범죄 피해 신고를 주저하게 만들고, 그 결과 강간 범죄자들이 검거되거나 처벌받지 않고 지속적으로 재범을 하여 궁극적으로 성범죄가 근절되지 못하는 하나의 원인으로 작용한다.
- 사회 심리학적 지식을 바탕으로 집단이 개인의 범죄 행위 유발에 기여하는 요인을 밝히고, 범죄자의 행동을 변화시켜 범죄를 예방하는 데 기여할 수 있다.

참고문헌 References

고재홍·지영단 (2002). 청소년의 음란물 접촉과 잘못된 강간통념 수용간의 매개변인과 조정 변인의 역할. *청소년 상담연구지, 10*, 87-105.

권희경·장재홍 (2003). 청소년 성피해자들의 성폭력 인식과 자기손해적 성행동. *한국심리학회지: 여성, 8*, 35-47.

김범준 (2007). 강간범죄에 대한 위험도 인식과 가치판단에 관한 연구: 남녀차이. *한국심리학회지: 사회 및 성격, 21*, 57-73.

김은경·최수형·박정선 (2009). *2008년 한국의 범죄피해에 관한 조사연구*. 서울: 한국형사정책연구원.

김은지·박지선 (2011). 성폭력 피해자와 가해자에 대한 일반인들의 태도: 성역할에 대한 인식과의 관계를 중심으로. *한국심리학회지: 법정, 2(2)*, 171-183.

김정인·손영미·김효창 (2006). 성별 및 성희롱 경험에 따른 성희롱 통념과 성역할 관련 태도들 간의 관계. *한국심리학회지: 여성, 11*, 131-149.

대검찰청(2013). *2013 범죄분석*. 서울: 대검찰청.

박지선·김정희 (2011). 성폭력 피해자에 대한 경찰의 인식이 가해자 처벌 판단에 미치는 영향. *피해자학연구, 19(2)*, 77-96.

박지선·서윤정 (2010). 윤간에서의 범죄 현장 행동 분석: 단독 범행과의 비교를 중심으로. *한국경찰연구, 9*, 67-88.

신의진·오태성·이영준·송원영·이경숙·유은희 (2005). 성범죄 청소년의 정신사회적 특징: 일반범죄 청소년과의 비교. *한국아동심리재활학회지, 9*, 39-52.

연합뉴스 (2011, 10, 10). 밀양의 여중생을 잔인하게 짓밟고, 그들은 무탈하게 살고 있었다. *연합뉴스*.

윤병해·고재홍 (2006). 양가적 성차별 태도에 따른 성폭력 피해자에 대한 비난 차이: 강간통념의 매개효과. *한국심리학회지: 여성, 11*, 1-19.

이건호·강혜자 (2009). 강간통념 수용도, 성역할 태도 및 음란물 접촉 간의 관계, *한국심리학회지: 사회문제, 11*, 23-40.

이석재 (1999). 강간통념척도의 개발과 타당도 검증. *한국심리학회지: 사회 및 성격, 13*, 131-148.

이석재·최상진 (2001). 강간통념수용도에 따른 성행동, 성폭력 및 성폭행 사건 지각. *한국심리학회지: 사회 및 성격, 15*, 97-116.

이승준 (2008). '밀양 여중생 성폭행 사건'의 국가배상청구를 통해 본 경찰수사에 관한 소고. *법학연구, 18*, 295-314.

이정교·서영남·최수진 (2009). 한국 신문에 나타난 강간보도의 통시적 분석-강간 통념과 양가적 성차별주의를 중심으로. *한국언론정보학보, 45*, 425-549.

전영실·강은영·박형민·김혜정·황태정·정유희 (2007). *성폭력범죄의 유형과 재범 억제방안.* 서울: 한국형사정책연구원

최인섭·전영실·이종택 (1991). *강간범죄의 실태에 관한 연구.* 서울: 한국형사정책연구원.

Abel, G. G., Becker, J. V., & Cunningham-Rathner, J. (1984). Complications, consent and cognitions in sex between children and adults. *International Journal of Law and Psychiatry, 7*, 89-103.

Amir, M. (1971). *Patterns in Forcible Rape.* Chicago: University of Chicago.

Bartol, C. R. & Bartol, A. M. (2008). *Criminal Behavior: A psychosocial approach (8th ed.).* New Jersey: Pearson Prentice Hall.

Ben-David, S. & Schneider, O. (2005). Rape perceptions, gender role attitudes, and victim-perpetrator acquaintance. *Sex Roles: A Journal of Research, 55*, 385-402.

Blackburn, R. (1993). *The Psychology of Criminal Conduct.* Chichester: Wiley.

Brady, E. C., Chrisler, J. C., Hosdale, D. C., Osowiecki, D. M., & Veal, T. A. (1991). Date rape: Expectations, avoidance strategies, and attitudes toward victims. The *Journal of Social Psychology, 13*, 427-429.

Brownmiller, S. (1975). *Against our will: Men, women, and rape.* New York: Simon and Schuster.

Bunting, A. B. & Reeves, J. B. (1983). Perceived male sex orientation and beliefs about rape. *Deviant Behavior, 4*, 281–295.

Burt, M. R. (1980). Cultural myths and supports for rape. *Journal of Personality and Social Psychology, 38*, 217–230.

Burt, M. R. (1983). Justifying personal violence: A comparison of rapists and the general public. *Victimology: An International Journal, 8*, 131–150.

Cartwright, D. & Zander, A. (1968). *Group Dynamics: Research and Theory.* New York: Harper & Row.

Check, J. V. P. & Malamuth, N. M. (1985). An empirical assessment of some feminist hypotheses about rape. *International Journal of Women's Studies, 8*, 414–423.

Donald, I. & Wilson, A. (2000). Ram raiding: Criminals working in groups. In D. Canter & L. J. Alison (Eds.), *The social psychology of crime: Groups, teams, and networks* (pp. 189–246). Aldershot, England: Ashgate.

Ellis, A. L., O'Sullivan, C. S., & Sowards, B. A. (1992). The impact of contemplated exposure to a survivor of rape on attitudes toward rape. *Journal of Applied Social Psychology, 22*, 889–895.

Feild, H. S. (1978). Attitudes toward rape : A comparative analysis of police, rapists, crisis, counselors, and citizens. *Journal of Personality and Social Psychology*, *36,* 156–179.

Festinger, L., Pepitone, A., & Newcomb, T. (1952). Some consequences of deindividuation on a group. *Journal of Abnormal and Social Psychology, 47*, 382–389.

Forbes, G. B., Adams-Curtis, L. E., & White, K. B. (2004). First- and second-generation measures of sexism, rape myths and related beliefs, and hostility toward women. *Violence Against Women, 10*, 236–261.

Frazier, P. A. (1990). Victim attributions and post-rape trauma. *Journal of Personality and Social Psychology, 59*, 298–304.

Groth, A. N. & Birnbaum, H. J. (1979). Men who rape: *The psychology of the offender*. New York: Plenum.

Haywood, T. W., Grossman, L. S., & Kravitz, H. M. (1994). Profiling psychological distortions in alleged child molesters. *Psychological Reports, 75*, 915–927.

Hazelwood, R. R. (2001). Analyzing the rape and profiling the offender. In R. R. Hazelwood & A. W. Burgess(Eds), *Practical aspects of rape investigations* (pp. 133–164). Boca Raton: CRC Press.

Kanin, E. J. (1984). Date rape: Unofficial criminals and victims. *Victimology, 9*, 95–108.

Katz, B. L. & Burt, M. R. (1988). Self–blame in recovery from rape: Help or hinderance? In A. W. Burgess(Ed.), *Rape and Sexual Assault II* (pp. 151–168). New York: Garland.

Klein, M. W. & Maxson, C. L. (1987). Street gang violence. In M. E. Wolfgang, & N. Weiner (Eds.), *Violent crime, violent criminals* (pp. 198–234). Beverly Hills, CA: Sage.

Koss, M. P., Leonard, K. E., Beezley, D. A., & Oros, C. J. (1985). Nonstranger sexual aggression: A discriminant analysis of the psychological characteristics of undetected offenders. *Sex Roles, 12*, 981–992.

Krahe, B. (1988). Victim and observer characteristics as determinants of responsibility attributions to victims of rape. *Journal of Applied Social Psychology, 18*, 50–58.

Latané, B. & Darley, J. (1970). The unresponsive bystander: *Why doesn't he help?* New York: Appleton–Century–Crofts.

Le Bon, G. (1895). *The Crowd*. France: Psychologie des foules.

Lerner, M. J. (1980). *The belief in a just world: A fundamental delusion*. New York: Plenum.

Lonsway, K. A. & Fitzgerald, L. F. (1994). Rape myths: In review. *Psychology of Women Quarterly, 18*, 133–164.

Lottes, I. L (1988). Sexual Socialization and Attitudes toward Rape. In A. W. Burgess (Ed.), *Rape and Sexual Assault II* (pp. 193–220). New York: Garland.

Malamuth, N. M., Sockloskie, R. J., Koss, M. P., & Tanaka, J. S. (1991). The characteristics of aggressors against women: Testing a model using a national sample of college students. *Journal of Consulting and Clinical Psychology*, 59, 670–681.

Marshall, W. L., Anderson, D., & Fernandez, Y. (1999). *Cognitive behavioral treatment of sexual offenders*. Toronto: Wiley.

Meyer, C. B. & Taylor, S. E. (1986). Adjustment to rape. *Journal of Personality and Social Psychology, 50,* 1226–1234.

McCluskey, K. & Wardle, S. (2000). The social structure of robbery. In D. Canter & L. J. Alison (Eds.), *The social psychology of crime: Groups, teams, and networks* (pp. 247–286). Aldershot, England: Ashgate.

McMahon, S., & Farmer, G. L. (2011). An updated measure for assessing subtle rape myths. *Social Work Research, 35*(2), 71–81.

Muehlenhard, C. L. & MacNaughton. J. S. (1988). Women's beliefs about women who 'lead men on'. *Journal of Social and Clinical Psychology 7,* 65–79.

Norris, J. & Cubbins, L. A. (1992). Dating, drinking, and rape: Effects of victim's and assailant's alcohol consumption on judgments of their behavior and traits. *Psychology of Women Quarterly, 16*, 179–191.

Payne, D. L., Lonsway, K. A., & Fitzgerald, L. F. (1999). Rape myth acceptance: Exploration of its structure and its measurement using the Illinois rape myth acceptance scale. *Journal of Research in Personality, 33*(1), 27–68.

Peterson, Z. D. & Mulenhard, C. L. (2004). Was it rape? The function of women's rape myth acceptance and definitions of sex in labeling their own experiences. *Sex Roles: A journal of Research, 51*, 129–144.

Pogrebin, M., Poole, E., & Martinez, A. (1992). Accounts of professional misdeeds: The sexual exploitation of clients by psychotherapists. *Deviant Behavior, 13*, 229–252.

Porter, L. E. & Alison, L. J. (2001). A partially ordered scale of influence in violent group behavior: An example from gang rape. *Small Group Research, 32*, 475–497.

Postmes, T. & Spears, R. (1998). Deindividuation and antinormative behavior: A meta-analysis. *Psychological Bulletin, 123*, 238–259.

Quackenbush, R. L. (1989). A comparison of androgynous, masculine sex-typed, and undifferentiated males on dimensions of attitudes toward rape. *Journal of Research in Personality, 23*, 318–342.

Reiss, A. J. (1988). Co-offending and criminal careers. In M. Tonry & N. Morris(Eds.), *Crime and Justice: A Review of Research, 10*. Chicago: University of Chicago Press.

Scully, D. (1990). *Understanding sexual violence: A study of convicted rapists*. Boston: Unwin Hyman.

Scully, D. & Marolla, J. (1984). Convicted rapists' vocabulary of motive: Excuses and justifications. *Social Problems, 31*, 530–544.

Scully, D. & Marolla, J. (1985). "Riding the bull at Gilley's": Convicted rapists describe the reward of rape. *Social Problems, 32*, 251–262.

Sykes, G. & Matza, D. (1957). Techniques of neutralization: A theory of delinquency. *American Sociological Review, 22*, 664–670.

Terry, K. J. (2006). *Sexual offenses and offenders*. California: Thomson Wadsworth.

Williams, L. M. & Finkelhor, D. (1990). The characteristics of incestuous fathers: A review of recent studies. In W. L. Marshall, D. R. Laws,

& H. E. Barbaree (Eds.), *Handbook of Sexual Assault: Issues, Theories, & Treatment of the Offender* (pp. 231–255). New York: Plenum Press.

Wright, R. & West, D. J. (1981). Rape: A comparison of group and lone assaults. *Medicine, Science and the Law, 21*, 25–30.

Zimbardo, P. G. (1969). The human choice: Individuation, reason and order versus deindividuation, impulse and chaos. In W. J. Arnold & D. Levine (Eds.), *Nebraska Symposium on Motivation*. Lincoln: University of Nebraska Press.

제 3 장

범죄와 임상심리학

Contents

- 들어가며
- 정신 장애에 의한 국외 범죄 사례
- 정신 장애에 의한 국내 범죄 사례 – 조현병(정신분열증)
- 정신 장애에 의한 국내 범죄 사례 – 우울증
- 성범죄와 정신 장애 – 성도착(paraphilia)
- 성도착 관련 살인 사건 사례
- Psychopathy(정신병질) – 정의와 특성
- 정신병질의 측정 – PCL-R(Psychopathy Checklist-Revised)
- 정신병질과 반사회적 성격 장애

Questions

1. 정신 장애와 범죄와는 어떠한 관련이 있을까?
2. 조현병(정신분열증)과 우울증(주요 우울 장애), 성도착의 진단 기준은 무엇인가?
3. '사이코패스' 하면 가장 먼저 떠오르는 것은 무엇인가?
4. 사이코패시(정신병질)와 반사회적 성격 장애는 동일한 개념인가?

Objectives

1. 정신 장애와 범죄와의 관계에 대한 통합적인 지식을 넓히고, 특히 조현병(정신분열증)과 우울증이 범죄 발생에 영향을 미친 사례에 대해 학습한다.
2. 성도착의 정의와 하위 유형을 학습한다.
3. 사이코패스의 진단 기준과 특성을 이해한다.
4. 사이코패시(정신병질)와 반사회적 성격 장애의 차이를 이해한다.

Chapter 03

범죄와 임상심리학

들어가며

범죄 행동과 가장 관련성이 높은 정신 장애에는 다양한 정신 장애 중 가장 심각한 장애로 여겨지는 조현병(정신분열증), 우울증과 같은 기분 장애, 반사회적 성격 장애 등이 포함된다(김중술·유성진, 2001; Bartol & Bartol, 2008). 그러나 심각한 정신 장애가 존재하여 범죄자가 이로 인해 직접적으로 망상에 시달리지 않는 한, 정신 장애와 범죄 행동 간의 관련성은 거의 대부분의 경우 간접적이다(DeCoster & Heimer, 2001; Schlesinger, 2004; Silver, 2002). 다시 말해서 조현병, 양극성 장애 혹은 다른 심각한 정신 장애를 가진 사람들이 폭력적인 범죄를 저지를 가능성이 높다는 고정관념은 대중들 사이에서 오랫동안 지속되어 왔으나(Monahan, 1981), 일반적으로 관련 연구들은 이를 지지하고 있지 않다. 사실상 대부분의 정신 질환자들은 비폭력적이고(Blackburn, 1993; Monahan, 1992), 범죄를 저지르지 않으며(Engel & Silver, 2001; Rabkin, 1979), 범죄자가 과거에 정신 장애를 앓았는지의 여부가 앞으로의 범죄 행동의 위험성을 평가하는 데 유용한 기준이 되지는 않는다(Bonta, Law, & Hanson, 1998).

그럼에도 불구하고, 정서적 문제나 이상 성격 및 부적응, 정신 장애의 평가와 치료 등에 대한 연구 분야인 임상 심리학은 조현병이나 우울증 등의 정신 장애와 폭력적 행동과의 연관성을 밝히고, 범죄자들에 대한 치료 효과를 증진시키는 데 기여할 수 있다는 점에서 범죄와 범죄자를 이해하는 데 필수적으로 중요하다고 할 수 있다. 다시 말해서 임상 심리학적 지식을 바탕으로 범죄자의 심리적, 병리적 특성을 분석하고, 사회 부적응이나 범죄 행위 유발에 기여하는 요인을 밝혀 범죄 행동에 대한 이해를 높여, 궁극적으로 범죄자를 치료하고 그 행동을 변화시켜 범죄를 예방하는 데 기여할 수 있다.

본 장에서는 우선 여러 정신 장애 가운데에서도 조현병과 우울증을 중심으로 국내외 실제 관련 범죄 사례를 각각 살펴보았다. 또한 성범죄와 관련이 있는 정신 장애인 성도착(paraphilia)적 증상에 대해 자세히 살펴보고, 이를 성도착 관련 국내 살인 사건 사례를 통해 되짚어 보았다. 그러고 나서, 최근 범죄심리학 분야에서 크게 주목받고 있으며 범죄 행동과 밀접한 관련이 있는 것으로 알려진 정신병질(Psychopathy)의 특성과 정신병질 성향 평가(Psychopathy Checklist-Revised; PCL-R)에 대해서 알아본 뒤, 마지막으로 정신병질과 반사회적 성격장애(Antisocial Personality Disorder) 사이에는 어떠한 공통점과 차이점이 있는지를 살펴보았다.

정신 장애에 의한 국외 범죄 사례

미국정신의학회(American Psychiatric Association: APA)가 발간하는 정신 장애 진단 및 통계 편람(Diagnostic and Statistical Manual of Mental Disorders; DSM-5: APA, 2013)에 포함되어 있는 다양한 정신 장애 가운데에서, 조현병과 우울증(주요 우울 장애)이 범죄의 발생에 상당한 영향을 미친 사건이 2001년 미국에서 발생했다. 여기에서는 우선 Andrea Yates라는 여성이 자신의 다섯 아이를 모두 살해한 사건에 대해 살펴보고, 이후 범죄자의 조현병이나 우울증이 범행 발생의 원인으로 작용한 국내의 사건들에 대해서도 살펴볼 것이다.

1. 범죄자 배경 정보

Andrea Kennedy Yates는 1964년 7월 2일, 텍사스 주 휴스턴에서 태어났다. 그녀는 1982년 휴스턴 시의 Milby 고등학교를 졸업한 뒤, Texas 대학에 가서 간호사가 되었다. 그녀는 25세 때 Russell Yates를 만났고, 수년 간에 걸친 교제 끝에 그들은 1993년 결혼했다.

Russell과 Andrea는 총 다섯 명의 아이를 낳았다. 네 번째 아이를 가진 이후에 Andrea는 처음으로 자살을 시도했고, 이때 그녀는 주요 우울 장애 진단을 받았다. 이후 또다시 자살을 시도했고, 남편에게 죽게 해달라고 간청하기도 했다. 의사들은 Andrea의 정신질환이 심화될 가능성 때문에 더 이상 임신을 하지 않을 것을 권고했으나, 그녀는 이후 다섯 번째 아이를 임신하게 되었다.

2. 피해자 배경 정보

피해자는 총 다섯 명으로, Russell과 Andrea가 함께 낳은 아이들이었다. 첫째인 Noah Yates는 사망 당시 7세였고, 둘째 John은 당시 5세, 셋째인 Paul은 3세, 넷째 Luke는 2세였으며, 유일한 딸이자 막내였던 Mary는 사망 당시 겨우 생후 5개월에 불과했다.

그림 1. Andrea Yates와 그녀의 가족

3. 범행 특성

2001년 4월 20일 아침, Andrea는 아이들에게 아침 식사를 주고 나서 오전 9시 경 남편이 출근하는 것을 지켜보았다. 이윽고 그녀는 욕조에 물을 받고 Mary를 욕실로 데리고 간 다음, 나머지 아이들을 한 명씩 욕실로 불렀다. 첫째인 Noah를 제외한 세 소년은 그곳에서 차례로 죽었는데, 이들은 저항했지만 Andrea에게 대항할만한 힘이 없었다. 아들들을 익사시킨 다음, 그녀는 아이들을 담요로 덮어 침대 위에 놓았다. 그녀가 세 아들을 살해하는 동안 Mary는 욕실에서 울고 있었다.

그녀는 그다음 Mary를 욕조에 놓아두어 익사시키고, 시신이 욕조 안에서 둥둥 떠오르도록 내버려 두었다. 그녀는 그다음 Noah를 욕실로 불러들였는데, Noah는 무언가가 잘못되었다는 것을 알아채고 달아나려 하였으나 Andrea가 그를 뒤쫓아 가서 붙잡았다. Andrea는 Noah의 시신을 아이들의 배설물과 토사물이 들어있는 욕조에 남겨두고, Mary를 침대 위에 다른 아이들과 함께 뉘어 놓았다.

Noah를 살해한 후에 Andrea는 911에 전화를 걸어 경찰을 불렀고, 그다음에는 남편에게 전화를 걸어 집에 오라고 했다. 경찰은 도착 직후 눈을 뜬 채로 침대에 뉘어져 있는 네 아이들을 발견했고, 욕조에 죽은 채로 놓여 있는 Noah의 시신 또한 발견했다.

4. 범행 동기

왜 아이들을 죽였는지 질문을 받자, 그녀는 자신이 나쁜 엄마이기 때문이라고 대답했다. 그녀는 아이들을 살려두면 그들이 앞으로 죄 많은 삶을 살 것이기 때문에 자신이 어쩔 수 없이 죽여야만 했고, 그것이 곧 아이들을 위한 길이라고 믿었다고 진술했다. 그녀는 결국 고의로 아이들의 죽음을 야기한 죄로 살인죄로 체포되었다.

Andrea는 집안에 양극성 장애와 우울증 등 오래된 정신병 관련 가족력이 있었다. 첫째인 Noah를 임신한 이후, 그녀는 누군가가 칼에 찔리는 폭력적인 생각에 사로잡혔고, 사탄이 그녀에게 말을 한다고 믿었다. 그러나 그녀는 이러한 생각들을 다른 사람에게는 일절 말하지 않았으며, 다만 성경을 읽는 것에서 위안을 받았다.

1999년, Andrea는 약물 과다복용으로 첫 번째 자살을 시도했고, 이때 주요 우울 장애 진단을 받았다. 우울증을 치료하기 위한 약을 처방받았지만, 수유를 위해 그녀는 약을 복용하지 않았다. 이후에는 조현병 치료 약물을 처방받았으나, 그녀는 역시 거부했다. 그녀는 계속해서 환청을 들었고, 자해 행위를 하기 시작했다. 한 번은 자신의 목에 칼을 갖다 대고 있는 그녀를 남편인 Russell이 집에서 발견한 적도 있었다.

결국 2006년 7월 9일, Andrea는 정신 이상을 이유로 무죄 판결을 받았다.

정신 장애에 의한 국내 범죄 사례 – 조현병(정신분열증)

Andrea Yates는 사탄이 그녀에게 말을 한다고 믿었으며, 계속해서 환청을 들었고, 자해 행위를 하다가 끝내 자신의 다섯 아이들을 모두 살해했다. 국내에서도 조현병을 앓고 있던 한 남성(황○○, 53세)이, "널 죽이겠다. 다만 사람들을 많이 죽이면 널 살려 주겠다"는 환청을 듣고 총 11명의 어린이들에게 무차별적으로 칼을 휘둘러 중경상을 입힌 사건이 있었다(경찰청, 2009).

2002년 9월, 서울 소재 한 어린이집 식당에서, 지나가던 황○○가 갑자기 들어와 주방에 있던 칼로 아이들을 마구 찔렀다. 황○○는 5년 전부터 조현병을 앓아 왔는데, 사건 발생 전날 밤 누군가가 자신을 죽이겠다고 속삭였고, 아침에는 "아이들을 죽이면 살려 주겠다"는 환청이 들려 범행을 저지른 것으로 드러났다(경찰청, 2009).

이 외에도 자신의 강도 범행이 '하나님과의 언약'이라는 망상을 가지고 환청 증세를 보이던 김○○(남, 21세, 강도 등 전과 5 범)이, 금품 강취를 목적으로 칼과 쇠파이프 등을 소지하고 부유층 주거지 등에 침입하여 피해자를 무차별적으로 폭행하여 살해한 사건이 있었다(서울지방경찰청, 2010). 김○○의 경우 2000년과 2001년에 두 차례 조현병 치료를 받은 적이 있는 등 오랜 기간 동안 조현병을 앓아온 것으로 드러났다(서울지방경찰청, 2010).

조현병 환자들은 정서적, 인지적, 사회적으로 다양한 형태의 증상을 나타낸다(원호택·이훈진, 2009). 우선, 누군가가 자신을 해치려 한다거나(피해망상), 자신이 극도로 위대한 존재라고 믿는 등(과대망상), 객관적인 증거가 없음에도 불구하고 그것이 사실이라고 믿는, 이치에 맞지 않는 그릇된 생각을 지칭하는 망상이 대표적인 증상 가운데 하나이다(원호택·이훈진, 2009). 또한 외부 자극이 존재하지 않는데도 특정한 소리를 듣는 환청도 조현병과 관련하여 흔히 나타나는 증상이다(원호택·이훈진, 2009). 이 외에도 조현병 환자들은 일정 기간 이상 동안 주의를 집중할 수 없거나 와해된 언어와 사고를 보이고, 상황에 맞지 않는 감정을 표현하거나 무미건조한 정서 반응을 보이는 등 다양한 증상을 보인다(원호택·이훈진, 2009).

미국정신의학회가 발간한 정신 장애 진단 및 통계 편람(DSM-5: APA, 2013)에 따르면, 조현병의 진단 기준은 다음과 같다.

조현병(정신분열증)의 진단 기준(DSM-5: APA, 2013)

A. 다음 증상 중 둘(혹은 이상)이 1개월의 기간(성공적으로 치료되면 그 이하) 동안의 상당 부분의 시간에 존재하고, 이들 중 최소한 하나는 망상, 환각 또는 와해된 언어 증상이어야 한다.
1) 망상
2) 환각
3) 와해된 언어(예: 빈번한 탈선 혹은 지리멸렬)
4) 극도로 와해된 또는 긴장성 행동
5) 음성증상(예: 감퇴된 감정 표현 혹은 무의욕증)

B. 장애의 발병 이래 상당 부분의 시간 동안 일, 대인관계 혹은 자기 관리 같은 주요 영역의 한 가지 이상에서 기능 수준이 발병 전 성취된 수준 이하로 현저하게 저하된다(혹은 아동기 또는 청소년기에 발병하는 경우, 기대 수준의 대인관계적·학문적·직업적 기능을 성취하지 못함).

C. 장애의 지속적 징후가 최소 6개월 동안 계속 된다, 이러한 6개월의 기간은 진

단기준 A에 해당하는 증상(예: 활성기 증상)이 있는 최소 1개월(성공적으로 치료되면 그 이하)을 포함해야 하고, 전구 증상이나 잔류 증상의 기간을 포함할 수 있다. 이러한 전구 기나 잔류기 동안 장애의 징후는 단지 음성 증상으로 나타나거나, 진단기준 A에 열거된 증상의 2가지 이상이 약화된 형태(예: 이상한 믿음, 흔치 않은 지각 경험)로 나타날 수 있다.

D. 조현정동장애와 정신병적 양상을 동반한 우울 또는 양극성 장애는 배제된다. 왜냐하면 1) 주요 우울 f 또는 조증 삽화가 활성기 증상과 동시에 일어나지 않기 때문이거나, 2) 기분 삽화가 활성기 증상 동안 일어난다고 해도 병의 활성기 및 잔류기 전체 지속 기간의 일부에만 존재하기 때문이다.

E. 장애가 물질(예: 남용약물, 치료약물)의 생리적 효과나 다른 의학적 상태로 인한 것이 아니다.

F. 자폐스팩트럼장애나 아동기 발병 의사소통장애의 병력이 있는 경우, 조현병의 추가 진단은 조현병의 다른 필요 증상에 더하여 뚜렷한 망상이나 환각이 최소 1개월(성공적으로 치료되면 그 이하) 동안 있을 때에만 내려진다.

정신 장애에 의한 국내 범죄 사례 - 우울증

Andrea Yates와 마찬가지로, 국내에서도 출산 후 극심한 우울증에 시달리던 한 여성(박○○, 29세)이 태어난 지 갓 한 달이 된 자신의 딸(유○○)을 가방에 넣어 방치하여 사망에 이르게 한 사건이 있었다(경찰청, 2009).

2007년 4월, 퇴근한 박○○의 남편이 딸의 소재를 찾을 수 없고, 부인이 답을 하지 못하고 횡설수설하여 119에 신고하였다. 이후 소방관 등이 수색 중 거실에 있던 여행용 가방 안에 들어있는 피해자의 시신을 발견하였다. 박○○의 우울증 증세는 18개월 전 아들을 출산한 뒤, 다시 1개월 전 피해자를 출산한 이후로 두드러지게 심각해진 것으로 알려졌다.

우울증은 정서적, 인지적, 행동적으로 다양한 증상을 동반한다. 우선 슬픔과 공허감, 무가치감이 지속되는 정서 상태로 인해 매사에 흥미를 잃고 인생이 허무하게 느껴지며, 그 결과 삶에 대한 의욕을 잃어 전반적으로 생활이 침체된다(권석만, 2009). 또한 자신을 열등한 사람으로 여기는 자기 비하적 사고와 세상에 대한 비관적 인식으로 인해 미래에 대한 절망을 보여 자살에 대한 생각이 많아지고, 심한 경우에는 망상적 사고(자신의 죄에 대한 자책이나 타인으로 인한 피해망상)가 나타나기도 한다(권석만, 2009). 또한 행동적 측면에서도 일을 시작하지 못하고 계속 미루거나, 전반적으로 활동량이 저하되고 사회적으로 위축된 모습을 보인다(권석만, 2009).

정신 장애 진단 및 통계 편람(APA, 2013)에 따르면, 주요 우울 장애의 진단 기준은 다음과 같다.

주요 우울 장애의 진단 기준(DSM-5: APA, 2013)

A. 다음의 증상 가운데 5가지(또는 그 이상)의 증상이 2주 연속으로 지속되며 이전의 기능 상태와 비교할 때 변화를 보이는 경우, 증상 가운데 적어도 하나는 (1) 우울 기분이거나 (2) 흥미나 즐거움의 상실이어야 한다.
주의점: 명백한 다른 의학적 상태로 인한 증상은 포함되지 않아야 한다.

1. 하루 중 대부분 그리고 거의 매일 지속되는 우울 기분에 대해 주관적으로 보고(예: 슬픔, 공허감 또는 절망감)하거나 객관적으로 관찰됨(예: 눈물 흘림) (주의점: 아동, 청소년의 경우는 과민한 기분으로 나타나기도 함)
2. 거의 매일, 하루 중 대부분, 거의 또는 모든 일상 활동에 대해 흥미나 즐거움이 뚜렷하게 저하됨.
3. 체중 조절을 하고 있지 않은 상태에서 의미 있는 체중의 감소(예: 1개월 동안 5% 이상의 체중 변화)나 체중의 증가, 거의 매일 나타나는 식욕의 감소나 증가가 있음(주의점: 아동에서는 체중 증가가 기대치에 미달되는 경우)
4. 거의 매일 나타나는 불면이나 과다수면
5. 거의 매일 나타나는 정신운동 초조나 지연(객관적으로 관찰 가능함. 단지 주관적인 좌불안석 또는 처지는 느낌뿐만이 아님)
6. 거의 매일 나타나는 피로나 활력의 상실

7. 거의 매일 무가치감 또는 과도하거나 부적절한 죄책감(망상적일 수도 있는)을 느낌(단순히 병이 있다는데 대한 자책이나 죄책감이 아님)
8. 거의 매일 나타나는 사고력이나 집중력의 감소 또는 우유부단함(주관적인 호소나 객관적인 관찰 가능함)
9. 반복적인 죽음에 대한 생각(단지 죽음에 대한 두려움이 아닌), 구체적인 계획 없이 반복되는 자살 사고, 또는 자살 시도나 자살 수행에 대한 구체적인 계획

B. 증상이 사회적, 직업적, 또는 다른 중요한 기능 영역에서 임상적으로 현저한 고통이나 손상을 초래한다.

C. 삽화가 물질의 생리적 효과나 다른 의학적 상태로 인한 것이 아니다.
주의점: 진단기준 A부터 C까지는 주요 우울 삽화를 구성하고 있다.

D. 주요 우울 삽화가 조현정동장애, 조현병, 조현양상장애, 망상장애, 달리 명시된, 또는 명시되지 않는 조현병 스펙트럼 및 기타 정신병적 장애로 더 잘 설명되지 않는다.

E. 조증 삽화 혹은 경조증 삽화가 존재한 적이 없다.
주의점: 조증 유사 혹은 경조증 유사 삽화가 물질로 인한 것이거나 다른 의학적 상태의 직접적인 생리적 효과로 인한 경우라면 이 제외 기준을 적용하지 않는다.

성범죄와 정신 장애 – 성도착(paraphilia)

성도착은 정신 장애 진단 및 통계 편람(DSM-5)에 기술되어 있는 일련의 변태 성욕장애들로, 비정상적인 대상(인간이 아닌 대상이나, 소아 혹은 동의하지 않는 사람 등)에 대한 강렬한 성적 환상이나 충동, 관련 행동이 반복적으로 발생하여 개인에게 있어 사회적이나 직업적으로 상당한 괴로움이나 손상을 야기하는 경우를 일컫는다(APA, 2013).

DSM-5에는 총 8개의 변태성욕장애(노출장애, 물품음란장애, 마찰도착장애, 소아성애장애, 성적가학장애, 성적피학장애, 복장도착장애, 관음장애)가 기술되어 있다(APA, 2013). 성도착적 증상들은 매우 다양해서, 일부는 피해자와 어떠한 접촉도 포함하지 않는 반면(예: 물품음란장애), 일부는 최소한의 접촉(예: 마찰도착장애)만을 포함하고, 어떤 경우는 상당한 수준의 접촉과 심지어 폭력(예: 성적가학장애)까지 포함한다(Terry, 2006). 특이한 점은, 대부분의 성도착자들은 두 가지 이상의 성도착적 증상들을 함께 나타내는 경향이 있다는 사실이다(Abel, Becker, Mittelmen, Cunninham-Rathner, Rouleau, & Murphy, 1987).

우선, 노출장애는 낯선 이에게 성기를 노출하는 행동을 통해 성적 흥분을 느끼는 경우이다. 둘째, 물품음란장애는 신발이나 속옷과 같은 무생물 물체의 사용이나 성기가 아닌 신체 부위에 대한 집착으로 성적 흥분을 느끼는 경우이다. 셋째, 마찰도착장애는 주로 밀집된 공간에서 (동의하지 않는) 누군가를 만지거나 문지르는 것으로, 본인의 성기를 피해자에게 문지르거나 손으로 피해자의 성적 부위를 접촉하는 것을 포함한다. 넷째, 소아성애장애는 사춘기 이전의 어린이(일반적으로 13세 이하)와 성적 행위를 하는 것으로 성적인 흥분에 도달하는 경우를 일컫는다. 다섯째, 성적가학장애는 상대방에게 신체적 또는 심리적 고통을 주는 행동으로 성적인 흥분에 도달하는 경우이다. 여섯째, 반대로 성적피학장애는 굴욕감을 느끼거나, 묶이거나 맞는 등 고통받는 행동을 통해 성적 흥분을 느끼는 경우이다. 일곱째, 복장도착장애는 옷을 바꿔 입음으로써 성적으로 흥분하는 경우이다. 마지막으로 관음장애는 옷을 벗고 있거나 성적인 행동을 하고 있는 사람을 몰래 관찰하며 성적 흥분을 얻는 증상으로, 피해자와의 어떠한 직접적인 성적 행위도 포함하지 않는다.

다음은 다양한 성도착적 증상을 복합적으로 보이는 한 남성이 1995년과 2001년 국내에서 저지른 두 건의 살인 사건이다.

성도착 관련 살인 사건 사례

2009년 9월, 이○○(남, 38세)는 ○○동 소재 주택가에서 불심검문에 응하던 중, 휴대폰을 두 개나 가지고 있는 점을 수상히 여긴 한 경찰에 의해 경찰서로 인계되었다. 그런데 그의 차 안에서 여성의 속옷과 등산용 칼, 수술용 장갑 등이 발견되었고, 또한 외장형 하드디스크에서 2001년 강도 살인 사건의 피해자 정○○를 포함한 사람들의 주민등록증을 촬영한 사진과 여성의 신체부위가 확대된 사진들, 속옷 사진 등이 발견되었다. ○○경찰서에서 그는 결국 다음 두 건의 범행을 모두 자백했다.

사건 1: 1995년 아차산 약수터 살인사건

1995년 서울 광진구 중곡동 아차산 인근 약수터에서 김○○(여, 58세)의 시신이 발견되었다. 발견 당시 김○○는 나체인 상태였으며, 음부에는 나뭇가지가 꽂혀 있었고, 돌로 머리를 여러 번 가격 당하여 살해된 것으로 밝혀졌다. 범행 현장에 단서가 될 만한 것은 하나도 발견되지 않았다. 김○○의 하의와 속옷이 끝내 발견되지 않아, 범인이 가져간 것으로 추정되었다.

사건 2: 2001년 광진구 화양동 강도 살인 사건

2001년 서울 광진구 화양동 소재의 한 연립주택 지하에서 정○○(여, 31세)가 살해된 채로 발견되었다. 발견 당시 음부에 화장품 용기로 훼손당한 흔적이 있었고, 범인이 손으로 목을 졸라 살해된 것으로 밝혀졌다. 범인은 살해 후 금품을 훔친 뒤 이불에 불을 지르고 달아났다. 범행 현장에 지문 등 단서가 될 만한 것은 하나도 발견되지 않았다.

범죄자 배경 정보

이○○는 중풍에 걸린 새아버지와 일용직으로 일하던 어머니 슬하의 궁핍한 가정에서, 충분한 관심이나 사랑을 받지 못한 채 육 남매 중 다섯째로 자라났다.

학교에서도 따돌림을 당하다가, 초등학교 2학년 때 아차산에서 낯 모르는 남자에게 성폭행을 당하였다. 이후 검정고시로 고등학교 졸업장을 받았고, 택배 기사, 대리운전, 인쇄업 등에 종사했고, 검거 당시 인터넷을 통한 꽃가게 개업 예정이었다. 이전에 강도(노상에서 여성의 핸드백 강취 등)와 절도, 성기를 노출하고 자위행위를 하는 공연음란 등의 범죄를 저질러 총 전과 7 범이다. 검거 당시 아내와는 2004년부터 사실혼 관계로 지내왔던 것으로 밝혀졌다.

범행 동기

1995년 아차산 약수터 살인사건의 경우, 약수터에서 세수를 하던 자신을 김○○가 나무라자 무시당했다는 느낌에 분노하여 우발적으로 저질렀다고 진술하였다. 한편 2001년 화양동 강도 살인 사건의 경우, 창문을 통해 여자 혼자 자고 있는 것을 확인하고 시정장치가 되어 있지 않은 현관문을 통해 침입하여 자고 있는 피해자를 성추행하다가, 잠에서 깬 피해자가 욕을 하며 소리를 지르자 목을 졸라 살해한 것으로 드러났다.

성도착

이○○는 8개의 주요 성도착증 가운데 대부분에 해당하는 것으로 판단된다. 우선 성기를 노출하고 자위행위를 하는 공연음란 전과가 있는 등 노출장애 증상을 보였고, 주택가에서 창문 틈으로 다른 사람을 훔쳐보거나 성행위를 하는 사람을 관찰하며 성적 흥분을 얻는 관음장애에도 해당한다. 또한 여성의 속옷을 수집하고, 두 사건 모두에서 피해자의 속옷을 절취하는 등 물품음란장애 증세도 보였고, 특히 여성의 속옷 등을 착용하고 사진을 찍는 등의 행동을 한 것은 복장도착장애에도 해당한다.

이 외에도 피해자의 음부에 나뭇가지를 꽂아 놓거나, 여성의 음부를 화장품 용기로 훼손하며 성적 쾌감을 느끼고, 실제 성범죄 혹은 살인 장면을 담은 가학적 포르노를 다수 소장하고 있었다는 점에서, 상대방에게 굴욕감이나 고통을 주는 행동으로 성적인 흥분에 도달하는 성적가학장애의 특징 또한 엿볼 수 있다.

Psychopathy(정신병질) – 정의와 특성

우리는 흔히 연쇄살인범을 지칭하거나, 잔인하고 엽기적인 방식으로 범행을 저지르는 범죄자를 지칭할 때 '사이코패스(Psychopath)'라는 용어를 사용한다. 사이코패스는 사이코패시(Psychopathy: 정신병질적 성향)를 높게 가지고 있는 사람들을 일컫는데, 즉 정신병질은 범죄 행동과 관련하여 가장 전형적으로 대중의 뇌리에 각인되어 있는 심리적 이상 상태라고 할 수 있다(Schlesinger, 2004).

정신병질이라는 개념의 역사는 사실, 상습적으로 반사회적 행동을 저지르고 일반인과는 다른 정서적, 심리적 특징을 만성적으로 나타내는 일련의 사람들을 구별하여 지칭할 필요성이 제기됨에 따라 상당히 오래전부터 논의되어 왔다(Bartol & Bartol, 2008). 예를 들어, Prichard(1835)는 지금으로부터 약 180년 전에 처음으로 "도덕적 정신이상(moral insanity)"이라는 용어를 고안했는데, 이는 지적인 능력은 온전하지만 도덕적 원칙이나 품행이 결여되어 법을 준수하는 능력이 없는 사람들을 가리키는 것이다. 또한 Koch(1888)는 태어날 때부터 가지고 있는 성격적 결함으로 인해 범죄자가 되도록 결정된 사람들이 존재하며, 이들의 타고난 정신병질적 열등성은 일탈 행위 등 여러 가지 행동 특성들을 통해 나타난다고 믿었다. 반면 Partidge(1928)는 태어날 때부터 결정된 유전적 성향보다는 잘못된 사회화의 과정이 범죄성의 발달에 기여한다고 주장하며, 이러한 범죄자들을 소시오패스(sociopath)라고 불렀다.

한편, Cleckley(1976)는 '정상인의 가면(The Mask of Sanity)'이라는 그의 저서에서, 정신병질은 사이코패스의 정서적 요소가 그의 인격의 나머지 부분과 통합되지 못했기 때문에 나타나는 정신병의 한 형태라고 주장했다. 즉, 타인과의 정서적 유대의 결여가 이들로 하여금 내적인 불편감을 초래하고, 이것이 종래에는 정신병으로 발전한다는 것이다. 여기에서 정신병은 겉으로 드러나는 것이 아니라 인격의 깊은 곳에 감춰져 있어서 쉽게 발견될 수 없는 것이다.

그림 2. Cleckley(1976)의 정상인의 가면(The Mask of Sanity)

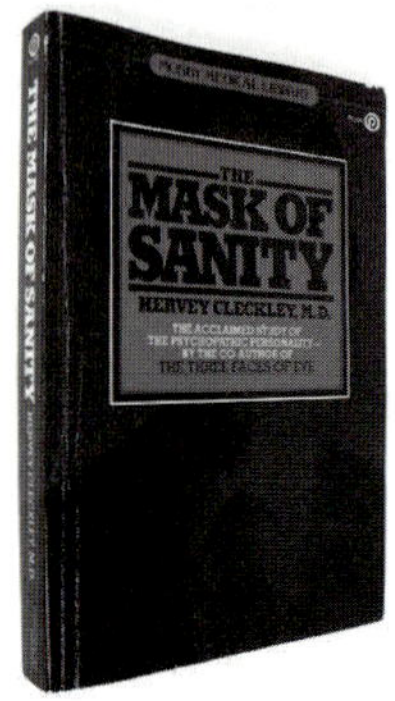

Cleckley(1976)는 사이코패스가 나타내는 여러 다양한 특징들에 대해 보다 구체적으로 기술했는데, 여기에는 책임감과 수치심의 결여, 불성실함, 평균 이상으로 좋은 지능, 정서적 미성숙, 병리적인 자기 중심성, 반사회적 행동, 대인관계에서의 무심함 등이 포함된다. 이러한 Cleckley의 이론의 영향을 받아, 정신병질적 성격을 측정하는 사이코패시 체크리스트(Psychopathy Checklist)가 Robert D. Hare 박사에 의하여 처음으로 개발되었다.

Hare(1970)는 타인에 대한 조종과 착취, 기만, 자기 중심성, 무심함, 공감 능력의 결여와 같은 정서적이고 대인 관계적인 특질과 관련이 있으며, 만성적으로 반사회적 행위를 저지르는 등 사회일탈적 생활 방식을 보이는 것과 관련 있는 복합적 개념인 정신병질(psychopathy)이라는 성격 구조를 측정하고 평가하는 방식을 개발했다. 정신병질은 상당히 지속적이며 안정적인 특성으로, 사이코패스(psychopath)라고 불리는 정신병질 성향이 높은 사람들은 자신의 목적을 달성하기 위해서 대인 관계에 있어 지배적이고 피상적인 매력을 나타내지만, 전반적으로 냉담하고 정서를 잘 느끼지 못하는 특성을 가지고 있다(Hare, 1998). 또한 기본적으로 이타심이 부족하고 자기 중심성이 두드러지며, 죄책감이 결여되어 있어 자신의 행동에 있어 결과를 고려하지 않고 충동적으로 행동하고, 필요하다면 과도한 폭력을 사용하여 범죄를 저지른다(Hart & Dempster, 1997). 또한 경험을 통해 배우는 능력이 부족하여 같은 실수를 반복해서 저지르며, 장기적이고 현실적인 통찰력이 부족한 것이 특징이다(Hare, 1970).

정신병질의 원인에 대해서 생리학적, 사회학적 접근 등 다각도에서 이를 설명하기 위한 연구가 진행되어 왔다. 우선 생리학적 이론은 뇌의 이상이나 신경학적 장애로 정신병질의 원인을 설명하는데, 예를 들어 사이코패스는 충동을 조절하고 행동을 통제하는 부분인 전두엽의 손상으로 인해 뇌의 억제 체계에 결함이 있어 충동적 행동을 자주 보이고(Morgan & Lilienfeld, 2000), 일반인들보다 훨씬 높은 수준의 자극을 추구하게 되며(Quay, 1965), 각성 수준 또한 일반인들과 큰 차이를 보여 다른 사람들이 불안해하거나 공포에 떠는 상황에서도 이러한 특성을 보이지 않아 비교적 쉽게 반사회적 행동에 이르게 된다고 설명한다(Kiehl, Smith, Mendrek, Forster, Hare, & Liddle, 2004; White, Labouvie, & Bates, 1985). 한편 사회학적 이론은 어린 시절 잘못된 사회화의 결과로 정신병질을 설명하는데, 생애 초기에 부모가 냉담하거나 거부적이어서 제대로 된 애착을 형성하지 못하고, 일관적이지 못한 양육 방식으로 아이가 불안과 혼란을 경험할 경우 정신병질적 성향이 높아질 가능성이 큰 것으로 보고 있다(Harris, Rice, & Lalumi re, 2001; Marshall & Cooke, 1999).

정신병질과 관련해서 다양한 연구들이 수행되어 왔다. 일반적으로 전체 인구 중에 사이코패스는 약 1% 정도 존재하며, 교도소에 수감 중인 범죄자들 가운데는 약 15-25%에 달하는 것으로 추정되고 있다(Hare, 1998). 또한, 사이코패스의 경우 정신병질 성향이 높지 않은 사람에 비해 범죄 경력이 더욱 광범위하고 다양하며(Hare & McPherson, 1984), 훨씬 어린 나이부터 범죄 행위를 시작한 것으로 나타났다(Hemphill, Templeman, Wong, & Hare, 1998). 다만, 사이코패스는 폭력 범죄와 더 큰 상관을 보이며, 성범죄와의 상관은 약하거나 유의미하지 않은 것으로 보고되고 있다(Douglas & Webster, 1999; Porter, Birt, & Boer, 2001). 또한 나타내는 폭력의 성격에 있어서도 잔인하고, 착취적이며 냉담한 특성이 두드러진다(Woodworth & Porter, 2002).

덧붙여, 사이코패스는 다른 범죄자들보다 비교적 재범률이 높은 것으로 알려져 있다(Serin & Amos, 1995). 예를 들어, 사이코패스의 재범률에 관한 Harris, Rice, & Cormier(1991)의 연구에서, 정신병질 성향이 높지 않은 사람들의 경우 교도소에서 석방된 후 10년 내에 21%가 다시 범죄를 저지른 반면에 사이코패스는 77% 정도가 다시 범죄를 저지른 것으로 나타났다. 특히 사이코패스는 폭력 범죄로 다시 체포되는 비율이 높은 것으로 나타났다(Rice & Harris, 1997).

정신병질의 측정 - PCL-R(Psychopathy Checklist-Revised)

정신병질은 Hare(1991)가 개발한 PCL-R(Psychopathy Checklist-Revised)을 통해 평가한다. PCL-R은 피검사자의 심리적, 행동적 특성을 기술하는 20개의 문항으로 구성되어 있는데(〈표 1〉 참조), 각 문항은 0점에서 2점 사이로 평정되며 총점은 40점이다.

PCL-R 각각의 문항에 대해서, 검사자는 피검사자의 현재 상태나 최근의 상황만을 가지고 평가해서는 안 된다(Hare, 1991). 그보다는 인생 전반에 걸쳐 일상적인 생활 영역에서 각각의 문항과 연관된 피검사자의 행동을 평가하는데, 문항의 설명이 피검사자의 행동에 전반적으로 비교적 잘 적용될 경우 2점, 어느 정도 일치하지만 예외가 많이 존재할 경우 1점, 문항과 불일치하거나 반대되는 특성이 나타날 경우 0점으로 평가한다(Hare, 1991).

표 1. PCL-R 20개의 진단 문항*

1	입심 좋음 혹은 피상적 매력(glibness/superficial charm)
2	과도한 자존감(grandiose sense of self-worth)
3	자극 추구/쉽게 지루해 함(need for stimulation/proneness to boredom)
4	병적인 거짓말(pathological lying)
5	남을 잘 속임 혹은 조작적인 경향(conning/manipulative)
6	후회나 죄책감 결여(lack of remorse or guilt)
7	얕은 감정(shallow affect)

8	냉담함 혹은 공감 능력의 결여(callous/lack of empathy)
9	기생적인 생활양식(parasitic lifestyle)
10	낮은 행동통제력(poor behavioral controls)
11	문란한 성생활(promiscuous sexual behavior)
12	아동기 문제 행동(early behavioral problems)
13	현실적, 장기적인 목표 부재(lack of realistic, long-term goals)
14	충동성(impulsivity)
15	무책임성(irresponsibility)
16	자신의 행동에 대한 책임을 지지 않으려 함(failure to accept responsibility for own actions)
17	여러 번의 단기 혼인관계(many short-term marital relationships)
18	청소년기 비행(juvenile delinquency)
19	조건부 가석방의 취소(revocation of conditional release)
20	다양한 범죄력(criminal versatility)

* 문항 각각에 대한 자세한 설명은 Hare(1991) 혹은 조은경·이수정(2008) 참조

총 20가지 문항에 대한 평가가 끝나면 합계를 내는데, 총합이 33-40점 사이일 경우 정신병질 성향이 매우 높은 5등급으로 분류되고, 25-32점 사이는 다소 높은 4등급, 17-24점 사이는 보통인 3등급, 9-16점 사이는 낮은 2등급, 마지막으로 0-8점 사이는 매우 낮은 1등급으로 분류된다(Hare, 1991).

참고

Joker – The ultimate psychopath

영화 다크 나이트(The Dark Knight, 2008)에 등장하는 Joker는 여러 가지 면에서 궁극적인 사이코패스의 전형을 보여준다. 영화 안에 등장하는 그의 몇몇 대사들은 이러한 특성을 잘 나타낸다:

"이 세상을 살아가는 데 있어 규칙 없이 사는 것이야 말로 유일하게 현명한 방식이라 할 수 있지(The only sensible way to live in this world is without rules)".

→ 여기에서 엿볼 수 있는 조커의 특성은 무책임성(Irresponsibility)으로, 전반적으로 의무감이 없으며 광범위한 삶의 영역에서 규칙과 약속을 지키지 않는 경향성을 그대로 보여준다고 할 수 있다.

“너와 너 같은 부류가 신경 쓰는 건 돈뿐이지. 그러나 이 도시는 더 격이 높은 범죄자가 나와 주어야 해. 그래서 내가 왔지!(You and your kind, all you care about is money. This city deserves a better class of criminal. And I'm gonna give it to them!)”.

→ 여기에서 엿볼 수 있는 조커의 특성은 과도한 자존감(Grandiose sense of self-worth)으로, 자신의 가치를 과장해서 생각하여 자신은 특별하며 다른 범죄자들과는 격이 다른, 우월한 사람이라는 태도를 보이고 있다.

“왜 내가 칼을 쓰는지 알고 싶나? 총은 너무 빠르거든. (사람을 죽일 때의) 그 미묘한 감정들을 모두 맛볼 수가 없단 말이지(Do you want to know why I use a knife? Guns are too quick. You can't savor all the... little emotions)”.

→ 여기에서 엿볼 수 있는 조커의 특성은 냉담함 혹은 공감 능력의 결여(Callous/lack of empathy)로, 상대방을 해칠 때 자신이 느끼는 쾌락에만 집중하고 타인의 고통에 대해서는 무관심한 태도를 보이고 있다.

그림 3. 영화 다크 나이트(The Dark Knight, 2008)의 Joker

PCL-R의 요인 구조는 〈그림 4〉에 나타난 것과 같다(Hare, 2003). 정신병질은 크게 두 가지 요인으로 구성되는데, 첫 번째는 이기적으로 타인을 이용하는 대인관계(측면 1) 그리고 무심함과 냉담함을 드러내는 정서상의 특징(측면 2)이고, 두 번째는 만성적으로 나타나는 사회일탈적 생활방식(측면 1)과 함께 다양한 반사회적 행동들(측면 2)이다(Hare, 1991). 단, 문항 11(문란한 성생활)과 17(여러 번의 단기 혼인관계)은 이 가운데 어떠한 요인과 측면에도 포함되지 않는 것으로 나타났다(Hare, 2003).

그림 4. PCL-R의 요인 구조(Hare, 2003)

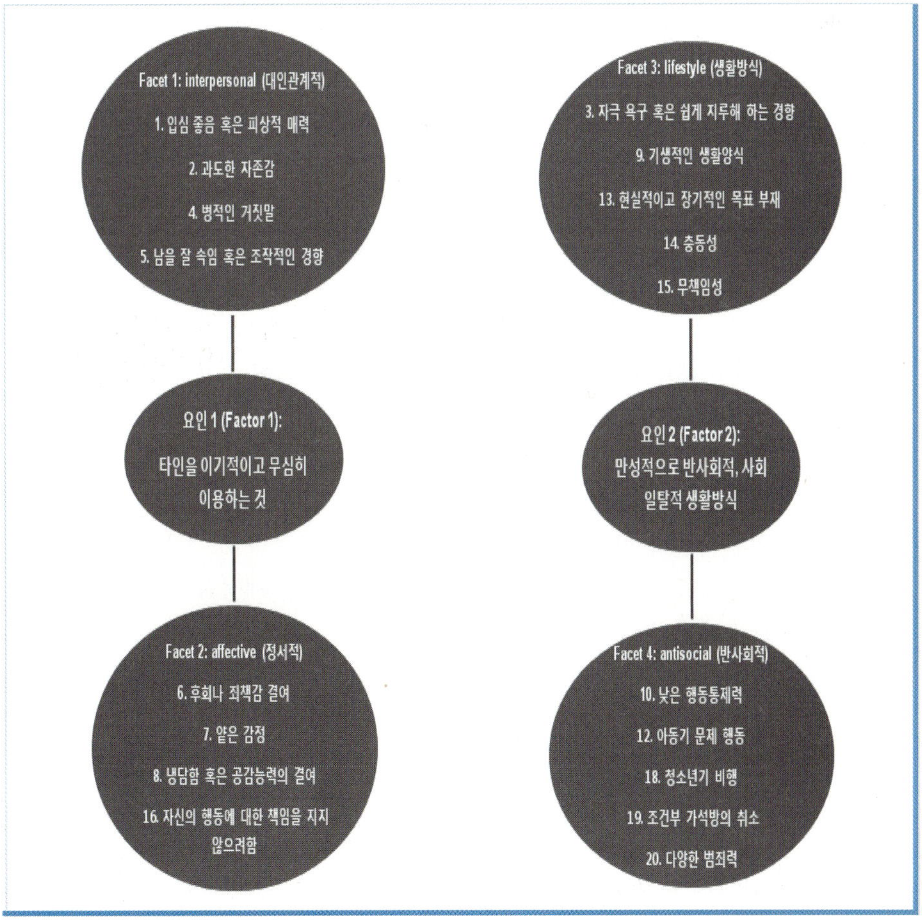

정신병질과 반사회적 성격 장애

미국 정신의학회가 발간하는 정신장애의 진단 및 통계 편람(DSM-5: APA, 2013)에서 정신병질과 가장 관련성이 높은 정신 장애는 반사회적 성격 장애(Antisocial Personality Disorder)로, 반복적인 일탈 행동, 기만, 충동성, 무책임성, 죄책감의 결여 등 정신병질의 많은 특징과 공통점을 갖는다(아래 진단기준 참조). 반사회적 성격 장애는 교도소에 수감 중인 범죄자의 약 80%가 그 기준을 충족시킨다는 연구 결과가 있을 정도로 범죄 행동과 밀접한 관련이 있다(Hare, Forth, & Stachan, 1992).

반사회적 성격 장애 진단기준(DSM-5: APA, 2013)

A. 15세 이후에 시작되고 다음과 같은 다른 사람의 권리를 무시하는 행동 양상이 있고, 다음 중 3가지(또는 그 이상)를 충족한다.

1. 체포의 이유가 되는 행위를 반복하는 것과 같은 법적 행동에 관련된 사회적 규범에 맞추지 못함
2. 거짓말을 반복하거나 가명을 사용하거나, 자신의 이익이나 쾌락을 위해 타인을 속이는 사기성이 있음
3. 충동적이거나, 미리 계획을 세우지 못함
4. 신체적 싸움이나 폭력 등이 반복됨으로써 나타나는 불안정성 및 공격성
5. 자신이나 타인의 안전을 무시하는 무모성
6. 일정한 직업을 갖지 못하거나 혹은 당연히 해야 할 재정적 의무를 책임감 있게 다하지 못하는 것 등의 지속적인 무책임성
7. 다른 사람을 해하거나 학대하거나 다른 사람 것을 훔치는 것에 대해 아무렇지도 않게 느끼거나 이를 합리화하는 등 양심의 가책이 결여됨

B. 최소 18세 이상이어야 한다.

C. 15세 이전에 품행장애가 시작된 증거가 있다.

D. 반사회적 행동은 조현병이나 양극성장애의 경과 중에만 발생되지는 않는다.

그러나 중요한 것은, 대부분의 사이코패스는 반사회적 성격 장애의 진단 기준을 충족시키지만, 반사회적 성격 장애진단을 받는 대부분의 사람들이 사이코패스는 아니라는 점이다(Hart, Forth, & Hare, 1991). 사실, 반사회적 성격 장애의 경우 주로 피평가자의 행동 양식에 집중하여 이를 충족시킬 경우 진단 기준에 부합하는 것으로 구분되지만, 정신병질 평가의 경우 행동적 측면뿐만 아니라 정서적, 인지적, 대인 관계적 측면 등 보다 폭넓은 범위에 걸쳐 진단 기준에 부합되어야 사이코패스로 분류된다(Bartol & Bartol, 2008). 그 결과, 반사회적 성격 장애의 진단 기준의 경우 중죄를 저지른 범죄자들의 대부분(50-75%)이 그에 부합한다고 볼 수 있지만, 이 진단 기준에 부합하는 범죄자들 중에서 사이코패스로 분류되는 범죄자는 약 15-25%에 불과하다(Hare, 1991).

주요 용어

KEY TERMS

조현병(정신분열증)	우울증	성도착
노출장애	물품음란장애	마찰도착장애
소아성애장애	성적가학장애	성적피학장애
복장도착장애	관음장애	사이코패스
정신병질	도덕적 정신이상	PCL-R
반사회적 성격 장애		

Summaries

- 범죄자의 심리적, 병리적 특성을 분석하고, 사회 부적응이나 범죄 행위 유발에 기여하는 요인을 밝혀 범죄 행동에 대한 이해를 높여, 궁극적으로 범죄자를 치료하고 그 행동을 변화시켜 범죄를 예방하는 데 기여할 수 있다.

- 범죄 행동과 가장 관련성이 높은 정신 장애에는 조현병이나 우울증, 반사회적 성격 장애 등이 포함된다.
- 성도착은 비정상적인 대상에 대한 강렬한 성적 환상이나 충동, 관련 행동이 반복적으로 발생하는 경우로, DSM-5에는 8개의 변태성욕장애가 있다.
- 사이코패스는 자기 중심성, 기만, 피상적 정서, 타인을 조정하려는 교묘함, 공감 능력과 죄책감 결여, 반사회적 행위 등의 특성을 보인다.
- 대부분의 사이코패스는 반사회적 성격 장애의 진단 기준을 충족시키지만, 반사회적 성격 장애의 진단을 받는 대부분의 사람들은 사이코패스가 아니다.

참고문헌 References

경찰청 (2009). *살인사건분석*. 서울: 경찰청.

권석만 (2009). *우울증*. 서울: 학지사.

김중술·유성진 (2001). 범죄자 및 범죄행동에 대한 심리학적 평가: 유용성, 방법 및 사례. *한국심리학회 춘계 심포지움 자료집*, 137-158.

서울지방경찰청 (2010). *이상동기 범죄의 이해*. 서울: 서울지방경찰청.

원호택·이훈진 (2009). *정신분열증*. 서울: 학지사.

조은경·이수정 (2008). *Hare PCL-R 제2판 전문가 지침서*. 서울: 학지사 심리검사연구소.

Abel, G. G., Becker, J. V., Mittelman, M. S., Cunningham-Rathner, J., Rouleau, J. L., & Murphy, W. D. (1987). Self-reported sex crimes of nonincarcerated paraphiliacs. *Journal of Interpersonal Violence, 2*, 3-25.

American Psychiatric Association. (2013). *Diagnostic and statistical manual of mental disorders* (5th ed.). Washington, DC: Author.

Bartol, C. R. & Bartol, A. M. (2008). *Criminal Behavior: A psychosocial *approach (8th ed.).* New Jersey: Pearson Prentice Hall.

Blackburn, R. (1993). *The psychology of criminal conduct: Theory, research and practice.* Chichester, England: Wiley.

Bonta, J., Law, M., & Hanson, K. (1998). The prediction of criminal and violent recidivism among mentally disordered offenders: A meta-analysis. *Psychological Bulletin, 123,* 123–142.

Cleckley, H. (1976). *The mask of sanity* (5th ed.). St. Louis, MO: Mosby.

DeCoster, S. & Heimer, K. (2001). The relationship between law violation and depression: An interactionist Analysis. *Criminology, 39,* 799–837.

Douglas, K. S. & Webster, C. D. (1999). The HCR-20 violence risk assessment scheme: Concurrent validity in a sample of incarcerated offenders. *Criminal Justice and Behavior, 26,* 3–19.

Engel, R. S. & Silver, E. (2001). Policing mentally disordered suspects: A reexamination of the criminalization hypothesis. *Criminology, 39,* 225–252.

Hare, R. D. (1970). *Psychopathy: Theory and Research.* New York: John Wiley & Sons.

Hare, R. D. (1991). *Hare Psychopathy Checklist–Revised* (PCL–R). Toronto, ON: Multi–Health Systems.

Hare, R. D. (1998). Psychopaths and their nature: Implications for the mental health and criminal justice systems. In T. Millon, E. Simonson, M. Burket–Smith, & R. Davis (Eds.), *Psychopathy: Antisocial, criminal, & violent behavior* (pp. 188–212). New York: Guilford Press.

Hare, R. D. (2003). *Hare Psychopathy Checklist–Revised: 2nd Edition.* Toronto, ON: Multi–Health Systems.

Hare, R. D., Forth, A. E., & Stachan, K. E. (1992). Psychopathy and crime across the lifespan. In R. Peters, R. McMahon, & V. Quinsey (Eds.), *Aggression and violence across the lifespan* (pp. 285–300). Newbury

Park, CA: Sage.

Hare, R. D. & McPherson, L. M. (1984). Violent and criminal behavior by criminal psychopaths. *International Journal of Law and Psychiatry, 7*, 35–50.

Harris, G. T., Rice, M. E., & Cormier, C. A. (1991). Psychopathy and violent recidivism. *Law and Human Behavior, 15*, 625–637.

Harris, G. T., Rice, M. E. & Lalumi re, M. L. (2001). Criminal violence: The roles of psychopathy, neurodevelopmental insults, and antisocial parenting. *Criminal Justice and Behavior. 28*, 402–415.

Hart, S. D. & Dempster, R, J. (1997). Impulsivity and psychopathy. In C. D. Webster & M. A. Jackson (Eds.), *Impulsivity: Theory, assessment and treatment* (pp. 212–232). New York: Guilford Press.

Hart, S. D., Forth, A. E., & Hare, R. D. (1991). The MCMI–II as a measure of psychopathy. *Journal of Personality Disorders, 5*, 318–327.

Hemphill, J. F., Templeman, R., Wong, S., & Hare, R. D. (1998). Psychopathy and crime: Recidivism and behavior. In D. J. Cooke, A. E. Forth, & R. D. Hare (Eds.), *Psychopathy: Theory, research, and implications for society* (pp. 375–399). Dordrecht, the Netherlands: Kluwer Academic Publishers.

Kiehl, K. A., Smith, A. M., Mendrek, A., Forster, B. B., Hare, R. D., & Liddle, P. F. (2004). Temporal lobe abnormalities in semantic processing by criminal psychopaths as revealed by functional magnetic resonance imaging. *Psychiatry Research: Neuroimaging, 130*, 27–42.

Koch, J. L. (1888). *The psychopathic inferiorities*. Revensburg, Germany: Maier.

Marshall, L. A. & Cooke, D. J. (1999). The childhood experiences of Psychopaths: A retrospective study of familial and societal factors. *Journal of Personality Disorders, 13*, 211–225.

Monahan, J. (1981). *Predicting violent behavior*. Beverly Hills, CA: Sage.

Monahan, J. (1992). Mental disorder and violent behavior: Perceptions and evidence. *American Psychologist, 47*, 511–521.

Morgan, A. B. & Lilienfeld, S. O. (2000). A meta-analytic review of the relation between antisocial behavior and neuropsychological measures of executive functioning. *Clinical Psychology Review, 20*, 113–136.

Partidge, G. D. (1928). A study of 50 cases of psychopathic personality. *American Journal of Psychiatry, 7*, 953–974.

Porter, S., Birt, A. R., & Boer, D. P. (2001). Investigation of the criminal and conditional release histories of Canadian federal offenders as a function of psychopathy and age. *Law and Human Behavior, 25*, 647–661.

Prichard, J. (1835). *A Treatise on insanity, and other disorders affecting the mind*. London: Sherwood, Gilbert and Piper.

Quay, H. C. (1965). Psychopathic personality: Pathological stimulus-seeking. *American Journal of Psychiatry, 122*, 180–183.

Rabkin, J. G. (1979). Criminal behavior of discharged mental patients: A critical appraisal of the research. *Psychological Bulletin, 86*, 1–27.

Rice, M. E. & Harris, G. T. (1997). Cross-validation and extension of the Violence Risk Appraisal Guide for child molesters and rapists. *Law and Human Behavior, 21*, 231–241.

Schlesinger, L. B. (2004). *Sexual murder: Catathymic and compulsive homicides*. Boca Raton, Florida: CRC Press.

Serin, R. C. & Amos, N. L. (1995). The role of psychopathy in the assessment of dangerousness. *International Journal of Law and Psychiatry, 18*, 231 –238.

Silver, E. (2002). Mental Disorder and Violent Victimization: The Mediating Role of Involvement in Conflicted Social Relationships. *Criminology, 40*,

191–212.

Terry, K. J. (2006). *Sexual Offenses and Offenders: Theory, Practice and Policy.* Belmont, CA; Wadsworth.

White, H. R., Labouvie, E., & Bates, M. (1985). The relationship between sensation seeking and delinquency: A longitudinal analysis. *Journal of Research in crime & delinquency, 22,* 197–211.

Woodworth, M. & Porter, S. (2002). In cold blood: Characteristics of criminal homicides as a function of psychopathy. *Journal of Abnormal Psychology, 111,* 436–445.

제 2 부

주요 범죄 유형과 심리학

제 4 장

살인

Contents

Questions

1. 우리나라에서 한 해 동안 발생하는 살인 건수는 총 몇 건일까? 또한 한 해 동안 발생한 전체 범죄 가운데 살인 범죄가 차지하는 비율은 어느 정도일까?
2. 국내 살인 범죄자의 배경 특성은 어떻게 분포되어 있으며, 범행 특성은 어떠할까?
3. 살인 범죄자에는 어떠한 유형이 있으며, 이들을 구분하는 기준과 그 차이점은 무엇일까?
4. 범죄자와 피해자 사이의 관계에 따라 살인 범행에 어떠한 차이점이 있을까?
5. 친족 살인의 원인에는 어떠한 것이 있을까?
6. 왜 남편으로부터 구타를 당하는 등 학대받는 여성들의 대다수가 남편을 떠나지 못할까?
7. 연쇄 살인의 정의는 무엇이며, 연쇄 살인범들의 특성은 어떠할까?

Objectives

1. 국내 살인 범죄자의 배경 특성과 범행 특성에 대해서 이해한다.
2. 살인 범죄자의 유형 분류 체계를 학습하고, 유형 간의 행동 및 특성에 있어서의 차이점을 이해한다.
3. 친족 살인이 발생하는 다양한 원인에 대해 학습한다.
4. 매 맞는 여성 신드롬에 대해 학습하고, 학대받는 여성이 남편을 떠나지 못하는 이유에 대해 학습한다.
5. 친족 살인의 유형 가운데 즉흥적 유형과 위장된 유형에 대해 학습하고, 그 차이점을 이해한다.
6. 연쇄 살인의 정의에 대해 이해하고, 연쇄 살인범의 특성과 유형에 대해 학습한다.

Chapter 04

살인

들어가며

살인은 인간이 인간을 대상으로 저지르는 범죄 가운데 가장 극단적으로 심각하며 흉악한 범죄라고 할 수 있다. 공식 통계에 나타난 우리나라 2023년 살인 발생 건수는 총 801건으로(대검찰청, 2024), 이는 인구 10만 명당 약 1.6명에 해당하는 수치이다. 2023년에 발생한 전체 범죄의 총 집계 건수 가운데 살인 범죄가 차지하는 비율은 약 0.05%로 큰 비중을 차지하는 것은 아니나(대검찰청, 2024), 살인이라는 범죄가 피해자의 가족과 이웃들은 물론이고 우리 사회 전체에 미치는 영향과 파급력을 생각해 볼 때, 가해자와 피해자의 배경이나 범행 동기, 범죄가 발생한 상황을 막론하고 단 한 건의 살인 사건이라도 예방하고자 하는 노력은 실로 귀중하다고 할 수 있다.

여기에서는 우선 살인 범죄자 유형 분류 체계에 대해 알아보겠다. 더불어, 범죄자–피해자 관계가 살인의 발생과 범행 동기 등에 미치는 영향을 고려하여, 다양한 범죄자–피해자 간 관계 중에서도 특히 친족 살인에 대해 중점적으로 살펴보려 한다. 마지막으로, 살인 범죄 중에서도 극히 드물게 일어나지만 사람들에게 엄청난 충격과 공포, 불안을 야기하는 연쇄 살인에 대해 알아보겠다.

살인 범죄자 유형 분류

범죄 행동을 비롯한 모든 인간 행동을 이해하는 것에 있어 가장 기본적인 첫 단계는 분류이다(Schlesinger, 2004). 그러나 인간의 행동, 그 가운데에서도 범죄 행동 중 살인과 같은 복잡한 현상은 엄격한 기준으로 구분 짓기 어렵고, 분류 체계의 경계선을 넘나드는 복합적인 사례들이 종종 존재하기 때문에 분류하기가 어려운 것이 사실이다(Schlesinger, 2004). 그럼에도 불구하고 많은 연구자들은 살인 유형에 대한 분류 체계를 발전시키기 위해 다양한 노력을 기울여왔다.

1. 임상적 관찰에 의한 분류

우선 Bromberg(1961)는 살인자들을 '정상적(normal)' 살인자들과 '정신병질적(psychopathic)' 살인자들의 두 범주로 나누었다. '정상적' 살인자가 극도의 모욕감을 느꼈을 때 그에 대한 반응으로 살인을 저지르는 사람이라면, '정신병질적' 살인자들은 일반적으로 불안정하고, 예측불가능하며 양심이 없는 사람들로, 그들의 살인은 대부분 계획성 없이 충동적으로 이루어진다. '정신병질적' 살인자의 범주에는 다양한 범죄자들이 포함되는데, 성욕이나 스릴 때문에 살인을 저지르는 사람들, 강간 후 살인을 저지르는 사람들, 알코올 중독 상태에서 살인을 저지른 사람들 등이다. 이들은 자신의 범죄를 묘사하는 데에 있어 공통적으로 정서적으로 둔감한 특징을 나타낸다.

Tanay(1969, 1972)는 살인을 '자아 동질적(ego-syntonic)', '자아 이질적(ego-dystonic)', 그리고 '정신병적(psychotic)' 살인의 세 가지 유형으로 분류했다. 자아 동질적인 살인은 본질적으로 목표 지향적인 행동인 반면, 정신병적 살인은 환각이나 망상에 대한 반응과 같은, 명백한 정신병의 결과이다. 여기에, 자아 이질적(분열적)인 살인은 지나친 도덕적 완고함을 보이며 자신의 분노를 스스로 두려워할 정도로 지나치게 발달된 초자아를 가진 사람들이, 의식으로부터 자아가

분열된 상태에서 저지르는 살인이다. Tanay(1978)는 이러한 자아 이질적 살인을 저지른 사람들은 아주 경미한 수준의 적대성이라도 표현할 능력이 거의 없다가, 일순간 갑작스럽게 통제력을 상실하고 그 결과 폭발적으로 반응하여 살인을 저지르게 된다고 설명하였다.

Halleck(1971)은 살인을 '적응적', '부적응적' 살인의 두 가지 유형으로 분류했다. 적응적 살인은 돈을 얻기 위해서, 혹은 계획을 방해하는 누군가를 제거하기 위해서와 같은 분명한 이기적인 목적을 위하여 저질러진다. 반면 부적응적 살인은 비논리적이고 목적이 결여된 상태에서, 정신병이나 약물 중독, 혹은 내적 갈등과 같은 정신 병리에 의해 야기되는 살인이다.

2. 경험적 연구에 의한 분류

1970년대 후반부터는 경험적 연구로부터 유래한 분류 체계들이 나타나기 시작했다. 예를 들어 Miller & Looney(1974)는 재범 위험성 예측에 초점을 맞춘 분류 체계를 개발했는데, 이 분류 체계는 범행 당시 가해자가 피해자를 비인격화(dehumanization)한 정도에 기반을 둔다. 여기에는 (1) 피해자들을 완전히, 영구적으로 비인격화했기 때문에 다시 살인을 반복할 위험이 상당히 높은 범죄자들, (2) 피해자들에 대한 비인격화가 부분적이고 일시적이어서 반복의 위험이 다소 높은 범죄자들, (3) 피해자들에 대한 비인격화가 일시적이고 불완전하였으며, 같이 범행을 저지른 공범들과 함께 있는 상태에서만 일어났기 때문에 향후 살인을 저지를 가능성이 낮은 사람들 등이 포함된다.

그림 1. 비인격화(dehumanization)의 예

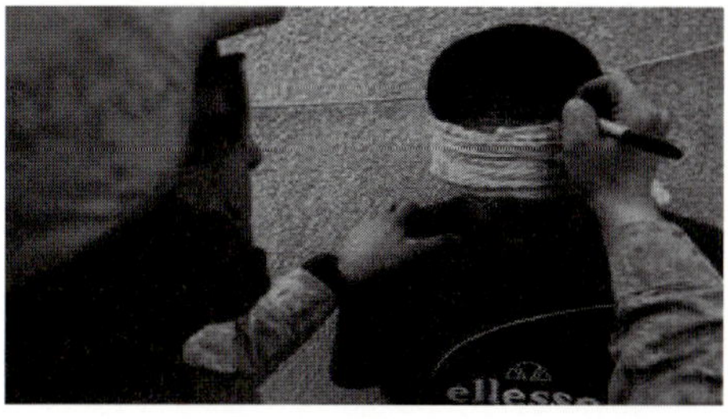

3. 수사 기관에서 제시한 살인범 유형 분류법

한편, FBI 행동과학부의 Douglas, Burgess, Burgess, & Ressler(2006)는 수사 기관의 관점에서 범죄 현장 행동 특성을 기반으로 한 살인 분류 체계를 제안하였다. 이들은 범행 동기에 기반을 두어서 살인을 크게 이윤 추구(criminal enterprise) 살인, 개인적 원인(personal cause)에 의한 살인, 성적(sexual) 살인, 집단(group cause) 살인의 네 가지 범주로 구분하였다.

우선 이윤 추구 살인에는 크게 8가지 유형이 있는데, 여기에는 청부 살인이나 유괴 살인, 보험사기 살인이나 강도 살인 등이 포함된다. 개인적 원인에 의한 살인은 가정 내 살인, 언쟁 끝에 저지른 살인, 복수심에 저지른 살인 등 총 11개 유형을 포함한다. 성적 살인에는 조직형과 비조직형, 가학형 등 8가지 유형이 있으며, 집단 살인에 포함된 것은 종교적 집단에 의한 살인이나 정치적 극단론자에 의한 살인 등 4가지 유형이다.

우리나라 경찰청(2009)에서는 사건 발생 초기 수사 방향 설정을 위해 범행 동기와 현장 특성 등을 고려하여 살인 사건의 유형을 분류하였다. 우선, 원한/치정에 의한 살인은 피해자와 가까운 관계에 있는 범죄자가 주로 저지르며, 피해자에 대한 무차별적 구타나 시신의 얼굴 가리기 등의 범행 수법에서 감정적인 측면이 돋보이는 점이 특징이다. 수사는 피해자의 가족 등 주변 인물들부터 진행하며, 범행 동기를 밝히는 것이 사건 해결에 급선무이다. 두 번째 유형은 강도나 강간 등 타범죄와 경합하여 발생하는 살인으로, 주된 범행을 저지르는 데 걸림돌이 되는 사람을 제거하기 위해 혹은 범행 후 검거를 막기 위해 살인을 저지른다. 사건 해결을 위해서는 다른 범죄의 흔적을 찾는 동시에, 강도나 강간의 흔적이 오히려 원한에 의한 살인을 위장하려는 목적은 아닌지 충분한 검토를 거쳐야 한다. 셋째는 무동기 살인으로, 전혀 모르는 사람을 상대로 하여 불분명한 동기로 살인을 저지른다. 특정한 동기가 없이 살인 그 자체가 목적인 연쇄 살인도 이 유형에 해당한다.

4. 임상적 관찰과 경험적 연구가 결합된 분류 체계

1) 표현적 살인과 도구적 살인

Dollard, Miller, Doob, Morerer, & Sears(1939)는 폭력적인 행동을 야기하는 것은 목표를 이루지 못했을 때의 좌절감이라고 주장했다. 이 좌절-공격성 가설은 공격성이 언제나 좌절의 결과이며, 그로 인한 공격적인 행동은 좌절의 직접적인 원인을 향하거나, 아니면 좌절의 원인과 일부 관련이 있는 다른 대상을 향할 수도 있다는 점을 전제로 하고 있다. Buss(1961)는 여기에서 한 걸음 더 나아가, 피해자를 해칠 의도가 있는 적대적인 공격성과 다른 목적을 위한 수단으로써 공격성을 이용하는(예: 돈을 노린 무장 강도) 도구적인 공격성을 구별했다.

Feshbach(1964)는 이를 발전시켜, 공격을 통해 얻고자 하는 가해자의 목표나 보상에 따라 공격성에는 크게 표현적(혹은 적대적인) 공격성과 도구적 공격성, 이 두 가지 유형이 있다고 주장했다. 먼저, 표현적 공격성은 모욕이나 신체적 공격, 혹은 실패나 좌절처럼 분노를 유발하는 상황에 대한 반응으로 발생한다. 여기에서 가해자의 목표는 피해자가 고통받는 것이다. 반면, 도구적 공격성은 다른 사람이 소유한 어떤 물건이나 지위에 대한 욕구에서 시작된다. 강도 사건에서 범죄자의 목표는 돈이나 금전적 가치가 있는 것들을 얻는 것이고, 피해자를 반드시 해치려는 의도는 없으나 그 과정에서 이를 방해하는 사람이 나타난다면 그 사람을 해치게 되는 것이다.

Salfati(2000)는 Feshbach(1964)의 이러한 공격성 유형 분류를 영국에서 발생한 살인 사건 현장의 행동과 범죄자의 배경 정보에 적용하여, 살인을 다음과 같이 표현적 살인과 도구적 살인의 두 가지 유형으로 구분했다.

표현적 살인

표현적 살인은 두 사람 사이에 벌어진 논쟁 끝에 분노에 차서 상대방을 살해하는 경우처럼, 상대방에 대한 부정적 감정의 표출에 초점을 맞춘 살인이다. 이 과정에서 피해자가 몸이나 머리 등 다양한 신체 부위에 여러 부상을 입는 등의 행동이 나타날 수 있다. 이러한 유형의 살인은 보통 예전부터 서로 알고 있던 범죄자와 피해자 사이에 일어나는 경우가 많으며, 범죄자가 평소 감정 통제력에 있어 문제를 보여 이전에 폭력 전과 기록이 있는 경우가 많다.

도구적 살인

도구적 살인은 피해자를 살해하는 것 그 자체가 목적이 아니라, 범죄자가 필요로 하는 물질적 혹은 성적 이익이 주된 목적이 된다. 여기서 범죄자는 피해자를 단지 자신의 목적을 달성하기 위해 제거 혹은 이용해야 할 물건이나 대상으로 여긴다. 이러한 유형의 살인을 저지르는 범죄자의 경우, 강도나 절도, 성범죄 등의 전과를 가지고 있는 경우가 많다. 목적 달성을 위해 뚜렷한 계획을 세우고 피해자에게 접근하는 경우가 많기 때문에, 범행 후 흉기나 지문을 없애는 등 범행을 은폐하려는 시도가 드러난다.

2) 계획적 살인과 우발적 살인

Erez(1980)는 신중하게 범죄를 계획하여 체계적으로 범죄에 착수하는 사람들의 행동은 충동적으로 범죄를 저지르는 사람들의 행동과는 다르다고 주장했다. 이에, Block(1999)은 범죄자가 범행을 사전에 계획한 정도에 따라서 다음과 같이 계획적 살인과 우발적 살인을 구분했다.

계획적 살인

계획적으로 저지른 살인에서, 범죄자는 범행 시간과 장소, 대상을 사전에 신중하게 선택하며, 피해자와의 상호작용에 앞서 미리 흉기를 준비하여 가지고 오거나 피해자가 도중에 도망칠 수 없도록 철저히 계획을 짠다. 살인을 저지른 후에도 이러한 계획성과 치밀함이 드러나는데, 이는 살해 장소에서 지문 등 증거를 제거하고, 피해자의 시신을 옮기고 그것을 발각되기 어려운 장소에 감추는 등의 행동을 통해 드러난다.

우발적 살인

우발적이고 즉흥적인 살인에 있어, 사건의 시간과 장소, 그리고 흉기는 그 상황에서 우연히 선택되는 경향이 있다. 범행은 갑자기 저질러지고, 범죄자는 향후 검거를 지연시키기 위한 계획이나 조치 없이 그대로 황급히 범행 현장을 떠나는 경우가 많다. 따라서 피나 정액, 지문과 같은 증거와 살해 도구가 현장에 그대로 남아 있고, 피해자의 시신 또한 사망 장소에 그대로 남아 있다.

5. 범행 동기에 근거한 살인 분류 체계(Schlesinger, 2004)

Schlesinger(2004)는 범죄자 행동의 동기에 주목하여 살인 분류 체계를 제안했다. 이 체계에서, 범행 동기는 연속선의 한쪽 극단에 있는 순수한 외적(사회적) 요인들과 또 다른 극단에 있는 순수한 내적(심인성) 요인들 사이에 분포하게 되고, 이 연속선 상에서 살인 범죄는 크게 환경적(environmental), 상황적(situational), 충동적(impulsive), 감정적(catathymic), 그리고 강박적(compulsive) 살인의 다섯 가지로 분류된다.

첫째, 환경적 살인은 정신 병리나 성격적 결함 등 개인적 요인이 원인이 되어 발생하기보다는 그 개인이 속한 사회와 환경, 혹은 집단의 영향력에 기인한 살인을 일컫는다. 평소 공격성이 높지 않은 평범한 사람들도 특정한 사회적 분위기에 휩쓸리거나 환경적인 압력을 받는다면 공격적인 방식으로 행동하기 쉽다는 것은 여러 연구에서 나타난 바 있다(Milgram, 1963; Zimbardo, 1973).

1990년 소비에트 연방이 붕괴된 이후, 발칸 반도의 많은 국가들에서 대량 살인이나 인종 학살과 같은 사건이 급증하였던 것이 이러한 예라고 할 수 있다(Schlesinger, 2004). Arendt(1966)와 Lifton(1986)은 나치의 잔악한 행위를 그 당시 사회적, 환경적 영향력으로 설명하였는데, 나치 지도자들의 행동은 개인의 정신병리적 결과이기보다는 그 당시의 종교 정책에 의해 지지된 사회적 영향력에 기인한 것이라는 설명이다(Gilbert, 1947; Ritzler, 1978). 또한 베트남 전쟁 당시 미군에 의해 행해진 살인의 경우에도, 특별히 폭력적인 성향이 높지 않았던 평범한 군인들이 단지 전쟁의 사회적 분위기와 압력으로 인하여 무고한 시민들을 비인격화시켜 대량 학살하였다(Gault, 1971).

그림 2. Nazi – 개인의 행동에 미치는 사회적 영향력

그림 3. 베트남 전쟁 당시 미군에 의해 행해진 살인

둘째, 상황적 살인은 말다툼 끝에 발생한 살인과 같이 특정한 스트레스 상황에 대한 행동 반응으로 나타나는 것이 일반적이다. FBI에서 발간되는 미국 공식 범죄 통계(Uniform Crime Reports)에 의하면, 모든 살인 사건의 70%가 상황적 요인이나 스트레스 상태에서 발생한다.

셋째, 충동적 범죄자는 주로 무분별한 행동, 장기적인 목표의 부재, 예측 불가능성 등의 특징을 갖고 있는데, 이들은 통찰력을 가지고 삶을 장기적으로 바라보지 못하고 닥치는 대로 살아가는 경향이 있다. 충동적인 범죄자들은 해체된 가정생활을 했거나 경미한 신체장애나 주의력 결핍 장애, 학습 장애, 언어 장애와 같은 발달 장애를 가지고 있어, 그 결과 열등감이 발달하고 이는 억압된 적대감을 초래하게 되어 복수를 위한 욕구가 그들의 사고를 지배하게 된다. 충동적인 범죄자들이 저지른 범죄는 체계적이지 못하고, 사전에 계획하는 경우가 드물다.

충동적인 범죄자는 주로 반사회적 행동을 한 과거 전력에서 상황적 범죄자와 차이가 있는데, 상황적 살인은 대부분 일회적인 사건으로 발생하지만, 충동적인 범죄자는 어린 시절부터 다양한 반사회적 행위를 저질러 온 것이 특징이다. 덧붙여, 상습적인 적대감, 분노감과 불특정 한 보복 욕구 때문에 충동적 범죄자들의 재범률은 매우 높은 것으로 알려져 있다.

넷째, 감정적(catathymic) 살인은 불안이나 두려움 등의 내적인 갈등에 대한 유일한 해결책이 폭력적 행동이라는 생각에 집착하게 된 사람이 저지르는 살인을 일컫는다. Wertham(1937)은 자살 시도나 살인과 같은 폭력적 행동을 저지른 사람들이, 이러한 감정적 폭발 이후 안도감을 느끼고 폭력적 행동을 저지르기 직전의 긴장 상태가 없어지며 집착적인 사고에 있어서도 변화가 생기는 것을 관찰했다. 이후 Revitch & Schlesinger(1989)는 이를 급성과 만성 과정으로 나누었다.

우선 급성 감정적 살인은 뿌리 깊은 정서적 갈등이 범죄자의 통제력을 압도하고 순간적으로 방출되어 나타난 결과로 발생하는 살인이다. 피해자는 보통 범죄자의 억압된 갈등(예: 모친에 대한 증오)과 관련된 상징적인 의미를 갖는다. 범행은 보통 우발적이고, 범행 현장은 체계적이지 못하며, 많은 경우 범죄자들은 범행에 대해 잘 기억하지 못하고 자신의 행동에 대한 논리적 설명을 하지 못한다.

반면에 만성 감정적 살인은 잠복기, 폭력적 행동, 안도감의 3단계 과정을 거친다. 잠복기는 수 일에서 수년 동안 지속될 수 있는데, 이 기간 동안 개인은 긴장과 좌절감, 열등감과 같은 내적인 갈등을 해소할 유일한 해결책이 살인이라는 생각에 집착하게 된다. 만성 감정적 살인은 보통 아주 가까운 사람이나 성적 관계가 있었던 사람을 대상으로 발생한다. 범행은 보통 계획적이고, 범행 후 범죄자는 안도감을 느끼게 된다. 다음에 소개되어 있는 부모 살해 사건은 이러한 만성 감정적 살인의 전형적인 예라고 할 수 있다.

마지막으로 강박적 살인은 거의 모든 경우 내적인 심리적 원인에 의해 촉발되며, 환경이나 상황적 영향을 받는 경우는 거의 없다. 범죄 행동을 저지르려는 내적 충동이 매우 강해서, 만약 이에 저항할 경우 범죄자는 내적인 불안감과 불편함을 경험하게 된다. 이 경우 성적 동기가 근원적인 토대가 되어, 이러한 범죄자들은 공격 행동 자체가 성적으로 흥분과 쾌락을 가져다주기 때문에 성과 공격성이 혼합된다.

강박적 살인은 반복될 가능성이 높으며, 여러 범행에 걸쳐서 그 수법이 유사하고 의식적인(ritualistic) 방식으로 행해진다. 이러한 범죄자들은 연쇄적으로 다수의 범행을 저지르기 위해서 사전에 신중한 방식으로 행동을 계획하는데, 이때 오랜 기간 동안 범죄자가 가져온 가학적이고 왜곡된 성적 환상이 범죄와 연결되어 나타나기도 한다.

Schlesinger(2004)는 이러한 다섯 가지 유형 분류 체계에 따라 살인 후 다시 범죄를 저지를 가능성에 대해 다음과 같이 예측하였다. 우선, 환경적 살인을 저지른 범죄자들의 경우에는 만약 이전에 살인을 저질렀던 것과 유사한 사회적 환경으로 되돌아가게 된다면 다시 비슷하게 행동하게 될 것이므로, 살인 후 처벌이나 구금 기간이 끝난 후에 그들이 처하게 되는 환경과 대인 관계, 가치 체계가 그만큼 중요하다. 다음으로 상황적 살인은 재범의 가능성이 비교적 낮은데, 이는 이러한 살인이 일반적으로 가정에서의 다툼이나 언쟁 끝에 일어나기 때문에 살인으로써 이러한 스트레스 상황이 종결되고 나면 그 이후에 범인이 다시 살인을 할 가능성은 매우 낮기 때문이다. 다음으로 충동적 살인의 경우, 대부분의 충동적인 범죄자들은 감정을 조절하거나 행동을 통제하는 능력이 부족하므로, 이후에도 다양한 범죄 행동을 지속할 가능성이 높다.

한편, 비록 대부분의 감정적 살인이 일회적 사건으로 끝나기는 하지만, 다수의 감정적 살인범들은 이전에 경험한 것과 유사한 내적 갈등을 다시 겪게 되면 또 다른 감정적 살인을 저지르게 된다. 마지막으로, 재범의 가능성이 가장 높은 범죄자는 강박적 살인을 저지른 자들이다. 이러한 범죄자들은 살인에 대한 욕구와 그 대상이 되는 피해자를 찾아 나서도록 만드는 내적인 욕구를 가지고 있다. 따라서 이들은 가장 위험한 범죄자들이며, 계속적으로 살인을 저지를 위험성이 가장 높다.

국내 살인 사례 - 부모 살해 사건

범죄자 배경 정보

이○○(남, 당시 24세)은 K대 산업공학과 2학년을 마치고 공군 입대 후 1999년 12월에 전역하여, 범행이 일어난 2000년 5월 당시에는 휴학 중이었다. 성격은 몹시 내성적이었고, 말수가 적었으며, 예민한 편이었다. IQ는 130 정도로 지능은 매우 높았다. 대학에 입학한 후에도 친구를 사귀기보다는 영화와 비디오에 빠져 있었다.

군인이었던 아버지는 그에게 늘 엄격하게 대했으며, 어릴 때부터 어머니가 뺨을 때리는 등 신체적 학대를 일삼고 머리가 나쁘다고 구박하며 도시락조차 싸주지 않는 때가 많았다고 한다. K대에 입학한 후에도 어머니가 서울대에 가지 못했다며 구박했고, 군복무 시절 부모가 한 번도 면회를 오지 않은 점에도 불만을 가지고 있었으며, 제대 후 등록금을 대 주지 않아 복학을 하지 못한 것에 불만을 품는 등 오래전부터 부모를 원망하고 있었다.

정신 병력은 없었고, 범행 후 실시된 정신 감정 결과도 명백한 정신 이상을 보이지는 않았으나 다만 극도의 우울과 불안 증세를 나타냈다.

피해자 배경 정보

첫 번째 피해자 황○○(당시 50세)는 이○○의 어머니로, 유복한 가정에서 자라나 ○○여대를 졸업하였다. 두 번째 피해자 이○○(당시 60세)는 이○○의 아버지로, 1986년 중령으로 예편할 때까지 해병대에 근무하였다. 그는 자식들에게 늘 엄격하게 대했는데, 15년 동안 부모와 떨어져 살았던 이○○의 형(당시 26세)은 "아버지가 어려서부터 엄하게 키워 부자간 의사소통도 잘 되지 않았다"라고 진술하였다.

범행 특성

2000년 5월 21일 일요일 새벽 5시경 경기도 과천시 자신의 집에서, 방에 있던 망치를 들고 어머니가 자는 안방으로 가 머리를 내리친 후, 한동안 집안을 맴돌다가 건넌방에서 자고 있던 아버지까지 같은 방식으로 가격하여 살해하였다. 그 후 어머니를 욕실 바닥에 뉘인 후, 칼과 줄톱으로 시체를 절단하기 시작하여 10여 토막을 냈고, 아버지 역시 같은 방법으로 토막 내었다. 토막 난 시신을 신문지로 싸고, 방과 욕실에 묻은 피를 수건으로 닦았다.

이후 22일-23일에 걸쳐 쓰레기 봉지 여러 개로 나누어 싼 시신 일부를 지하철을 타고 이동하며 과천 중앙공원 쓰레기통과 정부과천청사 옆 저수지, 과천 경마장 부근, 서울대공원, 서울 명동의 한 호텔 쓰레기장 등 10여 군데에 나누어 유기했다. 이후 욕조에 담가두었던 피 묻은 옷을 세제로 세탁하여 근처 공원 쓰레기통에 버리고, 부모의 지갑, 신발 등의 물품을 쓰레기 봉지에 넣어 버린 뒤, 토막 내는 데 사용한 칼, 톱, 가위 등을 세제로 씻어 제자리에 가져다 놓았다.

범행 동기

그는 평생 가족과 정서적인 애착을 전혀 형성하지 못한 채 피해 의식과 우울증이 심했던 것으로 보인다. 그는 "평소 아버지는 나를 무시했고, 어머니마저 머리가 나쁘다고 구박해 살해하기로 마음먹었다"라고 경찰에 진술한 것으로 알려졌다. 그는 "아버지가 아니라 내 인생을 파멸하게 만드는 사람이었고, 부모는 나를 자식으로 생각하지 않았으며 늘 나를 비참하게 만들었다"며 "부모가 아니라 내 인생을 가로막고 망치는 사람으로 생각했다"라고 살해 이유를 밝혔다.

범행 분석

감정적(catathymic) 살인을 설명한 Wertham(1937)이 언급한 감정적 위기 시점에서, 개인은 내적인 갈등에 대한 유일한 해결책이 폭력적 행동이라는 생각에 몰두하게 된다. 평생 동안 자신을 무시하고 구박했던 부모를 대상으로 저지른 살인 사건은 이러한 만성 감정적 살인에 해당한다고 볼 수 있다. 오래전부터 부모를 원망하고 있었던 그는 본인의 소심한 성격과 원만치 못한 대인 관계에서 오는 열등감, 또한 부모가 등록금을 대 주지 않아 복학을 하지 못한 것에 대한 불만 등 좌절감, 분노, 열등감과 같은 내적인 갈등에 압도되게 되었고, 이를 해소할 유일한 해결책이 자신의 인생에 있어 장애물로 생각했다는 부모를 살해하는 것이라는 생각에 집착하게 된 것으로 보인다. 그 결과, 살인이라는 극도의 폭력적 행동을 저지른 그는 이러한 감정적 폭발 이후 안도감을 느끼게 된 것으로 보인다.

친족 살인

범죄자와 피해자 사이의 관계는 살인을 분석하는 데 있어 유용한 기준이 된다(Daly & Wilson, 1988; Silverman & Mukherjee, 1987; Wolfgang, 1958). 특히 Wilson, Daly, & Daniele(1995)은 살인이 대부분 서로 잘 아는 사람들 사이에서의 갈등 상황이 악화되어 나타난 한 형태라고 하였다. 예를 들어, Wolfgang(1958)이 1948년에서 1952년 사이에 필라델피아에서 발생한 살인 사건을 분석한 결과, 약 80%가 범죄자와 피해자가 서로 아는 사이에서 발생하였으며, 특히 피해자의 24.7%가 가해자와 친족 관계였다고 보고했다. Daly & Wilson(1982) 또한 1972년에 디트로이트에서 발생한 508건의 살인사건 중 25%가 친족 관계에서 발생하였다고 보고하였다.

여기에서는 다양한 범죄자-피해자 간의 관계에서 발생하는 살인 중에서도, 가장 가까운 사이에서 발생했다고 볼 수 있는 친족 살인에 대해 보다 상세히 살펴보도록 하겠다.

친족 살인의 원인

1. 가정 폭력

우선 친족 살인은 가정 폭력의 한 방식일뿐만 아니라 종종 가정 폭력의 산물이기도 하다(Ewing, 1997). 특히 부모를 살해한 청소년들은 일반적으로 오랜 기간 동안 학대에 시달려 온 경우가 많다(Ewing, 1990). 아주 어렸을 때부터 신체적, 정신적, 혹은 성적인 학대를 받았을뿐만 아니라, 다른 가족들에게 반복되는 학대를 목격하기도 했다(Mones, 1991). 국내 연구에서도 존속 살인범 가운데 어린 시절 학대를 경험한 비율이 다른 유형의 살인범들보다 훨씬 많은 것으로 나타났고, 주로 아버지로부터 학대를 당한 것으로 드러났다(강은영·박형민, 2008). Heide(1992) 역시 청소년 존속 살인범 가운데 가장 흔하게 접할 수 있는 유형은 부모로부터 심하게 학대받은 자녀이며, 그러한 집안 사정을 더 이상 참을 수 없었기 때문에 살인을 저질렀다고 설명한다.

Heide(1992)는 부모를 살해한 청소년들과 관련된 특징들을 크게 다음의 12가지로 정리했는데, 여기에는: 1) 가정 내 폭력, 2) 청소년 본인은 이전에 반사회적 행동을 저지른 적이 없고, 전과도 없음, 3) 가정 내에서 알코올 중독인 구성원이 존재, 4) 점점 견디기 힘들어지는 가정 상황, 5) 무력감의 증가, 6) 점점 증가하는 스트레스에 대처할 능력의 부재로 인한 자아통제력의 상실, 7) 도움을 얻기 위한 노력의 실패, 8) 가정 상황으로부터 탈출하기 위한 노력의 실패, 9) 고립과 사회적 배출구의 부재, 10) 살인에서의 주된 요인이 되는 흉기에 접근이 용이함, 11) 살해 당시나 그즈음에 청소년이 해리 상태에 있었을 수도 있음, 12) 청소년 범죄자나 그의 가족들이 피해자의 죽음에 안도감을 느낌 등이 포함된다.

가정 폭력의 산물로 살인이 발생할 때, 이는 청소년이 부모를 살해하는 존속 살인도 포함되지만 남편을 살해하는 부인의 경우도 포함된다. 사실 여성이 다른 사람을 살해하는 것은 비교적 드물지만, 살인을 저지를 경우 일반적으로 그들과 가장 친밀한 관계에 있는 남성이 그 대상이 된다. 국내의 경우에도, 남성 살인범이 부인이나 사실혼 관계에 있는 여성을 살해하는 경우는 약 13%인 반면, 여성 살인범의 약 절반 가량(51.1%)이 남편이나 사실혼 관계에 있는 남성을 대상으로 살인을 저지르는 것으로 나타났다(강은영·박형민, 2008). 이러한 여성 살인범들 가운데에는 남편이나 사실혼 관계에 있는 남성에 의해 장기간 거듭 신체적, 성적, 정서적으로 학대를 당해 온 경우가 많다(Ewing, 1987).

2. 정신 장애

친족을 살해하는 사람들 중 일부는 정신 질환을 앓고 있는 사람들이며, 이것이 살인의 직/간접적인 원인이 되기도 한다. 예를 들어, 아이를 살해하는 엄마들 가운데 상당수는 범행 당시 산후 우울증 등의 정신 질환을 앓고 있었다(Ewing, 1997). 또한 미국 법무부 연구(U.S. Department of Justice, 1994)에서는 배우자를 살해한 사람들의 12.3%, 자식을 살해한 사람들의 15.8%, 부모를 살해한 사람들의 25.1%, 그리고 형제자매를 살해한 사람들의 17.3%가 정신 질환의 기록이 있었던 것으로 나타났다. 국내의 경우에도, 친족 살인범의 대다수는 정상(84.5%)이었으나 우울증(4.9%)이나 정신분열증(0.4%) 진단을 받는 범죄자들도 소수이지만 존재하는 것으로 나타났다(강은영·박형민, 2008).

친족 살인 가운데서도 부모를 살해한 범죄자들의 소수는 오랜 기간 동안 정신 장애를 앓으며 치료받은 기록을 갖고 있는 정신 질환형 혹은 정신병적 범죄자에 해당한다(Heide, 1992; Maloney, 1994). 이들은 범행 당시 환청을 듣거나 망상과 관련된 증상을 보이는 등 온전치 못한 정신 상태를 보이며, 살인 수법 자체도 기이한 특성을 보인다(Heide, 1992; Maloney, 1994).

3. 음주

음주는 친족 살인뿐만 아니라 모든 종류의 살인과 관련이 깊다(Goetting, 1995). 미국 법무부 연구(U.S. Department of Justice, 1994)에서는 가족 구성원들을 살해한 사람들 가운데 47.6%가 범행 당시에 술에 취한 상태였던 것으로 드러났다. 보다 구체적으로, 배우자를 살해한 사람들의 54.4%, 아이를 살해한 사람들의 29.8%, 부모를 살해한 사람들의 28.4%, 그리고 형제자매를 살해한 사람들의 53.9%가 범행 당시 주취 상태였던 것으로 보고되었다(U.S. Department of Justice, 1994). 국내의 경우에도, 친족 살인범 가운데 33.2%가 범행 당시 주취 상태였던 것으로 나타났다(강은영·박형민, 2008).

4. 그 외

이 외에도, 돈이나 물질적인 이유로 부모를 살해하는 사람들 역시 존재한다(Mones, 1991). 그러나 간과하지 말아야 할 것은 가해자가 부모를 살해하는 주요 동기가 경제적인 이유 때문이더라도, 돈에 대한 추구라는 이유 하나로는 충분하지 않으며, 이들 가운데 일부는 학대받은 아이들이고, 부모에 대한 긴 세월의 분노를 살인을 통해 표출시킨 것이라고 보는 것이 옳다(Ewing, 1997).

아니면 돈에 대한 열망에 의해 직접적으로 동기화되었다고 하더라도, 이들의 살인 행동은 어린 시절부터 저질러 온 반사회적 행위의 연장인 경우가 많다(Ewing, 1997). 이는 Heide(1992)와 Maloney(1994)가 반사회형 혹은 사이코패스형 범죄자로 분류한 존속 살인범들과 큰 관련이 있다. 이들은 심각한 정신적 장애가 있다기보다는, 다만 부모와의 초기 애착 형성 과정에서 일부 손실이 나타나 이것이 주로 다른 사람에 대한 공감과 동정심에 대한 결여로 이어진 경우이다.

이 외에도 다양한 스트레스가 원인이 되기도 하는데, 아이를 낳고 엄청난 부담감과 두려움에 압도된 나머지 신생아를 죽이는 어린 엄마들의 경우나, 실직 등의 사회적 스트레스도 친족 살인에 있어 한 가지 원인이 되기도 한다(Ewing, 1997).

국내 존속 살인 사례 - 박○○ 사건

박○○(남)은 범행 당시 23세로, 아버지가 한약업을 하여 100억대의 재산을 보유한 유복한 집안에서 자라났다. 평소 그의 부모는 독실한 기독교 신자로 신실한 생활을 해왔으며, 그 역시 어릴 때는 교회 중·고등부에서 적극적으로 활동했었다고 한다.

1990년 박○○은 한 지방 소재 대학의 토목과에 입학했으나, 공부는 하지 않고 유흥가를 들락거렸다. 보다 못한 아버지는 그를 미 LA 근교로 유학 보냈고, 그는 라스베이거스에서 도박을 즐겨하는 등 방탕한 유학 생활을 했다. 유학 기간 동안 공부는 하지 않고 빚만 지고 돌아온 아들에게 아버지가 빚을 갚아주지 않겠다며 "너는 아무 일도 못하는 놈이다"라고 크게 나무라자, 박○○은 유산을 노리고 범행을 결심했다.

범죄자-피해자 관계

어릴 적 동생이 친척집에 입양되면서 박○○은 외아들처럼 자랐다. 부모는 그에게 큰 기대감을 갖고 있었으나, 그는 공부에 흥미가 없어 대학 진학 후에도 부모와 계속된 갈등을 겪고 있었다. 그 결과 그는 도피성 유학을 선택했으나, 이는 그를 더욱 타락하게 만들고 부모와의 갈등은 더욱 고조되었다. 상당한 빚을 지고 귀국한 그에게 아버지가 "호적을 파 가라"는 등 심한 말을 하자 관계가 파국에 이른 것으로 알려졌다.

범행 수법

1994년 5월 13일 귀국한 박○○은 부모로부터 심한 말을 듣고는 격분하며 범행을 결심한다. 사전에 범행에 필요한 칼과 휘발유를 산 후 차고에 숨겨놓는 등 치밀한 면모를 보였다. 5월 19일 0시경 서울 강남구 삼성동 집에서, 옷에 피가 튀는 것을 방지하기 위해 옷을 벗고 부모가 잠들어 있는 안방에 들어가 등산용 칼로 부모를 40-50여 차례 찔러 살해했다. 그 후 혈흔을 없애기 위해 샤워를 하고, 범행 도구를 집 근처 공터에 버린 뒤, 집에 불을 지르고 직접 화재 신고를 했다. 화재 신고 후 그는 "자다가 불이 난 것을 알고 황급히 뛰쳐나오느라 미처 부모님을 구출하지 못했다"라고 눈물을 흘리며 진술했다.

검거 경위

우선 박○○의 발목 부분에 있던, 치흔과 흡사한 상처가 의구심을 낫게 했다.

또한 박○○이 당시 화재로 인한 화상을 치료하기 위해 다녔던 서울 강남 소재 병원의 한 간호사가, 그의 머리에 상처가 없는데도 머리카락 여러 군데에 피가 묻어 있었다고 제보했다. 결국 그의 머리카락에 남아있던 혈흔은 그의 부모의 것이었으며, 발목에 남아있던 치흔도 칼에 수차례 찔릴 당시 고통스러워하던 아버지가 박○○의 발목을 물어 남겨진 것으로 밝혀졌다.

범행 분석

Douglas, Burgess, Burgess, & Ressler(2006)는 범죄 행동 분류 매뉴얼에서 가정 내 살인을 즉흥적 살인과 위장된 살인의 두 가지 유형으로 분류하였다. 우선, 즉흥적 살인은 범죄자가 자신의 가족이나 사실혼 관계에 있는 피해자를 상대로 스트레스 사건에 의해 촉발되어 우발적으로 살인을 저지르는 경우를 일컫는다. 보통 피해자는 가해자와 오랜 기간 동안 폭력 등의 갈등이 있었던 경우가 많다. 범행은 집 안에서 주로 발생하고, 범행에 사용된 흉기는 당시 현장에 있었던 것으로 범행 후에도 그대로 현장에 남아있는 경우가 많다. 다른 살인 사건과는 구별되는 이 유형의 특징은 크게 두 가지인데, 우선 죄책감이나 후회에서 비롯되는 범행 되돌리기(undoing)의 흔적이 나타난다는 점이다. 여기에는 피해자를 편안한 자세로 눕히고 옷을 정돈시켜 놓는다든지, 피해자의 시신을 씻기거나 잘 덮어놓는다든지 하는 행동이 포함된다. 혹은 비인격화(depersonalization)의 흔적도 나타나는데, 이는 반대로 피해자의 얼굴을 마구 구타하거나 신체 한 부분을 반복적으로 찌르는 등의 과잉살상(overkill) 행위를 통해 피해자를 인간으로 보지 않도록 가해자가 노력함으로써 범행에 대한 죄책감을 벗으려 하는 행동들을 통해 나타난다.

박○○의 사건에서 이러한 즉흥적 살인의 특성이 전적으로 부재하는 것은 아니나(과잉살상을 통한 비인격화), 범행이 우발적이었다기보다는 미리 철저히 계획하였고, 범행 후에도 이를 은폐하려는 치밀한 노력을 기울였다는 점에서 위장된 살인에 해당한다고 볼 수 있다(Douglas et al., 2006). 위장된 살인 역시 즉흥적 살인과 마찬가지로 범죄자가 자신의 가족이나 사실혼 관계에 있는 피해자를 상대로 하고, 보통 피해자는 가해자로부터 학대를 당해왔거나 갈등이 있었던 경우가 많다. 그러나 범행 현장에서 큰 차이를 보이는데, 지문이나 흉기가 제거되어 있는 등 범행 현장이 잘 정돈되어 있으나 피해자의 시신은 오히려 감춰져 있지 않은 경우가 많다. 위장은 피해자의 사망이 자동차 사고나 익사 등과 같은 사고에 의한 것으로 보이게 한다든지, 아니면 살인이 강도나 강간 등 다른 범죄에 부차적으로 발생한 것처럼 보이게 하는 데에서 나타난다. 박○○의 경우, 사전에 범행에 필요한 도구를 준비해 놓은 점이나 혈흔 등의 증거가 남지 않도록 주의를 기울인 점(옷에 피가 튀는 것을 방지하기 위해 옷을 벗고 살해하고, 범행 후에는 샤워를 함), 범행 후 흉기를 제거한 점, 방화를 한 점 등에서 위장된 살인의 특성을 잘 보여준다고 할 수 있다.

연쇄 살인

Douglas, Ressler, Burgess, & Hartman(1986)은 다수의 사람들을 죽인 살인범들을 발생 장소와 사건 수, 사건들 사이의 냉각기(자신이 저지른 행동의 선악과 그에 따르는 결과를 깨닫는 시간)의 존재 여부 등의 기준으로 분류했는데, 여기에는 대량 살인(mass murder: 한 장소에서 한 번에 많은 사람들을 살해), 분산 살인 혹은 연속 살인(spree murder: 여러 장소에서 다수의 사람들을 냉각기 없이 살해), 연쇄 살인(serial murder: 사건들 사이에 냉각기를 갖고 여러 명의 사람들을 살해) 등이 포함된다.

이 가운데에서 연쇄 살인의 정의를 보다 심층적으로 살펴보면, 연쇄 살인이란 세 군데 이상의 서로 다른 장소에서 각각 다른 피해자를 대상으로 개별적 사건이 발생하는 경우로, 사건과 사건 사이에는 범죄자가 살인 행위를 멈추고 냉정을 되찾으며 이성적으로 자신이 한 행동의 옳고 그름을 판단할 수 있는 심리적 냉각기(cooling-off period)가 나타나는 것이 특징이다(Douglas et al., 1986). 연쇄 살인범들은 살인을 지속적으로 반복해서 하려는 경향을 가지고 있고, 보통 시간이 지날수록 더욱 잔인하고 폭력적으로 변하며, 대부분 검거될 때까지 살인을 멈추지 않는다(Fox & Levin, 1999).

연쇄 살인이라는 단어가 쓰이기 시작한 것은 1980년 초였는데, 이 시기에는 한 번에 여러 명을 살인하는 대량 살인범들(mass murderers)과 반복적으로 살인을 저지르는 연쇄 살인범들(serial killers) 사이에 존재하는 중요한 차이점이 대두되었다(Jenkins, 1994). 한 번에 여러 명을 대량으로 살상하는 대량 살인범들은 가족이나 동료 등 주로 그들이 아는 사람들을 목표로 삼으며, 범행 동기는 원한이나 복수심인 경우가 많고, 대량으로 살상하기에 효과적인 무기(주로 총)를 이용하는 경향이 있다(Fox & Levin, 1999). 그러나 연쇄 살인범들은 이들과 여러 측면에서 다른 면을 보이는데, 예를 들어 주로 면식이 없는 사람들을 대상으로 자신의 힘과 통제력을 느끼기 위해 무기를 이용하지 않고 주로 맨손을 이용해 살해한다(Fox & Levin, 1999).

연쇄 살인범들은 대부분 모르는 사람을 범행 대상으로 하고, 살인 동기가 뚜렷하지 않으며, 피해자의 시신 처리나 증거 인멸 등에 있어서 범행을 은폐하려 치밀한 노력을 기울이기 때문에, 많은 살인 사건이 단순한 실종 사건으로 처리되거나 미제로 남을 수 있다(경찰청, 2009). 또한 범행 장소와 시간이 서로 떨어져 있을 때, 미제 살인 사건들의 연결고리를 찾지 못할 경우 연쇄 살인이 각각 단순 일회성 살인으로 다루어질 수도 있다(Egger, 1984).

연쇄 살인범들의 특성

미디어에서 주로 다루는 연쇄 살인범들에 대한 그릇된 환상에서 벗어나 실제 연쇄 살인범들의 특성을 바로 이해하는 것은 매우 중요하다. 우선, 우리는 흔히 연쇄 살인범들이 대부분 아동기에 부모로부터 신체적, 성적 학대를 당하는 등 불행한 유년기를 보냈다는 믿음을 가지고 있다. 실제로, 많은 연쇄 살인범들이 어린 시절에 엄청난 신체적, 심리적 학대를 겪었던 것은 사실이다(Hickey, 1997; Ressler, Burgess, & Douglas, 1988; Simons, 2001). 그러나 이러한 학대의 경험은 살인뿐만 아니라 어떤 종류의 범죄도 저지른 적이 없는 사람들에게서도 찾을 수 있으므로, 연쇄 살인범들이 다른 사람들보다 유년기에 더 큰 고통을 당했다고 결론지을 수 있는 근거는 없다(Fox & Levin, 1999). 또한, 어린 시절에 겪은 신체적, 심리적 학대 그 자체가 연쇄 살인의 원인이 된다고 하기보다는, 이러한 학대와 관련지어 나타나는 정서적 애착 발달의 미숙과 학교에서의 부적응, 적절한 대인 관계 기술의 부재와 사회적 고립 등의 복합적 요인이 함께 고려되어야 할 것이다(Burgess, Hartman, Ressler, Douglas, & McCormack, 1986; Simons, 2001).

그림 4. 법정에서 스스로를 변호하는 연쇄 살인범 Ted Bundy

특히 입양과 관련해서, 연쇄 살인범들 가운데 몇몇은 입양된 것이 사실이다. 그러나 입양이 연쇄 살인에 중요한 역할을 한다 할지라도, 이와 관련된 많은 변수들(생부모에 의한 거절, 복중에서 생모의 보살핌, 또는 양부모와의 부적절한 애착과 양육)과의 관계 또한 간과되어서는 안 된다(Fox & Levin, 1999).

또한 우리는 흔히 연쇄 살인범들은 겉보기에 일반인들과는 다를 것이라고 생각하는 경향이 있다. 그러나 대부분의 연쇄 살인범들은 지능이나 외모 등의 면에 있어서 정상의 범위에서 크게 벗어나지 않고, 적어도 겉으로는 평범한 사람과 크게 다르지 않다(Fox & Levin, 1999; Ressler, Burgess, Douglas, Hartman, & D'Agostino, 1986). 오히려 연쇄 살인범들이 좀처럼 검거되지 않고 범행을 계속할 수 있는 이유는 사람들 사이에서 눈에 띄지 않고, 특히 부정적인 시선이나 관심을 피해 가는 능력 때문이다(Levin & Fox, 1985).

다음으로, 연쇄 살인범들은 대체로 정신 이상자라는 믿음도 일반인들 사이에서는 비교적 만연하다. 그러나 법적으로나 의학적으로, 대부분의 연쇄 살인범들은 정신 질환을 앓지 않으며, 옳고 그름을 구분할 줄 알고, 자신의 행동과 그에 따른 결과에 대해 인지하고 있다(Levin & Fox, 1985; Ressler et al., 1986). 오히려 정신적으로 심각하게 문제가 있는 범죄자들은 수사 기관으로부터 본인의 정체를 숨길 수 있을 정도로 구체적이고 치밀하게 범행을 계획할 능력이 없으므로, 계속적으로 범행을 저지르는 데 한계가 있다(Fox & Levin, 1999).

그 대신, 대부분의 연쇄 살인범들은 반사회적 성격 장애가 있거나 정신병질(psychopathy) 성향이 높다(Simons, 2001). 이들은 양심이 결여되어 있고, 후회나 죄책감을 느끼지 않으며, 주변 사람들을 단지 자신의 만족을 최대화시키는 데에 쓰는 도구로만 생각하고, 오직 자신의 욕구에만 집중하고 그것을 충족시키는 데에 있어서 사회적 규범이나 양심에 압박을 받지 않는다(Fox & Levin, 1999). 사실 많은 연쇄 살인범들은 세상을 그들이 신경 쓰는 사람들과 그렇지 않은 사람들 이 두 가지 부류로 구분하고, 비인격화(dehumanization)를 통해 일부 사람들은 가치가 없으며 따라서 희생시켜도 좋다고 합리화한다(Fox & Levin, 1999).

범행 특성 면에서 살펴보면, 대부분의 연쇄 살인범들은 피해자를 선택하는데 있어서 기회주의적이고 실용적인 근거를 가지고 있다(Fox & Levin, 1999). 즉, 그들은 신체적으로나 정서적, 환경적으로 접근이 용이하고 공격하고 제압하기 쉬운, 약한 사람들을 목표로 삼는다(Levin & Fox, 1985; Ressler et al., 1986).

많은 연쇄 살인범들은 신중하게 증거를 인멸하고 피해자의 시신을 찾기 힘든 곳에 유기하는 등 검거를 피하기 위한 여러 가지 방법을 쓴다(Douglas et al., 2006). 대부분의 연쇄살인범들은 피해자를 납치하고 포획하는 방법에서부터 살해 도구와 수법의 선택, 시신 처리 방법에 이르기까지 매우 신중하고 치밀한 면모를 보인다(Holmes & DeBurger, 1998). 또한 많은 연쇄 살인범들이 피해자의 소지품(옷, 신발 등)이나 신체 일부를 전리품처럼 보관하기도 하지만(Norris, 1989), 미디어에서 보이는 것과는 달리 대부분의 연쇄 살인범이 범죄 현장에 독특한 표식(signature)을 남기고 가지는 않는다(Douglas et al., 2006; Schlesinger, 2004). 그 결과, 경찰은 동일범이 저지른 일련의 범죄의 연관성을 알아채지 못할 수도 있다(Egger, 1984).

Holmes & DeBurger(1998)는 주로 범행 동기와 특성에 기초하여 연쇄 살인범을 크게 네 가지 유형으로 나누었다. 첫째, 망상형(visionary) 연쇄 살인범은 주로 누군가를 해치거나 죽이라는 환청이나 환각에 따라 사람을 살해하는, 정신 장애를 갖고 있는 유형이다. 이들은 살인의 과정 자체를 즐기기보다는 환청이나 환영의 지시를 받고 살인을 하는 그 자체가 목적이며, 일반적으로 범행 후에 범죄 현장을 꾸미거나 변화시키지 않는다. 둘째, 사명감형(missionary) 연쇄 살인범은 환청이나 환각 없이 본인만의 고유하고 왜곡된 도덕적 판단과 기준에 근거하여 무가치하다고 생각되는 특정한 집단이나 계층에 속한 사람들을 제거해야 한다는 명분으로 살인을 저지른다. 이들 역시 살인의 과정 자체를 즐기기보다는 특정 집단에 속하는 사람들을 살해하는 그 자체가 목적이다. 셋째, 권력형(power/control) 연쇄 살인범은 피해자의 삶과 죽음에 대한 통제력을 과시함으로써 피해자에 대한 자신의 힘이나 권력의 우위를 보이는 데에서 만족을 얻는다. 이들에게는 피해자를 고문하고 살해하는 과정이 중요하여, 대부분 피해자의 목을 조르거나 교살한다. 넷째, 쾌락형(hedonistic) 연쇄 살인범은 사람을 살해하는 과정 자체에서 오는 희열을 추구하는 유형으로, 욕정형(lust)과 자극추구형(thrill), 위안형(comfort)의 세 가지 하위 유형으로 나뉜다. 우선 욕정형은 살인의 과정을 통해 성적 쾌락을 충족시키고자 하는 동기를 가진 유형이고, 자극추구형은 피해자에 대한 가학적인 행위에서 오는 흥분과 긴장감을 즐기는 유형이며, 위안형은 살인으로 금전적 이익을 얻는 전문 킬러들처럼 개인적 안위와 이익을 위해 타인을 도구적으로 이용하는 유형이다.

연쇄 살인의 대부분이 성적인 동기에서 비롯된다고 알려져 있다(Holmes & DeBurger, 1998; Meloy, 2000). 따라서 다음 장에서는, 성적 살인에 대해 보다 자세히 살펴볼 것이다.

주요 용어

KEY TERMS

살인	표현적 살인	도구적 살인
계획적 살인	우발적 살인	환경적 살인
상황적 살인	충동적 살인	감정적 살인
강박적 살인	친족 살인	가정 폭력
과잉살상(overkill)	연쇄 살인	대량 살인
분산/연속 살인	냉각기	망상형
사명감형	권력형	쾌락형

Summaries

- 살인이라는 범죄가 피해자의 가족과 이웃들은 물론이고 우리 사회 전체에 미치는 영향과 파급력을 생각해 볼 때, 단 한 건의 살인 사건이라도 예방하고자 하는 노력이 절실하다.
- 표현적 살인은 상대방에 대한 부정적 감정의 표출에 초점을 맞춘 살인인 반면, 도구적 살인은 범죄자가 필요로 하는 물질적 혹은 성적 이익이 주된 목적이다.
- 충동적 살인의 경우, 대부분의 충동적인 범죄자들은 감정을 조절하거나 행동을 통제하는 능력이 부족하므로 다양한 범죄 행동을 지속할 가능성이 높다.
- 강박적 살인 범죄자들은 살인에 대한 욕구와 그 대상이 되는 피해자를 찾아 나서도록 만드는 내적인 욕구를 가지고 있으므로, 계속적으로 살인을 저지를 위험성이 가장 높다.
- 대부분의 살인은 피해자와 범죄자가 서로 아는 사이에서 발생한다.
- 친족 살인은 가정 폭력의 한 방식일뿐만 아니라 종종 가정 폭력의 산물이다.

- 즉흥적 친족 살인에는 죄책감이나 후회에서 비롯되는 범행 되돌리기의 흔적이나, 비인격화(depersonalization)를 통해 피해자를 인간으로 보지 않도록 가해자가 노력함으로써 범행에 대한 죄책감을 벗으려 하는 행동들이 나타나기도 한다.
- 연쇄 살인은 세 군데 이상의 서로 다른 장소에서 각각 다른 피해자를 대상으로 개별적 사건이 발생하는 경우로, 사건과 사건 사이에는 범죄자가 살인 행위를 멈추고 냉정을 되찾으며 이성적으로 자신이 한 행동의 옳고 그름을 판단할 수 있는 심리적 냉각기(cooling-off period)가 나타난다.
- 연쇄 살인범들은 대부분 모르는 사람을 범행 대상으로 하고, 살인 동기가 뚜렷하지 않으며 피해자의 시신 처리나 증거 인멸 등에 있어서 범행을 은폐하려 치밀한 노력을 기울인다.
- 연쇄 살인범들이 어린 시절에 겪은 신체적, 심리적 학대와 관련지어 나타나는 정서적 애착 발달의 미숙과 학교에서의 부적응, 적절한 대인 관계 기술의 부재와 사회적 고립 등의 복합적 요인이 함께 고려되어야 한다.
- 대부분의 연쇄 살인범들은 정신 질환을 앓지 않으며, 옳고 그름을 구분할 줄 알고, 그들의 행동과 그에 따른 결과에 대해 인지하고 있다.
- 대부분의 연쇄 살인범들은 피해자를 선택하는데 있어서 기회주의적이고 실용적인 근거를 가지고 있어, 신체적으로나 정서적, 환경적으로 접근이 용이하고 공격하고 제압하기 쉬운, 약한 사람들을 목표로 삼는다.

참고문헌 References

강은영·박형민 (2008). *살인범죄의 실태와 유형별 특성: 연쇄살인, 존비속살인 및 여성살인범죄자를 중심으로.* 서울: 한국형사정책연구원.

경찰청 (2009). *살인사건분석.* 서울: 경찰청.

대검찰청 (2024). *2024범죄분석.* 서울: 대검찰청.

Arendt, H. (1966). *Eichmann in Jerusalem: A report on the banality of evil.* New York: Viking Press.

Block, C. R. (1999). Homicide. In R. Gottesman (Ed.), *Violence in America: An encyclopedia, volume 2* (pp. 129–133). New York: Charles Scribner's Sons.

Bromberg, W. (1961). *The mold of murder: A psychiatric study of homicide.* New York: Grune & Stratton.

Burgess, A. W., Hartman, C. R., Ressler, R. K., Douglas, J. E., & McCormack, A. (1986). Sexual homicide: A motivational model. *Journal of Interpersonal Violence, 1,* 151–272.

Buss, A. H. (1961). *The Psychology of Aggression.* New York: Wiley.

Daly, M. & Wilson, M. (1982). Homicide and Kinship. *American Anthropologist, 84,* 372–378.

Daly, M. & Wilson, M. (1988). *Homicide.* NY: Aldine de Gruyter.

Dollard, J., Miller, N., Doob, L., Morerer, O. H., & Sears, R. R. (1939). *Frustration and Aggression.* New Haven: Yale University Press.

Douglas, J. E., Burgess, A. W., Burgess, A. G., & Ressler, R. K. (2006). *Crime Classification Manual* (2nd edition). California: John Wiley & Sons.

Douglas, J. E., Ressler, R., K., Burgess, A. W., & Hartman, C. R. (1986). Criminal profiling from crime scene analysis. *Behavioral Sciences and the Law, 4,* 401–421.

Egger, S. A. (1984). A working definition of serial murder and the reduction of linkage blindness. *Journal of Police Science and Administration, 12,* 348–357.

Erez, E. (1980). Planning of crime and the criminal career: Official and hidden offences. *Journal of Criminal Law and Criminology, 71,* 73–76.

Ewing, C. P. (1987). *Battered women who kill: Psychological self-defense as legal justification.* Lexington, MA: D.C. Heath.

Ewing, C. P. (1990). *When children kill: The dynamics of juvenile homicide.* Lexington, MA: Lexington Books.

Ewing, C. P. (1997). *Fatal families: The dynamics of intrafamilial homicide.* Thousand Oaks, CA: Sage Publications.

Feshbach, S. (1964). The function of aggression and the regulation of aggressive drive. *Psychological Review, 71(4),* 257–272.

Fox, J. A. & Levin, J. (1999). Serial murder: Popular myths and empirical realities. In M. D. Smith & M. A. Zahn (Eds), *A sourcebook of social research* (pp. 165–175). Thousand Oaks, CA: Sage Publications.

Gault, W. (1971). Some remarks on slaughter. *American Journal of Psychiatry, 128,* 450–454.

Gilbert, G. M. (1947). *Nuremberg diary.* New York: Farrar, Straus.

Goetting, A. (1995). *Homicide in families and other special populations.* New York: Springer.

Halleck, S. (1971). *Psychiatry and the dilemmas of crime.* Los Angeles: University of California Press.

Heide, K. M. (1992). *Why kids kill parents: Child abuse and adolescent homicide.* Columbus: Ohio State Press.

Hickey, E. W. (1997). *Serial murderers and their victims* (2nd ed.). Belmont, CA: Wadsworth.

Holmes, R, M. & DeBurger, J. (1988). *Serial murder.* Newbury Park, CA: Sage Publications.

Jenkins, P. (1994). *Using murder: The social construction of serial homicide.* New York: Walter de Gruyter.

Levin, J. & Fox, J. A. (1985). *Mass murder: America's growing menace.* New York: Plenum.

Lifton, R. J. (1986). *The Nazi doctors: Medical killing and the psychology of genocide.* New York: Basic Books.

Maloney, M. (1994). Children who kill their parents, 16 Prosecutor's Brief. *California District Attorney's Association Journal, 20.*

Meloy, J. R. (2000). The nature and dynamics of sexual homicide: An integrative review. *Aggression and Violent Behavior, 5,* 1–22.

Milgram, S. (1963). Behavioral study of obedience. *Journal of Abnormal and Social Psychology, 67,* 371–378.

Miller, D. & Looney, J. (1974). The prediction of adolescent homicide: Episodic dyscontrol and dehumanization. *American Journal of Psychoanalysis, 34,* 187–198.

Mones, P. (1991). *When a child kills: Abused children who kill their parents.* New York: Pocket Books.

Norris, J. (1989). *Serial killers.* New York: Anchor Books/Doubleday.

Ressler, R. K., Burgess, A. W., & Douglas, J. E. (1988). *Sexual homicide: Patterns and motives.* New York: Free Press.

Ressler, R. K., Burgess, A. W., Douglas, J. E., Hartman, C. R., & D'Agostino, R. B. (1986). Sexual killers and their victims: Identifying patterns through crime scene analysis. *Journal of Interpersonal violence, 1,* 288–308.

Revitch, E. & Schlesinger, L. B. (1989). *Sex murder and sex aggression.* Springfield, IL: Charles C Thomas.

Ritzler, B. A. (1978). The Nuremberg mind revisited: A quantitative approach to Nazi Rorschachs. *Journal of Personality Assessment, 42*, 344–353.

Salfati, C. G. (2000). The nature of expressiveness and instrumentality in homicide: Implications for offender profiling. *Homicide Studies, 4*, 265–293.

Schlesinger, L. B. (2004). Classification of antisocial behavior for prognostic purposes. *Journal of Psychiatry & Law, 32,* 191–219.

Silverman, R. A. & Mukherjee, S. K. (1987). Intimate homicide: An analysis of violent social relationships. *Behavioral Sciences and the Law, 5,* 37–47.

Simons, C. L. (2001). Antisocial Personality Disorder in serial killers: The thrill of the kill. *The Justice Professionals, 14,* 345–356.

Tanay, E. (1969). P*sychiatric study of homicide. American Journal of Psychiatry, 125,* 1252–1258.

Tanay, E. (1972). Psychiatric aspects of homicide prevention. *American Journal of Psychiatry, 128,* 49–52.

Tanay, E. (1978). Psychodynamic differentiation of homicide. *Bulletin of the American Academy of Psychiatry and Law, 6,* 364–373.

U.S. Department of Justice (1994). *Murder in families.* Washington, D.C.: U.S. Department of Justice.

Wertham, F. (1937). The catathymic crisis: A clinical entity. *Archives of Neurology and Psychiatry, 37,* 974–977.

Wilson, M., Daly, M., & Daniele, A. (1995). Familicide: The killing of spouse and children. *Aggressive Behavior, 21,* 275–291.

Wolfgang, M. E. (1958). *Patterns of criminal homicide.* Philadelphia: University of Pennsylvania Press.

Zimbardo, P. (1973). Interpersonal dynamics in a simulated prison. *International Journal of Criminology and Penology, 1,* 69–97.

제 5 장

성적 살인

Contents

- 들어가며
- 성적 살인의 정의
- 성적 살인범들의 특성
- 가학성
- 성적 살인의 원인
- 성적 살인범 분류 체계
- 성적 살인범의 10가지 징후
- 국내 성적 살인 사례
- 해외 성적 살인 사례

Questions

1. 성적 살인이란 구체적으로 어떠한 유형의 살인을 지칭하는 것일까? 강간 살인과 구별되는 성적 살인의 특성은 무엇일까?
2. 성적 살인범들의 특성에는 어떠한 것이 있을까?
3. 성적 살인범의 유형에는 어떠한 것들이 있으며, 그 차이점은 무엇일까?
4. 누군가 미래에 성적 살인을 저지를 가능성을 예측하는 데 유용한 징후들에는 어떠한 것들이 있을까?

Objectives

1. 성적 살인의 정의에 대해 학습하고, 성적 살인범들에게서 공통적으로 나타나는 특성을 이해한다.
2. 성적 살인의 원인에 대해서 알아본다.
3. 성적 살인범의 유형에 대해 학습하고, 그 차이점을 이해한다.
4. 성적 살인 범죄를 저지를 가능성에 대해 예측력이 있는 징후들을 알아본다.

Chapter 05

성적 살인

들어가며

영화나 드라마 속의 주인공이건 실제 발생한 사건 속 인물이건 간에, 우리가 연쇄살인범 하면 흔히 떠올리는 국내외 여러 범죄자들(예: 테드 번디, 제프리 다머 등)은 성적 살인범으로 분류 가능한 범죄자들이다. Schlesinger(2004)의 정의에 따르면, 성적 살인이란 내재되어 있는 성적 갈등에 의해 주로 동기화된 살인이나, 혹은 살인 자체가 성적인 흥분을 불러오는 경우("homicide motivated primarily by a breakthrough of underlying sexual conflicts or where the killing itself is sexually gratifying", p. 1)를 일컫는다. 그러나 정의 자체에 나타나 있는 여러 모호하고 주관적인 요소들('내재된 성적 갈등' 등)과, 살인 자체가 성적인 흥분을 불러오는 경우 이를 범행 현장의 어떠한 특성들로 판단해야 할지에 대한 명확한 기준의 부재로 인하여, 성적 살인에 대한 대중과 미디어의 관심에 비해 이에 대한 연구나 논문은 많지 않은 실정이다. 특히, 성적 요소가 전혀 개입되어 있지 않은 연쇄 살인이나, 강간 후 범행이 발각될 것이 두려워 살인하는 경우를 일컫는 강간 살인과 구별되는 성적 살인의 특성은 거의 알려져 있지 않다.

따라서 여기에서는 앞에서 다루었던 살인이나 연쇄 살인과는 별개로 성적 살인에 대한 내용을 하나의 독립된 장으로 구성하여, 성적 살인의 정의와 성적 살인범들의 특성, 성적 살인의 발생 원인과 성적 살인범 분류 체계, 국내외 성적 살인 관련 실제 사례를 차례로 살펴보기로 하겠다.

성적 살인의 정의

Schlesinger(2004)는 범행 현장에서 외현적으로 성적인 요소가 두드러진 살인이 모두 앞에서 언급한 성적 살인의 정의에 부합하지는 않는다고 주장했다. Grubin(1994) 역시, 성범죄 범행 도중 피해자의 저항에 격분하여 살인을 저지르는 경우나 윤간 후 살인에까지 가담하게 되는 경우 등 살인과 성범죄가 여러 다양한 형태로 결합되어 나타날 수 있으나, 이들은 성적으로 동기화된 살인이라 보기 어려우며 이를 성적 살인으로 분류해서는 안 된다고 주장하였다. 몇몇 학자들은 성적 살인과 강간 살인을 보다 명확히 구분했는데, 성적 살인범은 살인 자체에서 성적 만족을 얻지만, 강간 살인범은 보통 강간을 저지르고 난 뒤 검거를 피하려는 목적으로, 혹은 죄책감과 두려움에 압도되어 살인을 저지른다(Bromberg, 1961; MacDonald, 1986).

그림 1. 미국의 연쇄 살인범 제프리 다머

Schlesinger(2004) 이외에도 여러 학자들이 내린 성적 살인의 정의를 살펴보면, 우선 Ressler, Burgess, & Douglas(1988)의 경우 성적 살인을 권력과 성, 잔인함의 맥락에서 사람을 죽이는 행위("the killing of a person in the context of power, sexuality, and brutality", p. 1)라고 정의하였으며, Grubin(1994)은 피해자에 대한 범죄자의 통제나 피해자가 느끼는 고통과 굴욕감이 범죄자의 성적 흥분을 일으키는 경우("the offender's control of his victim, and her pain and humiliation, become linked to his sexual arousal", p. 624)라고 성적 살인을 정의하였다.

성적 살인범들의 특성

Krafft-Ebing은 지금으로부터 무려 130여 년 전인 1886년 Psychopathia Sexualis라는 책에서 성적 살인범들의 특성에 대하여 자세히 기술하였다. 그에 따르면, 성적 살인범들은 거의 대부분 남성이며, 어머니와의 관계에 있어 문제가 있는 경우가 많고, 종종 동물 학대의 전력이 있다. 성격 특성으로 보면 거짓말이 습관화되어 있는 경우가 많으며, 상대방에게 모욕감을 안겨주는 데서 쾌락을 얻는다. 범행은 사전에 치밀하게 계획되어 있는 경우가 많은데, 현장에서는 줄이나 끈 등을 통해서 피해자를 다양한 방식으로 속박하여 상당한 시간 동안 피해자를 고문하고, 범행 후에는 피해자의 옷이나 소지품 등 범행을 기억나게 하는 전리품(trophies)을 가져가기도 하며, 때때로 범죄 현장을 재방문하는 경우도 있다.

Revitch(1957)는 성적 살인범들에게서 공통적으로 나타나는 특성을 몇 가지로 요약했는데, 여기에는 여성에 대한 혐오와 분노, 가학적 성적 환상, 여성의 속옷에 대한 집착 등의 성도착적 증상들이 포함되어 있다.

특히 성적 살인범들은 전형적으로 어린 시절에 학대를 경험했거나 동물 학대의 전력이 있는 것으로 알려져 왔는데, 이들이 학대하는 동물은 적대감이나 분노를 표출하는 데 사용되는 대체물로, 진정한 분노의 대상은 보통 이들을 괴롭히는 주변 사람이다(Guttmacher, 1960). 또한 전과와 관련하여, 성적 살인범이 항상 성범죄의 전과를 가지고 있는 것은 아닌데, 이는 살인을 통해 이들이 얻는 성적 만족이 통상의 정상적인 성행위를 통해 얻는 성적 만족과는 질적으로 다른 것이기 때문이다(Bromberg, 1961). 이러한 특성은 관음증이나 노출증 등 여러 형태의 성도착적 증상으로 나타나기도 한다(MacDonald, 1986).

그림 2. Psychopathia Sexualis (Krafft-Ebing, 1886)

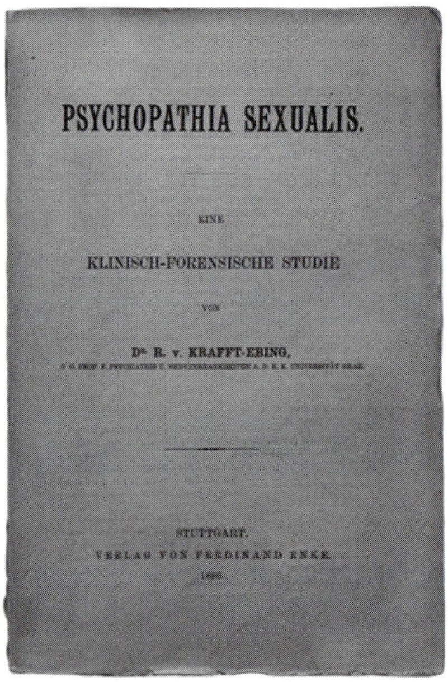

Brittain(1970)은 20여 년간 성적 살인범들과 그 피해자들을 관찰한 후, 가학적 성적 살인범들의 특성과 행동, 배경에 대하여 기술하였다. 그에 따르면 성적 살인범은 주로 내성적이고, 보통 어머니와의 관계에 문제가 있으며, 자신의 성적 정체성이나 능력에 대해 자신감이 떨어지는 특성을 보인다. 관음증이나 물품음란증 등 성도착적 증상을 보이기도 하며, 종종 동물 학대나 방화 전력이 있고, 성적 환상에 사로잡혀 있으며 가학적 음란물에 과도하게 집착하기도 한다. 직업적으로는 종종 정육점을 하거나 도살장에서 일하기도 하며, 주로 남들 우위에 서서 할 일을 지시하거나 명령하려는 특성을 보인다.

Brittain(1970)은 또한 이러한 성적 살인범들이 범행 현장에서 나타내는 범행 수법에 대해서도 기술했는데, 이들은 주로 맨손으로 피해자의 목을 조르거나 줄이나 끈 등을 이용해 교살하고, 반드시 성교 등의 직접적인 성적 행위를 하는 것은 아니며 피해자 옆에서 자위행위를 하거나 피해자 성기 안에 이물질을 삽입하기도 한다. 또한 이들은 살인 후에 식사를 하거나 잠을 자는 등 죄책감 없이 정상적인 행동을 보이고, 때로 범행 현장에 다시 와 보거나 범행을 글로 남기기도 하며, 범행을 반복할 가능성이 상당히 높다.

특히 피해자의 목을 조르거나 교살하는 행위에 대해서, Brittain(1970)은 다른 범행 수법보다 이 방법이 피해자에게 가하는 힘의 조절을 통하여 피해자의 목숨에 대한 통제력을 갖는 데에서 범죄자로 하여금 마치 신이 된 듯한 느낌을 갖게 하고, 피해자의 생명을 자신의 손으로 좌지우지하는 데에서 만족을 얻기 때문에 만약 피해자가 저항한다면 이들은 더욱 흥분하고 잔인해진다고 설명하였다.

가학성

정신장애 진단 및 통계 편람인 DSM-5(APA, 2013)에서는 성적가학장애(sexual sadism disorder)를 '다른 사람의 신체적 또는 심리적 고통을 통해 반복적이고 강렬한 성적 흥분이 성적 공상, 성적 충동, 또는 성적 행동으로 발현'된다고 설명하였다. 그런데 가학성이라는 뜻의 sadism이라는 단어는 본래 성도착에 관해 연구하던 Krafft-Ebing (1886)이 상대방에게 고통을 가하며 잔인한 행위를 보이는 데에서 성적인 만족을 얻는 사람들을 묘사한 프랑스 작가 Marquis De Sade의 이름을 따서 만든 용어이다(Schlesinger, 2004). Krafft-Ebing(1886)은 가학성의 근원이 타인에 대해 힘과 통제력을 갖는 느낌에서 나오며, 가학적 살인은 내가 상대방보다 힘과 권력에 있어 압도적인 우위에 있다는 것을 상대방이 느끼고 있다는 생각 자체가 성적인 흥분을 가져올 때 발생한다고 기술하였다.

그림 3. 프랑스 작가 Marquis De Sade의 소설에 묘사된 가학적 행위

가학성에 대한 정신역동적 이론에서도 가학성의 핵심은 통제력을 얻는 것에 달려있다고 주장한다. 즉, 어린 시절 학대 등으로 인해 늘 공격당하는 입장에서 두려워하던 사람이, 반대로 다른 사람을 고문하거나 잔인한 행위를 가함으로써 통제력과 만족감을 얻으면 자신이 고통당할 두려움이나 스스로에 대한 불안감이 사라지게 되고 안정감과 (성적) 만족을 얻게 된다는 것이다(Fenichel, 1945). 이렇게 통제력의 획득이 가학성의 핵심이라는 접근은 계속해서 강조되어 나타나는데, 현대 가학성에 관한 연구에서도 가학성을 "정신적 쾌락과 성적 흥분을 얻기 위해 상대방을 지배하고, 모욕하며 고통을 가함으로써 다른 사람을 통제하고자 하는 소망이 행동으로 발현되어 반복적으로 나타나는 행태"라고 정의하고 있다(MacCulloch, Snowden, Wood, & Mills, 1983, p. 20).

가학적 행위는 범행 중 다양하게 나타날 수 있는데, 피해자의 신체 부위를 절단하거나 고문하고, 날카로운 도구로 신체 일부를 찌르거나 몸에 이물질을 삽입하는 등의 행위로 피해자에 대한 완전한 지배와 소유욕을 충족하기도 한다(De River, 1958). 특히, 30명의 가학적인 성적 살인범에 관한 연구에서 가장 흔히

나타난 범행 수법은 맨손으로 피해자의 목조르기였는데, 이는 피해자가 사망에 이르는 시간을 범죄자 스스로 통제함으로써 성적 만족을 극대화하기 위한 방법이기 때문으로 나타났다(Warren, Hazelwood, & Dietz, 1996).

성적 살인의 원인

성적 살인의 발생 원인에 대한 가장 초기의 이론인 생물학적/진화적 관점에 따르면(Krafft-Ebing, 1886), 원시 시대에서 자신의 종족을 보존하고 자손을 번식시키기 위해 남자들이 택했던 방법은 여성에게 성적인 행위를 강요하는 것으로, 여성을 강제로 정복한다는 것은 이들에게 엄청난 쾌락을 가져왔다. 이러한 관점에서 Krafft-Ebing(1886)은 현대에서 여성에 대한 이러한 정복은 보다 사회적으로 용인된 구애나 유혹의 행위로 대체되어 나타나지만, 일부 남성들에게 있어 소유하고자 하는 대상을 폭력을 동원하여 정복하고, 심지어는 죽이기까지 하는 과도한 공격성으로 나타나는 것이 성적 살인의 발현이라고 설명하였다.

보다 직접적인 생물학적 관점에서, MacLean(1962)은 성적 살인범들의 경우 성과 공격성 사이에 해부학적인 연관성이 존재할 수도 있다고 주장하였다. 그에 따르면 두려움이나 공격성에 대한 통제는 뇌의 가장 오래되고 원시적인 부분(R-complex)과 편도체(amygdala)에서 이루어지는데, 이러한 부분은 성적 기능을 관장하는 대뇌의 영역과 아주 가깝게 연결되어 있다. 즉, 성적 살인은 이러한 성적 본능과 공격적 본능이 심리적이라기보다는 생물학적으로 융합되어 나타난 결과라는 것이다(MacLean, 1962).

또한, 신경생물학적 관점에서 Money(1990)는 성적 살인이 뇌에서 공격에 대한 메시지가 활성화되면 이와 동시에 성적 각성과 관련된 메시지들도 자동으로 활성화되는 뇌의 화학적 기능 이상으로 인한 결과라고 주장하였다.

한편, Revitch(1957)는 정신역동적 측면에서 성적 살인은 어머니에 대한 분노가 일반 모든 여성에게로 전환된 상태라고 주장하였다. 즉, 성적 살인범이 여성을 죽이는 것은 애초에 어머니와의 건강하지 못한 정서적 관계에서 비롯된 것으로,

여성을 살해하는 것은 곧 상징적으로 자신의 어머니를 살해하는 것과 같은 결과라는 것이다(Revitch, 1957).

보다 최근에는 신경생물학적 이론과 정신역동적 이론이 통합되어 나타나기도 했다. 즉, 뇌에서 성과 공격성을 관장하는 변연계의 융합도 문제지만, 이러한 성적 본능과 공격적 본능의 융합은 단지 생물학적 측면뿐만이 아닌, 어린 시절 양육 과정에서 겪은 학대나 부적절한 양육 방식이 더해진 결과라는 것이다(Miller, 2000).

또한 성적 살인의 발생 원인에 대해 심리학적으로 접근하면, 성적 살인범들은 만성적으로 분노에 차 있으며, 타인과 애착을 맺는 방식에 있어서 정상적이지 못하고, 강박 관념이 심하며, 자아도취적인 것으로 알려져 있다(Meloy, Gacono, & Kenney, 1994).

성적 살인의 원인을 보다 심층적으로 다섯 단계로 나누어 살펴본 모델이 있는데(Burgess, Hartman, Ressler, Douglas, & McCormack, 1986), 여기에는 범죄자의 성장 환경이나 성격적 특성, 인지적 측면에 대한 고려가 모두 담겨 있다. 우선, 첫 번째 단계는 사회적 환경으로, 어린 시절 학대의 결과로 가족이나 주변 사람과의 애착을 형성하는 데 어려움을 겪게 된다. 이러한 학대 등의 정신적 외상(trauma)의 결과로 무기력해지며, 이에 대한 보상으로 지배와 통제에 대한 환상을 발전시키게 되는 것이 두 번째 단계이다. 그 결과, 세 번째 단계에서는 점점 사회적으로 고립되어 세상에 대해 적대적으로 변하게 되고, 동시에 타인의 감정을 고려하지 않게 된다. 그 결과 네 번째 단계에서는 자신의 지배욕과 통제욕을 충족시키기 위해 다양한 반사회적 행위들-동물 학대, 방화, 절도, 손괴 등-을 하게 되며, 나이가 들면서는 점점 더 폭력적이 되어 폭행이나, 살인, 혹은 고문이나 신체 절단 등을 포함한 성적 살인을 저지르게 된다. 마지막 단계에서는 자신이 저지른 폭력적 행위에 대해 범죄자가 자랑스러워하고, 범행을 정당화하게 된다.

성적 살인의 발생에 있어 사회문화적 측면도 무시할 수 없는데, 미디어에서 강도 높게 나타나는 폭력과 문제 해결 수단으로써의 공격성의 사용, 현대 사회에서 점차 증가하는 소외감과 익명성, 하루가 다르게 발전하는 기동성의 증가 등이 성적 살인에 영향을 미친다(Holmes & DeBurger, 1985). 또한 다양하게 진행되는 사회문화적 변화(행위 규범의 완화, 여성에 대한 표면화된 적대감, 과학기술의 발전 등) 또한 성적 살인의 발생에 영향을 미치게 된다(Hazelwood & Michaud, 2001).

단, 조심할 것은 위에서 언급된 요인과 함께, 범죄의 발생 원인으로 통상적으로 지적되는 여러 다양한 사회문화적 요소(가난, 인구 밀집, 해체된 가정) 등은 모든 종류의 범죄 발생을 설명하는 데 유용하여, 다른 범죄와는 구별되는 성적 살인의 발생 원인을 특별히 설명하지는 못한다는 점이다(Schlesinger, 2004).

성적 살인의 원인에 대해서 이처럼 여러 가지 이론들이 존재하나, 중요한 것은 모든 성적 살인범의 행동을 설명하는 단 하나의 이론이란 존재하지 않는다는 사실이다. 또한 성적 살인범들이 모두 위의 생물학적, 심리학적 특성을 보이는 것은 아니며, 어머니와의 관계가 건강하지 못했거나 가난하고 해체된 가정에서 자란 사람들이 모두 성적 살인을 저지르는 것은 아니라는 점을 명심할 필요가 있다(Schlesinger, 2004).

성적 살인범 분류 체계

1. FBI 행동과학부: 조직형(organized) 혹은 비조직형(disorganized)

FBI 행동과학부(Behavioral Science Unit; BSU)에서는 성적 살인 범죄자들을 범행 현장에서의 행동을 기반으로 해서 두 가지 유형, 즉 조직형(organized) 혹은 비조직형(disorganized) 범죄자 중 하나로 분류한다(Ressler, Burgess, Douglas, Hartman, & D'Agostino, 1986). 다음은 이 두 가지 유형의 성적 살인 범죄자의 배경 특성과 범죄 현장 행동을 각각 정리한 것이다. 조직형 범죄자와 비조직형 범죄자의 배경과 범행 특성에서의 차이점은 〈표 1〉과 〈표 2〉에 정리되어 있다.

(1) 조직형(organized)

1) 조직형 범죄자의 배경 특성

조직형 범죄자들은 보통 평균 이상의 IQ를 가지고 있으나, 종종 자신의 능력에 미치지 못하는 직업을 가진다. 이들은 주로 숙련된 기술을 요하는 직업에서 종사하나, 직업이 늘 안정적인 것은 아니다. 이들은 사회적으로 적응하는데 큰 문제가 없다.

살인을 저지르기 전에 재정적, 직업적 문제가 발생하거나, 실연이나 이혼 등 남녀 관계나 일반적인 대인 관계에서 오는 스트레스 등을 크게 받았던 경우가 많다. 또한 최근 주거지나 직업의 변화가 있을 수 있다. 범행 당시에 분노나 우울을 느끼는 경우가 많은데, 막상 살인을 저지르고 나면 마음의 평온을 느낀다고 한다.

이 유형의 범죄자는 자기 소유의 차량이 있을 가능성이 높다. 또한 범죄자의 거주지에서 범행 관련 신문 기사 스크랩이 발견되기도 하는데, 이는 범인이 신문에 나타난 수사의 진행 상태를 관심 있게 지켜봤다는 증거이다.

2) 조직형 범죄자의 범행 특성

조직형 범죄자의 범행은 검거를 방지하기 위해 세밀하게 계획되었다는 점이 특징적이다. 이 유형의 범죄 현장은 최초로 범죄자와 피해자가 만나거나 폭행이 일어난 현장, 살인의 현장, 그리고 시신 유기 현장 등 여러 개인데, 조직형의 범죄자들은 전반적으로 이러한 범죄 현장들에서 통제력을 보인다.

피해자는 낯선 사람인 경우가 많은데, 범죄자들은 자신들이 원하는 특성을 가지고 있는 사람을 범행 대상으로 삼고 싶어 하기 때문에 '이상적인 피해자'를 찾으려고 많은 시간을 투자한다. 피해자들은 대부분 미혼이거나 혼자 사는 여성이다. 조직형 범죄자는 대인 관계 기술이 뛰어나서, 피해자를 공격하기 전 먼저 피해자의 신뢰를 얻기 위해 대화를 통해서 피해자를 사로잡는 경우가 많다. 때때로 피해자의 신뢰를 얻기 위해 경찰관 등 다른 역할로 위장할 수도 있으며, 용이한 접근을 위해 단정하게 차려입는 경우가 많다.

이들은 범행을 저지르는 데 있어서 보통 자신의 차량이나 피해자의 자동차를 동원하는 경우가 많다. 피해자의 신뢰를 얻은 후, 범죄자는 차량을 이용하여 피해자와 마주친 장소로부터 다른 곳으로 이동할 수도 있다. 이 유형의 범죄자는 주로 범죄 현장에 흉기를 가지고 오고, 떠날 때 반드시 도로 가져간다. 또한 범행 현장에 지문이나 혈흔 등 증거를 남기지 않도록 조심하고, 피해자의 시신을 다른 장소로 옮기는 경우가 많다.

표 1. 조직형과 비조직형 살인범들의 배경 특성(Ressler et al., 1986)

조직형	비조직형
평균 이상의 지능	평균적 지능
사회적으로 적응 잘함	사회적 부적응
숙련된 기술과 직업	근무 이력이 좋지 못함
성적으로 문제없음	성적으로 무능력함
첫째일 가능성 높음	막내일 가능성 높음
아버지의 안정된 직업	아버지의 직업 불안정
어린 시절 일관성 없는 자녀 교육	어린 시절 엄한 자녀 교육
범행 당시 잘 통제된 감정 상태	범행 당시 불안 상태
범행 전 음주	음주를 거의 하지 않음
엄청난 외적 스트레스	외적 스트레스 거의 없음
결혼, 혹은 동거	혼자 살고 있음
차량 소유	주거지나 일자리가 범행 현장과 가까움
미디어를 통한 범죄 수사 상황 확인	미디어에 대한 관심 거의 없음
범행 후 일자리 변화 또는 주거지 이동	범행 후 일상생활에 거의 변화 없음

(2) 비조직형(disorganized)

1) 비조직형 범죄자의 배경 특성

비조직형 범죄자들은 주로 지능이 평균 이하이고, 유년기 때 부모에게서 학대를 당한 경우가 종종 있다. 이들의 아버지는 불안정한 삶을 살아온 경우가 많은데, 이는 비조직적 범죄자들의 사회적 부적응과 직업적 불안정성 등에서 되풀이되는 경우가 많다.

이 유형의 범죄자들은 사회 적응력이 다소 떨어지는데, 보통 스트레스를 받으면 충동적으로 반응하는 경우가 많다. 이들은 대부분 사람을 두려워하며 대인 관계 기술이 부족하고, 혼자 사는 경우가 많다. 또한 이들은 성적으로 무능력하거나, 같은 또래들과 성관계를 가진 적이 전혀 없는 경우도 많다. 이들은 업무 처리 능력이 미숙하며, 일을 지속적으로 하지 못한다.

이들은 낮은 사회성을 보완하고자 자신이 잘 아는 장소에서만 자신감을 찾기 때문에, 범행은 종종 자신의 주거지 등 범죄자가 잘 아는 장소에서 많이 일어난다.

2) 비조직형 범죄자의 범행 특성

일반적으로 비조직형 범죄자가 저지른 살인은 계획적이지 않고 우발적이며, 범행 현장을 보면 굉장히 혼란스러우며 사전 계획이 없었다는 인상을 준다. 피해자는 범인이 이미 알고 있던 사람이거나, 아니면 범죄자가 무작위로 골라 접근한 경우가 많다.

이들은 사회적으로 적응을 못하거나 대인 관계 기술이 부족하기 때문에, 피해자를 대면할 때 뒤에서 머리나 목을 둔기로 공격하는 등 기습적으로 공격을 하여 순식간에 피해자를 제압하거나 살인을 저지른다. 이러한 범행은 피해자들이 평상시에 주로 활동하는 곳에서 일어나는데, 이 경우 보통 피해자는 아무런 방어도 하지 못하는 경우가 많다.

이 유형의 범죄자는 피해자의 신체 중 특정한 부위 한 곳을 정해 극도로 잔인하게 범행을 저지른다. 얼굴에 과도한 폭력을 가하거나, 칼로 수십 번 찌르는 등의 과잉살상(overkill)은 피해자를 비인간적으로 대하는 방법 중에 하나이다. 혹은 피해자의 얼굴이 베개나 수건으로 가려져 있거나, 아예 시체를 뒤집어 놓는 등의 방식으로 피해자에 대한 비인격화가 나타날 수도 있다. 때로 얼굴에 계속해서 폭행을 가하는 것은 살인자가 피해자를 안다거나, 피해자가 범죄자에게 정신적으로 피해를 준 사람과 닮았다는 것을 가리키기도 한다.

피해자가 짧은 시간 안에 살해되기 때문에 결박 도구는 잘 사용되지 않는다. 이물질 삽입이나 신체 절단 등 성적 행동은 주로 피해자 사후(死後)에 이루어진다. 증거를 없애려고 하는 노력은 거의 없어서, 지문이나 족적 등이 그대로 범행 현장에 남아 있는 경우가 많고, 살인에 사용된 흉기와 함께 피해자의 시신도 살해

당시의 그 자세 그대로 현장에 그대로 남아있는 경우가 많다. 조직형 범죄자들과는 달리, 범죄자가 수사에 혼선을 주기 위해서 이들이 범행 현장을 위장하는 경우는 거의 없다.

표 2. 조직형과 비조직형 살인범들의 범행 현장 차이(Ressler et al., 1986)

조직형	비조직형
계획된 범죄	우발적 범죄
낯선 사람을 대상으로 범행	피해자나 범행 장소가 범인에게 친숙함
피해자를 인간으로 대함	피해자를 비인격화함
피해자와의 대화를 주도함	피해자와 대화가 거의 없음
잘 통제된 범행 현장	범행 현장이 혼란스러움
피해자에게 복종할 것을 요구	갑작스러운 공격
결박 도구 사용	결박 도구 거의 사용하지 않음
살인 전 폭력적인 행동	피해자 사후 성적 행위
시신 숨기거나 옮김	시신을 숨기지 않고 현장에 그대로 남김
흉기나 증거 없음	증거나 흉기가 있음

2. 범죄 분류 매뉴얼 – 조직형, 비조직형, 혼합형(mixed), 가학형(sadistic)

후에 이 성적 살인범 분류 체계는 범죄 분류 매뉴얼(Crime Classification Manual: Douglas, Burgess, Burgess, & Ressler, 2006)에서 범행 현장에서의 행동 특성, 위장, 법과학적 증거, 수사 시 고려할 점 등을 기반으로 해서 더욱 정교화 되었다. 다음은 앞서 설명한 조직형(organized)과 비조직형(disorganized) 이외에 두 가지 추가된 유형, 즉 혼합형(mixed)과 가학형(sadistic)에 대한 설명이다.

(1) 혼합형(mixed)

혼합형은 여러 명의 범인이 함께 범죄를 저지를 때나 치밀하게 계획된 살인이 예상치 못한 사건의 발생으로 인해 변화하는 등 조직형과 비조직형의 특성이 둘 다 사건 현장에 반영되는 경우를 고려한 유형이다. 이 외에도 애초에 범행의 주된 동기는 강간이었으나, 피해자와의 상호작용 중 나타난 범인의 감정적인 변화로 인해 범행이 성적 살인으로 악화된 경우 조직형과 비조직형의 특성이 둘 다 나타날 수 있다. 또한, 외부적인 스트레스 요인도 범인의 행동 양식을 바꿀 수 있는데, 평소에는 계획적이고 조직적인 범죄자라도, 계속해서 쌓인 스트레스의 갑작스러운 분출로 인해 범행 당시 성급하고 충동적인 폭력을 드러낼 수 있고, 이는 비조직적인 범죄 현장으로 직결되어 나타날 수 있다.

(2) 가학형(sadistic)

가학적 성적 살인자는 피해자를 지배하고 굴욕감을 주며, 폭력을 동반하는 등 피해자에게 극도의 정신적, 육체적 고통을 수반하는 고문으로부터 성적 만족감을 얻는다. 조직형의 경우와 마찬가지로 피해자는 치밀하게 계획된 스토킹과 감시에 의해 결정되는데, 이들은 피해자에게 도움을 요청하거나 길을 물어보고, 경찰처럼 위장하여 접근하기도 한다.

범인은 피해자를 외딴곳에 장시간 동안 감금해 놓기도 하며, 흉기를 보여주면서 피해자의 목숨을 위협하고, 줄이나 재갈, 수갑, 옷, 벨트, 그리고 눈가리개 등 도구를 이용하여 피해자를 속박하고 통제한다. 흉기를 사용하거나 결박 도구를 이용할 때 범죄자의 가학성이 드러나기도 하는데, 피해자를 고문하여 피해자가 공포와 고통을 표현할 때 범죄자는 성적 흥분을 느끼며, 피해자가 의식 불명 상태를 왔다 갔다 하는 상황을 보면서 즐기는 등 다른 사람의 목숨을 좌지우지하는 힘을 과시하는 데에서 가학성이 나타난다. 이들의 가장 전형적인 살해 방식은 교살 혹은 질식사인데, 피해자의 신원 파악이 어렵도록 과잉살상의 흔적 등이 있을 수 있다.

주의할 점은 이 유형의 범죄자들이 수사 방향에 혼선을 주기 위해 금전적 이익을 위한 강도나 납치 도중 발생한 살인처럼 범죄 현장을 위장하기도 한다는 점이다. 또한 이후에 범인은 시신의 발견 여부나 혹은 수사 과정의 진행 상황을 확인하기 위해 범죄 현장을 다시 방문하기도 한다. 이들은 범행과 관련하여 일기나 달력, 그림, 녹음 기록, 영상 기록, 사진 등을 남기고, 피해자의 속옷이나 신발, 지갑, 운전면허증 등의 물건을 계속 소지하고 있을 수 있다.

가학형의 범죄자는 사람들과 접촉할 수 있는 기회가 많은 직업에 주로 종사하며, 결혼한 상태에서 이러한 범행을 저지르기도 한다. 이들은 반사회적인 행동양식을 가지며, 반드시 성범죄 전과는 아니더라도 체포 전력이 있을 수 있다.

성적 살인범의 10가지 징후

누군가가 미래에 범죄를 저지를 가능성에 대해 예측하는 것은 굉장히 어려운 일이며, 전문가일지라도 일반인에 비해 월등히 더 높은 예측력을 가지기는 어렵다(Ennis & Litwack, 1974; Kozol, Boucher, & Garofalo, 1972). 특히 성적 살인의 경우, 성적 살인이라는 범죄 자체가 발생률이 매우 낮은 범죄이며, 일반적으로 성적 살인 범죄자는 뚜렷한 정신 이상을 보이지 않고(Meloy, 2000), 범행을 머릿속에서 계획하고 실행하기까지의 잠복기가 매우 긴 경우도 있기 때문에(Revitch, 1965), 누군가가 미래에 성적 살인을 저지를 가능성에 대해 예측한다는 것은 매우 복잡하고 어려운 일이다(Schlesinger, 2004).

그러나 범죄자의 범행 가능성과 그에 대한 예측 관련 연구가 수십 년 동안 계속적으로 진행되어 오면서, 보다 발전된 연구 방법을 동원한 위험 요소(risk factors)에 대한 평가와 표준화된 위험성 평가 도구들의 발전을 통하여 범죄자의 위험성에 대한 예측이 어느 정도 가능하다는 잠정적 결론에 연구자들이 동의하고 있다(Monahan, 1996). 성적 살인의 경우에도, 범죄자들이 어린 시절이나 살인을 저지르기 전 비교적 공통적으로 나타내는 특성들에 대해 분석하는 것은 어느 한 개인이 미래에 성적 살인을 저지를 위험성을 평가하는 데 바탕이 될 수 있다(Schlesinger, 2004).

Schlesinger(2001)는 성적 살인 범죄자들과의 면담이나 기록 조사, 주변인들과의 관계에 대한 정보를 통하여 성적 살인범들에게 공통적으로 나타나는 특성을 분석하고, 이를 잠재적인 성적 살인 범죄의 가능성에 대해 예측력이 있는 10가지 징후로 정리하였다. 1번부터 10번으로 갈수록 예측력이 높아지며, 이러한 징후를 보이는 사람들은 성적 살인을 저지를 가능성이 높다고 볼 수 있다(Schlesinger, 2001). 단, 주의할 점은 이 10가지 징후는 아직 실제 성적 살인범들의 자료를 통해 경험적으로 타당화 작업을 거친 적은 없다는 점이다(Schlesinger, 2004).

1. 아동기 학대 경험

어린 시절 학대를 당한 피해자들은 그렇지 않은 사람들에 비해 대체로 낮은 공감 능력을 보이고, 더욱 공격적으로 행동하며, 반사회적 성격을 더 많이 드러내어 일반적으로 더 높은 범죄성을 보이기도 한다(Luntz & Widom, 1994; Miller & Eisenberg, 1988; Vanderkolk, 1989; Widom, 1989).

Myers(2002)는 성적 살인범의 성장 배경에 전형적으로 나타나는 특징은 무책임하고 폭력적인 부모로 인해 불안정하고 피폐한 어린 시절을 보낸 것이라고 기술하였다. 즉, 대부분의 성적 살인범들은 어린 시절 성학대 피해를 당하거나 부모 등으로부터 신체적으로 심각한 처벌을 당한 경험이 있다(Ressler et al., 1988).

2. 어머니 품행의 부적절성

Brittain(1970)은 성적 살인범들의 어머니들이 종종 아이에 대해서 거부적이거나 증오심을 보이며 처벌을 일삼고, 혹은 아주 반대로 아이를 과잉보호하거나 항상 어린애 취급하는 모습을 보인다고 기술했다. 이렇게 어머니와의 적대적이면서 불안정한 관계에서 비롯된 양가적 감정은 성적 살인에 영향을 미친다(Krafft-Ebing, 1886; Revitch, 1965).

일반적으로 초기 모자 관계의 공격적 측면은 깊이 내면화되어 후에 다른 여성에게로 전환되어 나타나는데(Liebert, 1985), 성적 공격성 혹은 성적 살인은 어린 시절 어머니를 향한 분노가 후에 다른 여성에게로 투사되어 나타난 결과일 수 있다(Revitch, 1957). 예를 들어, 여섯 명의 여성을 잔인하게 살해한 뒤 어머니를 죽이고 신체 일부를 잘라 내어 쓰레기통에 버린 미국의 연쇄 살인범 Edmund Kemper의 경우, 어린 시절 어머니가 성적인 조롱을 일삼으며 잔인하게 아들을 대했던 것으로 알려져 있다(Schlesinger, 2001).

3. 병리적 거짓말과 기만

일반적으로 사람들은 자주 거짓말을 하고, 특히 범죄자들의 경우 잘못에 대한 책임을 피하기 위해 종종 거짓과 기만을 일삼는다(Ford, 1996). 그러나 성적 살인범들의 경우, 거짓말은 주로 타인에 대한 통제감이나 지배욕을 충족시키기 위한 도구로 사용된다(Douglas & Olshaker, 1995; Krafft-Ebing, 1886). 즉, 이들은 기만이 성공했을 때 자신이 타인에게 갖는 영향력을 과시하고 성취감을 맛보기 위해 기만을 일상적인 삶의 방식으로 만성적으로 사용한다(Bursten, 1972).

성적 살인범들은 범행을 저지를 때에도 피해자에게 접근하기 위한 수단으로 거짓말을 하고, 범행을 저지른 이후 수사에 혼선을 주기 위해서도 기만적인 전략을 계속하여 사용한다(Ressler et al., 1986). 예를 들어 Ted Bundy의 경우, 여성들에게 접근할 때 팔이 부러진 것처럼 가장하여 피해자들의 경계를 늦추고, 후에 검거되고 나서도 경찰과 변호사, 판사 등에게도 계속적으로 거짓말을 일삼았음은 널리 알려진 사실이다(Rule, 1988; Schlesinger, 2001).

4. 가학적 성적 환상

성적 살인범들에게 있어 가학적인 성적 환상은 주로 어린 시절부터 비롯되어, 생애 전반에 걸쳐 이들에게 막대한 영향력을 미친다(Brittain, 1970; Ressler et al., 1988; Schlesinger, 2004). 이러한 성적 환상의 주제는 주로 지배와 통제, 복수, 성적으로 가학적인 공격성으로 점철되며, 이러한 환상이 수없이 머릿속에서 반복되고 점차적으로 구체화되면서 범행에 대한 치밀한 계획이 자라나게 된다(Revitch, 1957; Schlesinger, 2004).

5. 동물 학대

사람을 대상으로 가학적인 행동을 보이는 사람에게는 거의 항상 이전에 동물에게 가학적 행위를 했던 전력이 있다(Brittain, 1970; Krafft-Ebing, 1886; Schlesinger, 2004). 이들은 동물을 단순히 죽이기만 하는 것이 아니라, 그전에 동물을 상대로 일정 시간 동안 고문을 하는 점이 특징이다(Ressler & Schachtman,

1992). 예를 들어 미국의 연쇄 살인범 Albert DeSalvo의 경우, 어린 시절 고양이를 보면 알 수 없는 분노가 치밀어 올라 맨손으로 고양이를 찢어 죽이는 상상을 자주 했으며, 실제로도 화살로 고양이의 배를 관통하는 등의 고문을 했었다고 털어놓았다(Rae, 1967; Schlesinger, 2001).

6. 타인을 지배하고 통제하고자 하는 욕구

성적 살인에 있어 가장 주요한 동기로 자주 언급되는 것이 바로 타인을 통제하려는 욕구이다(Langevin, 1991; MacCulloch et al., 1983). Johnson & Becker (1997) 역시 성적 살인범들은 낮은 자존감과 열등감 때문에 자신의 이러한 부적절감(inadequacy)을 극복하기 위하여 타인을 통제하고 지배하려는 강한 욕구를 갖게 되고, 이는 성적 살인에서 피해자에 대한 고문을 통해 성적 흥분을 얻으려는 행동으로 나타난다고 설명했다. 실제로, 미국 필라델피아에서 여섯 명의 여성을 살해한 Gary Heidnick은 피해자들을 납치하고 여러 고문 도구를 갖춘 자신의 지하실에 감금한 뒤 완벽히 통제된 상황 하에서 피해자에게 가학적 행위를 가한 것으로 알려져 있다(Englade, 1988; Schlesinger, 2001).

그림 4. 타인을 지배하고 통제하고자 하는 욕구

7. 반복적 방화

고의적으로 불을 지르는 행위의 원인은 다양하나, 단순히 성냥에 불을 지피는 것만으로 건물을 무너뜨리거나 사람을 죽이는 방화의 위력을 통해 얻는 성취감이나 지배감의 획득을 위해 성적 살인범이 반복적 방화의 전력을 갖는 경우가 많다(Brittain, 1970; Myers, Burgess, & Nelson, 1998; Schlesinger, 2001). 흔히 "샘의 아들"이라 불리는 David Berkowitz도 뉴욕에서 여섯 명의 여성을 살해하기 전 총 1,488번의 방화를 저질렀음을 일기장에 기록하였는데, Ressler와 Schachtman(1992)은 이에 대해 살아있는 것들을 지배하고자 하는 그의 욕구가 실행된 것이라고 설명하였다.

8. 관음증이나 물품음란증(fetish) 등의 성도착

성적 살인범들은 어린 시절부터 관음증이나 물품음란증 등의 성도착적 행위를 자주 보인다(Brittain, 1970; Prentky et al., 1989; Revitch, 1957). Ressler 외(1988)는 그들이 연구한 성적 살인범의 71%가 관음증을, 72%가 물품음란증을 보였다고 기술한 바 있다. 예를 들어, 네 명의 여성을 살해한 Jerome Brudos의 경우 발과 신발에 대한 물품음란증이 있었으며(Rule, 1983), 총 13명을 살해한 Richard Ramirez 또한 어린 시절부터 관음증적 행위를 보였다고 고백한 바 있다(Schlesinger & Revitch, 1999).

9. 여성에 대한 이유 없는 폭력

성적 살인이 시작되기 이전, 아무런 이유 없이 여성을 때리거나, 목을 조르거나 칼로 찌르는 등 공격적 행위가 성적 살인범들에게서 나타나기도 한다(Schlesinger, 2004). 이는 여성에 대한 전반적인 증오심에서 기인한 행동으로, 성적인 행동과는 아무런 연관이 없는 것이 특징이다(Revitch, 1980). 만약 누군가 아무런 유발 원인이 없이 여성에 대한 경멸이나 증오, 혐오의 표현으로 어떤 여성을 공격했다면, 이는 다른 징후들과 함께 성적 살인에의 가능성을 가리키는 위험한 징후로 주의해야 할 필요성이 있다(Schlesinger, 2004).

10. 반복적 의식 행위(ritualistic behavior)

성적 살인범들은 범행 현장에서 살인을 저지르는 데 굳이 필요하지 않은 행동(피해자의 시체를 절단하거나 토막 내는 행위, 범행 현장에 글씨를 적는 등 메시지를 남기는 행동, 시신을 특정한 모양으로 배열하기 등)을 반복적으로 보이는 경우가 있는데, 수년간에 걸쳐 발전된 범죄자의 가학적 성적 환상에서 비롯된 개인적 특성이 이러한 행동에 녹아 있는 경우가 많다(Douglas et al., 2006; Schlesinger, 2004). 즉, 자신들의 반복적인 상상에서 비롯된 고유하고 지극히 개인적인 표현이 범행에서 특이한 행동을 통해 드러나는 것이다(Schlesinger, 2004). Keppel(1995)은 이를 가리켜 범죄자의 심리학적 각인을 남기는 징표(calling card)라고 칭했다.

때때로 이러한 행위들은 여러 번의 범행에 걸쳐 동일하게 반복되기도 하지만, 시간이 지남에 따라 더욱 정교화되어 다르게 나타나기도 한다(Keppel, 1995). 주의할 것은, 겉으로 보기에는 다르게 보이는 징표들도 그 안에 내재된 심리학적 의미나 주제 면에서는 동일하기 때문에(Douglas et al., 2006), 범행 현장에서 나타나는 기이하거나 불필요한 행동들은 모두 철저한 주의를 요한다(Schlesinger, 2004).

앞에서도 언급했듯이 성적 살인은 잠복기가 수 십 년에 이를 정도로 긴 경우도 있기 때문에(Revitch, 1965), 이러한 여러 가지 징후를 보이는 범죄자가 실제로 성적 살인을 저지르게 되는 보다 직접적인 촉발 요인이 무엇인가는 중요한 문제이다(Schlesinger, 2004). 일반적으로 행동 통제력을 약화시키는 주요 요인들(좌절이나 우울감 등)은 성적 살인의 징후를 보이는 범죄자가 이를 실행으로 옮기는 데 중요한 방아쇠가 될 수 있다(Schlesinger, 2004). 또한 미디어에 나타난 폭력(Wertham, 1968), 실직이나 대인 관계에서의 거부나 상실 등도 이러한 성적 살인의 실행을 촉발하는 요인이 될 수 있다(Douglas & Olshaker, 1995).

마지막으로 덧붙일 것은 성적 살인의 경우 외부 환경이나 상황에 대한 반응이 아닌, 범죄자의 내부에서 적극적으로 피해자들을 찾아 나서서 그들을 죽이고자 하는 살인에 대한 심리적 욕구로 인해 발생하는 것이기 때문에, 이미 성적으로 동기화된 살인을 저지른 범죄자에게 있어 또 다른 성적 살인을 저지를 가능성은 매우 높다는 점이다(Douglas & Olshaker, 1995; Revitch & Schlesinger, 1989). 즉, 이미 성적 살인을 저지른 범죄자에게 있어 재범 가능성은 굉장히 높기 때문에, 이상에서 언급한 성적 살인범의 징후를 복합적으로 나타내는 잠재적 범죄자를 위한 예방 대책은 그만큼 시급하다고 할 수 있다(Schlesinger, 2004).

국내 성적 살인 사례

다음은 2000년 국내에서 실제로 발생했던 두 건의 살인 사건으로, 성적 살인의 범행 특성(두 번째 범행)과 전형적 성적 살인범의 징후를 잘 드러내는 사례이다(이동환·권일용, 2001).

2000년 10월 25일 전북 고창군 청룡산 중턱에서 저질러진 첫 번째 범행은 다음과 같은 특성을 보였다:

- 17:30경 범죄자가 묘지 부근에서 배회하다가 산을 내려오던 중, 혼자 귀가하던 피해자(여, 11세, 초5)를 맞닥뜨리고 강간을 목적으로 피해자의 목을 휘어 감고 입을 막아 산으로 끌고 올라감
- 약 50m 위 묘지로 끌고 가 피해자의 필통 속에 있던 칼로 피해자의 옷을 잘라 손을 뒤로 묶고, 입에 재갈을 물림. 질식하여 깨어나지 않는 피해자를 살리려 약 한 시간 동안 인공호흡을 실시하기도 하였으나 의식을 찾지 못하자 도주함. 사인은 경부 압박에 의한 질식사로 밝혀졌고, 정액은 발견되지 않았으나 성폭행의 흔적이 발견됨
- 묘지 위에 알몸인 채로 양팔을 벌여 십(十) 자 형태로 눕혀 놓았으며, 이때 피해자의 옷가지, 소지품을 피해자의 책가방 속에 넣어 묘지 옆에 놓은 뒤 도주
- 피해자의 옷으로 베개를 만들어 목을 받치고, 바지로 엉덩이를 받쳐 놓음

이어 채 두 달이 지나지 않은 시점인 2000년 12월 19일, 고창군 무장면 야산에서 두 번째 범행이 발생했다:

- 17시경 강간할 피해자를 찾던 중 피해자들(남매)을 발견, 도로 밑으로 밀어 넘어뜨림
- 남동생인 피해자 A(13세, 중1)를 운동화 끈으로 양손을 결박하고, 준비해 온 노끈으로 목을 졸라 밭고랑에서 살해. 피해자는 얼굴이 목도리로 가려지고 양손은 등 뒤로 묶인 채 목 졸려 숨진 상태로 발견됨
- 옆에 쓰러져 있던 누나인 피해자 B(17세, 고2)를 약 500m 떨어진 야산으로 끌고 가, 포장용 비닐 끈과 피해자의 스타킹으로 손발을 두 그루 소나무에 각각 나누어 묶은 후 강간
- 피해자를 묶어 놓고 살해하기까지 약 두 시간 이상 소요함. 피해자를 칼로 찌르는 등 고문함
- 준비해 온 회칼로 목, 가슴 등의 부위를 여러 차례 찔러 살해하고, 오른쪽 전대퇴부 살점(약 세로 20cm, 가로 14cm)을 도려냄
- 훼손한 시체 살점 일부는 후에 그의 집 앞 도랑에서 비닐봉지에 담긴 채로 발견됨

범죄자 특성

- 범죄자 김○○: 범행 당시 31세, 무직
- 어린 시절 가정 내에서 반복적으로 극심한 신체적 학대를 당함(아버지의 구타)
- 학대 후 알몸으로 쫓겨나기도 했음
- 동물 학대의 전력: 개를 때려죽이거나 뜨거운 방 안에서 이불로 질식사 시킴
- 중학교 2학년 때 가출
- 직업: 주방 보조 등 조리업 종사
- 전과: 폭력, 절도, 강간 등 7회
- 범행 3개월 전인 2000년 7월, 고향(고창 무장면)으로 돌아 감

– 2001년 12월, 대법원에서 사형 확정

본 범죄자의 범행에서 드러난 전형적 성적 살인범의 특성

성적 살인범의 열 가지 징후 가운데 김○○의 경우 아동기 학대 경험, 동물 학대, 타인을 지배하고 통제하고자 하는 욕구, 여성에 대한 이유 없는 폭력, 반복적 의식 행위 등 다양한 징후를 드러냈다고 할 수 있다. 어린 시절 학대를 당한 사람들이 그렇지 않은 사람들에 비해 대체로 낮은 공감 능력을 보이고, 더욱 공격적으로 행동하며, 반사회적 성격을 더 많이 드러내어 일반적으로 더 높은 범죄성을 보인다는 점은 김○○의 경우에도 예외가 아니며, 동물 학대에 있어서도 동물을 단순히 죽이기만 하는 것이 아니라 동물을 상대로 일정 시간 동안 고문을 하는 성적 살인범의 특징이 어린 시절 뜨거운 방 안에서 이불로 개를 질식시켜 오랜 시간 고통스럽게 죽게 만들었던 점에서도 잘 나타나 있다.

또한 결혼도 못하고 직업도 없어 평소 자살에 대한 생각을 많이 했다는 김○○은 낮은 자존감과 열등감을 극복하기 위하여 타인을 통제하고 지배하려는 강한 욕구를 갖게 되는 성적 살인범의 특성을 그대로 나타내며, 이는 범행 현장에서 노끈이나 운동화 끈 등으로 피해자들을 다양한 방식으로 속박하고 피해자에 대한 고문을 통해 성적 흥분을 얻는 행동으로 나타났다고 볼 수 있다.

또한 동거녀에게 강간죄로 고소를 당하고 외항선을 타면서 만난 여성에게 배신을 당하는 등 여성에 대한 전반적인 증오심을 가지고 있었는데, 연쇄 범행을 통해 이러한 분노와 복수심을 죄 없는 어린 여학생들에게 잔인한 폭력을 행사하면서 표출하였다고 볼 수 있다.

마지막으로 피해자를 발가벗겨 묘지 위에 전시하여 놓은 것이나, 피해자의 허벅지 살점을 도려내어 가져가는 등의 행위는 범행 현장에서 살인을 저지르는 데 필요하지 않은, 범죄자의 고유하고 지극히 개인적인 심리적인 특성이 드러나는 행동으로, 역시 성적 살인범들이 나타내는 의식적 행위(ritualistic behavior) 중에 하나라고 볼 수 있다.

해외 성적 살인 사례

보스턴 교살자로 알려진 Albert DeSalvo는 1960년대에 미국 보스턴에서 연쇄 살인을 저지른 범죄자이다. 그는 어린 시절 학대를 당하며 자랐고, 관음증이 있었으며, 강아지 한 마리와 굶주린 고양이들을 상자 안에 함께 넣어놓고 고양이들이 강아지 눈을 파는 것을 보며 즐기는 등 동물을 상대로 가학적 행위를 하곤 했다. 후에 그는 한 여성과 결혼하여 적어도 겉으로 보기에는 꽤 정상적인 가정을 꾸려 나갔고, 연쇄 살인을 저질렀던 시기에도 남편과 아빠로서의 역할을 잘 해냈다(〈그림 5〉 참조).

그림 5. Albert DeSalvo("Boston Strangler")와 그의 가족

그는 살인 사건을 저지르기 이전에 모델 기획사의 대표를 사칭해 여러 집을 돌아다니며 여성들의 신체 치수를 재면서 성추행을 저질렀다. 그는 이 과정에서, 제대로 교육을 받은 적이 없는 자신에게 속아 넘어가는 사람들을 보면서 쾌감을 느꼈다고 후에 고백했다. 이 외에도 그는 수리공을 사칭하며 집 안에 들어가 여성들을 힘으로 제압하고 강간했다.

그 후 DeSalvo는 18개월 동안 총 13명의 여성을 살해한 것으로 알려져 있다. 그는 살인을 저지르고자 하는 충동을 스스로도 어쩔 수 없었다고 말했다. 그는 자신이 알지도 못하는 여성들에게서 분노를 느꼈으며, 맨손이나 스타킹 등으로 그들의 목을 조르곤 했다.

DeSalvo는 성적 살인범의 열 가지 징후 가운데 아동기 학대 경험, 병리적 거짓말과 기만, 동물 학대, 타인을 지배하고 통제하고자 하는 욕구, 성도착(관음증), 여성에 대한 이유 없는 폭력 등 다양한 징후를 살인의 실행 이전에 드러냈다고 할 수 있다. 대다수의 강간범들은 성적 살인을 저지르지 않지만(MacDonald, 1986), DeSalvo의 경우는 강간범이 성적 살인범이 된 전형적 예라고 볼 수 있다(Schlesinger, 2004).

주요 용어 KEY TERMS

성적 살인	강간 살인	동물 학대
교살	가학성	조직형
비조직형	혼합형	가학형
아동기 학대	병리적 거짓말	가학적 성적 환상
반복적 방화	성적 도착	반복적 의식 행위

Summaries

- 성적 살인이란 내재되어 있는 성적 갈등에 의해 주로 동기화된 살인이나 혹은 살인 자체가 성적인 흥분을 불러오는 경우를 일컫는다.
- 성적 살인범은 살인 자체에서 성적 만족을 얻지만, 강간 살인범은 보통 강간을 저지르고 난 뒤 검거를 피하려는 목적으로 혹은 죄책감과 두려움에 압도되어 살인을 저지른다.
- 가학성의 근원은 타인에 대해 힘과 통제력을 갖는 느낌에서 나오며, 가학적 살인은 내가 상대방보다 힘과 권력에 있어 압도적인 우위에 있다는

것을 상대방이 느끼고 있다는 생각 자체가 성적인 흥분을 가져올 때 발생한다.

- 가학적인 성적 살인범이 가장 흔히 쓰는 범행 수법은 맨손으로 피해자의 목조르기인데, 이는 피해자의 사망에 이르는 시간을 범죄자가 스스로 통제함으로써 성적 만족을 극대화하기 위한 방법이다.
- 성적 살인의 원인에 대해 여러 가지 이론이 존재하나, 모든 성적 살인범의 행동을 설명하는 단 하나의 이론이란 존재하지 않으며, 어머니와의 관계가 건강하지 못했거나 가난하고 해체된 가정에서 자란 사람들이 모두 성적 살인을 저지르는 것은 아니다.
- 성적 살인은 살인에 대한 내적 심리적 욕구로 인해 발생하는 것이기 때문에, 이미 성적으로 동기화된 살인을 저지른 범죄자에게 있어 또 다른 성적 살인을 저지를 가능성은 매우 높다.

참고문헌 References

이동환·권일용 (2001). 범죄수사와 심리학. *한국심리학회 춘계 심포지움 자료집,* 109-114.

American Psychiatric Association. (2013). *Diagnostic and statistical manual of mental disorders* (5th ed.). Washington, DC: Author.

Brittain, R. P. (1970). The sadistic murderer. *Medicine, Science, and Law, 10,* 198-207.

Bromberg, W. (1961). *The mold of murder: A psychiatric study of homicide.* New York: Grune & Stratton.

Burgess, A. W., Hartman, C. R., Ressler, R. K., Douglas, J. E., & McCormack, A. (1986). Sexual homicide: A motivational model. *Journal of Interpersonal Violence, 1,* 151-272.

Bursten, B. (1972). The manipulative personality. *Archives of General Psychiatry, 26,* 318–321.

De River, J. P. (1958). *Crime and the sexual psychopath.* Springfield, IL: Charles C Thomas.

Douglas, J. E., Burgess, A. W., Burgess, A. G., & Ressler, R. K. (2006). *Crime Classification Manual* (2nd edition). California: John Wiley & Sons.

Douglas, J. E. & Olshaker, M. (1995). *Mind hunter.* New York: Pocket Books.

Englade, K. (1988). *Cellar of horror.* New York: St. Martin's Press.

Ennis, B. J. & Litwack, T. R. (1974). Psychiatry and the presumption of expertise: Flipping coins in the courtroom. *California Law Review, 62,* 693–752.

Fenichel, O. (1945). *The psychoanalytic theory of neurosis.* New York: Norton.

Ford, C. V. (1996). *Lies, lies, lies: The psychology of deceit.* Washington, DC: American Psychiatric Press.

Grubin, D. (1994). Sexual murder. *British Journal of Psychiatry, 165,* 624–629.

Guttmacher, M. S. (1960). *The mind of the murderer.* New York: Farrar, Strauss & Cudahy.

Hazelwood, R. R. & Michaud, S. G. (2001). *Dark dreams: Sexual violence, homicide and the criminal mind.* New York: St. Martin's Press.

Holmes, R. M. & DeBurger, J. E. (1985). Profiles in terror: The serial murderer. *Federal Probation, 49,* 29–34.

Johnson, B. R. & Becker, J. V. (1997). Natural born killers? The development of the sexually sadistic serial killer. *Journal of the American Academy of psychiatry and Law, 25,* 335–348.

Keppel, R. D. (1995). Signature murderers: A report of several related cases. *Journal of Forensic Sciences, 40,* 670–674.

Kozol, H. L., Boucher, R. J., & Garofalo, R. F. (1972). The diagnosis and treatment of dangerousness. *Crime and Delinquency, 19,* 371–392.

Krafft-Ebing, R. von (1886). *Psychopathia sexualis* (C. G. Chaddock, Trans.). Philadelphia: F. A. Davis.

Langevin, R. (1991). The sex killer. In A. W. Burgess(Ed.), *Rape and sexual assault, part III: A research handbook* (pp.257-273). New York: Garland.

Liebert, J. A. (1985). Contributions of psychiatric consultation in the investigation of serial murder. *International Journal of Offender Therapy and Comparative Criminology, 28,* 187-200.

Luntz, B. K. & Widom, C. S. (1994). Antisocial personality disorder in abused and neglected children growing up. *American Journal of Psychiatry, 151,* 670-674.

MacCulloch, M. C., Snowden, P. J., Wood, P., & Mills, H. E. (1983). Sadistic fantasy, sadistic behavior, and offending. *British Journal of Psychiatry, 143,* 20-29.

MacDonald, J. M. (1986). *The murderer and his victims* (2nd ed.). Springfield, IL: Charles C Thomas.

MacLean, P. D. (1962). New findings relevant to the evolution of psycho-sexual functions of the brain. *Journal of Nervous and Mental Disease, 135,* 289-301.

Meloy, J. R. (2000). The nature and dynamics of sexual homicide: An integrative review. *Aggression and Violent Behavior, 5,* 1-22.

Meloy, J. R., Gacono, L. B., & Kenney, L. (1994). A Rorschach investigation of sexual homicide. *Journal of Personality Assessment, 62,* 58-67.

Miller, L. (2000). The predator's brain: Neuropsychodynamics of serial killing. In L. B. Schlesinger (Ed.), *Serial offenders: Current thought, recent findings* (pp. 135-166). Boca Raton, FL: CRC Press.

Miller, P. A. & Eisenberg, N. (1988). The relation of empathy to aggressive and externalizing/antisocial behavior. *Psychological Bulletin, 103,*

324–344.

Monahan, J. (1996). Violence prediction: The past twenty years and the next twenty tears. *Criminal Justice and Behavior, 23,* 107–130.

Money, J. (1990). Forensic sexology. Paraphiliac serial rape(biastophilia) and lust murder(erotophonophilia). *American Journal of Psychotherapy, 44,* 26–36.

Myers, W. C., Burgess, A. W., & Nelson, J. A. (1998). Criminal and behavioral aspects of juvenile sexual homicide. *Journal of Forensic Sciences, 43,* 340–347.

Prentky, R. A., Burgess, A. W., Rokous, R., Lee, A., Hartman, C., Ressler, R. K., & Douglas, J. (1989). The presumptive role of fantasy in serial sexual homicide. *American Journal of Psychiatry, 146,* 887–891.

Rae, G. W. (1967). *Confessions of the Boston Strangler.* New York: Pyramid Press.

Ressler, R. K., Burgess, A. W., & Douglas, J. E. (1988). *Sexual homicide: Patterns and motives.* New York: Free Press.

Ressler, R. K., Burgess, A. W., Douglas, J. E., Hartman, C. R., & D'Agostino, R. B. (1986). Sexual killers and their victims: Identifying patterns through crime scene analysis. *Journal of Interpersonal violence, 1,* 288–308.

Ressler, R. K. & Schachtman, T. (1992). *Whoever fights monster.* New York: St. Martin's Press.

Revitch, E. (1957). Sex murder and sex aggression. *Journal of the Medical Society of New Jersey, 54,* 519–524.

Revitch, E. (1965). Sex murder and the potential sex murderer. *Diseases of the Nervous System, 26,* 640–648.

Revitch, E. (1980). Gynocide and unprovoked attacks on women. *Corrective and Social Psychiatry, 26,* 6–11.

Revitch, E. & Schlesinger, L. B. (1989). *Sex murder and sex aggression.* Springfield, IL: Charles C Thomas.

Rule, A. (1983). *Lust killer.* New York: Signet.

Rule, A. (1988). *The stranger beside me.* New York: Signet.

Schlesinger, L. B. (2001). The potential sex murderer: Ominous signs, risk assessment. *Journal of Threat Assessment, 1,* 47-72.

Schlesinger, L. B. (2004). *Sexual murder: Catathymic and compulsive homicides.* Boca Raton, Florida: CRC Press.

Schlesinger, L. B. & Revitch, E. (1999). Sexual burglaries and sexual homicide: Clinical, forensic, and investigative considerations. *Journal of the American Academy of Psychiatry and Law, 27,* 227-238.

Vanderkolk, B. A. (1989). Compulsion to repeat the trauma: Re-enactment, re-victimization, and masochism. *Psychiatric Clinics of North America, 12,* 389-411.

Warren, J., Hazelwood, R. R., & Dietz, P. E. (1996). The sexually sadistic serial killer. *Journal of Forensic Sciences, 41,* 970-974.

Wertham, F. (1968). What do we know about mass media effects? *Corrective Psychiatry and Social Therapy, 14,* 196-199.

Widom, C. S. (1989). Child abuse, neglect, and adult behavior: Research design and findings on criminality, violence, and child abuse. *American Journal of Orthopsychiatry,* 59, 355-367.

제 6 장

묻지마(이상동기) 범죄

Contents

- 들어가며
- 묻지마 범죄의 정의
- 묻지마 범죄자의 특성
- 국내 묻지마 범죄 사례
- 묻지마 범죄의 원인
- 묻지마 범죄자 유형 분류
- 해외 묻지마 범죄 사례
- 묻지마 범죄 예방 대책

Questions

1. 묻지마 범죄를 정의하는 데 필수 요소는 무엇일까? 무동기 범죄, 이상동기 범죄, 무차별 범죄와는 같은 개념일까?
2. 묻지마 범죄자들의 배경 특성 및 심리적 특성은 어떠할까?
3. 묻지마 범죄의 발생 원인에는 어떠한 것이 있을까?
4. 묻지마 범죄자의 유형에는 어떠한 것들이 있으며, 그 차이점은 무엇일까?
5. 국내와 해외의 묻지마 범죄자들 사이에는 어떠한 공통점 혹은 차이점이 존재할까?
6. 묻지마 범죄에 대한 예방 대착으로 어떠한 전략들을 수립할 수 있을까?

Objectives

1. 묻지마 범죄의 정의에 대해 학습하고, 묻지마 범죄자들의 인지적, 성격적, 행동적 특성을 이해한다.
2. 묻지마 범죄의 원인에 대해서 알아본다.
3. 묻지마 범죄자의 유형에 대해 학습하고, 그 차이점을 이해한다.
4. 국내와 해외 묻지마 사례들을 비교분석 해 본다.
5. 묻지마 범죄에 대한 원인 분석을 바탕으로, 예방 대책에 대해 생각해 본다.

Chapter 06

묻지마(이상동기) 범죄

들어가며

2012년 8월, 서울 여의도의 한 노상에서 30세의 남성이 자신의 이전 직장 동료뿐만 아니라 처음 본 사람들에게도 흉기를 휘두른 이른바 여의도 칼부림 사건이 발생했다. 이 외에도 2012년 의정부역에서 전동차 안에 침을 뱉은 자신을 나무라는 승객 2명을 공격한 뒤, 승강장에 대기하는 시민들에게도 무차별적으로 흉기를 휘두른 의정부역 흉기난동 사건, 2010년 옥탑방에서 들려오는 가족들의 행복한 웃음소리를 듣고 자신의 처지를 비관하여 옥탑방에 침입, 흉기를 휘두른 신정동 '묻지마' 살인 사건 등, 범행의 동기가 명확하지 않고 자신과 관계없는 불특정 대상에 무차별적인 공격을 가하는 소위 '묻지마 범죄'가 커다란 사회문제로 부각된 바 있다. 2023년에도, 7월 21일 서울 신림역 인근에서 대낮에 한 30대 남성이 노상에서 일면식도 없는 행인들을 공격한 칼부림 사건으로 1명이 사망하고 3명이 부상을 입었으며, 약 보름 후인 8월 3일 오후 6시경 경기도 성남 서현역에서 한 20대 남성이 승용차로 돌진하여 보행자 5명을 충격한 뒤 차에서 내려 흉기를 휘둘러 2명이 사망하고 12명에게 중경상을 입히는 사건이 연이어 발생하였다. 이에 따라 다중 밀집 공공장소에서 발생하는 흉기난동 사건에 대한 사회적 불안과 공포가 가중되고, 모방범죄에 대한 우려도 증가하게 되면서, 불특정 다수를 대상으로 하여 불분명한 동기로 무차별적 공격이 이루어지는 묻지마 범죄에 대한 사회적 관심이 다시금 높아지게 되었다.

묻지마 범죄가 시민들에게 공포와 불안의 대상이 되고 있는 것은, 이처럼 범죄자와 아무런 관계가 없더라도 누구나 무차별적으로 범죄의 대상이 될 수 있다는 예측 불가능성과 함께, 나의 행동과는 아무런 인과 관계없이 불분명한 이유로 범죄 피해를 입을 수 있다는 통제 불가능성과도 커다란 관련이 있다. 또한, 현대 사회에서 앞으로 묻지마 범죄가 계속 증가할 것이라는 예측(박형민, 2013)은 대중의 이러한 막연한 두려움을 가중시킨다. 실제로 최근 10여 년간 살인 범죄 발생 추세를 보면, 범행 동기에서 있어 우발적으로 저지르거나 현실에 대한 불만으로 저지르는 경우가 증가하고 있다(윤정숙·김민지, 2013). 범죄 수사에 있어서도, 범죄자의 범행 동기가 뚜렷이 드러나지 않고, 불특정 대상을 공격하는 묻지마 범죄의 특성 때문에 피해자와의 관계 추론을 통해 용의자에 대한 수사망을 좁히기 어렵기 때문에, 범인 검거가 쉽지 않은 경우도 많다.

더구나 '묻지마'라는 용어 자체가 범행에 대한 범죄자의 책임을 부정하는 것처럼 오도하는 문제점이 있고, 범행 예측성이 떨어지기 때문에 범죄 예방 가능성에 대해 비관적으로 생각하게 만들 수 있는 점, 또한 일면식도 없는 범죄자로부터 무방비 상태로 피해를 입을 수 있다는 통제 불가능성 등이 묻지마 범죄에 대한 두려움 확산에 기여하고 있다(양문승·이훈재, 2008; 윤정숙·김민지, 2013; 정연대·이윤호, 2013; Best, 1999).

그러나 '묻지마 범죄'가 학술 용어인지, 자주 혼용되어 쓰이는 '이상동기 범죄'나 '무동기 범죄', '무차별 범죄'와는 어떠한 면에서 같거나 다른지 등 '묻지마 범죄'라는 용어의 사용에 대해 보편적 기준이나 개념이 아직 존재하지 않는다. 또한 과연 어떠한 범죄를 '묻지마 범죄'로 칭해야 할 것인지와 관련하여, 그 정의 및 판단 기준이 현재로서는 여전히 불명확한 실정이다. 이처럼 명확한 정의가 부재하고 판단 기준에 있어서 아직 합의된 바가 없기 때문에, 묻지마 범죄자의 공통적인 특성이나 범죄 발생 원인, 유형 분류에 대한 학술적 연구는 여전히 미흡한 수준이다.

여기에서는 최근 심각한 사회문제로 시민들의 불안과 공포의 대상이 되고 있는 묻지마 범죄와 관련하여, 국내외 실제 사례를 바탕으로 묻지마 범죄의 정의와 범죄자들의 특성에 대해 살펴보고, 묻지마 범죄의 발생 원인 및 유형 분류 체계, 예방 대책 등을 차례로 살펴보기로 하겠다.

묻지마 범죄의 정의

'묻지마 범죄'라는 용어는 2003년 2월 19일 부산에서 발생한 한 사건에 대해, 한겨레일보가 "불특정 다수 겨냥 '묻지마 범죄' 늘어"라는 제목에서 처음 사용하였다. 통상적으로 '묻지마 범죄'는 뚜렷한 이유나 목적 없이, 자신과 관계없는 불특정 다수를 상대로 무차별적으로 저지르는 범죄를 가리키는 말로(김상균, 2012; 김진혁, 2012), 학술적 용어는 아니다(박형민, 2012). 그러나 일반적으로 가해자–피해자 간에 필연적 관계가 없으며 범행 동기가 명확하지 않은 사건을 '묻지마 범죄'로 지칭하는 경우가 지속적으로 증가해 왔다.

그런데 앞서 언급한 여의도 칼부림 사건이나 의정부역 흉기난동 사건들과 같이, 범행 대상이 불특정적이고 범행 동기가 명확하지 않은 경우 '묻지마 범죄'라는 용어 외에도 '무차별 범죄', '이상동기 범죄', '무동기 범죄' 등의 여러 용어가 혼재되어 쓰이고 있는 실정이다. 이처럼 학계와 실무 기관에서 합의되지 않은 여러 개념들이 혼용되어 쓰일 경우, 일관된 정의로 통계 수집이 이루어지지 않아 정확한 발생 실태 및 추세 분석이 어려워진다(정연대·이윤호, 2013).

우선, 박순진(2003)은 "가해자와 특별한 관계를 갖지 못한 낯선 사람에 대한 공격을 의미하며 공격 대상이 되는 사람(피해자)의 수가 다수인 경우"(p. 208)를 지칭하는 용어로 '불특정 다수를 향한 범죄'를 사용하였다. 그러나 이 정의에는 범행 동기의 불명확성에 대한 요소가 나타나 있지 않으며, 강간이나 강도 등 범행 목적이 뚜렷한 범행도 포함될 수 있고, 피해자가 1명에 그칠 경우 이를 묻지마 범죄에서 배제시킬 이유가 없다는 점에서 한계가 있다.

다음으로, 고선영(2012)은 묻지마 범죄를 '이상동기 범죄'로 대체하여 사용할 것을 주장하면서, "범인과 피해자 간 사이에 아무런 관련성이 없고, 범죄위험에 노출될 가능성이 낮은 피해자가 선택되었을 경우"(p. 6)로 이상동기 범죄를 정의 내렸다. 그러나 '범죄 위험에 노출될 가능성'에 대한 평가가 다분히 주관적일 소지가 있고, 범죄피해 위험성이 높은 사람이 실제로 피해자가 되었을 때 이를 묻지마 범죄에서 배제시켜야 하는 타당성이 분명하지 않다는 점에서 여러 한계점을 지닌다.

또한 김상균(2012)에 따르면 '무동기 범죄'는 "범행동기와 목적이 불분명하고 범죄자와 피해자 간에 특정한 이해관계나 상호작용 없이 불특정 한 사람을 대상으로 한 범죄"(p. 198)를 가리킨다. 그러나, 어떠한 범죄라도 동기가 없는 경우는 거의 없다고 봐도 무방하다는 점에서(김진혁, 2010; 이성식, 2010), 무동기 범죄라는 용어는 사용에 있어 맹점을 가지고 있다.

한편, 박형민(2012)은 '무차별 범죄'라는 용어를 통해, 가해자가 뚜렷한 이유 없이 부정적인 감정을 무작위로 선택된 대상에 폭력적으로 표출시키는 범죄를 지칭하였다. 특히 무차별 범죄는 그 목적에 있어, 성적 혹은 물질적 이익 등을 위해 도구적 목적으로 폭력을 사용하는 성범죄나 강도 등의 범죄들은 포함시키지 않는다.

한편, 형사사법 기관인 대검찰청(2013)에서는 "가해자와 아무런 관계가 없는 불특정 피해자에 대해서 가해자의 일방적 의사로 흉기 등 위험한 물건을 사용하여 폭행, 손괴 등 유형력을 행사하는 방법으로 피해자의 생명, 신체, 재산을 침해하는 범죄, 즉 살인, 상해, 폭행, 협박, 방화, 방화치사, 손괴 등"(p. 8)으로 묻지마 범죄를 정의하고 있다.

박지선·최낙범(2013)은 "범행 동기가 명확하지 않거나 상식적인 수준에서 납득하기 어렵고, 범행 대상의 선택에 있어 필연적인 인과 관계가 없이 불특정적이며, 폭력이나 살인 등 다른 사람을 해치려는 적대적인 의도로 저지른 범죄"(p.

109)를 묻지마 범죄로 정의하였다. 여기에서 불특정적인 범행 대상이란, 일면식도 없는 타인이 단순히 같은 사회의 구성원이라는 이유로 세상에 대한 자신의 분노 등 부정적 감정을 표출하는 경우와 함께, 실제로 공격하고자 하는 특정한 대상이 있으나 접근성이나 신체적 열세 등의 이유로 실질적으로 공격하기가 쉽지 않을 때, 상대적으로 취약한 사람으로 공격 대상을 바꾸어 공격하는 경우 또한 해당한다.

다음 2011년 서울시 광진구에서 발생했던 묻지마 살인 사건은 두 번째 경우, 즉 실제로 공격하고자 하는 특정한 대상이 있으나 실질적으로 공격하기가 어려워 접근성이 있는 대상으로 바꾸어 공격한 묻지마 사건에 해당하는 사례이다.

사건 개요

- 2011년 6월 2일 오후 6시 10분경, 서울시 광진구 구의동 골목길에서 이○○(남, 55세)가 가출한 전처의 뒷모습과 닮았다는 이유로 길을 가던 여성 류○○(32세)의 등 부위를 흉기로 1회 찔러 살해한 사건
- 피해자(32세, 여성)는 회사 일을 마치고 귀가하던 중이었음. 피해자는 10년 넘게 구의동의 한 백화점에서 화장품 판매원으로 일하고 있었음. 피해자는 남자친구와 통화를 하면서 집으로 향해 걸어가던 중 피해를 당함
- 범죄자는 자신의 집에서 술(소주 2병)을 마신 후 만취 상태로, 집에 있던 과도(총길이 23cm, 칼날 길이 12.5cm)를 주머니에 넣어 숨기고 나감
- 범죄자는 2010년 11월 전처가 딸을 데리고 집을 나간 것에 화가 나, 불특정 여성을 대상으로 범행을 결심하고 길을 가던 중 피해자의 뒷모습이 전처와 닮았다는 이유로 범행을 저지름
- 경찰 조사에서 "집을 나간 딸과 아내가 미워 지나가던 여성을 아무나 죽이고 싶었다", "전화도 안 받고 적개심에 그랬다"라고 진술

범죄자 특성

- 범죄자 이○○: 범행 당시 55세, 전기공

- 학력: 초등학교 졸업
- 전과 9 범(절도, 폭력 등)
- 2010년 11월, 가정폭력을 견디지 못한 아내가 집을 나감
- 아내와 딸이 가출하기 전, 일거리를 맡지 못하고 있었으며, 집 근처 편의점에 약 18만 원의 외상이 있는 등 경제적 문제로 불화를 겪었음
- 2011년 5월, 아내가 주민등록을 옮긴 사실을 발견하고 분노와 원망이 극에 달함
- 입원치료가 필요한 알코올중독자 판정
- 2011년 7월 15일 서울동부지법 무기징역 선고, 10년간 위치추적 전자장치 부착명령

참고

〈묻지마 범죄와 관련된 다양한 용어 및 정의〉

박순진(2003) 불특정 다수를 향한 범죄 "가해자와 특별한 관계를 갖지 못한 낯선 사람에 대한 공격을 의미하며 공격 대상이 되는 사람(피해자)의 수가 다수인 경우"(p. 208)

고선영(2012) 이상동기 범죄 "범인과 피해자 간 사이에 아무런 관련성이 없고, 범죄위험에 노출될 가능성이 낮은 피해자가 선택되었을 경우"(p. 6)

김상균(2012) 무동기 범죄 "범행동기와 목적이 불분명하고 범죄자와 피해자 간에 특정한 이해관계나 상호작용 없이 불특정 한 사람을 대상으로 한 범죄"(p. 198)

박형민(2012) 무차별 범죄 "가해자가 자신과는 직접적인 관계가 없는 사람을 무작위로 선택하여 폭력을 행사하는 표출적 범죄"(p. 49)

대검찰청(2013) 묻지마 범죄 "가해자와 아무런 관계가 없는 불특정 피해자에 대해서 가해자의 일방적 의사로 흉기 등 위험한 물건을 사용하여 폭행, 손괴 등 유형력을 행사하는 방법으로 피해자의 생명, 신체, 재산을 침해하는 범죄, 즉 살인, 상해, 폭행, 협박, 방화, 방화치사, 손괴 등"(p. 8)

박지선·최낙범(2013) 묻지마 범죄 "범행 동기가 명확하지 않거나 상식적인 수준에서 납득하기 어렵고, 범행 대상의 선택에 있어 필연적인 인과 관계가 없이 불특정적이며, 폭력이나 살인 등 다른 사람을 해치려는 적대적인 의도로 저지른 범죄"(p. 109)

이상의 논의를 종합해 볼 때, 묻지마 범죄는 다음과 같이 정의될 수 있을 것이다. 즉, 묻지마 범죄는 1) 범행의 동기가 불분명하거나 상식적으로 이해하기 어렵고, 2) 가해자나 범죄의 원인과 필연적인 관련성이 없는 1인 이상의 불특정 범행 대상이 존재하며, 3) 도구적 목적으로 저지른 범행은 제외하고, 부정적인 감정(분노, 불안, 우울 등)의 공격적 표출이 두드러지며, 4) 흉기 등 도구를 사용해 폭력이나 상해, 살인 등의 범죄를 저지른 경우를 지칭한다(박지선, 2013).

이후 2023년 7월 서울 신림역, 8월 성남 서현역에서 흉기난동 사건이 연이어 발생하며 뚜렷한 동기 없이 불특정 다수를 대상으로 발생하는 범죄에 대한 우려가 증가하였다. 이에 경찰에서는 '묻지마 범죄'라는 용어가 실체를 규명하기 어렵고 범죄의 동기와 원인을 오해하게 만들 수 있다는 점에서, 2022년 1월 19일 '이상동기 범죄'로 명칭을 설정하여 정식 분류함과 동시에 공식 통계 수집 및 범죄 분석, 대책 마련 등의 방안을 발표하였다. 이때 이상동기 범죄의 판단 기준을 세 가지로 설정하였는데, 1차 판단 기준으로 '피해자 무관련성', 2차 분류 기준으로 '행위 비전형성', 사후 분석 기준으로 '동기 이상성'을 제시하고 이를 토대로 관련 통계를 관리하기 시작하였다(경찰청, 2024).

그러나 '묻지마 범죄'나 '무동기 범죄' 대신에 '이상동기 범죄'를 공식 용어로 사용하는 것에 대해서, '이상동기'라는 용어의 사용이 범죄가 발생하는 사회구조나 제도 등 사회적 맥락에 대해 주목하기보다는 범죄자의 비정상적 심리만을 부각하고, 일반 사람들과는 다른 특이점에만 주목하여 범죄자의 비정상성을 강조하는 한계점을 갖는다는 비판도 제기된 바 있다(노성훈, 2024). 즉, '이상동기 범죄'라는 공식 용어의 사용에 있어, '정상' 동기와 '이상' 동기의 구분이 명확하지 않고, 범행 동기의 비정상성이 기준이라면 정신장애 범죄자와 이상동기 범죄자의 경계 또한 모호하다는 등의 문제점이 지적되었다(노성훈, 2024).

한편, 외국에서도 국내의 묻지마 범죄와 유사한 속성을 가진 범죄들에 대해 여러 가지로 정의하고, 해당 범죄자들의 특성과 범죄의 원인에 대해 다각도로 분석해 왔다.

우선, 일본에서는 묻지마 범죄 관련, '거리에 지나가는 악마'라는 뜻의 일본어인 '도리마지켄'의 약어인 '도리마' 사건이라는 표현을 사용한다. 도리마 사건이란 '사람들이 자유롭게 지나다니는 공간에서 순간적으로 지나가며 마주친 불특정한 다수를 대상으로, 명확한 동기 없이 흉기를 써서 살인, 폭행, 상해, 기물파손 등의 위해를 입힌 사건'을 지칭한다(일본 경찰청, 1981; 박형민, 2012 재인용). 일본에서는 2001년에서 2012년 사이 경찰청 집계로 총 77건의 도리마 사건이 발생한 것으로 보고되었으며, 특히 일본에 심각한 경제 한파가 불어 닥친 2008년에는 전년에 비해 약 75% 증가한 14건이 발생하였다(노성훈, 2012).

그림 1. 2008년 일본 아키하바라에서 발생한 도리마 사건 현장

한편, 국내의 묻지마 범죄는 과도한 공격성의 발현으로 다수의 피해자를 양산하는 점에 있어 외국의 증오 범죄(hate crime)와 자주 비교된다(김진혁, 2010; 양문승·이훈재, 2008). 영국에서는 '장애나 인종, 종교, 성 정체성 관련 특정 대상에의 적대감에 기인한 범죄'로 증오 범죄를 규정하고 있다(Home Office,

2012). 미국의 증오 범죄 역시 피해자에 대한 혐오가 주된 범행 동기로, 이러한 혐오의 감정은 주로 인종, 성별, 종교, 성적 지향성(동성애 등) 등과 관련 있는 편견에서 비롯된다. 미국 FBI에서 매년 발간하는 범죄 통계인 UCR(Uniform Crime Reports)에서 미국의 '증오범죄통계법(The Hate Crime Statistics Act)'에 따라 매년 수집되는 통계를 보면, 살인, 폭행, 강간, 방화, 손괴 등을 포함하여 2013년 한 해 동안 총 6,933건의 증오 범죄가 발생하였다. 영국에서는 한 해 동안 발생하는 범죄 가운데 증오 범죄가 약 1%를 차지하고 있다(Home Office, 2012). 미국과 영국 모두에서 인종 관련 편견에 기인한 증오 범죄 비율이 가장 높고, 그 외 성적 지향성, 종교, 민족성, 장애 등과 관련된 편견에서 기인한 증오 범죄의 순으로 높다.

그러나 이상에서 살펴본 증오 범죄는 국내 묻지마 범죄와 여러 가지 면에서 뚜렷한 차이를 보인다(김진혁, 2010; 양문승·이훈재, 2008). 첫째, 범행 동기가 뚜렷하지 않다는 국내 묻지마 범죄의 특성과는 달리, 증오 범죄에는 편견에서 비롯된 특정 대상에 대한 혐오라는 명확한 동기가 있다. 둘째, 국내 묻지마 범죄의 핵심 요소 가운데 하나는 피해자의 불특정성이나, 증오 범죄에서 가해자는 특정 인종이나 성적 지향성 등을 가진 사람을 대상으로 범행을 저지른다(김진혁, 2010; 박순진, 2003). 셋째, 묻지마 범죄와는 달리, 증오 범죄의 경우 보복 범죄를 낳을 가능성이 훨씬 더 높다(김진혁, 2010). 넷째, 상당수가 일회성인 묻지마 범죄와는 달리, 증오 범죄는 상당히 오랜 기간 동안 세대를 전승하여 지속적으로 나타나는 경향이 있다(김진혁, 2010).

한편, 미국 FBI에서 발간한 범죄 분류 매뉴얼(Crime classification manual: Douglas, Burgess, Burgess, & Ressler, 2006)에서는 살인의 하위 유형을 나누고, 각각의 유형에 있어 범행 수법, 증거, 수사 시 참고사항 등을 나누어 분석하였다. 이 안에 포함된 살인의 하위 유형 중 하나가 국내의 묻지마 범죄와 비견되는 불특정 동기 살인(A nonspecific motive murder)이다.

그림 2. 민족에 대한 편견에서 기인하는 증오 범죄

범죄 분류 매뉴얼(Crime classification manual: Douglas et al., 2006)에 따르면, 불특정 동기 살인은 범죄자를 제외한 다른 사람들에게는 그 발생 이유가 명확하지 않은 살인으로, 무분별하고 비이성적으로 보이는 특성이 있다. 범행 전 범죄자는 사회적으로 고립되어 있고, 외양도 단정하지 못하며, 남들의 눈에 기이해 보이는 행동을 보인다. 국내 묻지마 범죄와 마찬가지로 주로 대낮에 공공장소에서 범행이 발생하여 목격자가 있는 경우가 많고, 때로 범죄자가 자살 시도를 보이기도 하지만 주로 현장에서 체포될 가능성이 높다. 피해자는 종종 불특정 다수로, 무선적으로 범죄 피해를 입는다. 가해자는 주로 사전에 준비한 흉기를 사용해 범행을 저지르며, 피해자의 목이나 머리 등에 치명상을 입히는 경향이 있다. 범행 현장이 비체계적이며, 증거 인멸 등의 시도를 하는 경우가 거의 없다.

한편, 미국에서 대량 총기 난사 사건이 심각한 사회적 우려를 낳자, 미 의회 연구소(Congressional Research Service, 2013)에서는 공공장소에서의 총기 난사(public mass shootings) 사건을 공공장소에서 피해자를 무작위로 선정하여 총격을 가하여 4명 이상의 사상자를 낸(가해자 제외) 사건이라고 정의하였다. 여기에서 공공장소는 학교, 직장, 주차장 등 다수의 사람들에게 노출된 공간을 의미한다. 공공장소에서의 총기 난사 사건은 국내 묻지마 범죄와 마찬가지로 피해자가 무작위로 선정된다는 공통점이 있다. 범행 동기와 관련해서, 여기에서는 이익 추구가 목적인 범죄(강도 등)나 사회정치적 목적으로 저지른 범죄(테러 등)은 제외된다.

그림 3. 2012년 미국 콜로라도 소재 극장에서의 총기 난사 사건 현장

묻지마 범죄자의 특성

이상에서 살펴본 것처럼, '묻지마 범죄'에 대한 명확한 정의가 내려진 바 없고 그 기준에 대한 학술적 합의가 이루어지지 않았기 때문에, 묻지마 범죄자의 특성에 대한 연구에 있어 연구 대상을 누구로 할 것인지에 대해서도 일치된 기준이 존재하지는 않는다. 그러나, 묻지마 범죄와 관련된 여러 연구에서 해당 범죄자들의 배경 특성과 심리적 특성, 범죄 발생 특성에 대해 조사해 왔다.

1. 범죄자 배경 특성 및 범죄 발생 특성

고선영(2012)은 이상동기 범죄에 관한 연구에서 연구 대상을 "범인과 피해자 간 사이에 아무런 관련성이 없고, 범죄위험에 노출될 가능성이 낮은 피해자가 선택되

었을 경우”(p. 6)로 한정하고, 범죄자들의 특성을 배경 정보 및 범행 수법 등을 중심으로 분석하였다. 분석 대상은 경찰청 데이터베이스 중 하나인 SCAS(Scientific Crime Analysis System; 과학적 범죄분석 시스템)를 바탕으로, 2007년에서 2012년 사이 발생한 사건 중 총 20개를 대상으로 범죄자들의 특성을 정리하였다(서울지방경찰청, 2012).

우선 해당 범죄자들의 주된 배경 특성을 보면, 연령대는 평균 30대 초반으로, 모두 남성이며, 대부분 미혼이고, 상당수가 고졸 이상의 학력을 가지고 있다. 대부분 무직이고, 경제적으로도 상당히 곤궁하며, 협소한 대인 관계 폭을 보여 이성친구를 포함하여 친구가 거의 없는 편이다. 범행 특성 면에서는, 범행에서의 계획성이나 치밀함은 상당히 결여되어 있고, 증거 인멸에 대한 노력이나 시도도 거의 나타나지 않는다. 대부분 아무나 다치게 하고 싶다는 마음으로 집에서 흉기(주로 칼)를 들고 나와 길거리에서 범행을 저지르며, 이때 술을 마시지 않은 상태에서 범행을 저지르는 경우가 훨씬 더 많다.

한편, 대검찰청(2014)에서는 “가해자와 아무런 관계가 없는 불특정 피해자에 대해서 가해자의 일방적 의사로 흉기 등 위험한 물건을 사용하여 폭행, 손괴 등 유형력을 행사하는 방법으로 피해자의 생명, 신체, 재산을 침해하는 범죄, 즉 살인, 상해, 폭행, 협박, 방화, 방화치사, 손괴 등”(p. 8)이라고 규정한 묻지마 범죄의 정의에 따라 범죄자, 피해자 및 발생 특성, 범행 수법을 조사하였다. 2012년부터 2013년까지 2년간 발생한 사건 중에 위 정의에 부합하는 총 109개의 사건을 대상으로 범죄자의 전형적인 특징을 요약하면, 대부분 3-40대 남성으로 전과가 있고 무직이며, 반 이상이 칼 등의 흉기를 써서 범행을 저지른다. 발생 특성으로는 수도권 지역에서 8월에 야간 시간대에 발생하는 사건 빈도가 상대적으로 가장 많고, 주로 노상에서 피해자를 대상으로 한 살인이나 상해의 경우가 가장 많다.

특히 정신질환 중에서도 조현병(정신분열증)의 주된 증상 중 하나인 피해망상이나 환청이 범행과 관련 있는 경우가 상대적으로 많았으며, 일정한 수입이 없는 사회 소외 계층이 현실에 대한 불만으로 범죄를 저지르는 경우, 범죄 전력이 있는 전과자에 의해 주로 발생하는 특징을 보였다(대검찰청, 2014).

한편, 윤정숙·박지선·안성훈·김민정(2014)은 위 대검찰청에 2012년 한 해 동안 보고된 56건의 묻지마 사건들 중 1) 피해자가 비면식관계의 불특정인이며, 2) 가해자가 폭력을 행사하고, 3) 동기가 명확하지 않거나 납득할 수 없는 사건 총 47건을 바탕으로 묻지마 범죄자의 특성을 분석하였다. 그 결과, 대다수가 무직인 3-40대 미혼 남성으로 폭력, 상해 등의 대인 범죄 전력이 있고 소득이 거의 없으며, 수도권 거주 비율이 가장 높았다. 약 반 정도가 조현병, 주요 우울 장애 등 정신 장애로 진단받거나 정신과에서 치료를 받은 경험이 있으며, 망상 증상을 나타내었다. 이들은 대인 관계에서 타인에 대한 불신이나 의심을 호소하는 경우가 많았고, 감정적으로는 대다수가 충동 조절의 문제와 함께 분노감을 나타내었다. 발생 특성으로는 상당수가 여름에 사전 준비한 칼 등의 흉기를 써서 범행을 저지르는 것으로 나타났다.

경찰청에서는 2022년 1월 19일 '이상동기 범죄'의 공식 통계 수집을 발표한 이래로, 2023년 상반기인 1-6월 사이 발생한 이상동기 범죄가 총 18건으로 집계되었다고 발표하였다(2023년 8월 10일자). 이 사건들은 피해자와 피의자가 서로 관련이 없고, 뚜렷한 범행 동기가 없거나 비정상적이며, 행위가 비전형적인 특성을 갖는 등 세 가지 기준에 해당하는 사건들이다. 이 중 14건이 상해로 가장 많았으며, 살인 혹은 살인미수 3건, 폭행치사 1건이었다. 이들은 거의 남성들로 50대가 6명으로 가장 많았고, 그다음으로는 30대가 4명, 20대가 3명, 40대 2명, 60대 이상이 2명의 순이었다. 18명 중 13명이 전과가 있었는데, 전과 6-10 범이 5명, 1-5 범 4명, 11 범 이상이 4명이었고, 대부분 폭행·상해 전과로 나타났다. 범행 장소는 노상에서 발생한 사건이 15건으로 대부분을 차지하였다.

김영숙·조영오(2024)는 2020년 1월 1일-2023년 12월 31일 사이 '묻지마 범죄', '이상 동기 범죄', '무동기 범죄'로 검색한 각급 법원의 1심 판결문 총 186건을 바탕으로 이상 동기 범죄의 특성을 살펴보았다. 그 결과, 이상 동기 범죄자는 98%가 남성으로 대부분 무직 혹은 비정규직(86.3%)이었다. 이상 동기 범죄 유형으로는 상해가 37.1%로 가장 많았고, 폭행이 29%, 살인이 9.7%, 기타가 24.2%로 나타났다. 약 3분의 2가 노상에서 발생하였으며, 피해자는 1명인 경우가 47%, 2명 이상이 53%이었다.

2. 묻지마 범죄자의 심리적 특성

이처럼 아직 묻지마 범죄에 대한 학술적 정의가 내려지지 않고 명확한 판단 기준이 합의되지 않은 상태에서, 묻지마 범죄자의 배경 특성 및 범죄 발생 특성, 범행 특성을 체계적으로 조사한 연구는 많지 않다. 더군다나, 단순한 통계적 특성에 대한 조사 이외에 특히 범죄자들의 인지적, 성격적, 심리적 특성에 대한 심층적 분석을 다룬 연구는 거의 존재하지 않으며, 여전히 상당히 미흡한 수준이다(윤정숙·김민지, 2013).

그럼에도 불구하고, 묻지마 범죄자의 범행 전 경제적, 사회적 여건 및 범행 동기, 평소 가족 등 주변 대인 관계 등의 상황을 종합해 봤을 때, 묻지마 범죄자에게서 공통적으로 나타나는 인지적, 성격적, 심리적 특성은 다음과 같이 정리해 볼 수 있다.

1) 대인 관계에서의 고립

묻지마 범죄자들에게서 범행 당시 공통적으로 발견되는 특성 중 하나는 주변에 친한 친구나 심지어 가족들과의 관계도 단절된 채로 고립된 특성을 보이는 경우가 많다는 것이다. 사회적 고립 자체만으로도 스트레스 취약성을 높이고 부정적 정서를 유발하게 되어, 사회에서 직면하는 다양한 좌절 상황에서 문제 중심 대처보다는 회피나 감정적 대처를 주로 보이게 된다(Buckley, Winkel, & Leary, 2004). 이러한 사회적 상황에서의 반복된 좌절은 타인들, 즉 사회의 전반적인 구성원 등 불특정 다수에 대한 막연한 적대감으로 이어지기도 한다. 이는 자신과 아무런 관련 없는 사람을 공격하는 스스로에게 그럴 만한 충분한 이유가 있는 것처럼 범행에 대한 당위성이 있다고 착각하고, 자신을 적대적으로 대한 세상에 복수하는 것이 정당하다고 범행을 합리화시키는 데 영향을 미친다(윤정숙·김민지,

2013).

결국 이들은 범행 전 가족과 물리적으로, 정서적으로 고립되어 있는 특성을 보이는 경우가 많고, 사회적 지지나 격려를 보내줄 친구 등 주변 관계가 단절되어 있다(박지선·최낙범, 2013). 그 결과, 직장에서 해고를 당하거나 사회적, 경제적인 좌절 상황에 직면했을 때, 스트레스에 대처할 주변으로부터의 정서적 지지라는 자원이 부재하게 되며, 이는 결국 자존감에 상처를 입고 열등감이나 분노, 우울 등 부정적 감정이 계속적으로 해소되지 못한 채로 남아 있다가 종국에는 타인에 대한 공격으로 표출되는 데 기여하게 된다(Buckley et al., 2004; Mawson, 1987). 사회적 고립이 순간적인 분노 조절의 실패 및 공격성 표출 억제, 충동적 행동 조절 능력 저하와 밀접한 연관이 있다는 연구 결과(Bernard, 1990; Gresswell & Hollin, 1994)도 묻지마 범죄자의 이러한 특성을 뒷받침한다.

2) 인지적 왜곡

상당수 묻지마 범죄자들에게서 관찰되는 또 다른 특성은 상대방의 행동이나 말, 그 의도에 대해 해석할 때 중립적인 자극도 적대적으로 해석하는 등 인지적 편향을 드러낸다는 것이다. 이들이 나타내는 인지적 왜곡은 근본적으로 인간에 대한 신뢰가 결여되어 있는 것과 밀접한 관련이 있는데, 이는 어린 시절 안정적이지 못했던 부모와의 관계에 의해 크게 영향을 받는다(윤정숙·김민지, 2013).

특히 만성적인 스트레스 상황에 노출되고 현실에 대한 비관이 극도에 달하면, 상황에 대한 객관적이고 합리적인 판단이 약화되고 인지적 왜곡이 더욱 심화되어, 타인과의 일상적인 대화나 행동에서도 상대방이 부정적인 의도를 가진 것으로 편향되게 해석하는 경향이 있다(Huesmann, 1994). 특히 묻지마 범죄자들은 회사에서 해고되는 등의 사회적 좌절 상황이 있을 때, 온 세상이 자신을 거부한다는 과잉일반화와 같은 인지적 왜곡을 통해 무차별적으로 적대감을 표출하기도 한다(윤정숙·김민지, 2013). 특히나 일면식도 없는 피해자를 대상으로 무차별적 범행을 저지르는 그 순간에도, 자신과 아무런 관련 없는 상대를 공격하는 데 따른 죄책감을 중화시키고 범행을 정당화하는 과정에서 피해자를 비인격화시키는 인지적 기제가 작동한다(Bernard, 1990; Gresswell & Hollin, 1994).

또한 묻지마 범죄자에게서 드러나는 이러한 인지적 편향은, 일의 결과에 대한 원인을 어떠한 방향성을 가지고 해석하는지를 나타내는 사회적 귀인(attribution)과도 밀접한 관련이 있다. 즉, 묻지마 범죄자들의 경우 자신의 실패나 좌절 상황에 대해 그 원인을 타인이나 사회에 돌리는 외부 귀인의 경향성이 두드러진다. 이러한 외부 귀인을 통해 자신의 부정적인 일(이혼, 실직 등)을 남 탓, 사회 탓으로 편향되게 해석함으로써 묻지마 범죄라는 무차별적 폭력의 분출이 가능해지게 되는 것이다(박순진, 2003; 박형민, 2013; 양문승·이훈재, 2008).

3) 반복적 좌절과 실패로 인한 무력감과 낮은 자존감

취업, 직장, 경제적 수준, 지위나 권력 등 사회적 비교가 가능한 다양한 상황에서 여러 번 좌절로 인해 열등감을 느끼고 무력감에 빠지면, 인간은 자아존중감에 상처를 입게 되면서 우울과 불안 등 부정적 감정을 경험하게 되고, 이러한 감정이 적절히 해소되지 못하면 장기적으로 법과 도덕 등 사회적 규범 체계에 혼란을 겪게 되어 결과적으로 반사회적 행동에 취약해진다(김상균, 2012; Mawson, 1987). 묻지마 범죄는 이처럼 낮아진 자존감을, 자신보다 취약한 불특정 대상을 폭력적으로 제압하면서 회복시키려는 수단으로 해석되기도 한다(김진혁, 2012). 즉 인상 관리의 차원에서, 자존감에 심각한 타격을 입었다고 느꼈을 때 타인 앞에서 긍정적 인상을 유지하고 손상된 체면을 회복시키기 위하여 고의적이고 보복성의 공격 행위를 보인다는 것이다(Felson, 1982). 더불어, 박순진(2003)은 여러 번 실패를 겪고 사회 속에서 열등감과 소외감을 느끼는 개인이, 공격적 행동을 통해 사회와의 연결 고리를 확인하려는 '상호성의 회복'이라는 관점에서 묻지마 범죄를 설명하였다.

그림 4. 2007년 미국 버지니아텍 총기난사 사건 현장

국내 묻지마 범죄 사례

1. 2012년 8월 경기도 수원 묻지마 살인 사건

사건 개요

2012년 8월 21일 수원에서 저질러진 묻지마 범행은 다음과 같은 특성을 보였다:

- 강○○(39세, 남)가 술집에 들어가 문을 잠그고 주인을 성폭행하려다, 손님이 문을 두드리자 술집 주인 유○○(39세, 여)의 목과 손님 임○○(42세, 남)의 배를 칼로 찌르고 도망침
- 도망치던 중 막다른 골목에 이르자 대문이 열려있던 집안으로 들어가, 자고 있던 일가족 3명에게 흉기를 휘둘러 인기척에 놀란 집주인 고○○(65세, 남)의 가슴을 10여 차례 찌르고, 소란이 일어나자 방에서 나온 집주인의 부인(60세, 여)과 아들(34세, 남)도 잇달아 찌른 뒤 집을 나와 도망침
- 결국 고○○(65세, 남)는 사망하고 총 4명이 상해를 입음
- 범행에 사용된 흉기는 범행 전 편의점에서 미리 구입하여 준비함

범죄자 특성

- 범죄자 강○○: 범행 당시 39세, 무직
- 전과 11 범
- 2005년에 특수강간혐의로 구속돼 7년형을 선고받고, 2012년 7월 9일 만기 출소
- 2005년 저지른 범행으로 전자발찌 착용 대상자이나, 검찰의 미청구로 착용하지 않음
- 출소 뒤 수원의 갱생보호소에 입소해 숙식을 해결하며 일용직 노동자로 일해 옴
- 부모에게 용돈을 요구하다 상해를 가하는 등 패륜적 행위 전력
- 검거 후에도 계속 진술을 거부하다가, "이번에 들어가면 다시는 빛을 볼 수 없을 것 같다. 3-4시간만 잤다가 일어나서 속 시원하게 다 말하겠다"며 유치장에서 정오까지 잠을 자고 나서 조사를 받음[1)]

본 범죄자의 범행에서 드러난 묻지마 살인범의 특성 및 원인 분석

본 사건은 성폭행을 저지르려다 발각되자 그 피해자와 목격자를 공격한 사실 외에, 도주 중에 우연히 들어가게 된 가정집에서 처음 보는 일가를 상대로 뚜렷한 이유 없이 무차별적으로 흉기를 휘둘렀다는 점에서 묻지마 범죄에 해당한다. 특히 검거 후 "이번에 들어가면 다시는 빛을 볼 수 없을 것 같다."는 피의자의 진술에서 알 수 있듯이, 출소한 지 이제 한 달 남짓한 피의자가 다시 재범을 한 상태에서, 무력감을 느끼고 자포자기하는 심정으로 묻지마 범죄를 저지른 것으로 보인다.

그러나 본 수원 묻지마 범죄의 경우, 전과 11 범이며 성범죄로 7년을 복역한 뒤 출소 직후 재범을 한 점에서, 실직이나 경제적 위기 등 좌절 상황으로 인한 부정적 감정을 불특정 다수에게 무차별적으로 표출한 2012년 여의도 묻지마 흉기 난동 사건 등 다른 묻지마 범죄자들과는 다소 차별되는 점이 존재한다. 즉, 본 범죄자의 경우 다른 묻지마 범죄자들처럼 좌절 상황으로 인해 사회적 규범과 도

1) 경향신문 '성폭행 실패, 가정집서 묻지마 살인' 8월 21일 자 (http://news.khan.co.kr/kh_news/khan_art_view.html?artid=201208212200115&code=940202)

덕적 가치 체계에 혼란을 겪어 반사회적 행동에 취약해진 것이라기보다는, 만성적이고 반복적으로 행해진 반사회성의 표출이 이번에는 묻지마 범죄의 형태로 나타났다고 보는 것이 더 정확할 것이다. 특히 어린 시절 부모에게 상해를 가하는 등 패륜적인 행위를 한 전력이 있는 것처럼, 비교적 어린 나이에 반사회적 행동을 나타내어 이후 반복적으로 범죄 행위를 보이는 만성적 범죄자(career criminal)의 경우, 처벌이나 제재의 효과 없이 출소 후에도 재범을 반복하는 경향이 있다(Wolfgang, Figlio, & Sellin, 1972). 이러한 묻지마 범죄자들의 경우에는, 여의도 사건처럼 사회에 대한 불만이나 자신의 처지에 대한 비관으로 인해 불특정 다수를 공격한 묻지마 범죄자들과는 다른, 재범 위험성을 낮추기 위한 차별적인 전략이 요구된다.

2. 2023년 7월 서울 신림역 묻지마 살인 및 살인미수 사건

사건 개요

- 2023년 7월 21일 오후 2시경, 서울시 관악구 신림역 인근 노상에서 조○(남, 33세)이 길을 가던 한 남성의 목, 얼굴 등을 흉기로 총 18회 찔러 살해하고, 뒤이어 3명에게 흉기를 휘둘러 살해하려 한 사건
- 첫 번째 피해자(22세, 남성)는 길에서 전화통화를 하며 걸어가던 중 일면식도 없는 범죄자에게 피해를 입음. 더 이상 저항을 못하고 쓰러진 상태에서도 수차례 흉기로 공격당함
- 이후 역시 길을 걸어가던 두 번째 피해자(32세, 남성)의 목을 흉기로 찌르고 얼굴과 목 등을 향해 흉기를 휘둘러 살해하려 하였으나, 피해자가 가방을 휘두르며 저항하며 도망침
- 뒤이어 다음 범행 대상을 물색하다가 세 번째 피해자(31세, 남성)를 발견하고, 달려들면서 목과 등을 흉기로 수회 찔러 살해하려 하였으나 피해자가 저항함
- 계속해서 네 번째 피해자(30세, 남성)를 발견하고 달려가며 얼굴과 목을 흉기로 수회 찌르고, 공격을 피해 도망치는 피해자를 수차례 찔러 살해하려 하

였으나 피해자가 도망침

- 범죄자는 범행 직전 한 마트에서 식칼 1개(총길이 30cm, 칼날 길이 18.5cm)와 다른 식칼 1개(총길이 33cm, 칼날 길이 20cm)를 절취하여 범행 장소로 이동함. 후에 1개를 분실할 것에 대비하여 2개를 훔쳤다고 진술
- 범죄자는 수사 과정에서 "사람을 죽여야겠다는 생각을 했다", "노인들을 상대로는 굳이 범행을 저지르고 싶지 않았다", "그들을 죽여야 끝이 난다고 생각해서 범행을 저질렀다"는 취지로 진술

범죄자 특성

- 범죄자 조○: 범행 당시 33세, 무직
- 폭력, 사기 등 전과 3회, 실형을 받은 전력은 없음
- 소년보호처분을 받은 전력이 있는 등 청소년기부터 품행장애의 과거력
- 사건 전 정신과 치료의 전력이 없고, 정신병 전력도 확인되지 않음
- 지능이 75점으로 경계선 수준
- 학업 및 취업에 어려움을 겪고, 대부분의 시간을 집에서 게임, 동영상 시청 등으로 보냄
- 2024년 1월 31일 서울중앙지방법원 무기징역 선고, 30년간 위치추적 전자장치 부착명령. 2024년 6월 14일 서울고등법원 항소심을 거쳐, 2024년 9월 12일 대법원에서 무기징역 확정

본 범죄자의 범행에서 드러난 묻지마 살인범의 특성 및 원인 분석

본 사건은 일면식도 없던 무방비 상태의 피해자들을 뚜렷한 이유 없이 급작스레 공격하여 수차례 찌르는 행동을 반복하는 등 무차별적으로 흉기를 휘둘렀다는 점에서 묻지마 범죄에 해당한다. 어릴 때부터 부모와는 별다른 교류가 없었고, 고모나 할머니 등 친척집에서 주로 생활하며 정서적으로 불안하고 학업은 조기에 중단된 채 직업도 갖지 못하는 등 사회생활도 원만치 못했던 것으로 알려졌다. 특히 경찰 조사 시 "나는 불행하게 사는데 남들도 불행하게 만들고 싶었고 분노에 가득 차 범행을 했다.", "나보다 조건이 나은 또래 남성들에게 열등감을 느껴왔다."는

취지로 진술하는 등, 사회에 대한 불만과 열등감, 처지 비관 등의 이유로 묻지마 범죄를 저지른 것으로 보인다.

묻지마 범죄의 원인

위에서 살펴본 묻지마 범죄자의 특성은 주로 개인의 인지적, 성격적, 심리적 특성이 묻지마 범죄의 발생에 어떠한 영향을 미치는지를 밝히는 개인적 원인과 밀접한 관련이 있다. 그러나 묻지마 범죄는 이러한 개인적 원인 이외에도, 개인이 처해 있는 환경 혹은 상황적 특성과, 개인이 속해 있는 사회의 경제, 문화적 특성이나 권력 구조 등 사회적 원인에 의해 상당한 영향을 받는다.

예를 들어 일본의 경우, 빈부 격차나 실업 문제 등 묻지마(도리마) 범죄 발생에 있어 단순히 개인의 차원에서만 접근하는 것을 경계하고, 범죄자를 둘러싼 사회 구조적 문제점을 파악하는 데 집중한다(도가시 스스무, 2011). 실제로 인간에게 공격적 행동을 촉발하는 데는 개인적 특성 외에도 인구 밀도나 경제적 수준, 사회적 권력이나 지위 등의 사회환경적 요인이 생리적 각성을 유발하여 사고방식에 영향을 미치고(Bernard, 1990), 결과적으로 공격성을 증가시키는데 크게 작용한다(Wilson, 1987).

묻지마 범죄는 경제적 불평등이 심각한 사회문제로 부각되어, 저소득층의 경우 생계를 유지하기 어려울 정도의 곤궁한 생활 속에서 부익부빈익빈이 심화되고, 전반적인 경기 불황으로 실직이 장기화되는 사회적 배경에 극도로 취약한 양상을 보인다(양문승·이훈재, 2008). 즉, 경제적 양극화가 사회적인 지위나 권력 등에서의 불평등으로 이어지는 현실 앞에서 상대적 박탈감이 두드러지고, 자신의 처지에 대한 비관과 대비되는 부유층에 대한 분노가 쌓여 사회 전반에 대한 적개심이 심화될 때, 이러한 분노를 묻지마 범죄라는 극단적인 양상으로 불특정 다수를 향해 분출시키게 된다(박순진, 2003; 양문승·이훈재, 2008).

더불어, 묻지마 범죄를 둘러싼 상황적 특성을 보면, 직장에서의 해고나 실직, 결혼 생활의 실패, 경제적 파산 등 범행 당시 범죄자의 취약한 인지적, 성격적 특성이 무차별적 폭력으로 분출되는데 결정적으로 기여한 촉발 사건들을 상당수의 경우 찾을 수 있다. 이러한 좌절 사건들은 범죄자의 상황적 각성(situational arousal)을 야기하여(Bernard, 1990), 평소 가지고 있던 부정적 감정(불안, 우울, 분노 등)이 묻지마 범죄라는 극단화된 양상으로 나타나는 데 크게 기여한다. 특히 미국 등 총기에 대한 접근성이 높은 사회에서, 심리적 좌절이 만성화되고 해고나 이혼 등 촉발 사건이 존재할 때, 무차별 총기난사와 같은 묻지마 공격이 나타날 가능성이 높아진다(Levin, 1987).

묻지마 범죄자 유형 분류

아직 묻지마 범죄에 대한 연구가 초기 단계에 있기 때문에, 묻지마 범죄자의 특성을 심층적으로 분석하여 그 유형을 체계적으로 분류한 연구들은 극소수에 불과하다. 그러나 묻지마 범죄가 심각한 사회 문제로 부각된 2010년대 이후로, 경찰청이나 대검찰청 등 형사사법 기관 및 학계를 중심으로 묻지마 범죄자의 유형을 나누어 분석한 연구들이 소수나마 존재해 왔다.

1. 서울지방경찰청(2010): '현실불만 유형', '우발적 유형', '정신장애 유형'

본 연구에서는 국내에서 발생한 사례들을 중심으로 묻지마 범죄의 유형을 세 가지로 나누었으나, 그 분류 기준 및 특성에 대한 소개 없이 해당 사례만을 제시하는 데 그쳤다(정연대·이윤호, 2013).

2. 고선영(2012): '정신병적 범죄자', '비정신병적 범죄자'

앞서 기술한 이상동기 범죄의 정의에 따라, 이 연구에서는 이상동기 범죄의 유형을 두 가지로 분류하였다. '정신병적 범죄자'는 대부분 정신과 치료 전력을 가지고 있는 범죄자들로, 주로 세상이 나를 무시한다는 등의 망상 등의 증상이 두드러지게 나타나며 어린 시절부터 대인 관계에서의 고립과 사회적 상호작용의 부재를 겪어왔다. 한편, '비정신병적 범죄자'는 이러한 정신 병력은 드러나지 않고 직업도 있는 경우가 많으나, 어린 시절 가정 학대에 시달려온 경우가 많고, 사회적 좌절을 경험하고 세상에 대한 원망을 타인에게 표출시켜 범죄를 저지른다.

3. 대검찰청(2013, 2014): 정신질환형, 현실불만형, 약물남용형

대검찰청(2013, 2014)에서는 2012-2013년 사이 발생한 총 109개의 묻지마 범죄 사건을 바탕으로, 그 유형을 세 가지로 나누었다.

첫째, '정신질환형'은 주로 조현병이나 우울 장애와 같은 정신질환을 앓고 있는 환자에 있어, 누군가 자신을 해치려 한다는 피해망상이나 사람을 죽이라는 등의 환청 등의 증상이 범행에 주된 영향을 미친 경우이다. 세 가지 유형 중 가장 많은 비중(2012년에는 44%, 2013년에는 39%)을 차지한 것으로 나타났다. 둘째, '현실불만형'은 경제적 불평등이나 장기화된 실업 등 사회경제적 배경과 밀접한 관련이 있는 유형으로, 과다한 채무 등 경제적 궁핍함에 시달리며 자신의 처지를 비관하다 사회 전반에 대한 불만이 누적되어 범죄를 저지른 경우이다. 2012년과 2013년 모두 각각 한 해 동안 발생한 사건들 가운데 약 4분의 1을 차지하는 것으로 나타났다. 셋째, '약물·알코올 남용형'은 알코올이나 마약 등을 남용한 후 대부분 주취 상태에서 이유 없이 피해자를 폭행하는 등의 범행을 저지르는 유형으로, 묻지마 범죄 가운데 2012년에는 31%, 2013년에는 33%로 집계되었다. 이들은 거의 대부분이 다수의 전과를 가지고 있는 것으로 나타났다.

4. 이수정(2013): 정신장애, 외톨이, 반사회성

위 대검찰청(2013) 연구에 포함되었던 연구 대상 55명 가운데, 이 연구에서는 묻지마 범죄자를 "불분명한 이유로 비면식 관계의 피해자 1명 이상을 사망에 이르게 한 자"(p. 16)로 제한하여, 기록조사 외에도 면담에 응한 총 18명을 바탕으로 세 가지 유형으로 분류하였다. 첫째, '정신장애' 유형은 망상이나 환각 등의 증상이 주로 묻지마 범죄 발생에 커다란 영향을 미친 경우로, 주로 살인이나 살인 미수를 저지른 경우가 대부분이었다. 해당 범죄자들의 경우 공통적으로 조현병 병력이 있었으며, 인지 능력에도 손상을 보였다. 이들은 어린 시절 가정에 별다른 문제는 없었으며 범죄 전력도 거의 없으나, 어릴 때부터 학교생활에 적응하지 못했으며 이러한 대인 관계에서의 어려움은 직장에서도 이어져 성인이 된 이후에도 만성적으로 고립되는 경향이 있었다. 둘째, '외톨이' 유형은 대부분 범죄 전력이 없고 지능에도 문제가 없지만, 대인 관계 형성 및 유지에 문제가 많고 이직을 자주 하는 경향이 있었다. 마지막으로 '반사회성' 유형은 전과가 많고, 충동조절 실패를 특징적으로 보이며, 무직이나 일용노동직이 많았다. 이들은 어릴 때 학대를 당하는 등 가정환경이 불우했던 공통점을 드러냈다.

5. 박지선·최낙범(2013): '정신장애형', '현실불만형'

이 연구는 국내 묻지마 범죄 사건의 전반적 특성과 원인을 분석하여 두 유형으로 나눈 개관 연구이다. 첫째, '현실 불만형'은 빈곤이나 실업 등 세상에 대한 불만과 자신의 처지 비관이 심화되어 불특정 다수를 대상으로 무차별적 범죄를 저지르는 유형이다. 이 유형의 범죄자들은 직업적 불안정이나 학업의 실패 등 공통적으로 사회적 실패를 겪고 있었으며, 특히 범행 당시에는 사회적 지지를 보내주는 대인 관계가 극히 제한적으로, 물리적으로나 정서적으로 고립된 생활을 하고 있었다. 옥탑방에서 들려오는 가족들의 행복한 웃음소리가 자신의 처지와는 대비된다는 이유로 일면식도 없는 일가족에게 흉기를 휘두른 2010년 신정동 칼부림 사건, 실직 후 경제적으로 곤궁한 자신의 처지를 비관하고 사회에 대한 불만이 쌓여 자신의 전 직장 동료 외에 행인들도 무차별로 공격한 2012년 여의도 흉기난동 사건 등이 이에 해당한다고 볼 수 있다. 둘째, '정신 장애형'은 우울증이 심화되거나 피해망상이 두드러지게 나타나는 등 정신 장애로 인한 증상이 범행과 밀접한 관련이 있는 유형이다. 이들은 대부분 조현병이나 우울 장애 등 정신 장애 진단을 받거나 치료를 받은 전력이 있다.

다음 2014년 7월 경상도 울산에서 발생한 묻지마 살인 사건은 '현실 불만형'의 특성을 잘 보여준다:

사건개요

– 2014년 7월 27일, 새벽 6시경 울산의 한 버스정류장에서 장○○(남, 23)가,

일면식도 없는 한 18세 여성에게 흉기를 휘둘러 살해한 사건
- 범죄자는 당시 어머니와 별거 중이었던 아버지와 술을 마신 뒤 집안에서 흉기를 들고 나와, 집으로 가는 버스를 기다리던 피해자를 수차례 흉기로 찌름
- 범인은 범행 후 도주하여 스스로 목숨을 끊으려고 시도했으나, 피해자의 비명 소리를 들은 한 남성이 범인을 붙잡은 뒤 출동한 경찰에 의해 현장에서 체포됨
- 피해자는 작은 체구의 만 18세 여성으로, 당시 대학교 신입생이었음

범죄자 특성
- 23세, 남성, 무직
- 전과 없음
- 평소 내성적인 성격이나, 당시 부모님 관련 많은 스트레스를 받아 온 것으로 알려짐
- 범행 동기에 대해, 2012년 2월 군 제대 이후 집에만 있던 장○○에게 가족들이 취직하라는 말을 지속적으로 하자 이에 스트레스를 받아오다가, 범행 당일 함께 술을 마시던 아버지가 돈을 벌어오라는 말에 화가 나 거리를 배회하다 범행을 저질렀다고 진술
- 2015년 3월 29일, 부산고등법원에서 징역 25년, 위치추적 전자장치 20년 부착 명령 선고

한편, 다음 2012년 10월 경상북도 칠곡에서 발생한 살인 사건은 '정신장애형'의 특성을 잘 보여준다:

사건개요
- 2012년 10월 1일 낮 12시10분경, 칠곡군 왜관읍 지하도 입구에서 윤○○(남, 34)가 지하도를 지나던 신○○(여, 21)의 배와 가슴 등 6곳을 찔러 숨지게 함
- 윤○○는 미리 준비한 흉기로 인근 행인이 없을 때를 노려 피해자를 살해함

- 피해자는 대학생으로, 직장에 다니는 여동생을 왜관역에서 배웅하고 3km 떨어진 집으로 걸어 돌아오던 중 칼에 찔려 병원으로 옮겨졌지만 과다 출혈로 사망
- 피해자는 윤○○와는 일면식도 없는 관계로, 윤○○는 남성에게는 제압당할 것 같아 만만한 상대인 혼자 있는 여성을 범행 대상으로 삼았다고 진술함
- 범행 직후 윤○○는 칼을 바닥에 내려놓은 뒤, 근처를 지나가던 한 18세 남성에게 경찰에 신고해 줄 것을 요구, 경찰이 5분 만에 출동해 현장에 멍하니 서 있던 범인을 현행범으로 체포함

범죄자 특성

- 윤○○: 34세, 남성, 무직
- 식당일을 하는 부모님 및 남동생과 함께 지냄. 가족 외 대인 관계없음
- 학력: 고등학교 졸업
- 범행 10년 전부터 지능 급격히 퇴화, 2008년 지적장애 진단을 받음(지적장애 2급)
- 군 생활 중 탈영, 1년간 복역
- 우울증 증세까지 보여 2011년 10월부터 약 2개월 간 정신과 입원치료를 받았음
- 최근 들어 가출이 잦아지고, 며칠씩 외지에서 지내며 돌아다니다 집으로 돌아옴
- 범행 동기에 대해, 우울증이 심해져 더 이상 세상을 살고 싶지 않았고, 아무나 죽여 교도소에 가야겠다고 생각하였다고 진술

6. 윤정숙·박지선·안성훈·김민정(2014): '정신장애형', '현실불만형', '만성분노형'

이 연구는 2012년 묻지마 범죄를 저지른 범죄자 총 48명을 대상으로 묻지마 범죄 유형을 분류하고, 유형별 범죄자 배경 특성에서의 차이점을 실증적으로 분석하

였다는 점에서 선행 연구들과는 차별성을 가진다. 범죄자의 유형은 범행 동기와 수법, 대인 관계 기능 및 인지 문제 등에 기반을 두어 총 세 가지로 분류하였다.

첫째, '정신장애형'은 선행 연구들에서도 나타났던 것처럼, 대부분 망상 등의 증상을 보여 정신 장애(주로 조현병, 즉 정신분열증)로 진단을 받은 적이 있고, 정신과 치료를 받은 경우도 많았다. 흉기로 칼 등의 예기를 쓰는 경우가 대다수였으며, 다른 유형에 비해 연령대가 상대적으로 높은 피해자들을 공격하는 경향이 뚜렷이 나타났다(피해자가 40-70대인 경우가 약 3분의 2를 차지함).

둘째, '현실불만형'은 평소 사회에 만성화된 적개심을 가지고 있다가 대부분 길거리에서 여름에 범행을 저지르고, 범행 후에도 도주하지 않는 특성을 보인다. 가족과의 유대 관계가 양호하지 못하며, 범행 동기는 주로 세상에 대한 불만이나 상대적 박탈감인 경우이다.

셋째, '만성 분노형'은 다른 유형에 비해 상대적으로 학력이 낮고 전과가 많으며, 그중에서도 특히 폭력·상해 등의 대인 범죄 전과가 많은 경향이 있다. 범행 당시 술 등 약물에 취해있던 경우가 많으며, 단순히 재미나 분풀이로 범행을 저지르거나, 타인의 의도를 적개심을 가진 것으로 잘못 해석하여 범행을 저지르기도 한다.

7. 윤선영·이수정(2018): '외톨이 문제행동', '정신장애', '사이코패스 누범'

이 연구는 공공장소에서 불분명한 범행 동기로 비면식 관계의 피해자를 상대로 중상해 등 묻지마 범죄를 저지르고 수감 중인 수용자 총 25명을 대상으로, 심리검사 및 심층 면담을 통하여 묻지마 범죄자를 분류하였다. 그 결과, 묻지마 범죄자는 '외톨이 문제행동 유형', '조현병 등 정신장애 유형', '사이코패스 누범 유형'의 세 개 집단으로 분류되었다.

먼저 '외톨이 문제행동 유형'은 대부분 무직으로 어린 시절 가정환경이 불안정하며 비교적 어린 시절부터 비행행동을 시작했으며, 범행 당시 대부분 음주 상태에서 저지른 것으로 나타났다. 전과나 정신 병력 등은 다른 유형에 비해 상대적으로 적지만, 대인관계나 사회적 상호작용에 문제를 겪고 홀로 생활하는 경향을 보인다. 한편, '조현병 등 정신장애 유형'은 상당수가 조현병 등 정신질환 진단을 받고 정신과 치료 혹은 약물 복용 중이었던 특징이 있으며, 환청과 같은 증상이나 피해의식 등 편집증적 증상이 범행과 밀접한 관련이 있는 경우가 많았다. 다음으로 '사이코패스 누범 유형'은 범행 당시 대부분 가족 없이 혼자 지내고, 반사회적 경향이 높으며 다수의 전과가 있으나 반복되는 범죄 행위에 죄책감을 느끼지 못하고 타인을 지속적으로 착취하는 등의 경향을 보였다.

8. 김영숙·조영오(2024): '범죄 반복형', '충동 범죄형', '사회 투사형'

이 연구는 2020년 1월 1일-2023년 12월 31일 사이 '묻지마 범죄', '이상 동기 범죄', '무동기 범죄'로 검색한 법원 판결문 총 186건을 바탕으로 이상 동기 범죄의 하위유형을 분류하였다. 그 결과, 이상 동기 범죄자는 '범죄 반복형', '충동 범죄형', '사회 투사형'의 3개의 유형으로 분류되었다.

먼저 '범죄 반복형'은 대부분 정신질환이 없고 약 80%가 범죄 전력이 있으며 취약한 대상을 상대로 범행을 저지르는 경향이 있고, '충동 범죄형'은 계획성 없이 범죄 현장에 있던 흉기를 사용하여 순간적으로 분노를 표출하는 특징이 있으며, '사회 투사형'은 반 이상이 전과 경력은 없으나 사회에 대한 심각한 불만을 가지고 범행을 준비하여 계획적으로 저지르는 경향을 보였다.

해외 묻지마 살인 사례

미국, 영국, 일본 등 주요 국가에서는 묻지마 범죄의 개념 정의와 분류 기준을 명확화하고, 묻지마 범죄에 효율적으로 대처하기 위한 다양한 노력을 기울여 왔다.

일본에서는 특히 2000년대 후반 들어 통상 도리마(거리의 악마) 범죄라고 지칭하는 묻지마 살인이 눈에 띄게 증가하였다(노성훈, 2012). 이에 도리마 살인에서 나타나는 범행 수법을 분석하고, 특히 이와 관련이 높은 은둔형 외톨이(히키코모리)의 특성을 분석하여 왔다. 이들의 전형적인 특성을 살펴보면, 학력이 낮고 직업이 없거나 일용직, 혹은 비정규직에 종사하는 20-40대의 남성으로, 사회적 유대가 상당히 약화된 채로 범행 당시 실직 등 경제적으로도 악화되어 고립되어 혼자 지내는 경우가 많았다(도가시 스스무, 2011). 이들은 대부분 세상에 대한 원망과 자기 처지 비관으로, 자신과는 관련 없는 불특정 다수를 대상으로 범행을 저지른다(모창환 외, 2013).

2015년 3월 일본 효고현에서 발생한 묻지마 살인 사건은 이러한 은둔형 외톨이(히키코모리)의 특성을 잘 보여준다. 이 사건은 2015년 3월 9일, 일본 효고현 스모토 시에 있는 한 산간 마을에서, 한 남성이 이웃 주민에게 흉기를 휘둘러 총 5명이 사망한 사건이다. 피해자는 모두 60-80대의 노인들로, 남성 2명과 여성 3명이었다. 범인은 40대 남성으로, 범행 당시 무직이었으며 중학교 때부터 밖에 나간 적이 없는 은둔형 외톨이였다.

국내 묻지마 범죄 발생 시 일본의 묻지마 범죄가 자주 거론되며 비교 대상이 되지만, 일본 외에도 미국, 영국, 호주 등 다양한 국가에서 묻지마 범죄가 심각한 사회 문제로 떠오르고 있다. 예를 들어 2013년 11월 호주 브리즈번에서 한국인을 대상으로 발생한 한 묻지마 살인 사건은, 국내 묻지마 범죄의 특성과 상당히 중첩되는 특성을 잘 보여준다. 이 사건은 2013년 11월 24일 새벽 4시경, 호주 퀸즐랜드 주의 브리즈번의 한 번화가인 앨버트 스트리트에서, 아르바이트를 하러 가던 피해자 반○○(여, 22세, 한국인)가 사망한 사건이다. 피해자는 일을 하며 영어를 배우는 워킹홀리데이 참가 중이던 대학생으로, 사건 발생 6주 전 호주에 입국하여 사건 당시 한 호텔에서 청소일을 하고 있었다. 피의자 M(남, 19세, 호주 국적)은 피해자를 무차별로 구타하여 살해한 뒤, 근처 공원에 피해자의 시신을 유기하였다. 피해자는 발견 당시 머리 부분이 심하게 훼손되어 있었으며, 강도나 성범죄의 흔적은 전혀 나타나지 않았다. 피의자는 사건 현장 근처인 스프링힐에 거주하던 사람으로, 피해자와는 일면식도 없었으며, 조사 당시 "눈에 띄는 대로 아무나 죽이고 싶었다"라고 진술하였다.

그림 5. 호주 브리즈번 앨버트 스트리트의 2013년 살인 사건 현장

묻지마 범죄 예방 대책

1. 묻지마 범죄 관련 범죄 위험성 평가 전략 수립

범죄 위험에 대한 평가는 묻지마 범죄 예방 및 잠재적 범죄자에 대한 효율적 대처 차원에서 유용한 전략이다(Congressional Research Service, 2013). 범죄를 저지르기 전 나타나는 몇몇 이상 징후들을 분석하고, 이를 범죄 위험성 평가에 활용한다면 신속한 조치로 묻지마 범죄를 예방할 수 있다는 전제하에(Virginia Tech Review Panel, 2007), 미국 내 총기난사 사건들 중 특히 학교에서 발생한 사건의 가해자에게서 발견되는 위험 요소들은 아래와 같다(Virginia Tech Review Panel, 2007).

1	폭력적인 환상	12	자신을 피해자나 순교자로 생각
2	분노 조절 문제	13	기이하고 비정상적인 행동
3	무기, 흉기 등에 대한 집착	14	망상(주로 피해망상)
4	저격훈련 등 싸움에 대한 자랑, 연습	15	폭력성, 고문 등 잔인한 행동
5	사회적 고립	16	부적절한 정서(잔인한 행동 즐김)

6	자살에 대한 생각	17	감정적 분풀이 행위(acting out)
7	살인에 대한 생각	18	범죄 전력
8	스토킹	19	정신병력
9	규범 위반	20	무표정한 얼굴 등 정서 경험 불능
10	기존 살인범들에 대한 모방	21	경찰, 군대, 테러리스트에 대한 비정상적 관심
11	과거 총기난사 사건에 대한 관심	22	알코올/약물 남용

이와 같이 국내에서도 묻지마 범죄자들의 공통적 특성을 분석하고, 특히 범행 전 보였던 이상 징후들을 선별한다면, 향후 묻지마 범죄 위험성이 높은 범죄자들을 체계적으로 평가하고 관리, 지원하는 데 활용하여 궁극적으로 범죄 예방에 기여할 수 있을 것이다.

2. 총기 및 흉기 소지 규제 강화

외국에서는 묻지마 범죄 발생 이후 총기나 흉기 소지에 대한 규제를 강화한 사례들이 다수 존재한다. 예를 들어, 일본에서는 2008년 6월 8일 도쿄 아키하바라역 인근에서 25세 남성인 가토 도모히로가 트럭으로 행인 5명을 친 후, 차에서 내려 무차별적으로 단검을 휘둘러 12명을 더 살상한 칼부림 사건이 발생하였다. 이후 2009년 1월 5일 일본에서 '총포·도검류 소지 등 단속법'이 개정·시행되어, 총포·도검류 소지 허가 조건을 강화하고, 소지자에 대한 감시를 강화하며, 원칙적으로 칼날 길이 5.5cm 이상의 칼은 소지를 금지하게 되었다(박지선, 2013).

한편, 영국에서는 1996년 3월 13일 던블레인의 한 초등학교에서 43세 남성인 토마스 해밀턴(Thomas Hamilton)이 총기를 난사해 총 17명이 사망하였다. 이 사건으로 인해 다음 해인 1997년 11월, 영국의 총기 관련 법률(The Firearms Act)이 개정되었고, 개인이 총기를 소지하는 것이 모두 불법화되었다(박지선, 2013). 또한 2007년 11월 7일 핀란드의 한 고등학교에서 학생인 페카 에릭 오피넨(Pekka-Eric Auvinen, 남, 18세)이 20분간 총기를 난사한 사건 이후, 2009년

핀란드 정부는 총기규제강화법 개정으로 20세 이하는 총기를 소지할 수 없도록 금지하게 되었다(박지선, 2013). 이처럼 총기류 소지는 짧은 시간 동안 피해 규모가 순식간에 커지는 결과를 초래할 수 있으므로, 향후 국내에서 총기 소지 규제를 더욱 엄격히 강화하여 무차별 분노 표출에 기인한 극단적인 묻지마 범죄 피해를 예방할 필요가 있다.

3. 복지 정책을 통한 묻지마 범죄 예방

앞서 살펴본 묻지마 범죄의 사회적 원인을 고려할 때, 저소득자나 실업자, 전과자 들에 대한 적극적 지원 정책으로 묻지마 범죄를 예방하는 노력이 시급하다. 특히 일본의 경우를 보면, 묻지마 범죄 대응 방안으로 범죄자에 대한 강력한 처벌 위주의 정책보다는, 오히려 실업자나 은둔형 외톨이(히키코모리), 전과자 등에 대한 지원을 강화하여 재범 위험성을 감소시켜 범죄를 예방하는 복지 정책을 강조한다(모창환 외, 2013). 이러한 정책의 일환으로 첫째, 후생노동성에서 취업 정보, 상담 서비스 등을 제공하는 히키코모리 지원센터를 운영하고 있다(도가시 스스무, 2011). 둘째, 취업 지원을 위해 '지역청년 서포트 스테이션'을 운영하며 구인 정보 및 취업 상담을 제공한다(모창환 외, 2013). 이를 통해 실직이나 경제적 불평등 등 사회적 좌절에서 극단적 폭력성을 표출하는 묻지마 범죄가 발생하지 않도록 노력을 기울이고 있다. 셋째, 출소자들의 사회 재복귀를 돕기 위해 '자립갱생촉진센터'에서 구직 활동을 지원하고, '전국 취업지원 사업자기구' 등에서 '협력고용주'를 지원하는 등 재범을 방지하기 위한 다각도의 복지정책을 펼치고 있다(노성훈, 2012; 모창환 외, 2013). 이처럼 상담 서비스 및 취업 지원 등 지역사회의 통합적인 공조 체제를 통해, 효과적인 복지 정책을 통한 묻지마 범죄의 예방 노력이 절실히 요구된다(고선영, 2012).

4. 사회적 고립의 탈피 및 단절된 인간관계 회복

앞서 사회적 고립이 부정적 정서를 야기하고 스트레스 저항력을 떨어뜨리며 분노 조절 실패에 기여하는 등 다각도로 극단적 폭력성의 분출에 영향을 미치는 경로를 살펴보았다. 이를 바탕으로 볼 때, 가정, 학교, 직장 등에서 단절된 대인 관계를 회복하고 사회적 고립으로부터 탈피하기 위한 정책적 노력이 요구된다. 예를 들어, 미국에서는 학교에서의 왕따나 직장에서의 갈등 상황 등에서의 폭력 방지를 위해, 평소 적절한 스트레스 해소를 통해 분노를 조절하도록 대처 기술을 교육하고, 대인 관계 기술을 함양하며, 상담이나 중재 서비스를 제공한다(노성훈, 2012). 특히 최근 미국의 종합 안전대책(Comprehensive Safety) 지원 프로그램은 학교에 학생 및 교직원들을 위한 심리상담 전문가 고용, 긴급 상황 대비 훈련, 지역사회 상담서비스 연계 등에 1억 5천만 달러의 자금을 투입하여 사용할 수 있도록 했다(박지선, 2013).

5. 인지적 왜곡 수정

묻지마 범죄자들에게서 드러나는 위부 귀인 편향이나 범행에 대한 정당화 등 인지적 왜곡을 적극적으로 수정할 필요성이 제기된다. 이를 위해 자신에게 닥친 불행이나 좌절에 대해 만성적으로 남 탓, 사회 탓으로 돌리는 외부 귀인 성향을 돌아보게 하고, 우울 장애 환자에게서 주로 보이는 무기력한 태도 역시 인지 행동 치료(CBT: Cognitive-Behavioral Treatments)를 통해 교정할 필요가 있다(박지선·최낙범, 2013).

6. 다문화사회에서 묻지마 범죄 예방

다양한 국적과 민족을 가진 사람들이 함께 살아가는 환경에서 증가하는 적대감과 긴장감, 불안이 묻지마 범죄로 표출되어 나타난 해외 사례들이 다수 존재한다. 예를 들어, 이민자 출신으로 학교에서 친구 없이 고립되어 지내다가 2007년 버지니아텍에서 무차별로 총기를 난사했던 조승희 사건, 2011년 노르웨이에서 이민자들에 대한 극도의 거부감으로 총기를 난사한 브레이빅 사건 등은 모두 다문화사회에서 적응 및 융합에 실패하여 불특정 다수에게 분노를 표출한 사건들이다. 특히 최근 증가 추세에 있는 국내 외국인 인구의 유입을 살펴볼 때, 외국인 밀집 지역에서 무차별 폭력을 저지르거나, 혹은 외국인들을 대상으로 분노를 표출하는 묻지마 범죄에 대한 예방 대책이 시급하다.

다음은 2015년 3월 경상남도 진주에서 발생한 묻지마 살인 사건으로, 타민족에 대한 불만과 적개심이 범행에 상당한 영향을 미친 사건이다.

사건개요

- 2015년 3월 17일 새벽 6시 반 경, 경상남도 진주의 한 인력 사무실 앞에서, 전○○(남, 55)가 윤○○(남, 57), 김○○(남, 55), 양○○(남, 63) 등 총 3명을 상대로 흉기를 휘둘러 총 2명이 사망하고 1명이 중상을 입은 사건
- 피해자 윤○○(남, 57)는 중국 국적의 동포로, 그 자리에서 사망함. 피해자 양○○(남, 63) 역시 등과 가슴, 목 등 여러 군데를 마구 찔려 사망함
- 인력 사무실 앞에서 담배를 피우던 피해자 김○○에게 어깨를 찌르는 등 먼저 흉기를 휘두른 뒤, 사무실 안으로 들어가 소파에 앉아 있던 윤○○와 양○○를 수차례 찌름
- 범인은 현장에서 피 묻은 옷을 입은 채로 300m가량 도주, 이후 경찰에 체포됨
- 범행 전날 주변 시장에서 흉기를 훔침
- 조사 과정에서 "나는 얼굴만 봐도 그 사람들의 죄를 다 안다.", "흑사회 깡패들이 한국 여자들을 다 잡아간다, 죽여야 한다"며 횡설수설함

범죄자 특성

- 55세, 남성, 노동일
- 약 2년 전 부인과 이혼
- 1년 전쯤 진주로 이주, 모텔에서 거주해 왔음
- 인력사무소에는 4개월 전부터 나오기 시작함
- 피해자들과는 안면은 있으나, 대화를 나눈 적은 없는 사이
- 노동일 배정 관련, 평소 중국인들에게 불만이 있었음

2012년에 발생한 의정부역 칼부림 사건 역시, 중국인 등 타민족 출신 노동자들과의 갈수록 치열해지는 일감 경쟁에 불만을 품고 있다가, 이들을 위협하기 위해 평소 소지했던 흉기를 지하철역에서 일면식도 없는 불특정 다수를 상대로 공격하는 데 사용하는 결과를 초래했다. 국내에서 최근 외국인 노동자가 증가 추세에 있음을 고려할 때, 앞으로 이들을 대상으로 적개심을 표출하는 묻지마 범죄 예방 대책이 시급한 상황이다.

주요 용어

KEY TERMS

묻지마 범죄	무차별 범죄	무동기 범죄
이상동기 범죄	증오 범죄	불특정 동기 살인
사회적 고립	인지적 왜곡	외부 귀인
만성적 범죄자	사회적 불평등	상황적 각성
정신장애형	현실불만형	만성 분노형

Summaries

- 묻지마 범죄는 1) 범행의 동기가 불분명하거나 상식적으로 이해하기 어렵고, 2) 가해자나 범죄의 원인과 필연적인 관련성이 없는 1인 이상의 불특정 범행 대상이 존재하며, 3) 도구적 목적으로 저지른 범행은 제외하고, 부정적인 감정(분노, 불안, 우울 등)의 공격적 표출이 두드러지며, 4) 흉기 등 도구를 사용해 폭력이나 상해, 살인 등의 범죄를 저지른 경우를 지칭한다.
- 경찰청에서는 2022년 1월 19일, '묻지마 범죄'라는 용어 대신에 '이상동기 범죄' 용어를 사용하여 사건을 정식 분류함과 동시에 공식 통계 수집 및 범죄 분석, 대책 마련 등의 방안을 발표하였다. 이때 이상동기 범죄의 판단 기준을 '피해자 무관련성', '행위 비전형성', '동기 이상성'의 세 가지로 제시하였다(경찰청, 2024).
- 대검찰청(2014)에 따르면, 묻지마 범죄자는 대부분 3-40대 남성으로 전과

가 있고 무직이며, 반 이상이 칼 등의 흉기를 써서 범행을 저지른다. 주로 노상에서 피해자를 대상으로 한 살인이나 상해의 경우가 가장 많다. 특히 정신질환 중에서도 조현병(정신분열증)의 주된 증상 중 하나인 피해망상이나 환청이 범행과 관련 있는 경우가 상대적으로 많다.

- 묻지마 범죄자들에게서 범행 당시 공통적으로 발견되는 특성 중 하나는 주변에 친한 친구나 심지어 가족들과의 관계도 단절된 채로 물리적으로, 정서적으로 고립된 특성을 보이는 경우가 많다는 것이다.
- 상당수 묻지마 범죄자들은 상대방의 행동이나 말, 그 의도에 대해 해석할 때 중립적인 자극도 적대적으로 해석하는 등 인지적 편향을 드러낸다.
- 묻지마 범죄자들의 경우 자신의 실패나 좌절 상황에 대해 그 원인을 타인이나 사회에 돌리는 외부 귀인의 경향성이 두드러진다.
- 묻지마 범죄는 개인적 원인 이외에도, 개인이 처해 있는 환경 혹은 상황적 특성과, 개인이 속해 있는 사회의 경제, 문화적 특성이나 권력 구조 등 사회적 원인에 의해 상당한 영향을 받는다.
- 묻지마 범죄는 경제적 불평등이 심각한 사회문제로 부각되어, 부익부빈익빈이 심화되고, 전반적인 경기 불황으로 실직이 장기화되는 사회적 배경에 극도로 취약한 양상을 보인다.
- '현실 불만형'은 빈곤이나 실업 등 세상에 대한 불만과 자신의 처지 비관이 심화되어 불특정 다수를 대상으로 무차별적 범죄를 저지르는 유형이다. 반면, '정신 장애형'은 우울증이 심화되거나 피해망상이 두드러지게 나타나는 등 정신 장애로 인한 증상이 범행과 밀접한 관련이 있는 유형이다.
- 향후 국내에서 총기 소지 규제를 더욱 엄격히 강화하여 무차별 분노 표출에 기인한 극단적인 묻지마 범죄 피해를 예방할 필요가 있다.
- 저소득자나 실업자, 전과자들에 대한 적극적 지원 정책으로 묻지마 범죄를 예방하는 노력이 시급하다.

참고문헌 References

경찰청 (2024). *2024 경찰백서.* 서울: 경찰청.

고선영 (2012). 이상동기범죄자의 성향 및 특성 프로파일링: 불특정 대상·무차별 상해 사건 중심으로. *한국경찰연구, 11(4),* 3-28.

김상균 (2012). 무동기 범죄의 실태와 대응방안에 관한 연구. *경찰학논총, 7*(2), 195-219.

김영숙·조영오 (2024). 이상 동기 범죄의 최근 실태 및 하위유형 분류. *경찰학연구, 24(2),* 95-121.

김진혁 (2010). 한국형 증오범죄에 관한 연구. *한국범죄심리연구, 6(1),* 31-57.

김진혁 (2012). 묻지마 범죄의 유형 및 대응방안. *한국범죄심리연구, 8(3),* 113-131.

노성훈 (2012). 묻지마 범죄 예방을 위한 대책: 일본, 미국 사례를 중심으로. *안전한 사회, 구현가능한가?: 국민 공공안전향상 종합대책 정책토론회 발표논문집.* 서울: 한국교통연구원.

노성훈 (2024). 불특정 대상 폭력에 대한 긴장 요인 중심의 범죄사회학적 해석과 예방대책. *형사정책, 35(4)*, 135-166.

대검찰청 (2013). *묻지마 범죄 분석.* 서울: 대검찰청.

대검찰청 (2014). *묻지마 범죄 분석 II.* 서울: 대검찰청.

도가시 스스무 (2011). 일본의 이상동기 범죄. *이상동기범죄 대응을 위한 학술세미나.* 서울: 서울지방경찰청.

모창환 외 (2013). *국민 공공안전향상 종합대책.* 서울: 한국교통연구원.

박순진 (2003). '불특정 다수를 향한 범죄'의 사회적 원인에 대한 연구. *한국공안행정학회보, 17,* 206-235.

박지선 (2013). *묻지마 범죄에 대한 외국사례 및 대처방안 연구.* 서울: 대검찰청

박지선·최낙범 (2013). 묻지마 범죄의 특성과 유형: 사례분석을 중심으로. *한국심리학회지: 법정, 4(3),* 107-124.

박형민 (2012). 무차별 범죄(Random Crime)의 개념과 특징: 불특정인을 대상으로 한 범죄. 한국공안행정학회 창립25주년 기념 제40회 학술대회 자료집 '*사회안전을 위한 치안정책의 기본방향*', pp. 46-67.

박형민 (2013). 무차별 범죄(Random Crime)의 개념과 특징: 불특정인을 대상으로 한 범죄. *한국공안행정학회보, 50*, 225-258.

서울지방경찰청 (2010). *이상동기 범죄의 이해.* 서울: 서울지방경찰청.

서울지방경찰청 (2012). *이상동기 범죄자의 성향 및 특성연구: 불특정 대상·무차별 상해사건 중심으로.* 서울: 서울지방경찰청.

양문승·이훈재 (2008). 증오범죄의 실태와 원인에 대한 이론적 고찰. *원광법학, 24(4),* 167-199.

윤선영·이수정 (2018). 묻지마 범죄자의 유형화 분석 연구. *한국경찰연구, 17(2),* 201-230.

윤정숙·김민지 (2013). 묻지마 범죄에 대한 심리적 이해. *한국범죄심리연구, 9(1),* 147-174.

윤정숙·박지선·안성훈·김민정 (2014). *묻지마 범죄자의 특성 이해 및 대응방안 연구.* 서울: 한국형사정책연구원.

이성식 (2010). 무동기 범죄에 대한 대응방안, *치안정책리뷰, 16,* 4-6.

이수정 (2013). *묻지마 범죄자 심층면접을 통한 실증적 원인 분석 및 대응방안 연구.* 서울: 대검찰청

정연대·이윤호 (2013). 묻지마 범죄담론의 사회적 구성과 영향: 묻지마 범죄에 대한 비판적 검토와 대안적 접근. *한국경찰연구, 12(1),* 213-246.

한겨레 (2023, 8, 10). 상반기 '이상동기 범죄' 18건 첫 분류...전과 누적·폭력 반복 경향, *한겨레.*

Bernard, T. J. (1990). Angry aggression among the "truly disadvantaged". *Criminology, 28(1),* 73-96.

Best, J. (1999) *Random violence: How we talk about new crimes and new victims.* Berkeley: University of California Press.

Buckley, K. E., Winkel, R. E., & Leary, M. R. (2004). Emotional and behavioral responses to interpersonal rejection: Anger, sadness, hurt, and aggression. *Journal of Experimental Social Psychology, 40,* 14–28.

Congressional Research Service (2013). *Public mass shootings in the United States: Selected implications for Federal public health and safety policy.* U.S.: Congressional Research Service.

Douglas, J. E., Burgess, A. W., Burgess, A. G., & Ressler, R. K. (2006). *Crime Classification Manual* (2nd edition). California: John Wiley & Sons.

Felson, R. B. (1982). Impression management and the escalation of aggression and violence. *Social Psychology Quarterly, 45(4),* 245–254.

Gresswell, D. M., & Hollin, C. R. (1994). Multiple murder: A review. *The British Journal of Criminology, 34,* 1–14.

Home Office (2012). *Hate crimes, England and Wales 2011 to 2012.* UK: Home Office.

Huesmann, L. R. (1994). *Aggressive behavior: Current perspectives.* New York: Springer.

Levin, J. (1987). Why his last shot blew the truth away. The Sunday Times, 23(Aug), 23.

Mawson, A. R. (1987). *Transient Criminality: A Model of Stress-Induced Crime.* NY: Praeger.

Virginia Tech Review Panel (2007). *Mass Shootings at Virginia Tech.* VA: Commonwealth of Virginia Press.

Wilson, W. J. (1987). *The Truly Disadvantaged.* Chicago: University of Chicago Press.

Wolfgang, M. E., Figlio, R. M., & Sellin, T. (1972). *Delinquency in a birth cohort.* Chicago: University of Chicago Press.

제 7 장

성범죄

Contents

Questions

1. 성폭력 범죄자의 특성은 어떠할까?
2. 성범죄 발생 원인에는 어떠한 것이 있을까?
3. 성범죄 피해자가 나타내는 증상에는 어떠한 것들이 있을까?
4. 성범죄자에는 어떠한 유형이 있으며, 이들을 구분하는 기준과 그 차이점은 무엇일까?
5. 성범죄자 치료 프로그램에는 어떠한 종류가 있으며, 각각의 목표는 무엇일까?

Objectives

1. 성폭력 범죄자의 특성에 대해서 이해한다.
2. 성범죄의 원인에 대해 학습하고, 예방을 위해 어떠한 노력이 기울어져야 할 것인지에 대해 탐구한다.
3. 성범죄 피해자의 증상에 대해서 살펴본다.
4. 성범죄자의 유형 분류 체계를 학습하고, 유형 간의 행동 및 특성에 있어서의 차이점을 이해한다.
5. 성범죄자 치료 기법에 대해 학습하고, 각각의 기법이 궁극적으로 지향하는 바를 이해한다.

Chapter 07

성범죄

들어가며

우리는 거의 매일같이 신문 기사 상에서 강간이나 강제추행과 같은 성폭력 사건을 접하고 있다. 미취학 아동부터 성인 여성, 낯선 사람부터 친족에 이르기까지 그 연령과 대상을 가리지 않고 발생하는 성폭력 범죄에 대한 두려움은 이미 우리 사회에 만연해 있다.

성범죄는 사람을 대상으로 발생하는 가장 심각하고 타격이 큰 범죄 가운데 하나이고, 피해자에게 신체적, 심리적, 정서적으로 장기적인 영향을 미친다(Terry, 2006). 그러나 성범죄 발생의 책임이 오히려 피해자에게 돌아오는 경우가 빈번하다는 점과, 신고 후에도 조사나 재판 과정에서 이차 피해를 입을 가능성 때문에 성범죄는 모든 강력 범죄 가운데 신고되는 비율이 가장 낮다(Burgess, 2001).

성폭행 피해 당사자 외에도 그 가족, 친구, 이웃, 지인들 또한 이차적인 피해자로 영향을 받는다(Holmes & Holmes, 2002). 즉, 피해자가 충격과 상처로부터 회복하도록 돕는 입장에 있는 이들에게 있어서도, 사건의 후유증은 때로 감당하기 힘든 수준으로 크다(Terry, 2006; Ward & Inserto, 1990).

국내 공식 통계를 살펴보면, 2023년에 살인, 강도, 방화, 성폭력 등을 포함한 총 41,287건의 강력 범죄(흉악) 중 성폭력 범죄(강간, 강제추행, 카메라 등 이용 촬영, 통신매체이용음란 등 포함)가 38,698건을 차지하는 것으로 나타났다(대검찰청, 2024). 그러나 조심할 점은 성범죄자에 대한 공식 통계나 재범률 등의 대부분의 자료는 체포되거나 혹은 유죄를 선고받은 사람들에게서 비롯되는 것인데, 이는 실제로 발생하는 전체 성범죄 가운데 극히 일부만을 나타낸다는 것이다. 예를 들어, 미국에서 1992년부터 2000년까지 발생한 성폭력 범죄 가운데 단지 31%만이 경찰에 신고되었다는 보고가 있을 정도로 성범죄는 가장 신고되지 않는 범죄 중 하나이다(Hart & Rennison, 2003). 따라서 성범죄자와 관련된 자료를 이해하는 데에 있어 이러한 한계와 문제점을 인식하는 것은 필수불가결한 요소이다.

여기에서는 우선 성범죄의 정의와 성범죄자들의 특성에 대해 알아보겠다. 더불어, 성범죄의 다양한 발생 원인에 대해 살펴보고, 성범죄 피해자가 나타내는 증상에 대해 알아볼 것이다. 마지막으로, 성범죄자 분류 체계에 대해 알아본 뒤, 성범죄자 치료 기법에 대해 차례로 살펴볼 것이다.

성범죄의 정의

언어적 희롱에서부터 성추행, 또 보다 심각하게는 강간까지, 성범죄는 상대방의 동의 없이 강제적으로 행해지는 다양한 성적 행위를 모두 포괄하는 개념이다. 보통 강간을 규정하는 데에는 여러 가지 고려 요소가 있는데, 여기에는 범행 당시 강요된 성적 행위의 본질이나 상호 합의의 여부, 피해자의 나이와 성별 등이 포함된다(Groth & Birnbaum, 1979; Polaschek, Ward, & Hudson, 1997). 국내에서는 강간죄에 대해 형법 제297조에서 "폭행 또는 협박으로 사람을 강간한 자는 3년 이상의 유기징역에 처한다"라고 규정하고 있는데, 여기에서 강간은 폭행·협박으로 상대의 의사에 반하여 피해자를 간음하는 것(오영근, 2019)을 말한다.

본서에서는 Groth & Birnbaum(1979)의 정의를 따라, 성폭력 범죄는 힘이나 지위 면에서 우위에 있는 사람이 신체의 상해나 이와 관련한 위협으로 원치 않는 사람에게 성적 행위를 강요하거나 그러한 압력을 느끼게 하는 모든 경우("when an unwilling individual is forced or pressured to sexual activity by risk of bodily injury or harm by a person in a position of power and dominance", p. 3)를 일컬을 것이다.

성범죄자의 특성

성범죄 가해자 혹은 피해자 모두 특정한 연령대나 사회경제적 지위, 교육 수준과 같은 사회인구학적 특성에 국한되지 않는, 다양한 배경을 가지고 있는 사람들이다(Amir, 1971). 즉, 어떤 특수한 특성을 가지고 있는 사람만이 성범죄 피해를 당하는 것은 아니며, 이는 가해자의 경우에도 마찬가지이다. 또한 범행 당시 나타내는 범죄 행동 면에서도 상당히 넓은 범위의 다양성이 존재한다(Groth & Birnbaum, 1979).

그러나 성범죄자들의 경우 어느 정도의 공통점을 찾을 수 있는데, 대체적으로 이들은 대인 관계 기술이 부족하고, 일반적으로 여성에 대해 부정적인 시각을 가지고 있으며, 폭력에 대한 허용도가 높다(Marshall, Laws, & Barbaree, 1990; Scully, 1990). 또한 스스로가 무가치하다는 느낌과 낮은 자존감, 만성적으로 부정적인 기분을 느끼는 상태(분노, 공포, 우울 등), 그리고 공격성 통제의 미숙과 같은 성격적인 문제를 가지고 있는 경향이 있다(Groth, 1983).

이들이 만성적으로 나타내는 부정적인 정서 상태란 주로 외로움이나 고립감, 그리고 적대감과 분노와 같은 감정들이다(Bumby & Hanson, 1997; McKibben, Proulx, & Lusignan, 1994). 대부분의 성범죄자들은 사회적인 부적응의 문제 때문에 이러한 부정적인 감정 상태를 보이게 되고, 결국 이는 낮은 자존감, 높은 스트레스와 불안, 그리고 공격적 행동의 원인이 된다(Marshall & Barbaree, 1990). 더불어, 많은 성범죄자들은 여성들이 보내는 거절의 신호를 자신에게 유리한 쪽으로 왜곡되게 해석하는 경향이 있다(Lipton, McDonel, & McFall, 1987; Stermac, Segal & Gillis, 1990).

일반적으로 대부분의 성범죄자들은 피해자의 어떠한 특정한 유형을 선별하지 않고, 가능한 상황에 있는 누구라도 공격의 대상으로 삼는다(Groth & Burgess, 1980). 성범죄자들은 자신이 확실히 통제할 수 있는, 상황적으로나 혹은 감정적으로 취약한 피해자들을 찾아낸다(Conte, Wolf, & Smith, 1989). 이들은 피해자에게 접근하기 위해 거짓말이나 위장 등의 속임수를 쓰거나 신체적으로 공격하고, 혹은 피해자를 숨어서 기다리다가 갑작스럽게 놀라게 하는 방법 등 여러 가지를 사용한다(Hazelwood, 1983).

성범죄의 원인

왜 어떤 사람들이 성범죄를 저지르는지에 관해서 생물학적, 심리학적, 사회학적 이론 등 다양한 설명이 존재한다. 다양한 사회인구학적 배경을 가지고 있고 서로 다른 행동 특성을 보이는 성범죄자들에 대해 단 하나의 이론으로 그들의 행동을 설명하는 것은 쉽지도 않을뿐더러 바람직하지도 않다(Terry, 2006).

과거에는 성범죄의 원인을 생물학적 이상 혹은 장애를 통해서 설명하는 이론들이 대세를 이루었다. 그러나 1960년대 말에 행동주의나 인지행동적인 접근들이 나타났으며, 이와 동시에 페미니스트 이론가들은 성폭력을 사회학적 관점에서 설명했다. 즉, 그들은 개인적인 원인에 초점을 맞추기보다는 성범죄 발생에 기여하는 남성우월적, 사회문화적 배경에 대해 비판적으로 접근했다(Brownmiller, 1975; Darke, 1990).

성범죄의 원인을 설명하는 데에 있어 이러한 고전적인 이론들의 결점은 이를 뒷받침하는 실질적인 증거가 부족하다는 것이다(Terry, 2006). 그에 반해서, 현재의 이론들은 성범죄에 영향을 미치는 여러 가지 변수들(대인 관계적, 성격적, 사회학적, 상황적)을 강조하는 경험적인 연구에 근거를 둔다(Lanyon, 1991). 결국 성범죄의 원인을 제대로 이해하려면, 한 가지 단일한 이론에 의지하기보다는 여러 다양한 관점들의 조합으로 이를 총체적으로 이해하려는 노력이 필요하다(Terry, 2006).

1. 생물학적 이론

생물학적 변이를 통해서 성범죄를 설명하는 이론의 대부분은 비정상적인 호르몬 수준이 성에 악영향을 미친다는 가정에 근거한다. 예를 들어 테스토스테론은 남성의 성적 충동에 기여하는 주된 생물학적 요소인데(Money, 1970; Rada, Laws, & Kellner, 1976), 공격성과 테스토스테론 수준 사이에 실제로 상관관계가 존재하며(Olweus, Matteson, Schalling, & Low, 1980; Scaramella & Brown, 1978), 폭력적인 범죄자들이 비폭력적 범죄자들보다 테스토스테론 수준이 더 높다는 결과도 보고된 바 있다(Kreutz & Rose, 1972).

그러나 테스토스테론의 수준과 성적 공격성을 측정하는 연구 결과들은 일관된 결론을 내리지 못하고 있으며, 상관관계가 존재하더라도 이는 경미하게 나타나고 있다(Rada, Laws, Kellner, Stiristava & Peake, 1983). 비록 테스토스테론이 남성들에게서 성적 충동의 근원이 되는 것으로 추정되지만, 성적 일탈 행동과 비정상적 호르몬 수준 사이에 명확한 관련성을 찾은 연구는 거의 없다(Hucker & Bain, 1990). 또한 테스토스테론은 행동을 중재하는 데 있어 유일하게 중요한 호르몬은 아니며(Marshall & Barbaree, 1990), 비록 공격성이 테스토스테론 수준과 연관이 있을지라도 테스토스테론이 사실상 공격성을 직접적으로 야기하는지, 혹은 단순히 근육량과 힘을 증가시켜 사람들이 공격성을 더 효과적으로 나타내게 하는 역할만을 하는지 분명치 않다(Hucker & Bain, 1990). 또한 성범죄자들과 그렇지 않은 사람들의 호르몬의 수준에 있어 아무런 차이점이 나타나지 않음을 보고한 연구도 존재한다(Rada et al., 1983).

실제로 많은 생물학적 이론가들은 성이 다차원적이며 호르몬 수준이라는 한 가지 요인에만 영향을 받는 것이 아니라는 점에서 생물학적 이상이 성범죄의 여러 원인 중 한 가지에 불과하다고 주장한다(Kreutz & Rose, 1972). 즉, 호르몬의 불균형이 잠재적으로 폭력을 유발할 가능성이 있다고 하더라도, 환경적이고 사회적인 학습 요소들이 존재하지 않는다면 실제로 성적 공격성이 행동으로 발현되기는 힘들다는 것이다(Hays, 1981; Meyer-Bahlberg, 1987).

2. 애착 이론

애착 이론은 인간이 기본적으로 타인과 정서적 유대를 형성하려 하며, 아동기에 형성한 애착 관계가 나중에 성인기의 애착 양식에 영향을 미친다는 가정에 기반을 둔다(Seidman, Marshall, Hudson, & Robertson, 1994). 즉, 어린 시절 부모와 안정적인 애착 관계를 형성한 청소년들은 공격성이나 성적 행동에 대한 억제력을 갖추고 친사회적 행동을 습득하며, 자신감을 기르고 타인과도 정서적인 애착을 형성하는 능력을 배운다(Marshall & Barbaree, 1990). 반면 정서적 애착을 제대로 형성하지 못한 사람들은 대인 관계 기술이 부족하고 친밀한 성적 관계를 갖기가 힘들기 때문에, 이성과의 관계에 있어 성범죄를 저지를 가능성이 상대적으로 더 높다(Marshall, 1993; Seidman et al., 1994).

3. 행동 이론, 인지-행동 이론

행동 이론가들은 1970년대 후반부터 성범죄의 원인을 설명하기 시작했다(Abel, Blanchard, & Becker, 1978). 행동 이론은 주로 성적 일탈 행동의 평가와 치료에 중점을 두고, 성적 일탈 행동을 치료할 수 있는 장애로 본다(Abel et al., 1978).

인지-행동 이론은 행동 이론에 기초하여 범죄자의 행동을 평가하고, 더 나아가 이와 관련된 범죄자의 사고 과정을 고려한다. 성범죄자들은 인지적 왜곡을 통해 자신의 행동을 정당화시키는데, 여기에는 성범죄가 피해자에게 미칠 악영향을 부정하거나 최소화시켜 생각하고, 범행에 대한 스스로의 책임을 회피하며, 피해자를 탓하며 자신의 행동을 정당화하는 것 등이 포함된다(Ward & Keenan, 1999). 이러한 인지적 왜곡의 기제는 성범죄자들로 하여금 범행에 대한 아무런 후회나 죄책감 없이 계속적으로 재범을 하는데 일조한다(Stermac et al., 1990).

4. 페미니스트 이론

대표적 페미니스트 이론가인 Brownmiller(1975)는 성범죄를 문화, 정치, 역사적 맥락에서 살펴보고, 성범죄는 남성 우월주의의 가부장적 사회에서 나타나는 남성의 여성에 대한 억압의 한 형태라고 주장했다. 페미니스트 이론가들은 성폭력이 반드시 성적 만족을 위해서라기보다는, 여성을 지배하고 통제하기 위해 남성이 사용하는 여러 수단 중 하나라고 주장한다(Allison & Wrightman, 1993). 즉, 성폭력은 남성 지배와 여성 착취라는 뿌리 깊은 사회문화적 전통의 결과라는 것이다(Ward, 1995).

그림 1. 성범죄의 원인에 대한 페미니스트 이론 (Brownmiller, 1975)

페미니스트 이론은 성범죄를 개인적 문제보다는 사회적인 문제로 바라보는 경향이 있다(Terry, 2006). 이에 따르면 성폭력은 남성지배적인 사회에서 남성과 여성 사이의 관계를 둘러싼 태도와 관습이 연장되어 나타나는 것인데(Darke, 1990), 실제로 성범죄가 많이 일어나는 사회에서는 공통적으로 대인 간 폭력에 대한 허용도가 높고 여성에 대한 남성의 지배성이 높다(Sanday, 1981). 따라서 성범죄를 예방하기 위해서는 여성을 적대시하고 폭력을 용인하는 강간 통념이나 성역할 고정관념과 같은 사회문화적 특성에서도 변화가 있어야 한다(Medea & Thompson, 1974; West, 1987).

5. 심리사회적 이론

심리사회적 이론에 따르면 성범죄는 부적절한 사회화의 결과이다. 성범죄자들은 대체로 낮은 자존감과 빈약한 자아상을 가지고 있고, 대인 관계 기술의 부재로 인해 다른 사람과 정상적인 관계를 형성하는데 어려움이 있다(Marshall et al., 1990). 성범죄자들은 성적 만족이라는 그들의 목표를 성취하기 위한 유일한 수단은 폭력의 사용이라고 생각한다(Marshall & Barbaree, 1990).

성범죄 피해자

성범죄 피해자들은 범죄 피해의 후유증으로 다양한 종류의 신체적, 심리적 증상을 나타낸다. 우선 신체적인 면에 있어, 성범죄는 강제적인 성행위 그 자체로 인한 상처를 넘어 때로 골절이나 타박상, 자상 등 신체적으로 심각한 부상을 야기한다. 또한 겉으로 드러나는 신체적 외상의 징후가 없다고 하더라도, 이들이 정신적 외상을 전혀 겪지 않는 것은 아니다(Rape Crisis Federation, 2002). 때때로 정서적인 고통이 신체적 증상으로 나타나기도 하는데(Nelson, 2001), 요통이나 두통 등 따로 명백한 원인이 없는 통증을 겪기도 한다(Calhoun & Atkeson, 1991; Walker et al., 1992).

신체적 부상뿐만 아니라, 성병이나 원치 않는 임신과 같은 다른 의학적 문제도 성범죄의 결과로 발생할 수 있다(Homes, Resnick, Kilpatric, & Best, 1992; Resnick, Acierno, & Kilpatrick, 1997), 임신한 여성들은 그 아이를 낳을 것인지, 또 그렇다면 직접 키울 것인지를 결정해야 하고, 이 과정에서 피해자는 우울, 불안, 불면, 혹은 심지어 정신 질환과 같은 증상들을 경험할 수도 있다(Frank et al., 1985). 성범죄 피해는 또한 성기능 장애를 초래할 수 있는데, 비록 신체적인 기능 장애가 없다고 할지라도 성관계의 회피나 성관계로부터의 만족감의 상실 등을 야기할 수 있다(Ellis, Atkeson, & Calhoun, 1981).

이 외에도 피해자들은 성범죄 피해로 인해 장기적인 심리학적 증상들로 고통받기도 한다. 피해자들은 죄책감, 수치심, 두려움, 불안을 느끼며(Burgess, 1995), 섭식 장애나 우울증, 해리 증상을 겪거나 자살 충동을 느낄 수도 있다(Bass & Davis, 1988; Thompson, Wonderlich, Crosby, & Mitchell, 2001). 피해자들은 인생 전반에 대한 두려움을 갖게 될 수도 있으며, 이는 과다 각성 상태나 신경증적 불안, 미래 성범죄 발생에 관한 구체적인 불안과 함께 매사에 만성적인 불안을 초래하기도 한다(Calhoun & Atkeson, 1991).

우울증은 가장 일반적으로 나타나는 증상 중 하나인데, 특히 가해자가 피해자와 가까운 사람일 경우 더욱 심하게 나타난다(Lundberg-Love, 1999). 우울증 관련 증상으로 피로, 죄책감과 무가치감, 절망감, 자살에 대한 생각 등을 경험하며 낮은 자존감과 자책을 보이기도 하고, 대인 관계에서 위축되기도 한다(Eby, Campbell, Sullivan, & Davidson, 1995).

Burgess & Holstrom(1974)은 강간 피해자의 스트레스 반응 패턴을 일컬어 강간 외상 증후군(Rape Trauma Syndrome)이라 지칭하였다. 이것은 외상 후 스트레스 장애(Post-Traumatic Stress Disorder)와 유사한데, 특히 성범죄 사건의 반복되는 회상, 과다 각성 상태의 지속, 수면 패턴 장애, 자책과 후회 등을 포함한다(Burgess, 1995). 여기에는 크게 두 단계가 존재하는데, 우선 첫 번째 단계는 범죄 피해 직후 슬픔이나 분노 등의 다양한 정서적인 반응들을 보이는 단계이고, 두 번째인 재조직화 단계는 성범죄 피해를 어떻게 받아들이고 삶에 대처할지를 고민하는 단계이다(Burgess & Holstrom, 1974).

Holmes & Holmes(2002)는 성범죄 피해 후 나타나는 단계를 충격, 부정 그리고 통합의 3단계로 나누어 분석하였다. 우선 충격 단계에서 피해자는 불안, 자책, 공포의 감정을 경험한다. 이후 부정의 단계는 범죄에 대해서 잊으려고 노력하는 단계인데, 여기에는 사건의 완전한 혹은 부분적인 부정과 함께, 자책과 불안 같은 감정들의 억제 또한 나타난다. 일반적으로 피해자들은 사건에 대해서 잊고 일상으로 돌아오려 노력하는데, 이 단계에서 슬픔이나 우울과 같은 정서적인 문제들을 경험하기도 한다. 이후 강간 외상 증후군(RTS)의 재조직화 단계에서처럼, 피해자들은 범죄 피해를 받아들이고 사건의 충격에 대처하여 적응하는 법을 배우며, 초기의 심리적 혹은 신체적인 증상들의 대부분이 진정되기 시작한다. 이 통합의 단계에서 피해자들은 악몽을 계속적으로 꾸기도 하고, 대인 관계에서 어려움을 겪으며, 일에 전념하는 데에 어려움을 겪기도 한다.

성범죄 피해에 대한 대처와 적응은 장기적인 과정이다. 이러한 과정은 가족이나 친구들로부터의 사회적 지지나 치료와 상담 등의 대응 기제들, 그리고 나이나 사회인구학적 특성 등 다양한 요소들에 의해 영향을 받으며(Calhoun & Atkeson, 1991), 이 외에도 성범죄의 유형과 심각함, 치료의 유형과 시기에 의해서도 영향을 받는다(Koss & Harvey, 1991).

여성과 남성이 나타내는 성범죄 피해 증상에는 다소 차이가 있다. 우선 여성은 반응을 내면화할 가능성이 더 높아서, 심리적이고 정서적인 문제들로 인해 괴로워하거나 자해를 할 가능성이 비교적 더 높다(Lundberg-Love, 1999). 대부분의 여성들은 성범죄 피해에 대해서 오랜 기간 동안 부정하고, 그것에 대해서 이야기하지 않는다(Terry, 2006).

반면, 남성 피해자 대부분은 수치심 때문에 범죄를 신고할 가능성이 낮지만(Isley, 1991), 여성 피해자들보다 자신의 감정을 외면화할 가능성이 더 높다(Terry, 2006). 이는 범죄 피해에 대한 반작용으로 남성성을 다시 주장하기 위해 타인을 신체적으로 혹은 성적으로 학대하는 것으로 나타나기도 한다(Rogers & Terry, 1984). 남성 피해자들은 범죄 피해 이후 보통 성정체성에 대한 혼란을 경험하며, 자신이 그 피해를 막지 못했다는 자책감과 당혹감을 경험할 가능성이 높다(Scarce, 1997).

2차 피해자들(피해자의 가족, 배우자, 친구, 이웃 등) 또한 상당한 영향을 받는다(Ward & Inserto, 1990). 우선 피해자의 가족들은 성범죄 피해에 대해 부정, 불신, 회한 등 다양한 정서적인 반응을 경험할 가능성이 있다(Terry, 2006). 만약 성범죄가 가족 구성원 사이에서 발생했다면 가족의 붕괴가 일어날 가능성이 있고, 이는 피해자로 하여금 그에 대해 책임감을 느끼게 하는 등 정서적 트라우마를 일으킬 수도 있다(Ward & Inserto, 1990). 또한 피해자의 배우자나 애인 역시 회복의 과정에서 중요한 역할을 하는데, 일부는 피해자에 대해서 지원을 아끼지 않고 피해자의 아픔에 공감하며 도움을 주지만, 어떤 사람들은 피해자를 비난하거나 떠나가기도 한다(Baker, Skolnik, Davis, & Brickman, 1991).

범죄자 분류 체계

성범죄자들은 다양한 배경과 행동 특성을 가진 사람들이다(Barbaree, Seto, Serin, Amos, & Preston, 1994; Knight & Prentky, 1990; West, 1987). 이러한 성범죄자들의 다양성과 이질성 때문에 보편적 타당성을 지닌 성범죄자 분류법이란 존재하지 않으나, 성범죄자들 특유의 공통점이나 행동 특성을 이해하고 그들을 효과적으로 치료하고 관리하기 위해서 타당한 성범죄자 분류 체계는 막대한 중요성을 갖는다(Terry, 2006).

1. 범행 동기에 따른 Groth, Burgess, & Holmstrom(1977)의 분류

Groth, Burgess, & Holmstrom(1977)은 강간범들의 범행 동기에 주목하여 강간범들을 크게 네 가지 유형, 즉 1) 권력 재확인형(power reassurance rapist), 2) 권력 독단형(power assertive rapist), 3) 분노 보복형(anger retaliatory rapist), 그리고 4) 분노 흥분형(anger excitation rapist)으로 분류하였다. 주의할 점은, 오직 한 가지 유형으로 분류 가능한 범행은 거의 존재하지 않으며, 강간범이 범죄를 저지를 때는 보통 하나의 범행 안에 여러 가지 유형들이 복합적으로 작용하여 나타난다는 점이다(Hazelwood, 2001).

1) 권력 독단형(power assertive rapist)

이 유형의 강간범은 강간을 자신의 남성다움과 통제력을 보이기 위한 수단으로 사용한다. 이들은 강간이 단순히 남성의 권리를 행사하는 것이라고 생각하여 자신의 남자다움과 여성들에 대한 지배력을 과시하기 위해 강간을 저지른다. 이들은 피해자의 안위에 무관심하며, 여성을 자신의 성적 만족을 위한 도구로 생각한다.

이들은 범행 기회가 생기면 거짓말로 피해자들을 속이며 접근하고, 피해자들이 긴장을 풀고 마음을 놓으면 갑자기 태도를 바꾼다. 이들은 피해자를 제압하고 통제하는 데 있어서 상당량의 힘을 사용한다. 이들은 스스로 생각하기에 편하고 안전하다고 여겨지는 장소라면 어디에서든 범행을 저지른다. 성도착적인 행동은 거의 발견되지 않는다.

2) 권력 재확인형(power reassurance rapist)

이 유형의 강간범은 여성과 사회적으로나 성적으로 상호작용하는 능력에 있어서 자신감이 결여되어 있고, 이러한 성적 무능력에 대한 의심과 불안을 해소하기 위해 강간을 저지른다. 이들은 범행에 있어 피해자와의 관계적 측면을 통해 자신의 성적 환상을 충족시키는 것에 중점을 두기 때문에 다른 강간범들보다 덜 폭력적이다. 이들은 여성에 대한 힘과 권력의 사용을 통해 자신의 남성성을 확인하려고 한다.

이들은 본인이 심리적으로 매우 편안함을 느끼는 공간이나 지역, 즉 자신의 주거지에서 피해자들을 공격하는 경우가 많은데, 주로 피해자들을 감시하거나 창문을 통해 훔쳐보면서 피해자를 물색한다. 이러한 행동을 통해서 여성에 대한 정보(가족 관계, 귀가 시간, 취침 시간 등)들을 알게 되고, 주변 환경(대략적인 이웃 상황, 조명, 감시카메라 등)에 대한 정보도 얻는다.

이 유형의 강간범은 잠겨 있지 않은 문이나 창문을 통해 들어가기를 선호하며, 피해자는 주로 혼자 있었던 경우가 많다. 이들은 범행 중에 물품음란과 같은 성적 도착 행동을 보이기도 한다. 강간을 한 이후, 범인은 피해자에게 사과를 하거나 용서를 구하기도 한다. 때때로 범행의 기념품으로 피해자의 물건(속옷이나 사진 등)을 가져가기도 하며, 범행 후에 피해자에게 연락을 취할 수도 있다.

강간을 저지르고 나면 범죄자는 자신의 정체성이나 남성성을 재확인하는 느낌을 받지만, 이러한 느낌은 금방 없어지기 때문에 또다시 범행을 저지른다. 이들은 때때로 자신의 범행을 기록해 놓기도 한다.

3) 분노 보복형(anger retaliatory rapist)

이 유형의 강간범은 매우 충동적이고 폭력적이며, 분노와 보복성을 강하게 나타내어 여성을 처벌하고 모욕하기 위한 수단으로써 성행위를 강요한다. 이들은 의도적으로 피해자에게 매우 잔혹한 폭력을 행사하는데, 이를 통해 피해자들을 응징하고 파멸시키려는 감정적 욕구를 만족시킨다. 이들의 공격은 충동적인 감정의 폭발이기 때문에 이들은 피해자를 고르거나 범행을 계획하는데 많은 시간이 들지 않는다.

이 유형의 강간범은 갑작스러운 공격으로 육체적인 폭력을 이용하여 피해자에게 접근하여, 피해자 스스로 거의 방어하지 못하도록 만든다. 이들은 자신의 삶에 있어 중요한 특정 인물과 신체적 조건, 직업 등에서 유사한 여자를 공격할 수도 있다.

이들의 공격은 분노 때문에 일어난 것이기 때문에 언제 어디서든 일어날 수 있어 특정한 지리적, 시간적 패턴이 없다. 이들 대부분은 주먹이나 발을 이용해 공격하고, 성도착 행위가 나타나는 경우는 거의 없다.

4) 분노 흥분형(anger excitation rapist)

이 유형의 강간범은 피해자가 고통받는 것을 즐기는 가학형(sexual sadist)으로도 일컫는다. 이들은 피해자의 육체적, 정신적 고통에 대한 반응, 특히 두려움이나 완전한 복종을 보고 성적으로 흥분한다. 이들의 범행은 상당히 정교해서, 흉기, 도구, 이동 경로 등 범행의 세세한 부분까지 하나하나 미리 계획되어 있고, 실제로나 성적 환상 속에서 끊임없는 예행연습을 거친다. 피해자는 대부분 전혀 모르는 낯선 사람이며, 만약 범인의 피해자 기준에 맞으면 끌려가게 된다.

이들은 피해자에게 말을 거는 등 신뢰를 얻는 방법으로 접근하여, 순식간에 피해자를 속박하고 자신이 미리 정해놓은 장소로 데리고 간다. 이들은 상당한 시간 동안 피해자에게 신체적으로 여러 도구를 이용해 고문을 하고, 죽음의 공포를 느낄 만큼 정신적으로도 끔찍한 고통을 준다. 이물질을 피해자의 질 내부에 매우 고통스럽게 삽입하기도 하고, 관음증적 행위, 가학적 행위 등 성도착적 행동 또한 많이 나타난다. 이들은 이러한 행동을 사진, 비디오카메라, 달력, 필기, 그림 등을 이용하여 기록해 놓기도 한다. 이들의 범행에는 특정한 시간이나 지리적 패턴이 없으나, 여러 가지 고유한 성도착적 증세나 행위 때문에 동일범에 의해 저질러진 범행에서 유사성이 나타나기도 한다.

2. Terry(2006)의 통합적 분류

성범죄는 일반적으로 성적인 욕구 충족을 위해서만 저질러진다고 생각하기 쉽지만, 통제욕이나 권력욕과 같은, 성적 동기 이외의 욕구 충족을 위해 저질러지기도 한다(Brownmiller, 1975). Terry(2006)는 범행의 주된 동기가 성적인지 아닌지에 따라 성범죄자가 가장 폭넓게 분류될 수 있다고 주장했다.

1) 성적 동기로 인한 범행

성적 욕구

강간이 전적으로 성적인 욕구에 의해서만 동기화되는 것은 매우 드물다(Terry, 2006). 오로지 성적인 욕구 때문에 강간을 저지르는 범죄자들은 일반적으로 정상적인 관계를 맺는데 어려움을 갖고 있다. 즉, 이들은 같은 연령의 여성과 만족스러운 연애나 성관계를 형성하고 유지하는 능력이 부족하다는 것을 느끼고(Rada, 1978), 이러한 성적 열등감을 극복하고 성적 만족을 얻는 유일한 방법은 폭력을 사용하는 것이라 믿게 된다(Marshall & Barbaree, 1990).

가학적

일부 성범죄자들은 피해자들의 고통이나 공포로부터 성적 만족을 얻는다(Dietz, Hazelwood, & Warren, 1990). 이들은 극도로 폭력적이고, 낯선 사람을 범행 대상으로 하며, 특히 출소한 직후에 높은 재범률을 보이고, 피해자에 대한 감정 이입을 거의 보이지 않는 경향이 있다(Hare & Jutai, 1983).

가학적 강간범들은 반사회적 성격 장애 혹은 정신병질(psychopathy) 성향이 높은 사람들과 많은 특성을 공유하지만, 가학적 성범죄자들이 모두 그 진단 기준을 충족시키는 것은 아니다(Abel, Becker, & Skinner, 1980). 공유하는 특성들 가운데에는 충동성과 무책임성, 장기적인 계획 없는 불안정한 삶을 사는 경향, 후회나 죄책감의 부재, 타인의 안전에 대한 무신경함 등이 있다(Hare & MacPherson, 1984; Serin, 1991). 그러나 가학적 강간범들이 반사회적 성격 장애 혹은 정신병질 성향이 높은 사람들과 특히 구분되는 속성은, 가학적 강간범은 단순히 피해자에 대해 공감을 보이지 않는 것을 넘어서서, 자신이 피해자에게 야기하는 고통에 의해 성적으로 흥분된다는 것이다(Quinsey, Rise & Harris, 1990). 이들은 성적으로 흥분하기 위하여 적극적으로 피해자에게 고통과 수치심, 공포를 유발하며, 이들이 사용하는 폭력의 수준은 범행이 거듭될수록 증가한다(Serin, Malcolm, Khanna, & Barbaree, 1994).

2) 성적 동기 이외의 욕구 충족을 위한 범행

힘/통제에 대한 욕망

Groth(1983)는 성적인 만족보다도 권력과 지배력을 성취하려는 범죄자들의 욕망을 강조하면서, 강간이 "성욕의 공격적 표현이라기보다는 공격성의 성적인 표현이다"라고 기술하였다(Groth, 1983, p. 165). 일부 이론가들은 성폭행이 여성을 통제하고 굴욕감을 느끼게 하려는 시도라고 설명한다(Darke, 1990; West, 1987). 실제로 많은 강간범들이 범행을 저지르는 동안에 모욕적인 말을 하고, 피해자들이 특히 수치스럽다고 생각하는 성적 행동을 하도록 강요한다(West, 1987). Darke(1990)는 자신보다 힘이 약한 여성 피해자들을 지배하고 통제하는 과정에서 여성의 굴욕이 범죄자들에게 있어 성적 흥분을 일으킨다고 설명한다.

기회주의적

기회주의적인 성범죄자들은 대체로 충동적이고, 모험이나 자극을 추구하며, 반사회적 생활 방식을 영위하는 사람들이다(Scully & Marolla, 1985). 이들은 흔히 강도 등의 기타 범죄를 저지르는 과정에서 추가적으로 성범죄를 저지른다(Knight, Prentky, Schneider, & Rosenberg, 1983).

3. 강간범들의 행동에 초점을 맞춘 분류(Park, 2009)

강간범들의 분류 체계를 구축하려는 초기의 시도(Cohen, Seghorn, & Calmas, 1969; Groth et al., 1977)는 주로 범인들의 동기에 초점을 맞췄다. 강간범들이 범행을 저지르는 주요한 동기는 성적 흥분에 도달하거나 적개심과 분노를 표출하고, 우월감을 느끼거나 지배력을 갖기 위해서, 혹은 피해자들을 고문하고 학대하는 데에서 쾌락을 얻기 위해서 등 다양하다. 그러나 범죄자들의 범죄 뒤에 숨은 동기에 집중하는 분류 체계들은 범죄자들을 여러 유형으로 나눌 만한 구체적인 기준이 공통적으로 결여되어 있다(Park, 2009).

예를 들어, Groth 외(1977)의 유형법은 분류 기준이 모호하고 신뢰도나 타당도 검증이 결여되어 있다는 지적을 받아왔으며(Knight, Warren, Reboussin, & Soley, 1998), Heilbrun, Marczyk, & DeMatteo(2002) 역시 이 유형법의 타당성이 경험적 연구를 통해 입증된 바가 없다는 점을 들며 비판하였다. 특히 범행 도중 실제로 나타난 행동들과 범죄자들의 내재된 동기를 연관 지으려는 시도는 거의 이루어지지 않았다.

범행 동기에 초점을 둔 분류 체계를 넘어서, 최근에는 범죄 현장에서의 행동에 초점을 둔 강간범 분류법에 대한 연구가 증가하는 추세이다(Grubin, Kelly, & Brunsdon, 2001; Kocsis, Cooksey, & Irwin, 2002; Sturidsson et al., 2006). 성범죄는 사람들 사이에서 발생하는 범죄이고, 피해자와 가해자 사이의 행동적 상호 작용을 포함한다(Canter & Youngs, 2003). 범행 도중에 나타난 행동들은 범죄자가 다른 사람과 상호 작용하는 방식, 범죄자가 강간을 통해서 얻고자 하는 것, 그리고 범죄자의 욕구를 만족시키는 데 필요한 행동의 종류와 수준을 효과적으로 드러낸다. 따라서, 강간 범죄 현장에서의 행동은 범죄자들을 분류하는 데 있어서 유용한 근거로 사용될 수 있다.

첫째로, 강간범들이 분노와 적개심을 표현하기 위해 범행 당시 피해자에게 어느 정도의 공격성을 드러냈는가는 주요한 분류 기준 가운데 하나이다(Park, Schlesinger, Pinizzotto, & Davis, 2008). 적대감을 표출하는 것은 강간의 중요한 동기 중의 하나이며(Groth et al., 1977), Mercado & Scalora(2001)는 공격성의 강도가 강간범들을 분류하기 위한 주요한 기준이라고 주장했다. Groth & Birnbaum(1979) 역시 일부 강간 사건의 주요한 동기는 분노이며, 피해자를 대상으로 한 과다한 폭력을 보이는 범죄자들을 분노형 강간범이라는 하나의 범주로 분류했다. Knight & Prentky(1990) 또한 일부 강간범들이 극도의 폭력성을 드러내는 것에 주목했다. Canter(1994)나 Salfati & Taylor(2006) 역시 범행 도중에 피해자에게 극도의 폭력성을 보이는 강간범들을 하나의 유형으로 분류했다. 이 유형에 속하는 강간범들은 범행을 저지르면서 피해자를 구타하거나 발로 차고, 흉기를 사용하여 피해자에게 심각한 상해를 입히는 등 고도로 잔혹한 폭력적 행동들을 전형적으로 나타낸다(Alison & Stein, 2001).

두 번째 행동 스타일은 범행 당시 가해자가 피해자에게 강요한 성적 행동에 주목한 것이다. Cohen 외(1969)는 성적 욕구를 만족시키는 것이 강간의 주요한 동기 중 하나이며, Marshall(1989) 역시 성적인 친밀감을 올바른 방법으로 발달시키는 데 실패한 사람들이 때로 잘못된 방법으로 성적 만족을 추구하려는 시도가 바로 강간이라는 불법적 행위라고 주장했다. 이들의 범행에서는 키스나 애무 등 보통의 정상적인 부부나 연인 관계 사이에서 볼 수 있는 친밀한 성적 행동이 피해자에게 강요된다(Canter & Heritage, 1990).

범죄 현장 행동을 통한 분류에서 나타나는 세 번째 유형은 범행 당시 피해자를 제압하기 위해 가해자가 보이는 다양한 행동을 포함한다. 지배감, 남성성, 통제력 등의 느낌을 얻는 것은 강간의 주요한 동기 중 하나이며(Groth et al., 1977), Scully & Marolla(1985)는 많은 강간범들이 강간을 통해 힘과 지배력을 느끼고, 범행 중 강압적 우위를 통해 여성을 통제하고 지배하는 것을 즐긴다고 주장했다. 페미니스트 이론가(Lottes, 1988; Russell, 1975)들은 강간은 남성이 여성을 지배하고 힘의 우위를 보이기 위한 수단 중 하나이며, 성적 폭력성이 허용되고 흔히 보상받기까지 하는 문화의 결과물이라고 주장한다(Hall & Barongan, 1997). 더불어, Robertiello & Terry(2007)는 데이트 강간이나 부부 강간 중 다수가 가해자의 피해자에 대한 지배 수단 중 하나라고 주장한다. 이러한 통제형의 강간범은 범행 당시 피해자를 제압하기 위해 다양한 행동들(눈가리개 혹은 재갈의 사용, 흉기를 보여주어 피해자 제압, 피해자의 저항을 제지함 등)을 보인다(Warren, Hazelwood, & Reboussin, 1991).

네 번째로, 가학형은 가해자가 피해자를 고문하거나 고통을 가하는 데에서 쾌락을 얻는 것이 특징이다. 가학적 강간범들은 피해자들의 고통이 성적 행동과 함께 나타날 때 성적으로 흥분한다(Knight et al., 1998). 이러한 범죄자들은 강간범행 당시 보통 이물질 삽입 등의 가학적 행위와 함께 물품음란, 관음증과 같은 성도착적 행동을 보인다(Dietz et al., 1990). 앞서 첫 번째로 언급한 폭력적인 유형의 강간범들이 신체적 폭행을 성적 만족과 결부시키지 않는 것에 비해, 이러한 가학적 강간범들은 피해자의 고통으로 말미암아 성적 흥분에 도달한다(Dietz et al., 1990).

이 네 가지 유형 외에, 강도나 절도 등 다른 종류의 범죄를 저지르던 중 피해자를 맞닥뜨리고 강간을 저지르는 기회주의적 유형이 있다(Cohen et al., 1969; Knight & Prentky, 1990). 앞에서도 언급했듯이, 사실 많은 강간범들은 절도 등 다양한 종류의 범죄를 저지른다(Alder, 1984; Weinrott & Saylor, 1991). 이들은 보통 어린 시절부터 낮은 자제력으로 인해 충동을 조절하지 못하고, 기회만 생기면 자신의 행위가 가져올 수 있는 결과는 무시한 채 다양한 반사회적 행위를 저질러 왔다(Simon, 2000).

성범죄자 치료

성범죄가 피해자뿐만 아니라 피해자 가족 등 주변에 있는 사람들, 더 나아가서는 우리 사회 전체에 미치는 충격과 공포에 대해 고려할 때, 성범죄자가 다시 범행을 저지르지 않도록 하는 정책적 노력이 절실히 요구된다. 성범죄자가 자신의 죄에 대한 처벌을 다 받고 다시 사회로 복귀했을 때를 대비하여, 재범을 방지하는 치료 프로그램에는 다음과 같은 종류가 있다.

1. 심리 치료

심리 치료 기법은 성범죄를 범죄자의 여러 가지 내적 갈등의 결과로 여기며, 범죄자의 과거 다양한 인생 경험에 초점을 맞추어 범죄자가 이러한 자신의 내적 갈등을 인지하고 삶의 문제들을 더 적절한 방식으로 다루기 위해 행동을 어떻게 변화시킬 필요가 있는지 더 잘 이해하도록 도움으로써 그러한 문제들을 해소하는 것을 목적으로 한다(Groth & Birnbaum, 1979; Perkins, 1991).

그러나 심리 치료 기법이 효과적이기 위해서는 추상적인 사고와 자기 성찰이 가능한 수준의 지적 능력이 요구되고, 변화하고자 하는 동기가 있어야 하며, 이를 위해 치료자와 협력하여 상당한 시간과 정서적 노력을 기울여야 하는데, 성범죄자 대부분은 이러한 역량을 갖추고 있지 못하다는 점이 큰 문제로 지적된다(Grossman, Martis, & Fichtner, 1999; Groth & Birnbaum, 1979).

2. 교육과 훈련

성범죄자들을 치료하기 위한 또 다른 접근법은 직업 훈련이나 대인 관계 기술 등 인생 전반에 걸쳐 부족한 인생 관리 기술에 대하여 다각도로 교육하고 훈련시키는 것이다(Marshall, Anderson, & Fernandez, 1999). 예를 들어, 공감 능력을 높이기 위한 감수성 훈련은 다른 사람의 감정을 더 잘 이해하고 그에 반응하는 방법을 배움으로써 범죄자가 다른 사람들과 더 잘 소통하도록 돕는다(Pithers, 1994). 범죄자들이 적절한 대화 기술이나 사회성 기술을 발달시키지 않으면 대인 관계, 혹은 이성 관계에서 불안을 경험할 가능성이 있고, 이는 범행의 위험성에 대한 증가로 나타날 수 있기 때문이다(Marshall & Barbaree, 1990). 또한 사회적 기술을 쌓는 것은 범죄자가 다른 이들과 효과적으로 상호작용하는 능력을 향상하고, 친밀하고 안정적인 관계를 형성하는 능력을 강화시킬 수 있다(Groth & Birnbaum, 1979; Marshall, Eccles, & Barbaree, 1991).

더불어, 대부분의 범죄자들이 불안, 좌절 그리고 분노 등의 부정적인 감정을 다루는 데에 문제를 갖고 있으므로, 이러한 불안과 좌절에 효과적으로 대처하는 방법을 가르치는 것은 큰 도움이 된다(Pithers, Marques, Gibat, & Marlatt, 1983). 보다 구체적으로, 자기주장 훈련을 통해 범죄자가 자아통제력을 강화하는 방법을 가르칠 수 있으며, 분노를 조절하고 이를 건설적으로 표현하는 방법을 가르치는 것 또한 중요하다(Groth & Birnbaum, 1979; Langevin, Wright, & Handy, 1988).

3. 인지 행동 치료(Cognitive-Behavioral Treatments: CBT)

인지 행동 치료 프로그램은 오늘날 성범죄자 치료 기법 가운데 가장 흔하게 쓰인다(Terry, 2006). 인지 행동 치료 프로그램의 목표는 범죄자들이 자신의 문제와 행동을 인지하고, 반사회적 행위를 저지르는 데 영향을 미치는 부정적 감정을 이해하며, 자신의 인지적 왜곡에 대해 알고 이를 없애며, 자신의 행동에 대한 책임을 지도록 하는 것이다(Houston, Wrench, & Hosking, 1995). 또한 사회적으로 허용되는 성의 표현 방식에 따르고, 전반적인 사회적 능력을 강화시켜 범행을 다시 저지르지 않도록 하는 것이 궁극적인 목표이다(Marshall et al., 1999).

인지 행동적 치료 과정에는 다음과 같은 단계가 있다(Marshall et al., 1999). 우선, 범죄자들이 자신의 사건에 대해 공개하고 설명하는데, 이 단계에서 치료자의 역할은 미리 피해자 진술과 경찰 기록을 숙지하여 만약 범죄자의 설명에 부정이나 최소화가 있다면 적극적으로 이의를 제기하는 것이다. 이 단계가 끝나면 사회성 기술 훈련과 자기주장 훈련을 시작하는데, 이 단계에서 치료자는 성인들과의 정상적인 사회적 관계를 갖는 방법을 가르치고, 이들의 왜곡된 성지식을 바로잡는다. 또한 성범죄자들이 나타내는 인지적 왜곡을 바로잡아, 더 이상 그들의 범죄를 부정하거나 범행에 대해 피해자를 탓하지 않고, 자신의 행동에 대한 책임감을 가지도록 하며 피해자 공감의 중요성을 일깨운다.

인지 행동적 치료 과정의 마지막 단계는 재발 방지(Relapse Prevention; RP: Pithers et al., 1983)이다. RP는 성범죄자들에게 성범죄를 저지르는 데 영향을 미친 일련의 요소들을 분석하여, 범행을 저지르게끔 만드는 위험성이 높은 상황에서 범행으로의 연결을 끊고 문제 해결을 위한 대처 방략을 세우도록 한다(Terry, 2006). 재범을 유발하는 요소에는 여러 가지가 있으나, 대부분 분노와 우울 등 부정적인 감정 상태에 의해 유발되는 경우가 많다(Pithers et al., 1983). RP 단계가 성공적이라면, 범죄자는 위험성이 높은 상황일지라도 자기 통제력을 유지하여 그 상황에 성공적으로 대처할 수 있다(Pithers et al., 1983).

일반적으로 인지 행동 치료 프로그램은 집단 과정을 통해서 실행된다(Pithers,

1994). 집단 과정을 통한 치료는 성범죄자들에게서 흔히 나타나는 인지적 왜곡을 극복하는 한편, 범행에 대한 책임을 인정하게 하는데 가장 효과적인 것으로 알려져 있다(Marshall et al., 1999).

그림 2. 성범죄자 집단 치료 프로그램

치료 프로그램 동안 성범죄자들은 다양한 변화의 단계를 경험하는데, Prochaska & DiClemente(1982)는 성범죄자가 겪는 변화를 다섯 단계로 나누어 설명했다. 첫 번째 단계는 '부정'의 단계로, 성범죄자들은 아직 자신의 문제를 인정하지 않으며, 변화하려는 동기가 없다. 두 번째 단계는 '숙고'의 단계로, 자신이 문제가 있다는 것은 인정하지만 그 문제를 최소화하거나 그 문제로 인한 피해의 정도를 최소화시켜 생각하는 단계이다. 세 번째는 자신이 가진 문제의 중요성을 인지하고 마침내 행동을 바꾸도록 동기화되는 '준비'의 단계이고, 네 번째는 행동을 바꾸기 위해 치료 프로그램에 참여하는 '행동'의 단계이며, 다섯 번째는 이러한 변화를 프로그램의 종료까지 계속되게 하는 '유지'의 단계이다.

집단 과정은 특히 초기의 두 단계('부정'과 '숙고')에 있는 범죄자들에게 중요하다(Terry, 2006). 대부분의 성범죄자들은 처음에 어느 정도 그들의 범행을 부인하거나 최소화하는데, 범죄자들이 다른 범죄자 앞에서 자신이 저지른 범행에 대해 이야기할 때 집단 치료의 맥락에서 격려를 받을수록 자신의 범행을 스스로 인정하기가 용이해진다(Marshall, 1994). 또한 집단 과정은 범행에 대한 부정이나 범행의 결과로 나타나는 피해의 최소화, 여성을 향한 부정적인 태도 등의 인지적 왜곡을 극복하는 데도 중요한데, 집단 치료의 맥락에서 성에 대한 다른 범죄자들의 태도를 듣고, 사회적으로 용인된 형태의 성적 표현에 대해 고려하게 되면서 범죄자들은 이러한 인지적 왜곡을 인정하고 이해하게 된다(Houston et al., 1995).

주요 용어

KEY TERMS

성폭력	폭력에 대한 허용도	생물학적 이론
테스토스테론	애착 이론	인지-행동 이론
페미니스트 이론	심리사회적 이론	강간 외상 증후군
이차 피해	권력 독단형	권력 재확인형
분노 보복형	분노 흥분형	기회주의형
가학형	인지 행동 치료(CBT)	재발 방지(RP)
집단 치료		

Summaries

- 성폭력은 힘이나 지위 면에서 우위에 있는 사람이 신체의 상해나 이와 관련한 위협으로 원치 않는 사람에게 성적 행위를 강요하거나 그러한 압력을 느끼게 하는 모든 경우를 일컫는다.
- 성범죄 발생의 책임이 오히려 피해자에게 돌아오는 경우가 빈번하다는 점과 신고 후에도 이차 피해를 당할 가능성 때문에, 성범죄는 모든 강력 범죄 가운데 신고 되는 비율이 가장 낮다.
- 성폭력 범죄자가 성범죄를 저지르지 않도록 하는 노력도 중요하지만, 그에 앞서 어떠한 종류의 범죄이든 간에 일반적으로 반사회적 행위를 저지르지 않도록 하는 것이 보다 근본적으로 선결해야 할 과제이다.

- 성범죄 가해자 혹은 피해자 모두 특정한 연령대나 사회경제적 지위, 교육 수준과 같은 사회인구학적 특성에 국한되지 않는, 다양한 배경을 가지고 있는 사람들이며, 또한 범행 당시 나타내는 범죄 행동 면에서도 상당히 넓은 범위의 다양성이 존재한다.
- 성범죄의 원인을 제대로 이해하려면, 한 가지 단일한 이론에 의지하기보다는 여러 다양한 관점들의 조합으로 이를 총체적으로 이해하려는 노력이 필요하다.
- 생물학적 이상은 성범죄의 여러 원인 중 한 가지에 불과하며, 환경적이고 사회적인 학습 요소들이 존재하지 않는다면 실제로 성적 공격성이 행동으로 발현되기는 어렵다.
- 정서적 애착을 제대로 형성하지 못한 사람들은 대인 관계 기술이 부족하고 사회적 신호들을 오인하여, 친밀한 성적 관계를 갖기가 힘들기 때문에 성적 범죄를 저지를 가능성이 상대적으로 더 높다.
- 페미니스트 이론가들은 성폭력이 여성을 지배하고 통제하기 위해 남성이 사용하는 여러 수단 중 하나이며, 남성 지배와 여성 착취라는 뿌리 깊은 사회문화적 전통의 결과라고 주장한다.
- 성범죄는 생물학적, 발달적, 행동적, 인지적, 심리사회적 요인들이 복합적으로 작용하여 나타난 결과이다.
- 성범죄 피해자들은 범죄 피해의 후유증으로 다양한 종류의 신체적, 심리적 증상을 나타내며, 2차 피해자들(피해자의 부모, 형제자매, 배우자, 또래, 친구, 직장 동료 등) 또한 상당히 영향을 받는다.
- 성범죄에 있어 오직 한 가지 유형으로 분류 가능한 범행은 거의 존재하지 않으며, 강간범이 범죄를 저지를 때는 보통 하나의 범행 안에 여러 가지 유형들이 복합적으로 작용되어 나타난다.
- 성범죄자들이 강간을 저지르는 주요한 동기는 성적 흥분에 도달하기 위해서, 적개심과 분노 표출, 우월감과 남성성, 지배력을 갖기 위해서, 혹은 피해자들을 고문하고 학대하는 데에서 쾌락을 얻기 위해서 등 다양하다.
- 강간 범죄 현장에서 행동은 범죄자가 다른 사람과 상호 작용하는 방식, 범

죄자가 강간을 통해서 얻고자 하는 것, 그리고 범죄자의 욕구를 만족시키는 데 필요한 행동의 종류와 수준을 효과적으로 드러내므로, 범죄자들을 분류하는 데 있어 유용한 근거로 사용될 수 있다.

- 심리 치료 기법은 범죄자가 자신의 내적 갈등을 인지하고 삶의 문제들을 더 적절한 방식으로 다루기 위해 행동을 어떻게 변화시킬 필요가 있는지 이해하도록 도와 그러한 문제들을 해소하는 것을 목적으로 한다.
- 인지 행동 치료 프로그램의 목표는 범죄자들이 자신의 문제와 행동을 인지하고, 반사회적 행위를 저지르는 데 영향을 미치는 부정적 감정을 이해하며, 자신의 인지적 왜곡에 대해 알고 이를 없애며, 자신의 행동에 대한 책임을 지도록 하는 것이다.
- 인지 행동 치료 프로그램의 궁극적 목표는 전반적인 사회적 능력을 강화시켜 범행을 다시 저지르지 않도록 하는 것이다.
- 집단 과정을 통한 치료는 인지적 왜곡 극복과 범행에 대한 책임을 인정하게 하는데 효과적이다.
- 재발 방지(RP)는 범행을 저지르게끔 만드는 위험성이 높은 상황에서 자기 통제력을 유지하여 문제 해결을 위한 대처 방략을 세우도록 한다.

참고문헌 References

대검찰청 (2024). *2024범죄분석.* 서울: 대검찰청.

오영근 (2019). *형법각론.* 서울: 박영사.

Abel, G. G., Becker, J. V., & Skinner, L. (1980). Aggressive behavior and sex. *Psychiatric Clinics of North America, 3,* 133–151.

Abel, G. G., Blanchard, E. B., & Becker, J. V. (1978). An integrated treatment program for rapists. In R. T. Rada (Ed.), *Clinical aspects of the rapist.* New York: Grune & Stratton.

Alder, C. (1984). The convicted rapist: A sexual or a violent offender? *Criminal Justice and Behavior, 11,* 157–177.

Alison, L. J. & Stein, K. L. (2001). Vicious circles: Accounts of stranger sexual assault reflect abusive variants of conventional interactions. *Journal of Forensic Psychiatry, 12,* 515–538.

Allison, J. A. & Wrightman, L. S. (1993). *Rape: The misunderstood crime.* Newbury Park, CA: Sage.

Amir, M. (1971). *Patterns in forcible rape.* Chicago: University of Chicago.

Baker, T., Skolnik, L., Davis, R., & Brickman, E. (1991). The social support of survivors of rape: The difference between rape survivors and survivors of other violent crimes and between husbands, boyfriends, and women friends. In A. W. Burgess (Ed.), *Rape and sexual assault III: A research handbook.* New York: Garland.

Barbaree, H. E., Seto, M. C., Serin, R. C., Amos, N. L., & Preston, D. L. (1994). Comparisons between sexual and non-sexual rapist subtypes: Sexual arousal to rape, offense precursors and offense characteristics. *Criminal Justice and Behavior, 21,* 95–114.

Bass, E. & Davis, L. (1988). *The courage to heal.* New York: Harper & Row.

Brownmiller, S. (1975). *Against our will: Men, women and rape.* New York: Bantam.

Bumby, K. M. & Hanson, D. J. (1997). Intimacy deficits, fear of intimacy, and loneliness among sex offenders. *Criminal Justice and Behavior, 24,* 315–331.

Burgess, A. W. (1995). Rape trauma syndrome. In P. S. Searles & R. J. Berger (Eds.), *Rape and society.* Boulder, CO: Westview.

Burgess, A. W. & Holstrom, L. L. (1974). Rape trauma syndrome. *American Journal of Psychiatry, 131,* 981–986.

Calhoun, K. S. & Atkeson, B. M. (1991). *Treatment of rape victims:*

Facilitating psychosocial adjustment. Elmsford, NY: Pergamon.

Canter, D. V. (1994). *Criminal shadow.* London: Harper Collins.

Canter, D. V. & Heritage, R. (1990). A multivariate model of sexual offence behavior: Developments in 'offender profiling'. *The Journal of Forensic Psychiatry, 1,* 185–212.

Canter, D. V. & Youngs, D. (2003). Beyond Offender Profiling: The need for an investigative psychology. In D. Carson & R. Bull (Eds.), *Handbook of Psychology in Legal Contexts* (2nd ed., pp. 171–205). Chichester: Wiley.

Cohen, M. L., Seghorn, T., & Calmas, W. (1969). Sociometric study of sex offenders. *Journal of Abnormal Psychology, 74,* 249–255.

Conte, J. R., Wolf, S., & Smith, T. (1989). What sexual offenders tell us about prevention strategies. *Child Abuse and Neglect, 13,* 293–301.

Darke, J. L. (1990). Sexual aggression: Achieving power through humiliation. In W. L. Marshall, D. R. Laws, & H. E. Barbaree (Eds.), *Handbook of sexual assault: Issues, theories and treatment of the offender.* New York: Plenum.

Dietz, P., Hazelwood, R., & Warren, J. (1990). The sexually sadistic criminal and his offenses. *Bulletin of the American Academy of Psychiatry and the Law, 18,* 163–178.

Eby, K. K., Campbell, J. C., Sullivan, C. M., & Davidson, W. S. (1995). Health effects of experiences of sexual violence for women with abusive partners. *Health Care for Women International, 16,* 563–576.

Ellis, E. M., Atkeson, B. M., & Calhoun, K. S. (1981). Sexual dysfunction in victims of rape. *Women and Health, 5,* 39–47.

Frank, et al. (1985). Induced abortion operations and their early sequelae. *Journal of the Royal College of General Practitioners, 35,* 175–180.

Grossman, L. S., Martis, B., & Fichtner, C. G. (1999). Are sex offenders treatable? A research review. *Psychiatric Services, 50,* 349–361.

Groth, A. N. (1983). Treatment of the sexual offender in a correctional institution. In J. G. Greer & I. R. Stuart (Eds.), *The sexual aggressor: Current perspectives on treatment.* New York: Van Nostrand Reinhold.

Groth, A. N. & Birnbaum, H. J. (1979). *Men who rape: The psychology of the offender.* New York: Plenum.

Groth, A. N. & Burgess, A. (1980). Male rape: Offenders and victims. *American Journal of Psychiatry, 137,* 806–810.

Groth, A. N., Burgess, A., & Holmstrom, L. (1977). Rape: Power, anger and sexuality. *American Journal of Psychiatry, 134,* 1239–1243.

Grubin, D. Kelly, P. & Brunsdon, C. (2001). *Linking serious sexual assaults through behavior.* London: Home Office.

Hall, G. C. N. & Barongan, C. (1997). Prevention of sexual aggression: Sociocultural risk and protective factors. *American Psychologist, 52,* 5–14.

Hare, R. D. & Jutai, J. W. (1983). Criminal history of the male psychopath: Some preliminary data. In K. T. Van Dusen & S. A. Mednick (Eds.), *Prospective studies of crime and delinquency.* Boston: Kluwer-Nijhoff.

Hare, R. D. & MacPherson, L. M. (1984). Violent and aggressive behavior by criminal psychopaths. *International Journal of Law and Psychiatry, 7,* 35–50.

Hart, T. C. & Rennison, C. (2003). *Reporting crime to the Police, 1992–2000.* Washington, DC: U.S. Department of Justice, Bureau of Justice Statistics.

Hays, S. E. (1981). The psychoendocrinology of puberty and adolescent aggression. In D. A. Hamburg & M. B. Trudeau (Eds.), *Biobehavioral aspects of aggression*. New York: A. R. Liss

Hazelwood, R. (1983). The behavior-oriented interview of rape victims: The key to profiling. *FBI Law Enforcement Bulletin*.

Hazelwood, R. (2001). Analyzing the rape and profiling the offender. In R. R. Hazelwood & A. W. Burgess (Eds), *Practical aspects of rape investigations* (pp. 133-164). Boca Raton: CRC Press.

Heilbrun, K., Marczyk, G. R., & DeMatteo, D. (2002). *Forensic mental health assessment: A case book*. NY: Oxford University Press.

Holmes, R. M. & Holmes, S. T. (2002). *Sex crimes: Patterns and behavior*. Newbury Park, CA: Sage.

Homes, M. M., Resnick, H. S., Kilpatrick, D. G., & Best, C. L. (1992). Rape-related pregnancy: Estimates and descriptive characteristics from a national sample of women. *American Journal of Obstetrics and Gynecology, 175*, 320-324.

Houston, J., Wrench, M., Hosking, N. (1995). Group processes in the treatment of child sex offenders. *Journal of Forensic Psychiatry, 6*, 359-368.

Hucker, S. J. & Bain, J. (1990). Androgenic hormones and sexual assault. In W. L. Marshall, D. R. Laws, & H. E. Barbaree (Eds.), *Handbook of sexual assault: Issues, theories and treatment of the offender*. New York: Plenum.

Isley, P. J. (1991). Adult male sexual assault in the community: A literature review and group treatment model. In A. W. Burgess (Ed.), *Rape and sexual assault III: A research handbook*. New York: Garland.

Knight, R. A. & Prentky, R. A. (1990). Classifying sexual offenders. In W. L. Marshall, D. R. Laws, & H. E. Barbaree (Eds.), *Handbook of sexual assault: Issues, theories and treatment of the offender*. New York: Plenum.

Knight, R. A., Prentky, R. A., Schneider, B., & Rosenberg, R. (1983). Linear causal modeling of adaptation and criminal history in sex offenders. In K. T. Van Dusen & S. A. Mednick (Eds.), *Prospective studies of crime and delinquency*. Boston: KluwerNijhoff.

Knight, R. A., Warren, J. I., Reboussin, R., & Soley, B. J. (1998). Predicting rapist type from crime-scene variables. *Criminal Justice and Behavior, 25,* 46-80

Kocsis, R. N., Cooksey, R. W., & Irwin, H. J. (2002). Psychological profiling of offender characteristics from crime behaviors in serial rape offences. International *Journal of Offender Therapy and Comparative Criminology, 46,* 144-169.

Koss, M. P. & Harvey, M. R. (1991). *The rape victim: Clinical and community interventions* (2nd ed.). Newbury Park, CA: Sage.

Kreutz, L. E. & Rose, R. M. (1972). Assessment of aggressive behavior and plasma testosterone in a young criminal population. *Psychosomatic Medicine, 34,* 321-332.

Langevin, R., Wright, P., & Handy, L. (1988). Empathy, assertiveness, aggressiveness, and defensiveness among sex offenders. *Annals of Sex Research, 1,* 533-547.

Lanyon, R. I. (1991). Theories of sex offending. In C. R. Hollin & K. Howells (Eds.), *Clinical approaches to sex offenders and their victims*. West Sussex: Wiley.

Lipton, D., McDonel, E. C., & McFall, R. M. (1987). Heterosocial perception in rapists. *Journal of Consulting and Clinical Psychology, 55,* 17-21.

Lottes, I. L. (1988). Sexual socialization and attitudes toward rape. In A. W. Burgess (Ed.), *Rape and sexual assault II* (pp. 193-220). New York: Garland Publishing Inc.

Lundberg-Love, P. K. (1999). The resilience of the human psyche: Recognition and treatment of the adult survivor of incest. In M. A. Paludi (Ed.), *The psychology of sexual victimization: A handbook.* Westport, CT: Greenwood.

Marshall, W. L. (1989). Intimacy, loneliness and sexual offenders. *Behavior Research and Therapy, 27,* 491–503.

Marshall, W. L. (1993). The role of attachment, intimacy, and loneliness in the etiology and maintenance of sexual offending. *Sexual and Marital Therapy, 8,* 109–121.

Marshall, W. L. (1994). Treatment effects on denial and minimization in incarcerated sex offenders. *Behavior Research and Therapy, 32,* 559–564.

Marshall, W. L., Anderson, D., & Fernandez, Y. (1999). *Cognitive behavioral treatment of sexual offenders.* Toronto: Wiley.

Marshall, W. L., & Barbaree, H. E. (1990). An integrated theory of the etiology of sexual offending. In W. L. Marshall, D. R. Laws, & H. E. Barbaree(Eds.), *Handbook of sexual assault: Issues, theories and treatment of the offender.* New York: Plenum.

Marshall, W. L., Eccles, A., & Barbaree, H. E. (1991). Treatment of exibitionists: A focus on sexual deviance versus cognitive and relationship features. *Behavior Research and Therapy, 29,* 129–135.

Marshall, W. L., Laws, D. R., & Barbaree, H. E. (1990). *Handbook of sexual assault: Issues, theories and treatment of the offender.* New York: Plenum.

McKibben, A., Proulx, J., & Lusignan, R. (1994). Relationships between conflict, affect and deviant sexual behaviors in paedophiles and rapists. *Behavior Research and Therapy, 32,* 571–575.

Medea, A. & Thompson, K. (1974). *Against rape: A survival manual for women.* New York: Farrar, Straus & Giroux.

Mercado, C. C. & Scalora, M. J. (2001). Child molestation: Factors related to level of violence. *Journal of Threat Assessment, 1,* 21–34.

Meyer–Bahlberg, H. (1987). Commentary on Bain's "Hormones and sexual aggression in the male." *Integrative Psychiatry, 5,* 89–91.

Money, J. (1970). Use of androgen depleting hormone in the treatment of male sex offenders. *Journal of Sex Research, 6,* 165–172.

Nelson, S. (2001). Physical symptoms in sexually abused women: Somatization or undetected injury? *Child Abuse Review, 11,* 51–64.

Olweus, D., Matteson, A., Schalling, D., & Low, H. (1980). Testosterone, aggressin, physical, and personality dimensions in normal adolescent males. *Psychosomatic Medicine, 42,* 253–269.

Park, J. (2009). *Consistency in the behavioral patterns of serial rapists.* Unpublished doctoral dissertation. New York, NY: City University of New York.

Park, J., Schlesinger, L. B., Pinizzotto, A. J., & Davis, E. F. (2008). Serial and single–victim rapists: Differences in crime–scene violence, interpersonal involvement, and criminal sophistication. *Behavioral Sciences and the Law, 26,* 227–237.

Perkins, D. (1991). Clinical work with sex offenders in secure settings. In C. R. Hollin & K. Howells (Eds.), *Clinical approaches to sex offenders and their victims.* West Sussex: Wiley.

Pithers, W. D. (1994). Process evaluation of a group therapy component designed to enhance sex offenders' empathy for sexual abuse survivors. *Behavior Research and Therapy, 32,* 565–570.

Pithers, W. D., Marques, J. K., Gibat, C. C., & Marlatt, G. A. (1983). Relapse prevention with sexual aggressiveness: A self–control model of treatment and maintenance of change. In J. G. Greer & I. R. Stuart (Eds.), *The sexual aggressor: Current perspectives on treatment.*

New York: Van Nostrand Reinhold.

Polaschek, D. L. L., Ward, T., & Hudson, S. M. (1997). Rape and rapists: Theory and treatment. *Clinical Psychology Review, 17,* 117–144.

Prochaska, J. O. & DiClemente, C. C. (1982). Transtheoretical therapy: Toward a more integrative model of change. *Psychotherapy: Theory, Research and Practice, 19,* 276–288.

Quinsey, V. L., Rice, M. E., & Harris, G. T. (1990). *Psychopathy, sexual deviance and recidivism among released sex offenders.* Research Report Vol. 7, No. 5. Pentanguishine, ONT: Mental Health Centre.

Rada, R. T. (1978). Classification of the rapist. In R. T. Rada (Ed.), *Clinical aspects of the rapist.* New York: Grune & Stratton.

Rada, R. T., Laws, D. R., & Kellner, R. (1976). Plasma testosterone levels in the rapist. *Psychosomatic Medicine, 38,* 257–268.

Rada, R. T., Laws, D. R., Kellner, R., Stiristava, L., & Peake, G. (1983). Plasma androgens in violent and non-violent sex offenders. *Bulletin of the American Academy of Psychiatry and the Law, 11,* 149–158.

Rape Crisis Federation. (2002). *Rape!* Notingham, UK: Rape Crisis Federaton of Wales and England.

Resnick, H. S., Acierno, R., & Kilpatrick, D. G. (1997). Health impact of interpersonal violence: Medicinal and mental health outcomes. *Behavioral Medicine, 23,* 65–78.

Robertiello, G. & Terry, K. J. (2007). Can we profile sex offenders? A review of sex offender typologies. *Aggression and Violent Behavior, 12,* 507–518.

Rogers, C. M. & Terry, T. (1984). Clinical interventions with boy victims of sexual abuse. In I. Stewart & J. Greer (Eds.), *Victims of sexual aggression.* New York: Van Nostrand Reinhold.

Russell, D. (1975). *The politics of rape.* New York: Stein and Day.

Salfati, C. G. & Taylor, P. J. (2006). Differentiating sexual violence: A comparison of sexual homicide and rape. *Psychology, Crime & Law, 12,* 107–125.

Sanday, P. R. (1981). *Female power and male domination.* New York: Cambridge University Press.

Scaramella, J. J. & Brown, W. A. (1978). Serum testosterone and aggressiveness in hockey players. *Psychosomatic Medicine, 40,* 262–265.

Scarce, M. (1997). *Male on male rape: The hidden toll of stigma and shame.* New York: Insight Books.

Scully, D. (1990). *Understanding sexual Violence: A study of convicted rapists.* Cambridge, MA: Unwin, Hyman.

Scully, D. & Marolla, J. (1985). "Riding the bull at Gillley's": Convicted rapists describe the rewards of rape. *Social Problems, 32,* 251–263.

Seidman, B. T., Marshall, W. L., Hudson, S. M., & Robertson, P. J. (1994). An examination of intimacy and loneliness in sex offenders. *Journal of Interpersonal Violence, 9,* 518–534.

Serin, R. C. (1991). Psychopathy and violence in criminals. *Journal of Interpersonal Violence, 6,* 423–431.

Serin, R. C., Malcolm, P. B., Khanna, A., & Barbaree, H. E. (1994). Psychopathy and deviant sexual arousal in incarcerated sexual offenders. *Journal of Interpersonal Violence, 9,* 3–11.

Simon, L. M. J. (2000). An examination of the assumptions of specialization, mental disorder, and dangerousness in sex offenders. *Behavioral Sciences and the Law, 18,* 275–308.

Stermac, L. E., Segal, Z. V., & Gillis, R. (1990). Social and cultural factors in sexual assault. In W. L. Marshall, D. R. Laws, & H. E. Barbaree (Eds.), *Handbook of sexual assault: Issues, theories and treatment of the offender.* New York: Plenum.

Sturidsson, K., Langstrom, N., Grann, M., Sjostedt, G., Asgard, U., & Aghede, E. M. (2006). Using multidimensional scaling for the analysis of sexual offence behaviour: A replication and some cautionary notes. *Psychology, Crime & Law, 12,* 221–230.

Terry, K. J. (2006). *Sexual offenses and offenders.* California: Thomson Wadsworth.

Thompson, K. M., Wonderlich, S. A., Crosby, R. D., & Mitchell, J. E. (2001). Sexual victimization and adolescent weight regulation practices: A test across three community based samples. *Child Abuse and Neglect, 25,* 291–305.

Walker, E. A., Katon, W. J., Hansom, J., Harrop–Griffiths, J., Holm, L., Jones, M. L., Hickok, L., & Jemelka, R. P. (1992). Medical and psychiatric symptoms in women with childhood sexual abuse. *Psychosomatic Medicine, 54,* 658–664.

Ward, C. (1995). *Attitudes towards rape: Feminist and social psychological perspectives.* London: Sage.

Ward, C. & Inserto, F. (1990). *Victims of sexual violence: A handbook for helpers.* Kent Ridge: Singapore University Press.

Ward, T. & Keenan, T. (1999). Child molesters' implicit theories. *Journal of Interpersonal Violence, 14,* 821–838.

Warren, J. I., Hazelwood, R. R. & Reboussin, R. (1991). Serial rape: The offender and his rape career.In A. W. Burgess(Ed.), *Rape and Sexual assault III: A research handbook* (pp. 275–311). New York: Garland Publishing Inc.

Weinrott, M. R. & Saylor, M. (1991). Self–report of crimes committed by sex offenders. *Journal of Interpersonal Violence, 6,* 286–300.

West, D. J. (1987). *Sexual crimes and confrontations: A study of victims and offenders.* Aldershot, UK: Gower.

제 8 장

아동 대상 성범죄

Contents

- 들어가며
- 아동 대상 성범죄자의 특성
- 아동 대상 성범죄의 원인
- 아동 대상 성범죄자 유형 분류
- 국내 아동 대상 성범죄 사례 – 부산 사상구 강간살인 사건(2010)
- 아동 대상 성범죄 피해자의 특성
- 아동 대상 성범죄 피해자의 증상
- 성범죄 피해 아동 진술의 신빙성

Questions

1. 아동 대상 성범죄 범죄자의 특성은 어떠할까?
2. 아동 대상 성범죄의 원인은 어떻게 설명 가능할까?
3. 아동 대상 성범죄자는 어떠한 유형이 있으며, 이들을 구분하는 기준과 그 차이점은 무엇일까?
4. 아동 대상 성범죄 피해자의 특성은 어떠할까?
5. 성범죄 피해 아동이 범죄 피해 공개와 신고를 주저하는 이유는 무엇일까?
6. 아동 대상 성범죄 피해자가 보이는 증상에는 어떠한 것들이 있을까?
7. 성범죄 피해 아동의 진술 신빙성에 영향을 미치는 요인에는 어떠한 것들이 있을까?

Objectives

1. 아동 대상 성범죄자의 특성에 대해서 이해한다.
2. 아동 대상 성범죄의 원인에 대해 학습하고, 예방을 위해 어떠한 노력이 기울어져야 할 것인지에 대해 탐구한다.
3. 아동 대상 성범죄자의 유형 분류 체계를 학습하고, 유형 간의 행동 및 특성에 있어서의 차이점을 이해한다.
4. 아동 대상 성범죄 피해자의 특성에 대해서 살펴본다.
5. 아동 대상 성범죄 피해 아동이 범죄 피해 공개와 신고를 주저하는 이유에 대해 학습하고, 이를 예방하기 위해 어떠한 노력이 기울어져야 할 것인지에 대해 탐구한다.
6. 아동 대상 성범죄 피해자가 나타내는 증상과 그에 영향을 미치는 요인에 대해 이해한다.
7. 아동의 기억과 진술에서 나타나는 특징들을 이해하고, 아동 기억의 정확성과 진술의 신뢰성에 영향을 주는 변인들에 대해 학습한다.

Chapter 08

아동 대상 성범죄

들어가며

2008년 12월 안산에서 만 8세 여아가 성범죄 피해를 입고 생명이 위험할 정도로 극심한 폭행을 당하여 영구적 상해를 입은 사건을 비롯하여, 잔인하고 폭력적인 아동 대상 성범죄 사건이 우리 사회에서 연달아 발생하고 있다. 2023년 국내에서 발생한 13세 미만의 아동 대상 성폭력 범죄 및 13-20세 사이 청소년 대상 성폭력 범죄 현황을 살펴보면, 집계된 발생건수는 각각 1,500건과 8,339건으로, 총 9,839건에 달하는 것으로 나타났다(대검찰청, 2024).

아동은 호기심이 많고 어른 말을 잘 따르며 관심과 애정을 필요로 하는 특성 때문에 범죄 피해에 취약한 면을 가지고 있으며, 따라서 범죄자의 입장에서 "가장 이상적인 피해자"로서의 특성들을 가지고 있다(Lanning, 1992). 특히 아동을 대상으로 한 성범죄는 우리 사회에 엄청난 불안과 분노를 야기하고, 피해 아동에게 평생 동안 잊히지 않을 상처와 고통을 남기며 그 가족과 이웃, 학교 등에도 극심한 우려를 불러일으킨다(김지선·박지선·최수형, 2009).

여기에서는 우선 아동 대상 성범죄자의 특성을 살펴보고, 범죄 발생 원인과 아동 대상 성범죄자 유형 분류 체계에 대해 알아볼 것이다. 더불어, 피해 아동의 특성과 범죄 피해 후 나타내는 증상에 대해 중점적으로 살펴볼 것이다. 마지막으로, 법정에서 아동 대상 성범죄 관련 재판 시 피해 아동 진술의 신빙성이 문제시되고, 그에 따라 재판 결과와 가해자에 대한 처벌의 정도가 영향을 받는 바, 아동 대상 성범죄 피해자의 증언과 관련된 여러 요인에 대해 알아볼 것이다.

아동 대상 성범죄자의 특성

1980년대 이전에는 아동 대상 성범죄자들이 정신 이상이나 심리적인 장애로 인해 아동에 대해 성적 욕구를 느끼는, 일반인들과는 구별되는 사람들로 여겨졌다(La Fontaine, 1990). 그러나 이러한 편견과는 달리 아동 대상 성범죄자들은 대부분의 사람들과 특별히 다르지 않은 평범한 사람들이라고 보는 것이 더 적절할 것이다(La Fontaine, 1990; Terry, 2006).

예를 들어 아동 대상 성범죄자는 지능이 낮을 것이라는 편견이 존재하는데, 실제로 대부분의 아동 대상 성범죄자들은 정상적인 범위의 지능을 가지고 있으며, 일반인들과 지적인 능력에 있어 큰 차이가 없다(Groth, Burgess, Birnbaum, & Gary, 1978). 또한 아동 대상 성범죄자는 정신 이상자라는 편견에 있어서도, 거의 대부분의 아동 대상 성범죄자는 정신 이상자가 아니며, 적어도 범행 당시 정상 상태인 경우가 대부분을 차지한다(대검찰청, 2024; Groth et al., 1978).

또한 대검찰청에서 발간하는 「2024 범죄분석」에 나타난 아동·청소년 대상 성폭력 범죄 관련 통계에서, 13세 미만 아동 대상 성폭력 범죄자의 80.7%가 범행 당시 정상이었으며, 주취 상태였던 범죄자는 9.5%였고, 정신 장애를 갖고 있는 범죄자는 9.8%에 불과한 것으로 조사되었다(대검찰청, 2024). 더불어, 13-20세 사이 청소년 대상 성폭력 범죄자의 경우에도 80.6%가 범행 당시 정상이었으며, 주취 상태였던 범죄자는 16.0%였고, 정신 장애를 갖고 있는 범죄자는 3.4%에 불과한 것으로 조사되었다(대검찰청, 2024). 따라서, 대부분의 범죄자들은 아동을 대상으로 한 범행 당시 술에 취한 상태는 아니었던 것으로 보이며, 설사 술에 취한 상태였다 하더라도 그것이 범행을 전적으로 야기했다고 보기에는 무리가 있다(Groth et al., 1978).

한편 아동 대상 성범죄자는 성적으로 욕구불만이 있는 사람이며, 성적 흥분을 느낄 수 있는 다른 기회가 없기 때문에 아동을 범행 대상으로 삼는다고 생각하는 사람들도 있다. 그러나 사실 아동 대상 성범죄자들 가운데 결혼을 한 사람의 비율은 상당수에 달한다(강은영, 2003). 즉, 아동을 대상으로 성적 욕구를 충족시키고자 할 때 이들은 어쩔 수 없이 그렇다기보다는 범행 대상으로 아동을 능동적으로 선택하는 것이라고 볼 수 있다(Groth & Birnbaum, 1979). 실제로, 성인을 대상으로 한 성범죄와 비교하여 청소년(13-18세)을 대상으로 한 성범죄의 경우, 범행이 우발적으로 발생한 경우보다는 범죄자가 사전에 범행을 계획한 경우가 두 배 이상 많다는 사실이 이를 입증한다(성인 대상 성범죄: 15.9%, 청소년 대상 성범죄: 36.2%; 전영실 외, 2007).

또한 아동 대상 성범죄자들은 시간이 지날수록 더욱더 폭력적으로 변할 것이라고 생각할 수 있으나, 시간이 지날수록 피해자에게 심각한 신체적인 상해를 입히는 등 더욱 위험해진다는 것은 대부분 사실이 아니다(Groth & Birnbaum, 1979; Hazelwood, Reboussin, & Warren, 1989). 대부분의 사건에서 아동 대상 성범죄자는 속임수를 쓰거나 말로 협박하고, 아니면 피해자를 잡거나 입을 손으로 막는 등 최소한의 힘을 사용한다(김지선·박미랑·윤정숙, 2010; Groth et al., 1978). 다시 말해서 시간이 지날수록 더욱더 폭력적으로 변하는 것은 아동 대상 성범죄자들 가운데 극도로 소수에 불과하다(Hazelwood et al., 1989).

다만 아동 대상 성범죄자들에게서 공통적으로 나타나는 특성은 사회적 무능력, 낮은 자존감, 자기주장 부족 등이다(Baxter, Marshall, Barbaree, Davidson, & Malcolm, 1984). 즉, 많은 아동 대상 성범죄자들은 자존감이 낮고, 대인 관계에 있어 서투르며, 스스로가 무가치하다고 생각하는 등 강간범들과 비슷한 특성을 가지고 있다(Terry, 2006).

그러나 이들은 강간범들처럼 폭력적이거나 충동적으로 행동하는 일이 드물고,

피해자들에게 감정적으로 둔감하지도 않다(West, 1987). 물론, 아동 대상 성범죄자들 가운데에도 폭력적인 사람이 존재하나, 대부분은 수동적이고 의존적인 성격으로 성인들보다 덜 위협적이며 상대적으로 조종하기 쉬운 아동과의 관계에서 보다 편안함을 느낀다(Groth, 1983; West, 1987). 다시 말해서 아동과의 관계보다 동년배들과의 관계를 선호하는 범죄자들이라도, 이전에 있었던 성인과의 관계에서 좌절을 맛보았던 등의 이유로 정상적인 성인들과의 관계를 맺는 것을 주저하고 아동과 성적 관계를 맺으려 한다. 이러한 성적 일탈은 특히 범죄자가 주로 부적절함이나 모욕감, 그리고 외로움 등의 부정적인 감정 상태를 가지고 있을 때 더욱 뚜렷이 나타나는 경향이 있다(McKibben, Proulx, & Lusignan, 1994).

아동 대상 성범죄의 원인

아동 대상 성범죄의 원인에는 앞 장에서 다루었던 성범죄의 원인이 거의 대부분 적용된다고 봐도 무방할 것이다. 따라서, 본 장에서는 특히 아동을 대상으로 한 성범죄의 원인과 관련이 있는 이론에 대해서 추가적으로 다루었다.

1. 애착 이론

애착 이론은 어린 시절에 형성한 애착 관계가 나중에 성인기의 애착 양식에도 영향을 미친다는 가정 하에, 정서적 애착을 제대로 형성하지 못한 사람들은 후에 성공적인 대인 관계나 친밀한 성적 관계를 맺기가 힘들다고 설명한다(Marshall & Barbaree, 1990; Seidman, Marshall, Hudson, & Robertson, 1994). 아동 대상 성범죄자는 일반적으로 대인 관계 기술이 부족하고 자존감이 낮으며, 그렇기 때문에 동년배들과 친밀한 관계를 형성하는데 어려움이 있어 자신보다 현저히 나이가 어린아이들과의 관계에서 성적 친밀성을 찾는 경향이 있다(Marshall, 1989).

Bartholomew(1990)에 따르면, 애착 방식에는 크게 네 가지의 범주(안정, 집착, 두려움, 무시)가 있다. 우선 안정적인 애착 유형을 가진 사람은 자신이나 타인을 긍정적으로 바라보며, 그 결과 친구들이 많다. 집착 유형인 사람은 자존감이 낮고 자신감이 떨어지나, 다른 사람들에 대해서는 긍정적인 태도를 가지며 종종 자신의 문제에 남들의 도움을 필요로 한다. 두려움 유형인 사람은 자아 개념이 거의 없고 타인에 대해서도 거의 생각하지 않아, 자신의 문제에 대해 스스로를 자주 비난하지만 이러한 문제에 대해 다른 사람들에게 이야기하는 것을 두려워한다. 마지막으로 무시 유형의 사람은 긍정적인 자기 개념과 높은 수준의 자신감을 가지지만, 다른 사람들에게 부정적이어서 도움이나 지지를 구하지 않는다. 이 가운데 불안정하고 집착하는 애착 유형을 가진 사람이 아동 대상 성범죄를 저지를 가능성이 가장 높다(Marshall & Marshall, 2002).

2. 심리사회적 이론

심리사회적 이론에 따르면 성범죄는 부적절한 양육이나 사회화의 결과이다. 아동 대상 성범죄와 관련하여 학대의 순환 이론은 어린 시절에 성적으로 학대받은 아이가 후에 성인이 되어서 다른 사람을 성적으로 학대하는 등, 어린 시절의 피해와 성인기의 아동에 대한 성적 선호 사이에 통계적으로 유의미한 관련이 있다고 주장한다(Bagley, Wood, & Young, 1994; Freund & Kuban, 1994). 그러나 많은 성범죄자들이 어린 시절에 성적으로 학대받지 않았으며, 성적으로 학대받은 아이들의 대다수가 후에 성인이 되어서 다른 사람을 학대하지는 않는다(Terry, 2006). 따라서, 어린 시절의 피해는 이후의 범죄 행동에 영향을 미치는 많은 요소들의 하나라고 보는 것이 타당할 것이다.

3. 인지-행동 이론

인지-행동 이론은 성범죄자들이 인지적 왜곡을 통해 자신의 행동을 정당화시키고, 범죄에 대한 책임과 비난을 자신으로부터 피해자들이나 주변 환경으로 돌려 죄책감을 느끼지 않고 성범죄를 계속적으로 저지르는 과정에 대해 설명한다(Ward & Keenan, 1999). 즉, 아동 대상 성범죄자들은 아동을 성적 대상으로 여기고, 아이들이 성인처럼 성적 욕구를 가지고 성적 행위를 바라고 즐긴다고 가정한다(Finkelhor, 1984). 또한 그들은 성적인 행동이 해롭지 않으며, 오히려 아이들에게 성적 행동이 이롭다고 믿는다. 덧붙여, 아이들이 친근한 행동을 했을 때 이것을 성관계를 갖길 원한다는 의미로 해석하기도 한다(Terry, 2006).

4. 통합 이론

아동 대상 성범죄와 관련하여 Finkelhor(1984)는 왜 사람들이 성적 일탈 행위를 시작하는지에 관한 다양한 이론을 통합하여 아동 대상 성범죄의 전제조건이 되는 4요소 모델을 제안했다(〈그림 1〉 참조). 네 가지 중요한 요소에는 성범죄에 대한 동기, 내적 억제 극복, 성범죄에 억제제로 작용할 수 있는 외부적 요소들의 극복, 그리고 성범죄에 대한 아동의 저항 제재가 포함된다.

보다 구체적으로, 첫 번째 전제 조건인 동기는 아동에게 성적인 이끌림을 느끼는 등 성범죄를 저지르고자 하는 욕구를 가리킨다. 다음으로, 범죄자들은 아이를 대상으로 범행을 저지르는 것에 대해서 자기 내면에서 일어나는 도덕적이고 이성적인 내적 억제를 극복해야 하는데, 여기에는 일반적으로 자신의 행동에 대한 정당화가 동반된다. 즉, 가해자는 아이도 성적 행위를 즐긴다거나, 성폭력이 해롭지 않거나 오히려 교육적이라고 말함으로써 범죄를 정당화하려 한다. 이러한 내적인 제재를 극복한 이후에, 가해자는 성범죄를 막는 외부적 요소들을 극복하고 성적 행위가 발생하도록 기회를 만들기 시작하는데, 스포츠 경기에서 아이를 지도하거나 숙제가 있는 아이를 도와주는 것과 같은 신뢰를 형성하는 기회들을 적극적으로 이용한다. 마지막으로, 범죄자는 아동의 저항을 극복해야 하는데, 이를 위해 아이에게 칭찬을 하거나 선물을 주고, 혹은 아이에게 사건에 대해 발설할 경우 아이나 그 부모가 다칠 수도 있다고 협박하는 등의 방법으로 아이를 조종하기도 한다.

Finkelhor(1984)는 아동 대상 성범죄의 전제 조건이 되는 이 네 가지 요소에 더하여, 범죄자들이 아이들에 대한 '정서적 합치'와 동시에 성인들과의 대인 관계에 있어서의 어려움과 정서적 외로움을 경험한다고 설명한다. 이 가운데 '정서적

합치'는 범죄자가 정서적으로 충분히 성숙되지 않아 어른들보다는 아이들과 더 잘 어울리게 되고, 특히 자존감이 낮고 사교적 기술마저 부족하여 자신이 더 많은 힘과 통제를 가할 수 있는 아이들과의 관계에서 편안함을 느끼는 것을 가리킨다. 아동 대상 성범죄자들은 대체로 성인들과의 관계에서 장애나 능력의 부족을 경험하고, 때문에 대인 관계를 이루거나 유지하는 것에 어려움을 겪는다.

그림 1. Finkelhor(1984)의 4요소 모델

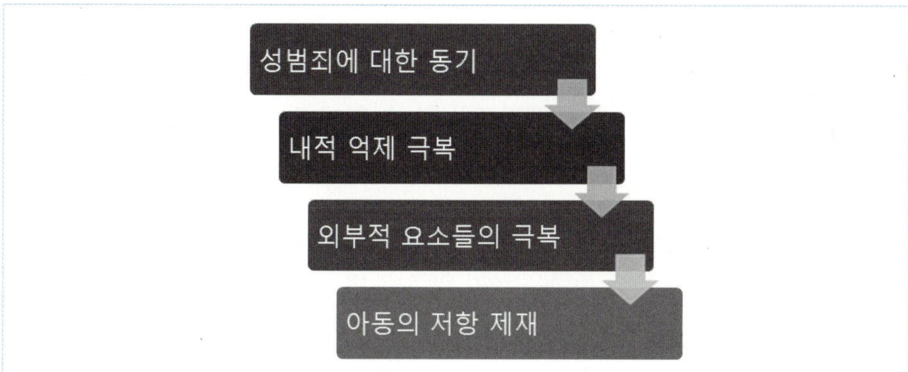

결국, Finkelhor(1984)의 모델은 누가 아동을 대상으로 성범죄를 저지를 위험이 높은 지를 성적 동기나 인지적 정당화, 범죄 기회의 이용, 대인 관계나 정서와 관련된 문제점 등의 복합적 요인의 고려를 통해 종합적으로 보여준다.

아동 대상 성범죄자 유형 분류

아동 대상 성범죄자들에 대한 분류는 범행 동기를 근거로 하여 범죄자 유형을 분류하기 시작한 1970년대부터 활발해졌다(Terry, 2006). 이후 지난 수십 년간 많은 연구자들은 아동 대상 성범죄자 유형에 대한 체계적인 분류 체계를 발전시키기 위해 다각도로 노력해 왔다. 다음에서는 이 가운데 몇 가지에 대해서 살펴보겠다.

1. 폭력형과 압력형(Groth & Burgess, 1977)

1970년대 후반에 Groth & Burgess(1977)는 성범죄에 나타난 폭력의 정도에 근거하여 아동 대상 성범죄자들을 크게 두 가지 유형으로 분류하였다. 첫째는 위협 또는 신체적 힘으로 아이를 제압하는 폭력형이고, 둘째는 폭력 대신 거짓된 관심이나 애정 등의 속임수로 아이에게 신뢰를 얻어 성적 행위에 참여하도록 종용하는 압력형이다.

폭력형의 범죄자는 처음부터 아이를 위협하거나 직접적으로 폭행하고, 종종 흉기까지 사용하는 등 여러 가지 공격적인 방법을 사용하여 피해 아동으로 하여금 공포감과 무력감을 느껴 저항할 생각조차 할 수 없게 만든다. 그럼에도 불구하고 만약 피해자가 저항할 경우, 이들은 서슴지 않고 더 심각한 신체적 폭행을 가하기도 한다(Marshall & Christie, 1981).

그러나 아동은 그 특성상 폭력을 쓰지 않고도 범죄에 끌어들이기가 쉬우며, 폭력이나 강제보다는 회유적인 방법이 오히려 더 효과적인 경우가 많고, 단순히 어른으로서의 지위를 사용해서도 범행을 저지르기에 용이한 측면이 있다(Conte, Wolf, & Smith, 1989). 그 결과, 폭력형의 범죄자와 상반되는 압력형의 범죄자는 범행 이전에 돈이나 사탕 등 선물을 주어 아이의 환심을 사고, 애정 어린 칭찬과 관심을 보이는 등의 방법으로 상당한 시간을 들여 우선 아이와 친밀한 관계를 먼저 형성하여 아이의 신뢰를 얻고 아이가 안심하도록 공을 들인다. 이 가운데 일부는 아이가 성행위에 둔감해지도록 만드는 과정을 거치는데, 주로 정상적인 신체 접촉(쓰다듬거나 간지럼 태우기)에서 점차적으로 성적인 신체 부위를 접촉하는 것으로 이어지기도 한다(Wyre, 1987).

이후 아동의 신뢰를 얻었다고 판단되면, 애초에 범죄자가 목적으로 했던 성적 행위에 아이가 큰 저항이나 거부감 없이 동참하도록 서서히 압박을 가한다. 압력형의 범죄자들은 아동에게 접근하는 데 있어 신체적인 힘이나 협박 등을 사용하지 않으며, 아동의 신뢰를 얻고 친밀한 관계가 되어서야 성범죄를 저지르기 때문에 범행 당시 피해 아동을 제압할 때에도 보이지 않는 완력이나 어른으로서의 지위를 이용하여 아이를 제압하는 등 육체적인 힘을 쓰지 않는 경우가 많다. 이러한 과정에서 범죄자는 아이에게 이를 부모나 주변 사람에게 말하지 않을 것을 종용한다.

2. 고착형과 회귀형(Groth, Hobson, & Gary, 1982)

1980년대에 이르러, 범죄자가 일차적 성적 선호를 아동을 대상으로 하는지, 혹은 동년배인 성인들을 대상으로 하는지에 따른 고착-회귀형 분류 체계가 발전하였다(Groth et al., 1982).

우선, 고착형 범죄자들은 일차적으로 아동에게 성적인 충동을 느끼는 사람들이다. 이들은 사춘기 때부터 아동에 대한 성적 선호를 발달시켜 왔으며, 자신의 나이에 걸맞은 성인과 성숙한 관계를 만들어본 적이 없고 오로지 아이들과만 관계를 맺고 싶어 한다(Finkelhor, 1984). 이들은 수동적이고 소심하며 타인에게 의존적인 특성을 가지는 등 심리적, 정서적인 면에서 아이들을 많이 닮아 있으며(Holmes & Holmes, 2002), 정신적으로나 성적으로 미성숙하고, 자신의 나이에 걸맞은 성적 관계를 맺지 못한다. 이들의 심리적 발달은 어릴 적에 해결되지 못한 갈등으로 인해 아동기나 청소년기에서 그 성장이 멈추었으며, 그 결과 이 유형의 범죄자에게는 온순하고 어른에게 순종적인 아이와의 관계가 가장 편하게 느껴진다(Groth & Birnbaum, 1978).

이들은 정서적으로나 신체적으로 약한 아동을 선물이나 칭찬 등으로 길들여 서서히 관계를 발전시키고, 이러한 관계들은 종종 몇 년이 넘게 지속된다(Conte, 1991). 많은 고착형 범죄자들은 아동과의 성적 관계가 애정이 넘치며, 아이가 이러한 관계로부터 기쁨을 느낀다고 믿는다(Abel & Rouleau, 1995; Marshall & Barbaree, 1990).

대부분의 고착형 아동 성범죄자들은 공식적으로 드러난 것보다 훨씬 더 많은 범행을 저지른다. 또한 범행 전 준비 과정을 통해 종종 범인과 피해자 사이에 친밀한 관계가 형성되는데, 그 결과 피해자들은 범죄 피해를 잘 신고하려 하지 않거나, 시간이 많이 흐른 후에야 신고하는 경향이 있다(Abel & Rouleau, 1990;

Abel, Lawry, Karlstrom, Osborn, & Gillespie, 1994; Elliot, Browne, & Kilcoyne, 1995).

고착형 범죄자들과는 다르게, 회귀형 범죄자들은 동년배의 성인에게 주된 성적 선호를 가지고 있다. 이들의 사회적, 성적 관계는 대부분 정상적이나, 다만 이들은 자신의 남성성에 대해서 종종 열등감을 느낀다. 범행 당시 이들 대부분은 결혼을 한 상태에 있다. 성인기에 이르러 나타나는 이들의 성적 일탈 행동은 실업이나 결혼 생활 문제 등 외부적인 스트레스 요인이나 부정적 감정 상태(외로움, 고립감 등)로 인해 촉진된다. 즉, 이들은 직업적으로, 혹은 성적이나 사회적으로 문제가 발생했을 때, 특히 자신의 성적 정체성에 위협을 느끼거나 자신감에 타격을 입었을 때, 이러한 어려움을 극복하는 대처 기술이 부족하고 그에 대한 보상으로 아동을 대상으로 한 성행위에 집착하는 경향을 보인다. 이들이 아동에 대해 특별한 성적 선호를 가지고 있는 것은 아니나, 다만 자신이 쉽게 접근할 수 있는 아이들을 범행 대상으로 삼는다.

그러나 고착-회귀형 분류 체계는 임상적 관찰에 근거해 아동 대상 성범죄자의 유형을 나눈 것으로, 실증적 연구를 통해 그 타당성이 검증된 바 없고(Howitt, 1995), 실제로 아동 대상 성범죄자들 가운데에는 고착형과 회귀형의 특성을 둘 다 가지고 있는 경우가 상당수 존재한다는 점에서 한계를 가지고 있다(Conte, 1991).

3. 매사추세츠 치료센터 분류법(MTC: CM3; Knight & Prentky, 1990)

성범죄 재범 위험성이 특히 높은 범죄자들을 대상으로 하는 치료 센터인 매사추세츠 성범죄자 치료센터(The Massachusetts Treatment Center for Sexually Dangerous Persons; MTC)에서는 1960년대 이후 꾸준히 성범죄자 유형 분류법을 개발하고 발전시켜 왔다. Knight & Prentky(1990)는 특히 아동에 대한 성적 선호와 접촉의 정도, 그리고 사회적 능력과 의사 결정 기술을 고려하여 Massachusetts Treatment Center: Child Molester Typology, version 3(MTC: CM3)라는 아동 대상 성범죄자 유형 분류법을 발전시켰다.

이 분류법은 두 가지 축에 기반을 두고 있는데, 축 1은 아동에 대한 성적 고착의 정도와 범죄자의 사회적 능력의 정도를 나타낸다. 축 2는 아동이 입은 신체적 부상의 정도와 유형을 포함하여, 범죄자가 아동과 가졌던 개인적, 성적인 접촉의 정도를 나타낸다. 그 결과, 앞서 언급한 고착형 및 회귀형과 더불어(Groth et al., 1982), 추가로 두 가지 유형(착취형과 가학형)까지 총 네 가지 유형으로 나뉜다.

그림 2. Massachusetts Treatment Center 전경

착취형의 아동 대상 성범죄자들은 아이를 단지 성적인 대상으로 지각하여 자신의 성욕을 채우기 위한 도구로 생각하고, 아이의 정서적 혹은 신체적 안녕에는 관심이 없다. 이들은 아이를 제압하는 데 있어 속임수, 폭력과 위협, 기만 등 필요에 따라 어떠한 수단과 방법을 써서라도 아이가 자신의 말을 따르게 만든다.

이에 반해 가학형의 아동 대상 성범죄자들은 반사회적인 성향이 짙고, 공격성의 표출을 통해서 성적 흥분을 얻으려 한다. 이들은 아이를 질식시키거나 도구를 써서 고문하는 등 아이에게 극도로 가혹한 신체적 고통을 주고, 아이가 공포를 느낄수록 더 큰 성적 흥분을 느낀다. 그 결과, 이들의 범행은 성범죄에서 그치는 것이 아니라 결과적으로 살인으로까지 연결되기도 한다.

4. 친화형, 공격형, 기회형(Canter, Hughes, & Kirby, 1998)

이전의 아동 대상 성범죄자 분류 체계가 주로 임상적 관찰이나 범행 동기 등에 바탕을 두었던 것과 달리, 범죄자가 범행 당시 나타낸 행동에 기초해서 범죄자의

유형을 분류하는 경험적 연구가 점차 증가하고 있다. 특히, Canter 외(1998)는 아동 대상 성범죄자들이 범죄를 저지를 당시 사용한 범행 수법의 분류를 통해 아동 대상 성범죄자들을 크게 친화형, 공격형, 기회형의 세 가지 유형으로 분류하였다.

우선 친화형의 범죄자들은 Groth & Burgess(1977)의 분류 체계에서 나타난 압력형의 범죄자들과 마찬가지로, 범죄의 대상으로 삼은 아동에게 서서히 관심과 애정을 주고 신뢰를 구축해 나가는 단계를 거쳐 아이의 두려움을 조금씩 감소시키고 친밀한 관계를 만들어 나간다. 아이에게 선물을 주고 놀이공원에 데려가는 등 지속적인 길들이기 과정을 거치면서, 이들은 겉보기에 아이를 사랑하는 것처럼, 혹은 아이에게 관심을 갖거나 아이를 걱정해 주는 것처럼 행동한다(Lang & Frenzel, 1988). 이들은 범행 당시에도 아동을 대상으로 폭력을 사용하기보다는 주로 칭찬을 하거나 (거짓된) 애정과 관심을 보여주고, 먹을 것을 주거나 선물을 사주는 등 환심을 사는 방법으로 접근하며, 성적 행위 자체도 키스나 애무 등의 행동을 포함한다.

반면 공격형의 범죄자들은 피해 아동을 자신의 폭력성을 분출하는 대상으로 생각하며(Lanning, 1992), 아동을 통제하는 데 필요한 힘보다 훨씬 더 과도한 폭력을 사용한다. 이들이 범죄 현장에서 보이는 행동들은 범행 시작 단계에서부터의 폭력, 범죄 도중이나 범행 후 아동에게 가하는 언어적 학대나 협박, 무차별적 구타, 흉기의 사용이나 이에 대한 위협 등을 포함한다.

한편 기회형의 범죄자들은 대체적으로 청소년 시절부터 반사회적 생활양식을 보이며 일탈 행위나 범법 행위를 계속적으로 저질러 온 사람들로, 특별히 아동에게 성적인 충동을 느끼기 때문에 아동 대상 성범죄를 저지르는 것은 아니다. 그보다는 시간적으로나 상황적으로 범죄를 저질러도 잡히지 않을 것이라는 판단이 드는 성범죄 기회가 발생했을 때, 상대가 아동일 경우 주로 아이들이 자신들보다 약하고, 또한 범죄를 저지른 후 잡히지 않을 확률이 높다고 생각하기 때문에, 상대가 아동이라는 것이 이들의 범행에 큰 영향을 미치지 않거나 오히려 범행을 용이하게 만드는 요인으로 작용한다(Lanning, 1992). 이들의 범죄 행위는 주로 낮선 사람을 대상으로 하며, 감정적인 부분이 거의 없다.

국내 아동 대상 성범죄 사례 – 부산 사상구 강간살인 사건(2010)

범죄자 배경 정보

김○○는 당시 34세의 남성으로, 출생 시 교회 앞에 버려졌으나 종손인 양아버지가 아들이 없어 김○○를 데려와 키우면서 10살 이상 차이나는 누나 두 명과 함께 양부모 슬하에서 자라났다. 중학교 시절, 입양 사실에 대해서 알게 된 것으로 보이고, 청소년 때 이미 일탈행위를 시작하여 고등학교를 중퇴하였다. 이후 술집이나 이삿짐센터 등에서 잠시 일한 적도 있으나 범행 당시에는 일정한 직업이 없었다.

전과

1996년 9월 폭력혐의로 기소되어 징역 10월에 집행유예 2년을 선고받았다. 유예 기간 중이었던 이듬해인 1997년 7월 오전 9시경에 부산 사상구 소재 자신의 동네에서, 길을 가던 9세 여아를 발견하고 인근 골목길에 있는 남의 집 옥상으로 끌고 갔다. 그리고는 아이에게 있던 돈 3천 원을 빼앗아 강취하고, 그 자리에서 아이를 주먹으로 때릴 듯이 위협한 후 강간하려다 부모에게 발각되어 강도강간미수죄로 징역 3년을 선고받고 복역했다.

이후 출소한 지 한 달 만인 2001년 5월 새벽 5시경, 부산 사상구 한 주택가 골목에서 새벽기도를 하기 위해 교회로 가던 여성(32세, 주부)을 발견하고, 강간할 목적으로 소지하고 있던 과도를 피해자의 목에 들이대며 위협한 다음 인근 자신의 친구 집으로 끌고 갔다. 그리고는 친구 집 방 안에서 과도를 들이대며 피해자의 반항을 억압한 후 강간하고, 이후 근처 자신의 2층 옥탑방으로 끌고 가서 수회에 걸쳐 과도로 위협하고 도망가지 못하도록 밖에서 방문을 자물쇠로 잠그는 등 피해자가 탈출할 때까지 약 9일 동안 피해자를 약취, 감금하고 성폭행하여 징역 8년을 선고받아 복역했다.

이후 이번에는 출소한 지 7개월 만인 2010년 1월 새벽 5시경에, 22세 여성의 눈 부위를 가격하고 근처 옥상으로 끌고 가 성폭행 후, 자신의 옥탑방으로 끌고 가 12시간 이상 감금하였다.

범행 특성

2010년 1월 사건으로 강간치상으로 수배 중이었던 2010년 2월 24일, 부산 사상구 소재의 한 다세대주택에서 오후 10시경 이○○양(13세)이 실종되었다. 당시 안방에는 이○○양의 휴대폰과 안경이 그대로 남아있었고, 집 안 다락방과 화장실 바닥에서 운동화 발자국 네 개가 발견되었다.

실종 11일째인 3월 6일 오후 9시경에, 이○○양의 집에서 불과 100m 정도 떨어진 한 주택 지붕 위에 설치된 보일러용 물탱크 안에서 이○○양의 시신이 발견되었다. 발견 당시 시신은 알몸 상태였고, 손과 발이 노끈으로 결박되어 검은색 비닐봉지에 싸여 있었다. 시신 위에는 횟가루가 뿌려져 있었고, 그 위에 벽돌과 대리석 등이 쌓여 있었으며, 그 위에는 피해자 이○○양의 옷가지와 신발이 있는 검은 비닐봉지가 있었다. 또한 물탱크 뚜껑 위는 벽돌로 눌러 놓은 상태였다.

마침내 사건 발생 15일 만인 3월 10일, 용의자 김○○가 검거되었다. 부검 결과 사인은 질식사로 판명되었고, 성폭행 흔적이 발견되었다. 시신에서 채취한 DNA가 용의자인 김○○와 동일한 것으로 확인되었다.

범행 분석

김○○는 Groth & Burgess(1977)의 분류법에 따르면 위협 또는 신체적 힘으로 피해자를 제압하는 폭력형의 범죄자에 해당한다고 볼 수 있다. 비록 피해자의 사망으로 2010년 살인 사건에서의 김○○의 범행 수법을 자세히 알 수는 없으나, 1997년 9세 여아를 잡아끌고 가 주먹으로 때릴 듯이 위협하거나, 2001년 과도를 피해자의 목에 들이대며 위협한 다음 납치하여 성폭행하는 등 처음부터 피해자를 위협하거나 직접적으로 폭행하고, 때로는 흉기를 사용하는 등 여러 가지 공격적인 방법을 사용하였다. 2010년 사건에서도 안방에 이○○양의 휴대전화와 안경이 그대로 남아있고, 다락방과 화장실 바닥에서 운동화 발자국이 발견된 것을 볼 때 김○○가 남의 집에 무단으로 침입하여 위협과 폭력을 사용하여 무방비 상태였던 이○○양을 납치했을 것으로 추정해 볼 수 있다.

한편 김○○가 일차적 성적 선호를 아동을 대상으로 하는지, 혹은 동년배인 성인들을 대상으로 하는지는 알 수 없다. 그러나 여러 번에 걸친 성범죄 전과에서 아동과 성인 여성을 모두 공격했다는 점에서, 김○○가 아동에 대해 특별한 성적 선호를 가지고 있는 것은 아니나, 다만 자신이 쉽게 접근할 수 있는 사람을 범행 대상으로 삼았고, 이 가운데 아동(9세 여아와 13세 여중생)이 포함되었다고 볼 수 있다.

마지막으로 Canter 외(1998)의 분류 체계에 비추어 보았을 때, 김○○는 기회형에 해당하는 것으로 보인다. 김○○ 역시 청소년 시절부터 반사회적 생활양식을 보이며 일탈 행위나 범법 행위를 계속적으로 저질러왔다. 또한, 특별히 아동에게 성적인 충동을 느끼거나 아동을 성적 대상으로 선호하기 때문에 아동 대상 성범죄를 저질렀다기보다는, 1997년 사건이나 2010년 사건 모두 아동이 혼자 있는 상황에서 범죄를 저질러도 잡히지 않을 것이라는 판단이 드는 성범죄 기회가 발생했을 때 범행을 저지른 것으로 보인다. 두 사건 모두 낯선 사람을 대상으로 하여 기회주의적이며, 감정적인 부분이 거의 없고, 동일 대상에게 다시 이러한 범죄를 저지를 확률은 아주 낮다는 점에서 기회형에 해당한다고 볼 수 있다.

아동·청소년 대상 성범죄 피해자의 특성

성범죄는 신고율이 비교적 낮으며(김은경·최수형·박정선, 2009), 특히 친족 간의 성폭력과 같이 범죄자와 피해자 간의 관계가 특수한 경우에는 사건이 경찰에 신고 되거나 외부에 알려지는 비율이 매우 낮은 것으로 보고되고 있다(강은영, 2009; Groth & Birnbaum, 1979). 따라서, 아동 대상 성범죄자가 피해자와 적어도 어느 정도의 안면이 있는 관계이거나 아동의 직계 가족의 일원인 경우의 비율이 과소평가되어서는 안 된다(Groth & Birnbaum, 1979). 즉, 아동을 대상으로 한 성범죄 가운데 특히 가해자가 피해자의 가족이거나 서로 잘 아는 경우의 사건들은 공식 통계에서 그 수치나 비율이 제대로 반영되어 있지 않은 경우가 많다.

실제로, 성범죄 피해 아동 가운데 상당수가 피해를 입은 후 꽤 오랜 시간이 지나서야 사건을 신고하고, 또 일부는 사건에 대해서 전혀 주변에 알리거나 신고하지 않는다(Elliot & Briere, 1994; Kellogg & Huston, 1995). 예를 들어 성범죄 피해를 입은 즉시 그 사건에 대해 주변에 알린 아동은 약 36-41%에 불과했다(Arata, 1998; Lamb & Edgar-Smith, 1994). 특히 친족으로부터 성범죄 피해를 입은 경우, Roesler & Weissmann-Wind(1994)는 18세 이전에 이를 신고하는 피해자는 3분의 1에 불과했으며, 이에 대해 주변에 알리거나 경찰에 신고할 당시의 피해자 평균 연령은 25.9세였다고 밝혔다. 다시 말해서, 피해자들 가운데 상당수가 신고에 이르기까지 약 10년 이상의 시간이 걸린다(Smith, Letourneau, & Saunders, 2000).

Summit(1983)은 피해 아동이 범죄 피해 공개와 신고를 주저하는 원인에 대해 설명했다. 첫 번째로, 가해자가 비밀 유지를 강요하는 경우, 아이들은 일반적으로 어른에게 순종적이고 상대적으로 힘이 약하기 때문에 이를 따르게 된다. 또한 아동이 성범죄 피해에 대해서 스스로 책임감을 느끼는 경우, 죄책감과 수치심 때문에 사건을 주변에 알리지 않는다. 또한 주변에 알리거나 신고했다고 하더라도, 부모 등 아동이 신뢰하는 사람들이 범죄 피해에 대해 불신하고 의문을 제기할 경우 신고를 철회하기도 한다(Sorenson & Snow, 1991).

어린 시절의 성범죄 피해를 주변이나 경찰에 알릴 것인지의 여부는 여러 가지 변수에 의해 복합적으로 결정된다(Terry, 2006). 우선 피해자의 성별이 성범죄 피해 신고 여부에 영향을 미치는데, 일반적으로 여성 피해자가 남성 피해자보다 사건을 주변에 알리거나 신고할 가능성이 높다(Gries, Goh, & Cavanaugh, 1996). 또한 성범죄 피해에 대해서 공개했을 때 그 후에 벌어질 일들에 대해 이해하고 예상할 수 있는, 좀 더 나이가 많은 아이들이 어린아이들보다 신고할 가능성이 낮다(Campis, Hebden-Curtis, & DeMaso, 1993; Keary & Fitzpatrick, 1994).

또한 가해자와 피해 아동이 서로 잘 아는 사이일 경우(가해자가 양부이거나 친척 관계), 피해자는 신고를 잘하지 않거나 신고를 미루는 경향이 있다(Hanson, Resnick, Saunders, Kilpatrick, & Best, 1999). 더군다나 만약 가해자가 주변에 늘 존재하거나, 범죄에 대한 폭로가 더 심각한 범죄 피해를 야기할 수 있다면, 자신의 안전과 보복이 두려운 피해자는 피해를 신고하지 않는 경향이 있다(Roesler & Weissmann-Wind, 1994; Sorenson & Snow, 1991).

또 한 가지 중요한 요소는 피해 아동이 범죄 피해에 대해 이야기했을 때 상대방이 이를 얼마나 신뢰할지의 여부이다(Lamb & Edgar-Smith, 1994). 피해 아동의 일부는 범죄 피해에 대해 부모에게 이야기했더라도, 부모의 압력 때문에 후에 이를 부정하기도 한다(Bradley & Wood, 1996).

아동 대상 성범죄 피해자의 증상

아동 대상 성범죄는 해당 피해 아동으로 하여금 평생 동안 지속될지도 모를 고통과 상처를 준다(Finkelhor & Dziuba-Leatherman, 1994). 특히 13세 미만의 아동 피해자들의 경우, 사건 발생 당시 대부분이 가해자를 상대로 저항하기가 힘들뿐더러, 저항한다고 하더라도 다소의 언어적 저항에 그치는 것으로 나타나(전영실 외, 2007), 범행 당시 아동 피해자들이 처한 막대한 위험에 대해 엿볼 수 있다.

범죄의 유형과 관계없이 전반적으로, 범죄 피해를 입은 청소년들의 경우 그런 적이 없는 청소년들보다 높은 불안과 우울, 적대감을 호소하는 등 전반적인 생활 만족도가 훨씬 떨어지는 것으로 드러났다(홍영오, 2008). 특히 성범죄 피해 아동들은 사건 이후 우울증에 시달리거나 높은 공격성을 보이고, 살면서 일어나는 부정적인 사건들에 스스로를 더욱 자책하는 경향이 있으며, 학업 능력이 떨어지고 인지 기능에 장애를 보이는 등 다양한 증상을 나타내는 것으로 보고된 바 있으며(Diehl & Prout, 2002; Einbender & Friedrich, 1989), 때때로 사건의 반복적 회상(플래시백)이나 자아로부터의 이탈, 감정의 둔화 등 외상 후 스트레스 장애

(PTSD)의 증상들을 보이기도 한다(Finkelhor, 1990).

피해 아동들이 공통적으로 겪는 심리적 문제들과 이상 행동에는 죄책감, 수치심, 불안, 공포와 같은 정서적인 문제들과 성병이나 신체적 외상과 같은 신체적 반응이 포함된다(National Institute of Justice, 1992). 또한 낮은 자존감과 높은 자책감을 보이고, 대인 관계에서 불신감을 나타내기도 하는데(Finkelhor, 1990), 이것은 장기적으로 우울증과 파괴적인 행동, 그리고 자살 충동을 야기할 수 있다. 또한 학교에서 학업에 집중하지 못하고, 반사회적 행위나 일탈 행동을 저지르기도 한다(Terry, 2006).

특히 어린 나이에 범죄 피해를 당한 경우 해리 장애가 나타날 수 있다. 의식, 기억, 정체성에 분열을 겪는 해리 장애는 피해자들이 정신적 외상을 초래한 사건을 자신으로부터 분리시키고, 자신의 기억에서 그 사건을 제거하도록 한다(Lundberg–Love, 1999).

그러나 한편으로, 성범죄 피해 아동 가운데에는 외적으로 전혀 아무런 증상을 나타내지 않는 경우도 일부 존재한다(Kendall–Tackett, Williams, & Finkelhor, 1993). 이렇게 피해 아동마다 증상의 종류와 심각성은 각각 다르게 나타나는데, 여기에는 아동의 성별이나 피해 당시 아동의 나이, 가해자–피해자 관계 등이 영향을 미치는 것으로 알려져 있다(Kendall–Tackett et al., 1993).

예를 들어, 가족이나 친척에 의해서 행해진 성범죄는 아동으로 하여금 가해자와의 접촉이나 관계를 끊기가 어렵다는 점에서 낯선 사람한테 피해를 입은 것보다 그 상처가 더욱 깊을 수 있다(West, 1987). 또한 상대적으로 나이 어린 아동일수록 더욱 심각한 증상을 보인다는 결과도 보고된 바 있다(Kendall–Tackett et al., 1993).

성범죄 피해 아동 진술의 신빙성

성범죄 피해 아동의 진술은 법정 절차에서 매우 중요한 역할을 하는데, 특히 진술의 신뢰성이 매우 큰 관심 사안이 된다(Quas, Thompson, & Clarke–

Stewart, 2005). 아동 기억의 정확성과 진술의 신뢰성에 영향을 주는 변인들에 대해 심리학자들은 다음과 같은 다양한 경험적 연구를 수행해 왔다(Bruck, Ceci & Hembrooke, 2002; Quas, Goodman, Ghetti & Redich, 2000). 예를 들어 아동은 중요한 경험에 대해서 정확하게 설명할 수 있는 능력이 있으며(Fivush, Hudson & Nelson, 1984; Saywitz, Goodman, Nicholas & Moan, 1991), 실제로 성범죄 피해를 입었다 하더라도 나중에 이에 대한 주장을 철회하기도 한다(Gordon & Jaudes, 1996)는 등의 연구 결과가 보고되어 왔다. 이를 보다 자세히 살펴보면 다음과 같다.

그림 3. 성범죄 피해 아동의 법정 진술

1. 아동의 기억력

일반적으로 아동은 법정에서 신뢰로운 증인으로 증언할 수 있을 정도로 충분히 사건들을 잘 기억할 수 있다(Quas et al., 2005). 비록 아동의 기억이 때때로 불완전하더라도, 심지어 3-4세 정도로 아주 어린 아동도 과거의 사건에 대해서 이야기할 수 있다(Fivush & Schwarzmueller, 1998; Peterson, 1999). 그리고 아동의 경험에 대한 서술적인 진술에서 제공되는 정보의 양과 정확성은 연령에 걸쳐서 꾸준히 증가한다(Kail, 1990; Ornstein & Haden, 2002).

또한 아동은 단 한 번 일어난 사건도 반복적으로 발생한 사건들과 마찬가지로 기억할 수 있다(Goodman, Quas, Batterman-Faunce, Riddlesberger, & Kuhn,

1997). 즉, 성범죄 피해가 단 한 번 발생했다 하더라도, 당시의 상황이 충격적이었거나 크게 인상적이었을 경우, 아동이 이를 기억하는 데에는 큰 무리가 없다(Lucariello & Nelson, 1985).

2. 법정에서의 아동의 진술

주의할 것은 아동은 때때로 성범죄 피해를 당하지 않았을 경우에도 당한 것으로 보고하도록 어른들에 의해서 유도될 수 있다는 점이다(Ceci & Bruck, 1995; Garven, Wood, Malpass, & Shaw, 1998). 즉, 아동은 자신에게 직접적으로 일어나지 않은 일이라도 들은 이야기를 내면화하고, 이러한 사건이 실제로 일어났다고 믿게 될 수 있다(Ceci, Huffman, Smith, & Loftus, 1994). 이는 아동이 성인보다 유도질문에 더욱 많은 영향을 받기 때문인데, 일반적으로 피암시성은 연령에 따라서 감소한다(Ceci & Bruck, 1993). 즉, 연령이 낮은 아동은 상대적으로 더욱 암시에 취약하며, 그로 인하여 유도질문에 더욱 큰 영향을 받아 성범죄 피해에 대해 거짓으로 진술하는 경우가 나타날 수 있다(Thompson, Clarke-Stewart, & Lepore, 1997).

아동은 질문하는 사람이 엄격한 태도를 취할 때보다는 지지적인 태도를 보일 때 더 정확하게 답변하는 경향이 있다(Carter, Bottoms, & Levine, 1996; Davis & Bottoms, 2002). 또한 특정 질문을 아동에게 반복적으로 묻는 것은 성범죄 피해를 입지 않은 아동에게서 피해가 있었다는 거짓된 보고를 유도할 수 있는 반면(Leichtman & Ceci, 1994), 개방형 질문을 아동들에게 반복적으로 물어보는 것은 아동에게서 거짓된 보고를 이끌어낼 가능성이 상대적으로 적다(Brown & Pipe, 2003; Quas & Schaaf, 2002). 이를 종합해 볼 때, 아동에게 특정한 대답을 유도하는 강압적인 인터뷰 전략은 아동의 진술에 있어서 극단적인 오류를 초래할 수 있다(Quas et al., 2005).

그림 4. 아동에 대한 지지적인 태도

3. 성범죄 피해 아동의 증상

일반적으로, 성범죄 피해를 당한 모든 아동에게서 공통적으로 나타나는 단일 행동이나 증상, 의학적 진단은 없다(Quas et al., 2005). 성적으로 부적절한 행동이 나타나는 경우는 매우 드물고, 일부 아동들은 외적인 증상을 전혀 보이지 않기도 한다(Conte & Shuerman, 1987).

또한 성범죄 피해에 대한 물리적 증거가 존재하는 경우는 드물고(DeJong & Rose, 1991), 아동이 성범죄 피해를 당했는지 여부를 신체검사를 통해 단정적으로 알 수는 없다(Herbert, 1987; Mian, Wehrspann, Kaljner-Diamond, LeBaron, Winder, 1986).

4. 성범죄 피해 사실의 공개

성범죄 피해와 관련하여 법정 절차에서 가장 큰 관심의 대상이 되는 사안은 아동 진술의 신뢰성, 즉 일관성일 것이다. 그러나 중요한 것은 아동이 특정 사안에 대해서 진실로 보고할 경우에도 때로는 비일관성을 내포할 수 있으며, 따라서 시간이 지남에 따라서 피해 사실에 대한 설명이 상세해지는 등 아동의 진술에 비일관성이 존재하더라도 그것이 곧 범죄 피해에 대한 주장이 거짓이라는 것을 나타내지는 않는다(Fivush & Schwarzmueller, 1995). 또한 사건에 대한 아동의 설명은 신문 절차나 방식에 따라서도 급격하게 달라질 수 있다(Ceci, Loftus, Leichman & Bruck, 1994; Poole & Lindsay, 1995).

또한 때때로 피해 아동은 성범죄 피해를 주변에 알렸다가 이후 자신의 주장을 부인하고 철회하는데, 이것이 아동이 처음부터 거짓말을 하고 있었다는 것을 의미하지는 않는다(Quas et al., 2005). 때때로 아동은 명백한 의학적 증거가 존재할 경우에도 성범죄 피해 사실에 대해 부인하는데, 특히 부모와 같이 신뢰로운 어른에 의해 질문을 받았을 경우에도 종종 그 사실을 부인하기도 한다(Hershkowitz, Orbach, Lamb, Sternberg, & Horowitz, 2006).

5. 배심원들의 지식과 교육

배심원들이 이와 같이 아동의 기억과 증언 능력, 성범죄 피해 사실의 공개, 성범죄 피해 아동의 증상 등에 대해서 정확하고 충분한 지식을 가지고 있는지에 대한 의문이 제기된다(Quas et al., 2005). 사실, 아동이 거짓으로 성범죄 피해를 입었다고 주장하는 경우는 10% 이하인 것으로 나타났다(Everson & Boat, 1989; Jones & McGraw, 1987). 그러나 배심원들은 아동의 성범죄 피해 진술에 대해 상당수의 주장이 거짓이라고 믿는 경향이 나타났고(Morison & Green, 1992), 아동의 기억력에 관한 여타 연구에서도 응답자들은 거짓 보고를 하는 아동의 수를 과대평가했다(Poole & Lindsay, 1995; Saywitz et al., 1991).

이와 더불어, 아동의 재판에서의 증언을 허용하는 최소 연령에 대한 질문에서, 참여자들 응답의 평균 연령은 9.5세로, 대부분의 배심원들은 어린 아동의 증언에 대해서 회의적이었다(Quas et al., 2005).

일반적으로 배심원들의 교육 수준이 높을수록 아동의 이러한 기억과 증언 능력에 대해 비교적 정확한 지식을 가지고 있다(Morison & Green, 1992; Quas et al., 2005). 한편 배심원의 연령이 증가할수록 아동의 진술에 대해서 더 큰 회의적 태도를 갖고 있으며, 이는 가해자에 대한 유죄 판단을 내리기를 꺼려하는 것과 관련이 있다는 것이 드러났다(Goodman et al., 1998). 또한 일반적으로 여성이 남성보다 비교적 정확한 지식을 가지고 있는 반면, 남성은 아동의 성범죄 피해 진술에 대해서 여성보다 더욱 회의적인 태도를 보였으며, 아동을 신뢰롭지 못하다고 평가하는 경향이 있다(Morison & Green, 1992; Quas et al., 2005).

따라서, 아동의 성범죄 피해 진술에 대해 부당한 회의적 태도, 혹은 무조건적 신뢰를 지양하고 사건과 가해자에 대한 올바른 판단을 내리기 위해서, 배심원을 대상으로 한 아동의 기억과 증언 능력, 성범죄 피해 사실의 공개, 성범죄 피해 아동의 증상 등에 대한 교육의 필요성이 절대적으로 제기된다(Ceci & Friedman, 2000; Quas et al., 2005).

주요 용어

KEY TERMS

아동 대상 성범죄	학대의 순환	정서적 합치
폭력형	압력형	고착형
회귀형	착취형	가학형
친화형	공격형	기회형
친족 성폭력	외상 후 스트레스 장애(PTSD)	
진술 신빙성	피암시성	지연 보고

Summaries

- 아동 대상 성범죄자들은 정신 이상과 심리·정서적인 문제로 인해 아동에 대해 성적 욕구를 느끼는, 일반인들과 구별되는 사람들이라는 편견과는 달리, 대부분의 사람들과 특별히 다르지 않은 평범한 사람들이라고 보는 것이 더 적절하다.
- 아동 대상 성범죄자는 성적으로 욕구불만이 있는 사람이며, 성적 흥분을 느낄 수 있는 다른 기회가 없기 때문에 아동을 피해자로 삼는다고 생각하는 사람들도 있으나, 이들은 범행 대상으로 아동을 능동적으로 선택하는 경향이 있다.

- 많은 아동 대상 성범죄자들은 자존감이 낮고, 대인 관계에 있어 서투르며, 스스로가 무가치하다고 생각하는 경향이 있다.
- 아동 대상 성범죄자들 대부분은 수동적이고 의존적인 성격으로 성인들보다 덜 위협적이며 조종하기 쉬운 아동과의 관계에서 보다 편안함을 느낀다.
- Finkelhor(1984)의 모델은 누가 아동을 대상으로 성범죄를 저지를 위험이 높은 지를 성적 동기나 인지적 합리화, 범죄 기회의 창출과 이용, 대인 관계나 정서와 관련된 문제점 등의 복합적 요인의 고려를 통해 종합적으로 보여준다.
- 아동은 그 특성상 폭력을 쓰지 않고도 범죄에 끌어들이기가 쉬우며, 폭력이나 강제보다는 회유적인 방법이 오히려 더 효과적인 경우가 많고, 단순히 어른으로서의 지위를 사용해서도 쉽게 범행에 노출되기에 용이한 측면이 있다.
- 아동 대상 성범죄 발생 시 가해자가 피해자의 가족이거나 서로 잘 아는 경우의 사건들은 공식 통계에서 그 수치나 비율이 제대로 반영되어 있지 않은 경우가 많으므로 주의를 요한다.
- 성범죄 피해 아동 가운데 상당수가 피해를 입은 후 꽤 오랜 시간이 지나서야 사건을 신고하고, 또 일부는 사건에 대해서 전혀 주변에 알리거나 신고하지 않는다.
- 가해자와 피해 아동이 서로 잘 아는 사이일 경우, 피해자는 신고를 잘하지 않거나 신고를 미루는 경향이 있다.
- 성범죄 피해 아동들은 사건 이후 우울증에 시달리거나 높은 공격성을 보이고, 살면서 일어나는 부정적인 사건들에 스스로를 더욱 자책하는 경향이 있으며, 학업 능력이 떨어지고 인지 기능에 장애를 보이는 등 다양한 증상을 나타낸다.
- 피해 아동마다 증상의 종류와 심각성은 각각 다르게 나타나는데, 여기에는 아동의 성별이나 피해 당시 아동의 나이, 가해자–피해자 관계 등이 영향을 미친다.
- 성범죄 피해가 단 한 번 발생했다 하더라도, 특히 당시의 상황이 충격적이

었거나 크게 인상적이었을 경우, 아동이 이를 기억하는 데에는 큰 무리가 없다.

- 개방형 질문을 아동들에게 반복적으로 물어보는 것은 아동에게서 거짓된 보고를 이끌어낼 가능성이 상대적으로 적다.
- 일반적으로, 성범죄 피해를 당한 모든 아동에게서 공통적으로 나타나는 단일 행동이나 증상, 의학적 진단은 없다.
- 사건에 대한 아동의 설명이 신문 절차나 방식에 따라 급격하게 달라질 수 있기 때문에, 피해 아동의 진술에 비일관성이 존재하더라도 그것이 곧 범죄 피해에 대한 주장이 거짓이라는 것을 나타내지는 않는다.
- 배심원들은 거짓 보고를 하는 아동의 수를 과대평가하는 등 어린 아동의 증언에 대해서 회의적이다.
- 배심원의 연령이 증가할수록 아동의 진술에 대해서 더 큰 회의적 태도를 갖고 있으며, 이는 가해자에 대한 유죄 판단을 내리기를 꺼려하는 것과 관련이 있다.

참고문헌 References

강은영 (2003). *아동성폭력 가해자에 관한 연구.* 서울: 한국형사정책연구원.

강은영 (2009). *친족성폭력 피해 아동·청소년 보호지원체계 점검.* 서울: 보건복지가족부.

김은경·최수형·박정선 (2009). *2008년 한국의 범죄피해에 관한 조사연구.* 서울: 한국형사정책연구원.

김지선·박미랑·윤정숙 (2010). *아동청소년대상 성범죄의 발생추세와 동향분석 연구 (2000– 2009).* 서울: 여성가족부.

김지선·박지선·최수형 (2009). *2009년 제1차 청소년 대상 성범죄자 유형분류와 프로파일링.* 서울: 보건복지부.

대검찰청 (2024). *2024 범죄분석.* 서울: 대검찰청.

전영실·강은영·박형민·김혜정·황태정·정유희 (2007). *성폭력범죄의 유형과 재범 억제방안.* 서울: 한국형사정책연구원

홍영오 (2008). *2008년 청소년대상 범죄피해 조사연구.* 서울: 한국형사정책연구원.

Abel, G. G., Lawry, S. S., Karlstrom, E., Osborn, C. A., & Gillespie, C. E. (1994). Screening tests for pedophilia. *Criminal Justice and Behavior, 21,* 115-131.

Abel, G. G. & Rouleau, J. L. (1995). Sexual abuses. *Clinical Sexuality, 18,* 139-153.

Arata, C. M. (1998). To tell or not to tell : Current functioning of child sexual abuse survivors who disclosed their victimization. *Child Maltreatment: Journal of the American Professional Society on the abuse of Children, 3,* 63-71.

Bagley, C., Wood, M., & Young, L. (1994). Victim to abuser: Mental health and behavioral sequels of child sexual abuse in a community survey of young adult males. *Child Abuse and Neglect, 18,* 683-697.

Bartholomew, K. (1990). Avoidance of intimacy: An attachment perspective. *Journal of Social and Personal Relationship, 7,* 147-178.

Baxter, D, J., Marshall, W. L., Barbaree, H. E., Davidson, P. R., & Malcolm, P. B. (1984). Deviant sexual behavior: Differentiating sex offenders by criminal and personal history, psychometric measures, and sexual response. *Criminal Justice and Behavior, 11*, 477-501.

Bradley, A. R. & Wood, J. M. (1996). How do children tell? The disclosure process in child sexual abuse. *Child Abuse and Neglect, 20,* 881-891.

Brown, D. & Pipe, M. E. (2003). Variations on a technique: Enhancing children's recall using narrative elaboration training. *Applied Cognitive Psychology, 17,* 377-399.

Bruck, M., Ceci, S. J., & Hembrooke, H. (2002). The nature of children's true and false narratives. *Development Review, 22*, 520–554.

Campis, L. B., Hebden-Curtis, J., & DeMaso, D. R. (1993). Developmental differences in detection and disclosed and disclosure of sexual abuse. *Journal of the American Academy of Child and Adolescent Psychiatry, 32*, 920–924.

Canter, D. V., Hughes, D., & Kirby, S. (1998). Paedophilia: pathology, crimininality, or both? The development of a multivariate model of offence behavior in child sexual abuse. *The Journal of Forensic Psychiatry, 9*, 532–555.

Carter, C., Bottoms, B., & Levine, M. (1996). Linguistic and socioemotional influence on the accuracy of children's reports. *Law and Human Behavior, 20*, 335–358.

Ceci, S. J. & Bruck, M. (1993). Suggestibility of the child witness: A historical review and synthesis. *Psychological Bulletin, 113*, 403–439.

Ceci, S. J. & Bruck, M. (1995). *Jeopardy in the courtroom: A scientific analysis of children's testimony.* Washington, DC: American Psychological Association.

Ceci, S. J., & Friedman, R. D. (2000). The suggestibility of children: Scientific research and legal implications. *Cornell Law Review, 86*, 33–108.

Ceci, S. J., Huffman, M. L., Smith, E., & Loftus, E. F. (1994). Repeatedly thinking about a non-event: Source misattributions among preschoolers. *Consciousness & Cognition: An International Journal of Clinical & Experimental Hypnosis, 42*, 304–320.

Ceci, S. J., Loftus, E. L., Leichman, M. D., & Bruck, M. (1994). The possible role of source mis-attributions in the creation of false beliefs among preschoolers. *International Journal of Clinical & Experimental Hypnosis, 42*, 304–320.

Conte, J. R. (1991). The nature of sexual offences against Children. In C. R. Hollin & K. Howells (Eds.), *Clinical Approaches to Sex Offenders and Their Victims.* West Sussex: Wiley.

Conte, J. R. & Shuerman, J. R. (1987). The effects of sexual abuse on children: A multidimensional view. *Journal of Interpersonal Violence, 2,* 380-390.

Conte, J. R., Wolf, S., & Smith, T. (1989). What sexual offenders tell us about prevention strategies. *Child Abuse and Neglect, 13,* 293-301.

Davis, S. L. & Bottoms, B. L. (2002). Effects of social support on children's eyewitness reports: A test of the underlying mechanism. *Law and Human Behavior, 26,* 185-215.

DeJong, A. R. & Rose, M. (1991). Legal proof of child sexual abuse evaluations of older children: Disclosures and symptomatology. *Behavioral Sciences & the Law, 12,* 261-277.

Diehl, A. S. & Prout, M. F. (2002). Effects of posttraumatic stress disorder and child sexual abuse on self-efficacy development. *American Journal of Orthopsychiatry, 72,* 262-265.

Einbender, A. J. & Friedrich, W. N. (1989). Psychological functional and behavior of sexually abused girls. *Journal of Consulting & Clinical Psychology, 57,* 155-157.

Elliott, D. M. & Briere, J. (1994). Forensic sexual abuse evaluations of older children: Disclosures and symptomatology. *Behavioral Sciences and the Law, 12,* 261-277.

Elliot, M., Browne, K., & Kilcoyne, J. (1995). Child sexual abuse prevention: What offenders tell us. *Child Abuse and Neglect. 19,* 579-594.

Everson, M. D. & Boat, B. W. (1989). False allegations of sexual abuse by children and adolescents. *Journal of the American Academy of Child & Adolescent Psychiatry, 28,* 230-235.

Finkelhor, D. (1984). *Child Sexual Abuse: New Theory and Research.* New York: Free Press.

Finkelhor, D. (1990). Early a long-term effects of child abuse: An update. *Professional Psychology: Research & Practice, 21,* 325-330.

Finkelhor, D. & Dziuba-Leatherman, J. (1994) Victimization of children. *American Psychologist, 49,* 173-183.

Fivush, R., Hudson, J., & Nelson, K. (1984). Children's long term memory for a novel event: An exploratory study. *Merrill Palmer Quarterly, 30,* 303-317.

Fivush, R. & Schwarzmueller, A. (1995). Say it once again: Effects of repeated questions for children's event recall. *Journal of Traumatic Stress, 8,* 555-580.

Fivush, R. & Schwarzmueller, A. (1998). Children remember childhood: Implications for childhood amnesia. *Applied Cognitive Psychology, 12,* 455-473.

Freund, K. & Kuban, M. (1994). The basis of the abused abuser theory of pedophilia: A further elaboration on an earlier study. *Archives of Sexual Bahavior, 23,* 553-563.

Garven, S., Wood, J. M., Malpass, R. S., & Shaw, J. S., Ⅲ (1998). More than suggestion: The effect of interviewing techniques from the Mcmartin Preschool case. *Journal of Applied Psychology, 83*, 347-359.

Goodman, G. S., Quas, J. A., Batterman-Faunce, J. L., Riddlesberger, M., & Kuhn, G. (1997). Children's reaction to and memory for a stressful event: Influences of age, anatomical dolls, knowledge, and parental attachment. *Applied Development Science, 1,* 54-75.

Goodman, G. S., Tobey, A. E., Batterman-Faunce, J. M., Orcutt, H., Thomas, S., Shapiro, C., & Sachsenmaier, T. (1998). Face-to-face confrontation: Effects of closed-circuit technology on children's eyewitness testimony and jurors' decisions. *Law and Human Behavior, 22,* 165–203.

Gordon, S. & Jaudes, P. K. (1996). Sexual abuse evaluations in the emergency department: Is the history reliable? *Child Abuse & Neglect, 20,* 315–322.

Gries, L. T., Goh, D. S., & Cavanaugh, J. (1996). Factors associated with disclosure during child sexual abuse assessment. *Journal of Child Sexual Abuse, 5,* 1–20.

Groth, A. N. (1983). Treatment of the sexual offender in a correctional institution. In J. G. Greer & I. R. Stuart (Eds.), *The sexual Aggressor: Current Perspectives on Treatment.* New York: Van Nostrand Reinhold.

Groth, A. N. & Birnbaum, H. J. (1978). Adult sexual orientation and attraction to underage persons. *Archives of Sexual Behavior, 7,* 175–181.

Groth, A. N. & Birnbaum, H. J. (1979) *Men who rape : The psychology of the offender.* New York: Plenem.

Groth, A. N. & Burgess, A. W. (1977). Motivational intent in the sexual assault on children. *Criminal Justice and Behavior, 4,* 253–264.

Groth, N., Burgess, A., Birnbaum, H., & Gary. T. (1978). A study of the child molester: Myths and realities. *Journal of the American Criminal Justice Association, 41(1),* 17–22.

Groth, A. N., Hobson, W. F., & Gary, T. S. (1982). The Child molester: Clinical observations. In J. Conte & D. A. Shore (Eds.), *Social Work and Child Sexual Abuse.* New York: Haworth.

Hanson, R. F., Resnick, H. S., Saunders, B. E., Kilpatrick, D. G., & Best, C. (1999). Factors related to the reporting of childhood rape. *Child Abuse and Neglect, 23,* 559–569.

Hazelwood, R. R., Reboussin, R., & Warren, J. (1989). Serial Rape: Correlates of increased aggression and the relationship of offender pleasure to victim resistance. *Journal of Interpersonal Violence, 4,* 65–78.

Herbert, C. P. (1987). Expert medical assessment in determining the probability of alleged child sexual abuse. *Child Abuse and Neglect, 11,* 213–221.

Hershkowitz, I., Orbach, Y., Lamb, M. E., Sternberg, K. J., & Horowitz, D. (2006). Dynamics of forensic interviews with suspected abuse victims who do not disclose abuse. *Child Abuse & Neglect, 30,* 753–769.

Holmes, R. M. & Holmes, S. T. (2002). *Sex Crime: Patterns and Behavior.* Newbury Park, CA: Sage.

Howitt, D. (1995). *Pedophiles and sexual offenders against children.* Chichester: Wiley.

Jones, D. P. & McGraw, J. M. (1987). Reliable and fictitious accounts of sexual abuse to children. *Journal of Interpersonal Violence, 2,* 27–45.

Kail, R. (1990). *The development of memory in children* (3rd ed.). New York: W. H. Freeman and Company.

Keary, A. F. & Fitzpatrick, C. (1994). Children's disclosure of sexual abuse during formal investigation. *Child and Neglect, 18,* 543–548.

Kellogg, N. D. & Huston, R. L. (1995). Unwanted sexual experiences in adolescents: Patterns of disclosure. *Clinical Pediatrics, 34,* 306–312.

Kendall–Tackett, K. A., Williams, L. M., & Finkelhor, D. (1993). Impact of sexual abuse on children: A review and synthesis of recent empirical studies. *Psychological Bulletin, 113,* 164–180.

Knight, R. A. & Prentky, R. A. (1990). Classifying sexual offenders. In W. L. Marshall, D. R. Laws, & H. E. Barbaree (Eds.), *Handbook of Sexual Assault: Issues, Theories and Treatment of the Offender* (pp. 23–52). New York: Plenum.

La Fontaine, J. (1990). *Child sexual abuse.* Oxford: Polity Press.

Lamb, S. & Edgar–Smith, S. (1994). Aspects of disclosure: Mediators of outcome of childhood sexual abuse. *Journal of Interpersonal Violence, 9,* 307-326.

Lang, R. A. & Frenzel, R. R. (1988). How sex offenders lure children. *Annals of Sex Research, 1,* 303–317.

Lanning, K. V. (1992). *Child molesters: A behavioral analysis: For law enforcement officers investigating cases of child sexual exploitation.* Virginia: Behavioral Sciences Unit, FBI Academy Quantico.

Leichtman, M. D. & Ceci, S. J. (1994). The effects of stereotypes and suggestions on preschoolers' reports. *Developmental Psychology, 31,* 568–578.

Lucariello, J. & Nelson, K. (1985). Slot–filler categories as memory organizers for young children. *Development Psychology, 21,* 272–282.

Lundberg–Love, P. K. (1999). The resilience of the human psyche: Recognition and treatment of the adult survivor of incest. In M. A. Paludi (Ed.), *The Psychology of Sexual Victimization: A Handbook.* Westport, CT: Greenwood.

Marshall, L. W. (1989). Intimacy, loneliness and sexual offenders. *Behavioral Research in Therapy, 27,* 491–503.

Marshall, W. L. & Barbaree, H. E. (1990). An integrated theory of the etiology of sexual offending. In W. L. Marshall, D. R. Laws, & H. E. Barbaree (Eds.), *Handbook of Sexual Assault: Issues, Theories and Treatment of the Offender* (pp. 257–275). New York: Plenum.

Marshall, W. L. & Christie, M. M. (1981). Pedophiles and aggression. *Criminal Justice and Behavior, 8,* 145–158.

Marshall, W. L. & Marshall, W. L. (2002). The role of attachment in sexual offending: An examination of preoccupied attachment–style offending behavior. In B. Schwartz (Ed.), *The Sex Offender: Current Treatment Modalities and Systems Issues.* New York: Civic Research Institute.

McKibben, A., Proulx, J., & Lusignan, R. (1994). Relationship between conflict, affect and deviant sexual behaviors in paedophiles and rapists. *Behavior Research and Therapy, 32,* 571–575.

Mian, M., Wehrspann, W. K., Kaljner-Diamond, H., LeBaron, D., & Winder, C. (1986). Review of 125 children 6 years of age under who were sexually abused. *Child Abuse and Neglect, 10,* 223–229.

Morison, S. & Greene, E. (1992). Juror and expert knowledge of child sexual abuse. *Child Abuse & Neglect, 16,* 595–613.

National Institute of Justice (1992). *When the victim is a child* (2nd ed.). Washington, DC: U.S. Department of Justice, Office of Justice Programs.

Ornstein, P. A., & Haden, C. (2002). The development of memory: Toward an understanding of children's testimony. In M. Eisen, J. A. Quas, & G. S. Goodman (Eds.), *Memory and suggestibility in the forensic interview* (pp. 29–62). Mahwah, NJ: Erlbaum.

Peterson, C. (1999). Children's memory for medical emergencies: 2 years later. *Developmental Psychology, 35,* 1493–1506.

Poole, D. A. & Lindsay, D. S. (1995). Interviewing preschoolers: Effects of nonsuggestive techniques, parental coaching, and leading questions on reports of nonexperienced events. *Journal of Experimental Child Psychology, 60,* 129–154.

Quas, J. A., Goodman, G. S., Ghetti, S., & Redich, A. (2000). Questioning the child witness: What can we conclude from the research thus far? *Trauma, Abuse, and Violence, 1,* 223–249.

Quas, J. A. & Schaaf, J. M. (2002). Children's memories of experienced and nonexperienced events across repeated interviews. *Journal of Experimental Child Psychology, 83,* 304–338.

Quas, J. A., Thompson, W. C., & Clarke-Stewart, K. A. (2005). Do Jurors 'Know'

What Isn't So About Child Witnesses? *Law and Human Behavior, 29,* 425-503.

Roesler, T. A. & Weissmann-Wind, T. A. (1994). Telling the secret: Adult women describe their disclosures of incest. *Journal of Interpersonal Violence, 9,* 327-338.

Saywitz, K. K., Goodman, G. S., Nicholas, E., & Moan, S. F. (1991). Children's memories of a physical examination involving general touch: Implications for reports of child sexual abuse. *Journal of Consulting & Clinical Psychology, 59,* 682-691.

Seidman, B. T., Marshall, W. L., Hudson, S. M., & Robertson, P. J. (1994). An examination of intimacy and loneliness in sex offenders. *Journal of Interpersonal Violence, 9,* 518-534.

Smith, D. W., Letourneau, E. J., & Saunders, B. E. (2000). Delay in disclosure of childhood rape: Results from a national survey. *Child Abuse and Neglect, 24,* 273-287.

Sorenson, T. & Snow, B. (1991). How children tell: The process of disclosure in child sexual abuse. *Child welfare, 70,* 3-15.

Summit, R. C. (1983). The child sexual abuse accommodation syndrome. *Child Abuse and Neglect, 7,* 177-193.

Terry, K. J. (2006). *Sexual Offenses and offenders.* California: Thomson Wadsworth.

Thompson, W. C., Clarke-stewart, K. A., & Lepore, S. J. (1997). What did the janitor do? Suggestive interviewing and the accuracy of children's accounts. *Law & Human Behavior, 21*, 405-426.

U.S. Department of Justice (2019). *Crime in the United States, 2018.* Washington, D.C.: U.S. Department of Justice.

Ward, T. & Keenan, T. (1999). Child molesters' implicit theories. *Journal of Interpersonal Violence, 14,* 821-838.

West, D. J. (1987). *Sexual Crimes and Confrontations: A Study of Victims and Offenders.* Aldershot, UK: Gower.

Wyre, R. (1987). *Working with sex offenders.* Oxford: Perry Publications.

제 9 장

강도

Contents

- 들어가며
- 강도의 정의 및 종류
- 강도 범죄의 특성
- 강도 범죄의 범행 대상 선정 기준
- 강도 범죄의 유형

Questions

1. 강도 범죄의 정의 및 종류는 어떠할까?
2. 강도 범죄자의 특성에는 어떠한 것이 있을까?
3. 강도 범죄자는 어떠한 기준으로 범행 대상을 선택할까?
4. 강도 범죄에는 어떠한 유형이 있으며, 이들을 구분하는 기준과 그 차이점은 무엇일까?

Objectives

1. 강도의 정의 및 다양한 종류에 대해서 이해한다.
2. 강도 범죄자의 특성 및 범행 대상 선정 기준에 대해 알아보고, 강도 범죄 예방을 위해 어떠한 노력이 기울어져야 할 것인지에 대해 탐구한다.
3. 강도 범죄의 다양한 유형 분류 체계를 학습하고, 유형 간의 행동 및 특성에 있어서의 차이점을 이해한다.

Chapter 09

강도

들어가며

강도는 일반적으로 물리력을 사용하거나 위협을 가해 재산을 빼앗는 범죄를 의미한다(Burrell, Bull, & Bond, 2012). 국내 공식 통계를 살펴보면, 2023년 발생한 강도 범죄는 총 599건으로 나타났다(대검찰청, 2024). 특히 강도 범죄는 재산상 피해뿐만 아니라 신체적 피해를 동시에 유발하여, 피해자 및 일반 시민들에게도 상당한 두려움을 불러일으키는 범죄이다. 그러나 대부분의 강력 범죄 연구가 주로 살인과 성범죄에 집중되어 온 탓에 강도 범죄에 대한 연구는 상당히 미흡한 실정이다(김지영·박혜석·박지선·김지연, 2014; 박지선·최낙범, 2010; Bartol & Bartol, 2008). 따라서 강도 범죄의 실태 및 강도 범죄자의 특성, 범죄자 유형 등에 대한 심층적 분석을 통해, 강도 범죄 예방을 위한 노력이 절실히 필요하다.

여기에서는 우선 강도 범죄의 정의와 종류를 알아보고, 강도 범죄자들의 특성에 대해 살펴보며, 범행 대상을 선정할 때의 기준에 대해 알아볼 것이다. 마지막으로, 여러 강도 범죄 유형 분류 체계에 대해 알아본 뒤, 유형 간 차이점에 대해 차례로 살펴볼 것이다.

강도의 정의 및 종류

우리 형법 제333조에 따르면, 강도죄는 폭행 또는 협박으로 타인의 재물을 강취하거나 기타 재산상의 이익을 취득하거나 제삼자로 하여금 이를 취득하게 함으로써 성립하는 범죄이다. 미국에서도 강도의 핵심 구성 요소는 무력을 사용하거나 그에 대한 협박으로 피해자에게 공포심을 불러일으켜 피해자의 물건을 빼앗아 달아나는 행위를 포함한다(Swanson, Chamelin, Territo, & Taylor, 2006).

미국 FBI에서 매년 발간하는 범죄 통계인 UCR(Uniform Crime Reports)에서는 강도를 "강압을 사용하거나 강압 혹은 폭력에 대한 협박을 하여, 피해자를 공포에 떨게 함으로써 값나가는 물건을 빼앗거나 빼앗으려는 시도(the taking or attempting to take anything of value from the care, custody, or control of a person or persons by force or threat of force or violence and/or by putting the victim in fear)"로 정의하고 있다. 다른 재산 범죄와는 달리, 강도에는 가해자–피해자 사이의 직접적 접촉이라는 첫 번째 요소와 함께, 무력 사용 혹은 무력 사용에 대한 협박이라는 두 번째 요소가 필수적이다(Bartol & Bartol, 2008).

강도 범죄에는 여러 가지 종류가 있다. 우선, 강도는 일반적으로 크게 상업(commercial) 강도와 대인(personal) 강도의 두 가지 유형으로 분류된다(Home Office, 2011). 상업 강도는 은행이나 주유소, 상점 등 사업장에서 재물을 목적으로 저지르는 강도 범죄이며, 대인 강도는 길에 걸어가는 행인 등 개인에 대한 해를 가하는 노상강도 등 사람을 대상으로 저지르는 여러 강도 범죄를 포함한다(Piotrowski, 2011).

상업 강도와 대인 강도의 공통점은, 두 가지 다 여러 명의 공범이 있다거나, 혹은 돈, 스릴 추구 등의 공통되는 범행 동기로 저지른다는 점이다(Smith, 2003). 그러나 범행 동기를 보다 자세히 들여다보면, 상업 강도는 거의 순전히 경제적인 동기로 범행을 하는 경우가 많은 반면(Kapardis, 1988), 노상강도의 범행 동기는 훨씬 더 다양하다고 알려져 있다(Piotrowski, 2011). 다른 차이점도 존재하는데, 상업 강도는 더 계획적이고 전문적인 경우가 많으며, 금전적 보상이 보통 더 크고, 칼보다는 총기를 선택하는 경우가 많다(Bartol & Bartol, 2008; Gill, 2000; Matthews, 2002; McCluskey, 2013). 특히 상업 강도에서 범죄자는 노상강도에 비해 목격자 등 여러 명을 제압할 필요성이 있기 때문에, 자신을 감추기 위해서 마스크, 유니폼 등을 착용하고 무장할 가능성이 노상강도에 비해 더 높다(Porter & Alison, 2006). 반면 노상강도는 가해자와 피해자 간의 접촉이 직접적이며 공격이 재빠르지만, 대부분 기회주의적으로 발생하는데다가 피해자들이 저항할 가능성이 상대적으로 더 높아 범행이 예상과는 다르게 전개될 가능성도 높다(Bartol & Bartol, 2008; Warner, 2007; Wright & Decker, 1997).

UCR(Uniform Crime Reports)에 따르면, 미국에서 발생하는 상업 강도 중 편의점이 가장 많은 숫자를 차지하며, 그다음으로는 주유소에서 두 번째로 많이 발생한다. 한편 대인 강도의 경우, UCR(Uniform Crime Reports)에 따르면 미국에서는 노상에서 발생하는 강도가 가장 많은 수를 차지한다(2018년 기준 전체 강도의 36.9%). 노상강도는 주로 현금이나 휴대폰 등 작고 이동 가능한 고가의 물건이 목표가 된다(Monk, Heinonen, & Eck, 2010).

대인 강도의 범행동기는 물질적 이득에서부터 스릴이나 쾌락 추구 등 다양하다(Alarid, Burton, & Hochstetler, 2009; Deakin, Smithson, Spencer, & Medina-Ariza, 2007; Tilley et al., 2004). 대인 강도는 일반적으로 계획적이기보다는 즉흥적이며, 따라서 상황에 따라 범행의 성공 여부가 확연히 달라지기도 한다(Woodhams & Toye, 2007). 많은 대인 강도의 경우, 가해자와 피해자 간의 물리적 접촉이 적기 때문에 범행 후 범인 추적의 단서가 되는 법과학적 증거를 찾지 못하는 경우가 많다(Burrell et al., 2012). 영국의 경우 전체 대인 강도 중 3 분의 1 가량이 무기를 사용하거나 보여주며, 주로 칼이 가장 많이 사용되기 때문에 피해자들이 부상을 입는 경우가 많다(Flatley, Kershaw, Smith, Chaplin, & Moon, 2010). 이처럼 대인 강도는 피해자에게 금전적 손실뿐만 아니라 상해와 두려움 등 다양한 충격을 발생시키며, 때로는 장기간의 심리적 외상을 유발한다(Dolan, Loomes, Peasgood, & Tsuchiya, 2005; Monk et al., 2010).

아래에서는 편의점 강도, 은행 강도, 택시 강도, ATM 강도 등 여러 다양한 강도 범죄의 종류에 대해 더 자세히 살펴보았다.

1. 편의점 강도

편의점은 다량의 현금을 보유하고 있으며, 불특정 다수에게 공개되어 있어 범죄자들에게는 적합한 범행 대상으로 여겨진다(Bartol & Bartol, 2008). 편의점 강도는 미국에서 발생하는 모든 강도 사건 가운데 약 6.9%를 차지하는 것으로 알려져 있다(U.S. Department of Justice, 2019).

일반적인 강도 범죄자들과 마찬가지로, 편의점 강도는 보통 충동적이고 기회주의적이며, 대부분 현금을 빠르게 구하기 위한 목적으로 범행을 저지른다(Petrosino & Brensilber, 1997). 상당수가 술이나 마약에 취한 상태로 범행을 실행하며, 범행을 저지르기 전 미미한 수준의 계획을 세운다(Petrosino & Brensilber, 1997). 그러나 Wellford, MacDonald, & Weiss(1997)는 편의점 강도의 약 3분의 1 가량이 6시간 전부터 범행을 계획했으며, 특히 강도 전과가 있는 사람들의 경우 하루 이상 범행을 계획했다고 보고하였다. 편의점 강도의 예방 전략에 대해, Eck(2002)는 카메라나 무음 경보를 설치하는 것은 큰 효과가 없으나, CCTV의 설치는 강도를 약 3분의 1 정도 감소시키는 효과가 있다고 보고했다.

다음은 국내에서 발생했던 한 편의점 강도 사례이다:

> 2024년 11월 24일 낮 12시 44분경, 울산 동구에서 20대 남성이 편의점에 침입하여 업주를 흉기로 위협한 뒤 카운터에 있던 현금 14만 원을 강취한 후 도주하였다. 경찰은 오토바이를 타고 달아나는 범인을 추격하여 사건 발생 40여분 만에 인근 주택가 골목에서 체포하였다. 경찰 조사에서 범인은 생활고 때문에 범행했다는 취지로 진술한 것으로 알려졌다.

2. 은행 강도

미국 FBI에서 수집하는 은행 범죄 통계인 BCS(Bank Crime Statistics)에 따르면, 은행 강도는 금요일에 가장 많이 발생하며, 특히 오전 9시에서 11시 사이가 가장 발생률이 높다. 대부분 10대 후반에서 20대 후반 사이인 단독범에 의해 발생하는데, 영화 등 미디어에서 그려지는 모습과는 달리 이들은 대부분 아마추어이며, 별다른 계획 없이 즉흥적으로 범행을 저지르는 경우가 많다(Bartol & Bartol, 2008).

그림 1. 2013년 미국에서 발생한 은행 강도의 한 장면

3. 택시 강도

택시 운전자들은 대개 혼자 일하며 현금을 다루고, 특히 범인이 손님을 가장하여 목적지로 운전자를 이끌어갈 수 있기 때문에 강도 범죄의 대상이 되기 쉽다(Swanson et al., 2006). 범행은 주로 저녁에 발생하고, 범인이 흉기로 위협을 하는 경우가 많다(Swanson et al., 2006).

4. 주거침입 강도

주거침입 강도는 시정되지 않은 문이나 창문을 통해서 집으로 들어가기도 하고, 아니면 무력을 사용하여 강제로 문을 열기도 한다(Swanson et al., 2006).

이들은 대상을 정할 때 일반적으로 거주지보다는 사람을 고려하며, 주로 여성이나 노인들을 범행 대상으로 선정한다(Hurley, 1995). 때로는 침입을 위해 속임수를 쓰는데, 주로 경찰관이나 꽃배달, 가스 또는 전기회사 직원 등으로 위장한다(Swanson et al., 2006).

다음은 국내에서 발생했던 한 주거침입 강도 사례이다:

> 2018년 3월 21일 밤 21시 40분경 대구 중구에서, 피의자는 피해자가 주거지에 있다는 것을 확인하고 출입문을 세게 잡아당겨 깨진 출입문 유리창 안으로 손을 넣어 출입문을 열고 안으로 들어가 침입하였다. 안방 문을 열고 나오던 피해자를 향해 돌진하여 이에 놀란 피해자가 뒤로 넘어져 바닥에 세게 부딪혔고, 피의자는 "고함지르지 마라. 입도 떼지 마라. 말하지 마라. 내가 살고 나온 지 얼마 안 되어 돈이 없어서 드러니 돈 내놔라"라고 한 다음, 피해자의 주머니에서 현금 453,000원을 꺼내어 갔다. 이로써 피의자는 야간에 피해자의 주거에 침입하여 피해자를 폭행 및 협박한 후 피해자의 재물을 강취하였다.

5. ATM 강도

ATM(Automatic teller machines)은 미국에서 1960년대 후반에 도입된 이래 사용량이 급증해 왔는데, 이와 관련하여 ATM 강도의 피해자가 될 수 있다는 대중의 범죄 두려움이 상당한 수준이다(Scott, 2002). ATM 강도 범죄자들은 단독으로 범행을 저지르는 경우가 많고, 주로 무장한 채로 ATM기 가까이에서 피해자들이 나타나기를 기다린다(Hudak, 1988; Scott, 2002). ATM 강도 피해자는 주로 자정에서 새벽 4시 사이에 혼자서 ATM기를 이용하는 여성들로, 일부 강도 범죄자들은 피해자에게 출금을 하도록 압박하는 대신 피해자들이 인출을 마칠 때까지 기다려 피해자와 보내는 시간을 최소화한다(DeYoung, 1995; Hudak, 1988). 다른 강도 범죄자들은 피해자가 거래를 시작하기 전 맞닥뜨려, 피해자로 하여금 더 많은 금액을 인출하도록 강요한다(Swanson et al., 2006).

때로는 현금과 피해자들이 가진 귀중품뿐만 아니라, 피해자들의 차량을 빼앗아 현장에서 달아나는 경우도 있다(Swanson et al., 2006). ATM 강도를 막기 위해 ATM 기기를 가시성이 좋은 환경에 설치하고, 밤에 ATM기 주변을 조명으로 밝게 유지하는 등의 전략이 사용되고 있다(Scott, 2002).

그림 2. 2014년 영국에서 발생한 ATM 강도

6. 차량 강도

차량 강도는 운전 중이거나 잠시 정차 중인 차량의 운전자를 대상으로 강도를 저지르는 경우를 일컫는데, 대부분 총기 등 무기가 사용되며 보통 2명에서 많게는 5명의 공범이 저지르는 경우도 존재한다(Klauss, 1999). 전형적인 범행 수법 중 하나는 뒤에서 일부러 피해자의 차를 들이받아, 운전자가 하차하면 총으로 위협하여 피해자의 차량을 운전해서 달아나는 수법이다(Swanson et al., 2006).

7. 트럭 강도(truck-hijacking robberies)

트럭 강도는 주로 운행 시간이나 트럭 안의 적재 물품이 무엇인지 등의 내부 정보를 가진 전문 강도에 의해 발생하고, 때로는 운전자가 뇌물을 받는 등 공모하는 경우가 많다(Swanson et al., 2006). 트럭 강도는 주로 적재 물품을 처리하기 쉬운 대도시 근처에서 많이 발생하며, 이들은 도로에 공사 혹은 우회 표시를 설치하거나 도움을 요청하는 등의 방법으로 운전자에게 접근하기도 한다(Swanson et al., 2006).

8. 현금수송 보안차량 강도

Matthews(2002)는 현금수송 과정에서의 공격을 다음 다섯 가지로 정리하였다. 첫째, 현금을 차량에서 특정 점포로 옮기는 동안에 수행원에게 공격을 가하는 방식으로, 통상 가장 많이 쓰이는 방식이다. 둘째, 점포 안에서 현금상자가 배달되는 것을 기다리는 유형이다. 셋째, 보안차량을 직접적으로 공격하여 보안요원들에게 직접 현금을 건네도록 설득하는 방식이 있다. 넷째, 강도범들이 보안요원의 가족들을 인질로 삼고 만약 돈을 건네지 않으면 그들을 해치겠다는 협박을 하는 방식이다. 마지막으로 매우 이례적인데, 보안차량을 납치하여 멀리 달아난 이후 차량을 여는 방식이다.

강도 범죄의 특성

1. 범죄자의 연령 및 가해자-피해자 사이의 관계

우리나라 강도 범죄에 있어 소년범의 비율이 다른 범죄에 비해 현저히 높은데, 영국의 대인 강도 역시 주로 20세 이하의 젊은이들로 구성된 소규모 집단이 남성을 대상으로 저지르는 경우가 많다(Smith, 2003). 호주의 경우에도 대부분 35세 미만의 남성들이 주로 저지르며, 피해자는 대부분 낯선 사람인 경우가 많다(Borzycki, 2008; Willis, 2006). 피해자-가해자 간 관계에 따라 범행의 양상이 매우 변화하는데, 피해자가 가해자와 아는 사이일 경우 서로 모르는 사이일 경우보다 부상을 입거나 살해당할 가능성이 상대적으로 더 높다(Cook, 1987; McCluskey, 2013; Zimring & Zuehl, 1986).

2. 강도의 연쇄성과 전문성

강도범죄자들은 상당수가 연쇄 강도 범죄를 저지르는 경향이 있다(김지영 외,

2014; Wright & Decker, 1997). 같은 지역에서 여러 번 범죄를 저지르는 연쇄 강도범들은 접근방식에 있어서 더 전문적이고 단호하다(Gill & Pease, 1998). 이들은 전과가 있고, 총기를 소지할 가능성이 훨씬 크며, 특정 범행시간을 선택하여 변장을 하고 범행을 저지르고, 폭력성이 두드러져 피해자들에게 부상을 입힐 가능성도 더 높다(Gill & Pease, 1998). 또한 공범의 숫자가 많아지는 것은 범행의 계획성이 높아지는 것과 관련이 높다(Alarid et al., 2009).

전문적인 강도와 기회주의적인 강도의 차이점 중 하나는 범행을 저지르는 시간에 있다. van Koppen & Jansen(1999)에 따르면, 전문적인 강도는 은행거래 업무와 같이 보상을 최대화하기 위해서 낮 시간을 활용하는 반면, 기회주의적 강도는 어둠을 활용하여 충동적인 공격을 하는 경향이 있다. 전문 강도는 피해자를 잘 다루고 그에 대한 통제를 범행 내내 유지해야 하기 때문에 스트레스 상황에서 사람들을 통제하는 능력과 자신감이 필요하다(Letkemann, 1973). 실제로 전문 강도는 다른 유형의 강도에 비해 범행 현장에서 피해자에 대해 더 강력한 통제력을 발휘한다(Bartol & Bartol, 2008). 또한 범행이 전문적이 되어갈수록, 더 먼 거리를 이동하여 범행을 저지르기도 한다(van Koppen & Jansen, 1998).

상점이나 은행 강도에서, 경험이 많은 강도들은 보통 현금이 여러 군데 나누어 저장되어 있으므로 자신이 직접 하기보다는 점원들에게 모든 현금서랍을 비우도록 하여 획득하는 금액을 최대화한다(Matthews, 2002). 또한 경험이 많은 강도들은 20달러 혹은 50달러 지폐 등 더 큰 금액의 화폐를 요구하는 경향이 있다(Matthews, 2002).

3. 물리적 강압과 폭력성

피해자에게 보이는 물리적 강압의 정도는 피해자의 저항, 무기사용 여부와 유형, 가해자의 성별, 피해자의 성별 및 연령 등 복합적인 요인에 의해 달라진다(Cook, 1987; McCluskey, 2013). 예를 들어 McCluskey(2013)는 강도가 밤보다는 낮에 발생하는 경우, 여성을 대상으로 한 경우, 총기를 소지한 경우가 그렇지 않은 경우보다 물리력을 사용할 가능성이 더 낮다고 보고했다.

일부 강도 범죄자들은 무방비 상태의 피해자들에게 난폭한 행동과 거친 말투를 사용하며 죽이겠다고 협박함으로써 협조를 강요한다(Goodwill, Stephens, Oziel, Yapp, & Bowes, 2012). 특히 이들은 무조건적인 순응을 이끌어내기 위해 피해자를 잡고 치명적인 무기를 보여주며 위협하는데, 이들의 주된 목적은 실제 폭력 행위를 하지 않고 다만 피해자들로 하여금 죽을 수도 있다는 생각을 하게 만드는 것이다(Wright & Decker, 1997).

만약 피해자들이 범죄자들이 기대한 방식으로 행동하지 않을 경우, 범죄자들은 보통 심각하지만 치명적이지는 않은 폭력으로 대응하여 자신들이 원하는 방식으로 피해자들이 행동하게끔 강요한다(Goodwill et al., 2012; Wright & Decker, 1997). 피해자들의 저항은 강도의 폭력성을 증대시키기도 하고(Cook, 1986; McCluskey, 2013), 감소시키기도 한다(Tark & Kleck, 2004). 강도 범죄자들 가운데 피해자를 살해하려는 의도로 공격하는 경우는 거의 없지만, 일부는 필요한 경우 치명적인 물리력을 행사하여 범행이 결국 피해자의 심각한 부상을 야기하거나 살인으로까지 이어지는 경우도 존재한다(Cook, 1986; Zimring & Zuehl, 1986).

무기의 존재는 전반적인 물리적 강압을 감소시키는 반면, 강도가 살인으로까지 이어지게 될 가능성을 높인다(Gabor et al., 1987). 단지 총기의 존재만으로도 피해자들을 복종하게 만들 수 있기 때문에, 무기의 존재만으로 물리력의 사용이 오히려 감소할 수 있다(Gill, 2000; Luckenbill, 1982). 실제로, 여러 연구는 강도가 총기를 소지할 경우 피해자가 부상을 입을 확률이 감소한다고 보고하였다(McCluskey, 2013; Zimring & Zuehl, 1986). 즉, 강도가 총기를 소지할 경우, 피해자의 저항이 감소하고, 이는 곧 물리적인 폭력의 발생을 감소시키는 방식으로 작용한다는 것이다.

4. 죄책감이나 양심의 가책

강도가 도덕적으로 옳지 않다는 인식을 분명히 갖고 있음에도 불구하고, 대부분은 강도를 저지를 때 아무런 죄책감을 느끼지 않는다(Wright & Decker,

1997). 범행을 계획할 때, 무장강도범들이 도덕적 양심 때문에 범행을 단념하는 경우는 거의 없으며, 양심의 가책을 느끼는 이들은 자신들이 범행을 저지를 수밖에 없는 처지였다고 합리화하는 경향이 있다(Wright & Decker, 1997).

5. 범행 수법

Matthews(2002)는 상점을 터는 무장 강도에서 핵심적인 범행 수법을 총 5가지로 집약하여 제시하였다: 1) 무기를 보여주거나 또는 무기로 위협하기, 2) 상점에서 카운터로 뛰어넘어가 그 뒤에서 점원을 위협하기, 3) 상점이 닫혀있을 때 침입하여 금고를 열거나 점원이 도착할 때까지 기다리기, 4) 손님을 위협하거나 인질로 삼기, 5) 사전에 내부인이 범죄를 계획하기 등이다. 그에 따르면, 이 가운데 가장 흔하게 쓰이는 전략은 무기를 보이거나 카운터에서 무기로 위협을 하는 것이다. 실제로 많은 강도들이 점포 안에서 인질을 잡고 그 사람의 머리에 총을 겨누는 것을 선호하는 반면, 다른 이들은 통제력을 최대화하기 위해서 카운터를 뛰어넘어 점원들에게 현금서랍을 비우도록 하는 것을 선호한다(Matthews, 2002).

6. 반복 피해(Repeat Victimization)

상점들 가운데 일부는 같은 범죄자에 의해서든, 다른 범죄자에 의해서든 반복적으로 강도 피해를 입기도 한다. 강도 피해를 당한 이후 다시 피해를 당할 가능성이 가장 높은 것은 첫 번째 강도를 당한 이후 바로 몇 주 내이다(Gill & Pease, 1998). 때로는 범죄자들이 강도를 성공적으로 저지른 뒤 같은 가게에 재차 가서 범죄를 저지르기도 한다(Altizio & York, 2007).

강도 범죄자들은 범행이 성공적으로 끝날 가능성을 높이기 위해 예방 조치가 설치되어 있지 않다고 생각되는 쉬운 목표를 선정하는 경향이 있다(Bellamy, 1996; Gill & Pease, 1998). 특히 많은 양의 현금을 보유하고, 알람 등 보안성이 낮으며, 저항할 가능성이 있는 점원이나 손님이 적은 상점이 반복되는 피해에 취약하다(Catalano, Hill, & Long, 2001). 강도 피해를 당한 이후, 상점의 약 반 정도는 상점의 운영방식에 변화를 준 것으로 나타났다(Petrosino & Brensilber, 1997).

7. 범죄자 특성 체크리스트

미 법무부에서는 편의점 강도의 범죄자 특성을 파악하기 위한 체크리스트를 다음과 같이 정리하였다(Altizio & York, 2007). 여기 제시된 사항들은 여러 다른 유형의 강도 범죄자들의 특성을 정리하는 데에도 큰 도움이 될 수 있을 것이다.

- 공범이 여러 명인가? 아니면 전과가 많은 범죄자 소수가 범행에 책임이 있는가?
- 범죄자들의 전과는 얼마나 많은가? 최근에 출소한 사람은 몇 명인가?
- 범죄자들이 어느 정도 계획을 세웠는가?
- 범죄자들이 폭력조직에서 활동하는가?
- 범죄자들이 특정 민족이나 직업 등 어떤 집단에 속해있는가?
- 범죄자들 중에 청소년 비율은 어느 정도인가?
- 범행을 저지를 때 술 또는 마약에 취한 상태였는가? 마약이나 술을 살 돈을 마련하기 위해서 강도 범죄를 저지른 가해자의 비율은?
- 범행 당시 상점 안에는 종업원이나 손님 등 피해자가 몇 명 있었는가?
- 범죄자들이 범행을 저지른 장소에 대해서 익숙해 보이는가? 만약 그러하다면 그들이 어떻게 정보를 획득하였는가?(예를 들어, 공모한 종업원으로부터, 사전에 상점을 신중하게 관찰함으로써, 손님으로 사전에 방문함으로써, 또는 예전에 강도를 저질렀던 상점 등)
- 범죄자들이 범행 장소로 어떻게 이동했는가? 도보, 아니면 차량을 이용했는가?
- 흉기가 사용되었는가? 어떠한 흉기를 사용했으며, 외상을 입은 피해자가 있는가?
- 현금이나 물건 등 피해품의 가치는 총 얼마인가?

- 범행을 완수하는 데 걸린 시간은 얼마인가?
- 점원들은 범행에 어떻게 대응하였는가?
- 범행 후 범죄자들은 어떻게, 어떤 경로로 도주하였는가?

강도 범죄의 범행 대상 선정 기준

강도 범죄자들은 범행 대상을 무작위로 선정하기보다는, 자신의 지식과 믿음을 활용하여 강도 범죄 장소로 적합하다고 생각되는 곳을 판단하고, 범행으로 얻을 수 있는 보상과 함께 그에 수반되는 잠재적인 위험성을 가늠한다(Wright & Decker, 1997). 이처럼 강도범들이 잠재적인 범행 장소의 위험성을 평가할 때, 도주 가능성이나 보행자에게 목격될 가능성을 고려하는 등의 실용적인 접근방법을 사용한다(Murray, 1983). 한편, 갑자기 순찰차가 등장하는 등의 예측가능성이 낮고 간접적인 위험성에 대해서는 잘 염려하지 않는 것으로 알려져 있다(황지태, 2004; Wright & Decker, 1997).

예를 들어, 미 법무부에서는 편의점 강도의 범행 대상 선정 기준을 파악하기 위한 체크리스트를 다음과 같이 정리하였다(Altizio & York, 2007):

- 상점이 문을 닫는 시간은?
- 상점이 외딴 지역에 있는가?
- 주유소와 함께 있는 상점인가?
- 편의점이 얼마나 오래 영업을 해왔는지?
- 상점의 크기는 어떠하며, 체인점의 일부인지?
- 체인점의 일부라면, 해당 체인점들 사이에서 강도 범죄 발생률에 차이가 있는지? 다른 체인점들의 강도 범죄 발생률과는 다른지?

- 편의점 종업원의 공모 증거가 있는가?
- 반복적으로 강도 피해를 당한 상점들의 공통점은 무엇이며, 범죄 위험성이 낮은 편의점들과의 차이점은 무엇인가?

그림 3. 편의점 강도

이처럼, 강도의 범행 대상 선정에는 다양한 사항이 고려된다. 다음은 편의점 강도 범죄자뿐만이 아니라, 일반적 강도 범죄자들이 범행 대상을 선정할 때 고려하는 몇 가지 기준들을 정리한 것이다.

1. 가까운 거리

대부분의 범죄자들은 자신들이 이미 잘 알고 있기 때문에 훨씬 더 편안하고 안전함을 느끼는 장소를 선택한다(Feeney, 1986; Matthews, 2002). 일부 강도들은 목표물을 선정하기 위해서 자신들이 자란 지역으로 돌아오기도 한다(Matthews, 2002). Lejeune(1977)은 강도들이 대부분 차량을 이용하지 않고, 도보로 이동할 수 있는 거리에 있는 지역을 대상으로 범죄를 저지른다고 주장했다. 만약 차량을 가지고 있을지라도, 장거리를 운전해서 돌아오는 동안 체포될 가능성이 높아질 수 있기 때문에 자신의 주거지에서 먼 거리를 이동하는 것을 꺼리는 경향이 있다(Wright & Decker, 1997). 국내에서도 강도 범죄를 저지르고

교도소에 수감 중인 재소자들을 대상으로 조사한 결과, 침입 강도범들의 반 이상이 자신의 거주지에서 비교적 근거리에 있으며, 최소 한두 번 이상 가본 적이 있어 친숙한 장소에서 범행을 저지르는 것으로 드러났다(황지태, 2004).

결국 강도 범죄자들은 자신의 거주지 근처를 선호하기 때문에, 범죄자들이 많이 거주하는 지역의 상점들의 경우 피해를 당할 위험성이 더 커지게 된다(Gabor, 1989). 대부분의 노상강도 역시 현금이 당장 필요할 때 적당한 피해자를 물색하기 위해서 큰 위험을 무릅쓰지 않고, 주로 같은 지역에서 범행 대상을 찾는다(Wright & Decker, 1997).

2. 접근성

대상의 위치는 접근과 도주가능성 측면에서 중요한 고려사항이다(Matthews, 2002). 일반적으로 강도들은 비교적 번화한 지역에 위치한 장소를 노리고, 범행 전 사전 답사를 해 보는 경우도 많다(Matthews, 2002). 거리에서 안이 들여다보이는 장소의 경우, 들어가기 전에 내부의 배치를 볼 수 있기 때문에 범행 대상으로 적합하다고 생각하는 범죄자도 존재하는 반면, 다른 범죄자들은 범죄를 저지르는 동안에 바깥사람들에게 적발될 가능성이 있기 때문에 불리하다고 보기도 한다(Matthews, 2002).

3. 취약성

대상의 취약성은 보안 수준, 직원들의 특성과 손님의 숫자, 유형 등에 의해서 결정된다(Matthews, 2002). 예를 들어 편의점 강도의 경우, 범죄자들은 카메라나 보안 장치의 설치 여부, 도로 접근성, 점원이나 손님의 수 등의 여러 가지 요건을 고려하여 범행 대상을 정한다(Bartol & Bartol, 2008; Swanson et al., 2006). 국내에서도 침입 강도 범죄자들이 대상을 선정할 때, 장소 주변에 경비원이나 CCTV가 없는 곳을 선택하는 경우가 대다수인 것으로 나타났다(황지태, 2004). 이 외에도 강도범들이 인식하는 상점 관련 주된 보안 특성은 카운터에 보안 화면이 있는지 여부와 전반적인 상점의 구조, 출입문의 숫자 등이다

(Matthews, 2002).

그러나 Wright & Decker(1997)는 경찰이나 보안순찰의 수준이 범행 장소를 선정하는데 중요한 고려사항이 된다고 말하는 강도는 소수에 불과하다고 보고하였다. 즉, 강도범들은 일반적으로 강도 범죄를 저지르고 도주하는데 충분한 시간 여유가 있다고 생각하기 때문에, 소리가 나는 비상벨인지 아니면 무음 비상벨인지 여부는 큰 차이가 없다는 입장을 보였다(Matthews, 2002). 영상 장비와 관련해서도, 모자나 안경 등으로 위장하거나 카메라를 직접적으로 응시하지 않는다면 안전할 것이라고 생각하고 있는 것으로 드러났다(Matthews, 2002).

4. 보상

범행 장소 결정에 있어서 강도범들은 금전적 가치가 높은 목표물을 충분히 얻을 수 있는 장소를 찾길 원한다(Wright & Decker, 1997). 전문적인 강도범들은 보통 더 값비싼 목표물을 찾기 위해서 집에서 더 멀리 떨어진 곳으로 이동하는 반면, 경험이 적은 강도범들은 집에서 상대적으로 가까운 장소를 선택하는 경향이 있는 것으로 나타났다(van Koppen & Jensen, 1998). 심지어 범죄자의 일부는 체포될 가능성이 있다고 인식되는 상황에서도, 기대되는 보상이 현저히 클 경우에는 이에 굴하지 않고 범행을 저지른다(Wright & Decker, 1997).

노상강도의 경우, 가해자들은 가능한 한 많은 보상을 제공하는 피해자를 찾게 된다(Lejeune, 1977). 이들 대부분은 상당한 금액의 현금을 소지한 사람을 가장 먼저 우선적으로 고려하는데, 이는 주로 피해자가 입고 있는 옷이나 보석, 품행과 같이 쉽게 관찰 가능한 외적인 단서에 의존하여 판단하게 된다(Wright & Decker, 1997). 국내 대인 강도 범죄자들의 경우, 특히 범죄 경력이 있고 범행을 사전에 계획한 범죄자일수록 명품을 소지하거나 화려한 옷차림을 한 피해자를 선택하는 경향이 높다는 것이 드러났다(황지태, 2004).

5. 피해자 저항 가능성

특히 노상강도의 피해자 선정에 있어 금전적 보상도 중요하지만, 동시에 강도들은 저항 없이 돈을 순순히 건네줄 것 같은 피해자를 선택하여 위험성을 낮추고 싶어 한다(Wright & Decker, 1997). 피해자들이 저항하면, 더 많은 시간이 소요되며 위험 부담이 늘고, 그 과정에서 체포 가능성이 높아질 수 있기 때문이다(Shover, 1996). 즉, 가해자들은 범행대상으로 삼은 피해자가 얼마의 금전을 소지했든지 관계없이, 본인들이 체포되거나 부상을 입고, 죽을 수도 있다는 가능성을 높게 인식할 경우에는 범행을 저지르기 꺼려한다(Wright & Decker, 1997). 따라서 이들은 반격할 가능성이 상대적으로 낮은 여성을 더 나은 범행 대상이라고 생각하며(Miller, 1988), 연령과 관련해서도 저항할 가능성이 더 낮은 노인에 대한 강한 선호를 보이기도 한다(Wright & Decker, 1997). 또한 술에 취해 보이는 사람도 같은 맥락에서 종종 노상강도의 타깃이 된다(Wright & Decker, 1997).

상점 강도와 관련해서도, 손님들은 감시하기 어렵고 행동을 예측할 수 없기 때문에 범죄자들에게는 위험요인으로 인식되어, 어떤 범죄자들은 대규모보다는 손님이 적은 소규모의 상점을 범행 대상으로 더 선호한다(Wright & Decker, 1997). 대부분의 경험이 부족한 강도범들은 손님들의 수가 거의 없어질 때까지 기다린 후 범죄를 저지르기도 한다(Matthews, 2002).

6. 도주 용이성

강도범들은 흔히 대상 선정에서 도주의 용이성을 중요한 요인으로 고려한다(Lins & Erickson, 1998). 차량을 이용하는 경우, 주요 도로에서 가까운 장소를 선정하여 도주로를 확보하고자 한다(Wright & Decker, 1997). 반대로 도보로 이동하는 경우에는, 차량으로 추격해 오는 경찰관에게서 도망칠 수 있는 가능성을 높이기 위해, 주로 자동차 통행에 적합하지 않은 도주로가 있는 곳에서 노상강도를 저지른다(Wright & Decker, 1997). 특히 전문적인 강도는 일반적으로 범행 이전에 한 개 이상의 도주로를 확보하는 경향이 있다(Matthews, 2002).

그림 4. 오토바이를 탄 노상강도들

7. 발각 위험성

많은 범죄자들이 장소 선정에 있어 행인에 의해서 발견될 위험성을 고려하는데, 이를 최소화하기 위해서 대부분은 밤에 조명이 어두운 곳에서 노상강도를 저지른다(Wright & Decker, 1997). 낮에 범죄를 저지르는 경우에도, 그늘이 있어 남의 눈에 잘 띄지 않는 장소를 선호한다(Wright & Decker, 1997).

이처럼 상점을 약탈하는 강도들이 범행 대상을 선정할 때 존재하는 위험성과 보상을 분명히 고려하지만, 그들의 의사결정에서 뛰어날 정도의 합리성이나 전문성을 찾기는 힘들다(Wright & Decker, 1997). 이들 대부분은 현금이 필요해서 적당히 안전해 보이고 이익이 될 것 같은 첫 번째 장소를 강탈할 뿐, 최적의 범행 대상을 물색하는 과정은 거의 나타나지 않는다(Wright & Decker, 1997).

일반 시민을 범행 대상으로 하는 대인 강도에서도 중요한 것은, 범죄자들이 가장 최선의 범행 대상을 찾으려고 노력하기보다는, 피해자로 적합한 최소한의 주관적인 조건들을 충족시키는 첫 번째 사람을 선택하는데 만족한다는 사실이다(Wright & Decker, 1997). 국내에서도 교도소 수감 중인 침입 강도 범죄자들을 대상으로 장소 주변 경찰 순찰 정도 및 보안 설비 유무를 질문한 결과, '모르겠다'

는 대답이 3분의 1 가량으로 나타나, 범죄자들이 이에 대해 크게 신경 쓰지 않았던 것으로 드러났다(황지태, 2004). 특히 초범인 강도 범죄자들은 위험성이 낮은 목표와 높은 목표를 구별할 가능성이 더 낮다(Hunter, 1999).

강도 범죄의 유형

강도 범죄의 유형 분류에 관한 연구는 1960년대 이래로 그 수나 적으나마 꾸준히 존재해 왔다. 이러한 연구들은 강도 범행 대상에 따라 범죄 유형을 분류하거나(McClintock & Gibson, 1962), 계획성이나 전문성 등 범죄자의 특성을 바탕으로 한 분류(박지선·최낙범, 2010; Conklin, 1987; Matthews, 2002; Piotrowski, 2011), 범행 동기에 따른 분류(심영희, 1991), 피해자 접근 방식에 따른 분류(Faulkner, Landsittel, & Hendricks, 2001; Goodwill et al., 2012; Smith, 2003) 등 그 분류 기준에 따라 다양하다.

1. 피해 대상에 따른 McClintok & Gibson(1961)의 분류

McClintok & Gibson(1961)은 피해 대상에 주목하여 강도 범죄 유형을 크게 다섯 가지 유형으로 분류하였다. 첫째는 상점이나 은행 등 주로 금전 획득이 용이한 상업적 장소에서 발생하는 유형이고, 둘째는 노상에서 갑자기 피해자를 공격하여 금품을 갈취하는 유형이다. 일반적으로 상업 강도보다는 노상강도가 더 연령대가 낮은데, 특히 노상강도 범죄자들은 주로 아동이나 여성 등 취약한 피해자를 대상으로 하여 우연한 기회에 범죄를 저지르고, 피해자를 대상으로 높은 폭력성을 보인다. 상업 강도 범죄자들은 노상강도에 비해 상대적으로 흉기를 소지하는 경우가 많으며, 획득한 금품의 가치가 더 높다. 이 외에도 강도 범죄의 세 번째 유형은 주거지 등 사적인 장소를 침입해서 저지르는 침입 강도이고, 넷째는 술집이나 파티에서 등 피해자와의 가벼운 접촉 후 강도를 저지르는 유형이며, 마지막 다섯째는 친구나 애인, 직장 동료 등 서로 잘 아는 사이에서 발생하는 유형이다.

2. Conklin(1987)의 가해자 중심 분류

Conklin(1987)은 범죄자의 특성에 초점을 두고 강도 범죄의 유형을 총 네 가지로 분류하였다. 첫째, 전문 강도는 범죄를 반복하여 온 이들로, 보통 2명 이상 공범이 함께 모여 자신의 범죄 관련 전문 기술을 바탕으로 범행을 사전에 공모하여 범행의 계획성이 두드러지며, 금전적 보상이 많은 대상을 사전에 선정하여 범행을 저지르기 때문에 피해액의 규모도 상대적으로 큰 특징이 있다. 이들의 범행은 치밀하고 잘 조직되어 있으며, 범행 당시 피해자에 대한 장악력도 높은 편이다. 그러나 전문 강도라고 해도 강도만을 반복해서 수행하는 경우는 거의 없으며, 보통 절도 등 다른 유형의 범죄들도 저지르는 경우가 많다.

둘째, 기회주의적 강도는 주로 밤에 주취 상태로 혼자 걸어가는 사람이나 택시 기사, 혼자 있는 여성 등의 취약한 피해자를 상대로 하여, 일시적인 경제적 곤궁 등의 이유로 주로 우발적으로 강도 범죄를 저지른다. 따라서 범행의 계획성이나 치밀함은 전문 강도에 비해 상당히 떨어지며, 다만 주변 환경 등 범죄 기회에 반응하여 즉흥적으로 범죄를 저지르는 경향이 있다.

셋째는 주로 마약을 살 돈을 구하기 위해 즉흥적으로 강도 범죄를 저지르는 약물 중독 유형인데, 이들은 때로 마약에 취한 상태에서 범행을 저지르기도 한다. 넷째는 주취 상태로 범행을 저지른 음주 강도 범죄자들로, 범행이 우발적인 특성이 있다.

3. 심영희(1991)의 범행 동기 중심 분류

심영희(1991)는 Conklin(1972)의 가해자 중심 분류가 강도 범행 동기를 모두 아우르지는 못하는 한계점을 지적하고, 범행 동기를 중심으로 강도 범죄를 총 네 가지 유형으로 나누었다. 첫째는 주로 경제적인 이유로 범죄를 저지르는 '탈취적 강도', 둘째는 경제적인 이유보다는 범죄 과정에서 얻게 되는 쾌락과 또래 집단으로부터의 인정 및 과시를 목적으로 저지르는 '만용적 강도', 셋째는 분노 때문에 순간적으로 자아통제력을 잃거나 술이나 약물로 인해 자제력을 잃고 저지르는 "통제력 결핍에 의한 강도', 넷째는 부모나 타인, 사회에 대한 반발 심리로 저지르는 '도전적 강도' 유형이다.

4. 심영희(1991)의 범행 횟수, 동기, 준비 정도에 따른 유형 분류

더불어, 심영희(1991)는 범행 횟수, 동기 및 준비 정도를 종합적으로 고려하여 강도 범죄를 총 세 가지 유형으로 나누었다. 첫째는 범행이 1회에 그치는 '일회적 강도'로, 이들의 범행 동기 및 준비 정도는 개인차가 심한 특성이 있다. 둘째, '기회주의적 강도'는 범행 횟수가 2회 이상으로 반복되는 특성이 있지만, 범행을 사전에 치밀하게 준비하는 경우는 드물며 우발적으로 다양한 동기에 의해 범행을 저지르는 경우이다. 셋째, '직업적 강도'는 주로 경제적인 이유로 2회 이상 상습적으로 범행을 저지르는 데, 범행에 있어 계획성이 높은 특징이 있다.

5. 무장 강도 유형 분류(Matthews, 2002)

1) Amateurs(아마추어)

Matthews(2002)는 상업 강도 중에 가장 많은 유형은 꼼꼼하게 계획을 세우고 범행을 저지르는 수준 높은 전문 강도들이 아니라, 계획을 거의 세우지 않는 초보라고 주장한다. 이러한 아마추어들은 혼자 범행을 하는 경향이 있고, 보통 범죄 전력이 거의 없으며, 상당수가 계획이 없고 서투르다, 이들은 상대적으로 적은 금액의 돈을 목표로 하여 접근하기 수월한 목표를 선정하고, 범행 당시 무기를 사용하는 등 폭력적인 특성을 보이지만 자주 범행에 실패하기도 한다. 이들은 보통 빨리 빚을 갚아야 하거나, 혹은 생필품을 사거나 마약을 구입하기 위해 급히 돈이 필요한 경우가 많다. 특히 이 유형의 강도들 중 상당수가 마약이나 술에 취한 상태에서 강도를 저지르거나, 마약을 구하기 위한 동기에서 범행을 저지른다. 이러한 아마추어형 강도 중 대부분이 사전에 범행의 결과로 얼마의 돈을 얻을지에 대한 지식이 거의 없는 상황에서 행해지기 때문에, 훔친 금액이 매우 적거나 아예 없는 경우도 많다. 이 가운데 소수는 이처럼 계획성이나 치밀함이 상당히 결여되어 있는 와중에도 짧은 시간 동안 연쇄적으로 많은 수의 강도 범죄를 저지르는 경우도 있다.

2) Intermediates(중급)

이들은 아마추어에 비해서 보통 더욱 체계적이고 경험이 많지만, 이후 기술할 전문가형에는 미치지 못하는 유형이다. 아마추어와는 달리, 이들은 일정 수준의 계획을 수립하고, 오랜 기간 범죄를 저질러 왔으며, 총기를 준비하는 경우가 더 많고, 마약 때문에 범죄를 저지르는 경우는 드물다. 이 유형은 두 가지 하위 유형으로 구분되는데, 하나는 '범죄 다양화 유형'(diversifiers)이며, 다른 하나는 중범죄자가 되어가는 과도기적 단계에 있는 '발전 유형'(developers)이 있다.

'다양화 유형'(diversifiers)의 범죄자들에게 무장 강도는 여러 산발적인 범죄 중의 하나이며, 강도 범죄를 다른 유형의 범죄와 혼합된 형태로 저지르기도 한다. 보통 10대 후반이거나 20대 초반인 이 유형은 절도나 마약 관련 범죄 등을 지속적으로 저질러왔다. 이들은 스스로를 '무장 강도'라고 생각하기보다는, 기회가 발생할 경우 상업 강도를 저지를 수도 있는 일반 범죄자로 생각한다. 많은 사례에서 이들은 다른 이들이 계획한 강도범죄에 참여하도록 제의를 받았다. 이 가운데 일부는 여러 다른 범죄 조직망 사이에서 움직이기 때문에, 경찰에 의해서 발각될 가능성이 더 낮다.

'발전 유형'(developers)의 범죄자들은 경미한 범죄에서 더 중한 범죄로 진전되는 과정에 있는 범죄자들이다. 즉, 이들은 절도에서부터 주거침입 절도, 그리고 차후에는 더 많은 금액을 목표로 한 강도 범죄로 점차 목표를 키워 진화해 가는 과정에 있다.

3) Professional and persistent robbers(전문적이고 만성적인 강도범)

이 유형의 범죄자들에게 강도는 직업이자 곧 삶의 방식이다. 이들은 계획성의 수준, 대상의 선정, 무기의 사용과 폭력성의 전개 등 여러 측면에서 다른 유형의 강도들과는 질적으로 다르다. 일반적으로 이들은 서로 잘 아는 다른 범죄자 동료들과 함께 범행을 하고, 강도 범죄를 계획하는데 몇 주 정도를 보낸다. 이들은 보통 3-4명이 함께 범행을 하는데, 매우 정교한 장비들이 사용되고 범행에 한 대 이상의 차량을 사용하며, 도주로는 신중하게 정해지고, 보통 피해액이 상당한 수준이다. 이들은 보통 빠르고 능숙하게 폭력성을 보여주어야 하는데, 이를 위해 보통 장전된 총기 등의 무기를 보여주거나 범죄 시작 시점에 별다른 이유 없이 과도하고 비이성적인 폭력성을 보여주기도 한다.

그림 5. 보석상을 터는 전문 강도들

이처럼 세 가지 강도 유형의 배경과 동기, 그리고 계획, 목표의 선정, 피해액의 평균, 사용한 도구, 무기와 폭력성의 형태 등에서 상당한 차이점이 존재한다 (Matthews, 2002).

6. 금전 요구 특성에 따른 유형 분류(Faulkner et al., 2001)

Faulkner 외(2001)는 편의점 강도의 유형을 가해자들의 범행 수법에 따라서 다음과 같이 두 가지로 나누었다. 첫째, 즉각적(Straight)인 유형은 편의점에 들어가자마자 금전을 요구하는 반면, 둘째인 손님 행세 유형(Customer)은 편의점에 들어가서 물건을 구입하는 행동을 취하던 중에 갑자기 돌변하여 금전을 요구하는 유형이다.

7. 피해자 접근 방법에 초점을 맞춘 분류(Smith, 2003 등)

Smith(2003)는 범죄자가 피해자에게 접근하는 방법을 바탕으로 강도를 4가지 유형으로 분류하였다. 첫째, Blitz(갑작스러운 공격) 유형은 피해자와의 최소한의 상호작용을 하면서도 피해자를 압도하는 강력한 물리력을 행사하는 경우를 일컫는다. 둘째, Snatch(낚아채기) 유형은 피해자와의 접촉이 거의 없이 피해자의 소유물을 잡아채는 행동을 보인다. 셋째, Confrontation(직면) 유형은 피해자와 대면하여 피해자에게 소유물을 넘기도록 요구한다. 넷째, Con(사기) 유형은 피해자의 주의를 딴 데로 돌리는 등 피해자가 방심한 상황에서 범행을 하는 유형이다.

Smith(2003)의 연구에서 이 네 가지 유형에 대한 양적 검증은 결여되어 있다. 따라서, Goodwill 외(2012)는 Smith(2003)의 유형론을 양적 분석을 통해서 추가로 탐구하였다.

Goodwill 외(2012)는 Smith(2003)의 유형론이 '폭력성'과 '상호작용'이라는 두 가지 축을 바탕으로 하고 있다고 가정하였다. 우선, Blitz와 Snatch 유형의 경우, 둘 다 피해자와의 상호작용이 많지 않다는 특성을 갖지만, Blitz 유형은 높은 수준의 폭력성이 나타나는 반면, Snatch 유형은 낮은 폭력성이 나타난다. 한편, Confrontation과 Con 유형의 강도는 모두 피해자와 높은 수준의 상호작용을 보이지만, Confrontation 유형은 높은 폭력성을 보이는 반면, Con 유형은 낮은 폭력성을 보인다.

영국의 노상강도를 대상으로 위 유형 분류를 양적으로 검증해 본 결과, 첫째, 갑작스러운 공격(Blitz) 유형이 가장 많은 것으로 나타났다. Blitz 유형의 강도는 주로 피해자의 뒤에서 접근하여 피해자를 놀라게 하는 갑작스러운 일격을 가하고, 피해자를 상대로 여러 번에 걸쳐 폭력을 휘두르는 등 높은 수준의 폭력성을 보인다. 이 유형의 강도들은 약물을 남용하는 경우가 많다(Brookman, Mullins, Bennett, & Wright, 2007). 그러나 Blitz 유형의 강도가 갑작스러운 일격을 보임에도 불구하고, 피해자들은 오히려 더욱 저항하는 경향을 보이며, 이로 인해서 범죄자들이 더 높은 수준의 폭력성을 보이는 악순환으로 치닫는다.

두 번째로 많은 유형은 직면(Confrontation) 유형으로, 대체로 칼이나 총기 등의 흉기가 사용된다. 즉, 범행 과정에서 흉기를 단순히 소지하고 있을뿐만 아니라, 피해자에게 보여주며 위협하기도 한다. 이 유형은 이처럼 높은 폭력성을 보이면서 동시에 피해자와의 상호작용 수준이 높기 때문에, 범죄에 있어 정교성(sophistication)을 필요로 하며, 범행의 계획성이 높은 경우가 많다.

세 번째로 많은 유형은 낚아채기 강도(Snatch) 유형이다. 이 유형의 강도는 피해자를 따라가다가 1회 공격하여 재빠르게 범행을 저지른다. 범행은 주로 충동적이고 기회주의적이다. 즉, 이들 누군가를 강탈할 기회가 포착되면 즉흥적인 충동에 의해 행동한다(Deakin et al., 2007).

마지막으로 사기(Con) 유형은 우선은 비폭력적인 방법으로 접근하여 피해자를 속인다. 피해자와 시간을 보내다가 방심한 사이에 돌변하여 금품을 요구하는 유형으로, 네 가지 유형 중 가장 드물게 나타난다.

8. 국내 범죄자들을 대상으로 한 박지선 & 최낙범(2010)의 유형 분류

이 연구는 국내 대인 강도 범죄자들을 크게 '계획형'과 '기회형'의 두 가지로 분류하였다. 우선, 계획형은 사전에 장소를 답사하거나 범행 절차를 구체적으로 계획하는 등 상당히 높은 수준의 치밀함을 범행 시작 전부터 보인다. 즉, 범행 대상 선정부터 도주 용이성까지 사전에 고려한다. 범행은 상당수가 2인 이상이 공모하여 저지르며, 각자의 전문 기술을 고려하여 역할 분담이 이루어진다. 칼 등 무기를 소지하는 경우가 많고, 폭력적으로 피해자를 제압한다. 범행에 차량을 사용하며, 피해액의 평균이 기회형보다 훨씬 높고, 체포에 대한 두려움이 없는 경우가 많다.

다음으로 기회형은 주취 상태에서 길거리에서 임의적으로 택한 피해자를 대상으로 우발적으로 범행을 저지르는 경우가 많다. 이들은 주로 조명이 어둡거나 인적이 드물고, 순찰이 잘 이루어지지 않는 장소에서 범행을 저지른다. 이들은 맨손으로 피해자를 구타하거나, 무기를 사용하지는 않되 보여주며 피해자를 위협하는 경우가 많다. 이들의 범행에는 차량이 동원되는 경우가 거의 없고, 범행 장소는 대중교통 접근이 용이하고 대로변에서 가까운 곳일 경우가 많다. 이들 가운데 일부는 현장에서 체포되기도 한다.

9. 이성(rationality)을 중심으로 한 Piotrowski(2011)의 유형 분류

Piotrowski(2011)는 노상강도의 유형을 '이성적'(rational), '제한된 이성적'(bounded rationality), '비이성적(irrational)' 유형의 세 가지로 나누었다. 첫째, '이성적' 유형은 사전 계획을 갖고 신중하게 공격을 계획하며, 비용-보상 분석을 통해 체계적으로 행동한다. 이들은 그간 주로 물질적인 동기로 반사회적 행위를 전문적으로 해왔다. 둘째, '제한된 이성적' 유형은 대부분 주취 상태에서 범행하는데, 범행에 대해 습관적으로 합리화하는 것이 이들의 특징이다. 셋째, '비이성적' 유형은 갑작스러운 충동이나 쾌락의 지배를 받아 공격적인 행동을 보이는 유형이다.

주요 용어 KEY TERMS

강도	상업 강도	대인 강도
노상강도	편의점 강도	은행 강도
전문 강도	기회주의적 강도	반복 피해
Blitz	Snatch	Confrontation
Con	계획형	기회형

Summaries

- 우리 형법 제333조에 따르면, 강도죄는 폭행 또는 협박으로 타인의 재물을 강취하거나 기타 재산상의 이익을 취득하거나 제삼자로 하여금 이를 취득하게 함으로써 성립하는 범죄이다.
- 강도는 일반적으로 크게 상업(commercial) 강도와 대인(personal) 강도의 두 가지 유형으로 분류된다. 상업 강도는 은행이나 주유소, 상점 등 사업장에서 재물을 목적으로 저지르며, 대인 강도는 길에 걸어가는 행인 등 사람을 대상으로 저지르는 여러 강도 범죄를 포함한다.

- 강도 범죄자들은 상당수가 연쇄 강도 범죄를 저지르는 경향이 있다.
- 강도범들은 피해자를 잡고 치명적인 무기를 보여주며 위협하는데, 이들의 주된 목적은 실제 폭력 행위를 하지 않고 다만 피해자들로 하여금 죽을 수도 있다는 생각을 하게 만드는 것이다.
- 강도 범죄자들의 대부분은 강도를 저지를 때 아무런 죄책감을 느끼지 않으며, 범행 계획 시 도덕적 양심 때문에 범행을 단념하는 경우는 거의 없다.
- 강도 범죄자들은 도주 가능성이나 목격될 가능성을 고려하는 등 실용적인 접근방법을 사용하여 범죄 장소로 적정하다고 생각되는 곳을 판단하고, 범행으로 얻을 수 있는 보상과 함께 그에 수반되는 잠재적인 위험성을 가늠한다.
- 대부분의 강도 범죄자들은 자신들이 이미 잘 알고 있기 때문에 훨씬 더 편안하고 안전함을 느끼는 장소를 선택한다.
- 범행 장소 결정에 있어서 강도범들은 금전적 가치가 높은 목표물을 얻을 수 있는 장소를 찾길 원하며, 노상강도의 경우에도 가능한 한 많은 보상을 제공하는 피해자를 찾기 위해 피해자가 입고 있는 옷이나 보석 등의 외적 단서에 의존한다.
- 강도들은 범행 대상을 선정할 때 존재하는 위험성과 보상을 분명히 고려하지만, 그들의 의사결정에서 뛰어날 정도의 합리성이나 전문성을 찾기는 힘들다.
- 강도 범죄의 유형 분류에 관한 연구들은 강도 범행 대상, 계획성이나 전문성 등 범죄자의 특성, 범행 동기, 피해자 접근 방식 등 그 분류 기준에 따라 다양하다.

참고문헌 References

김지영·박혜석·박지선·김지연 (2014). *연쇄 강력범죄 실태조사(III): 연쇄 강도.* 서울: 한국형사정책연구원.

대검찰청 (2024). *2024 범죄분석.* 서울: 대검찰청.

박지선, 최낙범 (2010). 범죄 행동을 통한 대인 강도 범죄자의 유형별 분류에 관한 연구. *한국공안행정학회보, 19,* 207-235.

심영희 (1991). 강도 범죄의 실태에 관한 연구. *형사정책연구, 2,* 149-219.

황지태 (2004). *강절도범의 범행대상 선택에 관한 연구.* 서울: 한국형사정책연구원.

Alarid, L. F., Burton, V. S., & Hochstetler, A. L. (2009). Group and solo robberies: Do accomplices shape criminal form? *Journal of Criminal Justice, 37,* 1-9.

Altizio, A. & York, D. (2007). *Robbery of convenience stores.* Washington, DC: U.S. Department of Justice.

Bartol, C. R. & Bartol, A. M. (2008). *Criminal Behavior: A psychosocial approach (8th ed.).* New Jersey: Pearson Prentice Hall.

Bellamy, L. (1996). Situational crime prevention and convenience store robbery. *Security Journal, 7(1),* 41-52.

Borzycki, M. (2008). *Armed robbery in Australia: 2005 National Armed Robbery Monitoring Program annual report.* Canberra: Australian Institute of Criminology.

Brookman, F., Mullins, C., Bennett, T., & Wright, R. (2007). Gender, motivation and the accomplishment of street robbery in the United Kingdom. *British Journal of Criminology, 47,* 861-864.

Burrell, A., Bull, R., & Bond, J. (2012). Linking personal robbery offences using offender behaviour. *Journal of Investigative Psychology and Offender Profiling, 9,* 201-222.

Catalano, P., Hill, B., & Long, B. (2001). Geographical analysis and serial crime investigation: A case study of armed robbery in Phoenix, Arizona. *Security Journal, 14(3),* 27-41.

Conklin, J. E. (1987). *Robbery and the criminal justice system.* Philadelphia: Lippincott.

Cook, P. J. (1986). The relationship between victim resistance and inquiry in noncommercial robbery. *Journal of Legal Studies, 2*(15), 405–416.

Cook, P. J. (1987). Robbery violence. *Journal of Criminal Law and Criminology, 78*(2), 357–376.

DeYoung, J. (1995). ATM crime: Expanding the judicial approach to a bank's liability for third–party crimes against ATM patrons. *Valparaiso University Law Review, 30,* 99–159.

Deakin, J., Smithson, H., Spencer, J., & Medina–Ariza, J. (2007). Taxing on the streets: Understanding the methods and process of street robbery. *Crime Prevention and Community Safety, 9,* 52–76.

Dolan, P., Loomes, G., Peasgood, T., & Tsuchiya, A. (2005). Estimating the intangible victim costs of violent crime. *British Journal of Criminology, 45,* 958–976.

Eck, J. E. (2002). Preventing crime at places. In L. W. Sherman, D. Farrington, & B. Welsh, (Eds.). *Evidence–based crime prevention.* New York: Routledge.

Faulkner, K., Landsittel, D., & Hendricks, S. (2001). Robbery characteristics and employee injuries in convenience stores. American *Journal of Industrial Medicine, 40(6),* 703–709.

Feeney, F. (1986). Robbers as decision–makers. In D. B. Cornish & R. V. Clarke (Eds.), *The reasoning criminal: rational choice perspectives on offending* (pp. 53–71). New York: Springer–Verlag.

Flatley, J., Kershaw, C., Smith, K., Chaplin, R., & Moon, D. (2010). *Crime in England and Wales 2009/10.* Findings from the British Crime Survey and police recorded crime (2nd Ed). Home Office Statistical Bulletin 12/10. London: Home Office.

Gabor, T. (1989). *Armed robbery.* Canberra, Australia: Australian Institute of Criminology.

Gabor, T., Baril, M., Cusson, M., Elie, D., LaBlanc, M., & Normandeau, A. (1987). *Armed robbery: Cops, robbers, and victims.* Springfield, IL: Charles C Thomas.

Gill, M. (2000). *Commercial robbery: Offenders' perspectives on security and crime prevention.* London: Blackstone Press Ltd.

Gill, M. & Pease, K. (1998). Repeat robbers: How are they different? In M. Gill (Ed.), *Crime at Work: Studies in Security and Crime Prevention.* Leicester: Perpetuity Press.

Goodwill, A. M., Stephens, S., Oziel, S., Yapp, J. & Bowes, N. (2012). Multidimensional latent classification of 'street robbery' offences. *Journal of Investigative Psychology and Offender Profiling, 9,* 93–109.

Home Office, (2011). *Home office counting rules for recorded crime: Robbery.* London: Home Office.

Hudak, R. (1988). How safe is your ATM(Automated Teller Machine)? *Security Management, 32(6),* 41–46.

Hunter, R. (1999). Convenience store robbery revisited: A review of prevention results. *Journal of Security Administration, 22,* 1–13.

Hurley, J. T. (1995). *Violent crime hits home.* FBI Law Enforcement Bulletin.

Jansen, R. & Van Koppen, P. (1998). The road to robbery. *British journal of criminology, 38(2),* 230–246.

Kapardis, A. (1988). One hundred convicted armed robbers in Melbourne: Myths and reality. In D. Challinger (Ed.), *Armed Robbery* (pp. 37–49). Canberra: Australian Institute of Criminology.

Klauss, P. (1999). *Carjackings in the United States, 1992–1996.* Washington, DC: Bureau of Justice Statistics.

Lejeune, R. (1977). Management of a mugging. *Urban Life, 6,* 123–148.

Letkemann, P. (1973). *Crime as work.* Englewood Cliffs, NJ: Prentice Hall.

Lins, S. & Erickson, R. (1998). Stores learn to inconvenience robbers. *Security Management, 42(11),* 49–53.

Luckenbill, D. F. (1982). Compliance under threat of severe punishment. *Social Forces, 60*(4), 810–825.

Matthews, R. (2002). *Armed robbery.* Cullompton, Devon: Willan Publishing.

McClintock, F. H. & Gibson, E. (1961). Robbery in London. *Probation Journal, 10,* 59–60.

McCluskey, J. D. (2013). A comparison of robbers' use of physical coercion in commercial and street robberies. *Crime & Delinquency, 59,* 419–442.

Miller, J. (1998). Up it up: Gender and the accomplishment of street robbery. *Criminology, 36*(1), 37–66.

Monk, K. M., Heinonen, J. A., & Eck, J. E. (2010). *Street robbery.* Problem-oriented guides for police problem-specific guides series no. 59.

Murray, C. A. (1983). The physical environment and community control of crime. In J. Q. Wilson (Ed.), *Crime and public policy* (pp. 107–122). San Francisco: Institute for Contemporary Studies.

Petrosino, A. J., & Brensilber, D. A. (1997). *Convenient victims: Results from intervies with 20 Boston convenience store employees who were robbed.* Boston: Massachusetts Committee on Criminal Justice.

Piotrowski, P. (2011). Street robbery offenders: Shades of rationality and reversal theory perspective. *Rationality and Society, 23,* 427–451.

Porter, L. E. & Alison, L. J. (2006). Behavioural coherence in group robbery: A circumplex model of offender and victim interactions. *Aggressive Behavior, 32,* 330–342.

Scott, M. S. (2002). *Robbery at Automated Teller Machines.* U.S. Department of Justice.

Shover, N. (1996). *Great pretenders: Pursuits and careers of persistent thieves.* Boulder: Westview.

Smith, J. (2003). *The nature of personal robbery* (Home Office research phase 254). London: Home Office.

Swanson., C. R., Chamelin., N. C., Territo., L., and Taylor, R. W. (2006). *Criminal investigation* (9th ed.). NY: McGraw Hill.

Tark, J., & Kleck, G. (2004). Resisting crime: The effects of victim action on the outcomes of crimes. *Criminology, 42(4),* 861–909.

Tilley, N., Smith, J., Finer, S., Erol, R., Charles, C., & Dobby, J. (2004). *Problem solving street crime: Practical lessons from the street crime initiative.* London: Home Office.

U.S. Department of Justice (2013). *Sourcebook of Criminal Justice Statistics.* Washington, D.C.: U.S. Department of Justice.

Van Koppen, P. J., & Jansen, R. (1998). The road to robbery: Travel patterns in commercial robberies. *British Journal of Criminology, 38, 230–246.*

Van Koppen, P. J., & Jansen, R. (1999). The time to rob: Variations in time of number of commercial robberies. *Journal of Research in Crime and Delinquency, 36*(1), 7–29.

Warner, B. D. (2007). Robberies with guns: Neighbourhood factors and the nature of crime. *Journal of Criminal Justice, 35(1),* 39-50.

Wellford, C. F., MacDonald, J. M., & Weiss, J. C. (1997). *Multistate study of convenience store robberies: Summary of findings.* Washington, DC: Justice Research and Statistics Association.

Wright, R. T. & Decker, S. H. (1997). *Armed robbers in action.* Boston: Northeastern University Press.

Willis, K. (2006). *Armed robbery: who commits it and why?* Trends & issues in crime and criminal justice no. 328. Canberra: Australian Institute of Criminology.

Woodhams, J. & Toye, K. (2007). An empirical test of the assumptions of case linkage and offender profiling with serial commercial robberies. *Psychology, Public Policy, and Law, 13,* 59-85.

Zimring, F. E., & Zuehl, J. (1986). Victim injury and death in urban robbery: A Chicago study. *Journal of Legal Studies, 15*(1), 1-40.

제 10 장

교제 폭력

Contents

- 들어가며
- 교제 폭력의 정의 및 유형
- 교제 폭력 범죄자의 특성
- 국내 교제 폭력 사례 - 창원 교제폭력 사건(2020)
- 교제 폭력 피해자의 특성
- 교제 폭력 피해자의 증상

Questions

1. 교제 폭력의 정의는 무엇이고, 어떠한 유형이 있을까?
2. 교제 폭력 범죄자의 특성은 어떠할까?
3. 교제 폭력 피해자의 특성은 어떠할까?
4. 교제 폭력 피해자가 보이는 증상에는 어떠한 것들이 있을까?

Objectives

1. 교제 폭력의 정의에 대해서 이해한다.
2. 교제 폭력의 다양한 유형에 대해 학습하고, 해당 유형에 포함되는 각각의 행동에 대해 탐구한다.
3. 교제 폭력 범죄자의 특성을 이해한다.
4. 교제 폭력 피해자의 특성에 대해서 살펴본다.
5. 교제 폭력 피해자가 나타내는 증상과 그에 영향을 미치는 요인에 대해 이해한다.

Chapter 10

교제 폭력

들어가며

2023년 5월 서울 금천구에서는 약 1년간 교제해 왔던 연인이 자신을 교제 폭력으로 경찰에 신고했다는 이유로 한 33세 남성이 경찰 조사를 마치고 나온 피해자(40대 여성)를 보복살해한 사건이 발생하였다. 이 30대 남성은 피해자의 팔을 잡아당기는 등 폭력을 행사하고 TV를 부쉈으며, 피해자의 신체를 동의 없이 촬영한 뒤 이를 피해자에게 전송하며 유포하겠다고 협박했던 사실도 드러났다.

이처럼 연인 관계에서 신체적, 정서적, 성적인 유형 등 다양한 형태의 폭력이 발생하고, 급기야는 살인으로까지 이어지는 사례들이 알려지면서 교제 폭력은 심각한 사회문제로 떠오르고 있다. 실제로 교제 폭력 신고 건수가 2020년대 들어 꾸준히 증가하고, 교제폭력 중에서 성폭력 범죄나 체포·감금·협박 등이 증가한 것으로 나타났다(치안정책연구소, 2023). 그러나 친밀한 관계에서 일어나는 폭력이라는 특성상 은폐되기 쉽고 신고로 이어지지 않는 경우가 많아 형사사법기관에 집계되지 않는 암수범죄가 많을 것으로 예상되므로, 실제로 일어나는 교제 폭력은 공식 통계보다 훨씬 더 많이 발생할 것으로 추정된다(치안정책연구소,

2023).

교제 폭력은 연인 관계라는 특성상 폭력의 위험신호들을 알아차리기 어렵고, 때로 피해자가 공포와 무기력으로 인해 관계에서 벗어나기를 망설이며 계속 머무르거나, 피해자가 자책하며 상대의 폭력을 감내하고, 보복에 대한 두려움으로 신고를 꺼리는 등 다양한 이유로 지속화되어 보다 심각한 범죄로 악화되기도 한다(박경은·유영권, 2017). 교제 폭력은 은밀하게 발생하고 외부에서 알아차리기 어려우며, 경찰이나 주변에 알려지더라도 때로는 연인 사이의 사적인 일로 취급되어 그 심각성이 경시되는 등의 이유로 외부의 적극적인 개입이 이루어지지 않기도 한다(이숙정·권호인, 2021). 이에, 국가기관인 대검찰청에서는 2023년 8월, '데이트폭력'이라는 용어가 심각한 범죄를 연인 간에 일어나는 불미스러운 일 정도로 사소화하고 그 심각성을 희석하는 것으로 비칠 우려가 있으므로 '교제폭력' 용어로 대체하여 지칭하였다(대검찰청, 2023).

여기에서는 우선 교제 폭력의 정의와 유형에 대해 알아보고, 교제 폭력 범죄자의 다양한 심리적 특성에 대해 알아볼 것이다. 더불어, 교제 폭력 피해자의 특성과 함께, 피해자들이 나타내는 증상에 대해서도 중점적으로 살펴볼 것이다.

교제 폭력의 정의 및 유형

교제 폭력의 정의는 학자에 따라 다양하게 나타나지만, 통상 교제 중인 연인 관계에서 양자 간 합의되지 않은 채 상대에 해를 끼칠 목적으로 신체적 혹은 정신적으로 고통을 주는 행위 등 상대가 원하지 않는 폭력을 일방적으로 행사하는 경우를 가리킨다(홍영오·연성진·주승희, 2015; Straus, Hamby, Boney-McCoy, & Sugarman, 1996). 경찰에서는 교제폭력에 대해 연인관계나 호감을 가지고 만나는 관계에서 일어나는 폭력으로, 한 사람이 일방적으로 상대를 감시(스토킹)하거나 통제하려는 행위와 정서적(언어적, 경제적) 학대, 신체적 폭력, 성적 폭력을 아우르는 개념으로 정의하는 World Health Organization(2013)의 지침을 따르고 있다(치안정책연구소, 2023). 한편, 2023년 3월 8일, 대검찰청에서는 보도자료를 통해 교제폭력의 범위에 대해서 교제 중뿐만 아니라 교제가 끝난 이후 발생하는 가까운 관계에서의 폭력으로도 규정하였는데, 이는 연인과의 결별 후 살인 등 중대범죄를 저지르는 사건들이 국내에서 잇따라 발생하면서 교제폭력의 범위를 교제 관계에 있거나 있었던 사람 사이에서 발생하는 폭력으로까지 확장한 것으로 해석할 수 있다(김한균, 2023).

그동안 교제 폭력의 유형으로는 통상적으로 신체적, 성적 폭력 등의 물리적인 폭력과 함께 정서적(심리적) 폭력 등이 포함되었다(Murray & Graybeal, 2007). 특히, 과거에는 신체적 폭력 등 그 피해가 외현적으로 드러나는 물리적인 폭력이 주목받아 왔다(양승애·서경현, 2014; Lewis & Fremouw, 2001). 그러나, 그 피해가 가시적으로 드러나지 않으나 심각한 정신적인 고통을 야기하는 정서적 폭력의 중요성에 대한 관심이 점차적으로 높아지게 되었다(박미소·이지연, 2021; 오주령·박지선, 2019). 이러한 정서적 폭력과 더불어, 비교적 최근 들어 상대를 자신이 원하는 방향으로 행동하게끔 강제하고 상대의 생각이나 느낌을 규제하고 억압하는 통제행동 또한 교제 폭력의 한 유형으로서 포함되고 있다(홍영오 외, 2015).

1. 신체적 폭력

신체적 폭력은 상대에게 해를 가하려는 의도로 때리고 밀치는 등 힘을 쓰거나 흉기 등의 도구를 써서 상대에게 고통을 주고 상해를 입히는 행동을 가리킨다. 교제 폭력을 측정하는 연구에서 국내외를 막론하고 가장 폭넓게 사용되는 갈등책략 척도(The Revised Conflict Tactics Scales: CTS2)에서 사용하는 문항들을 바탕으로, 신체적 폭력에는 통상 다음과 같은 행동들이 포함된다(〈표 1〉 참조)(홍영오 외, 2015; Straus et al., 1996).

표 1. 교제 관계에서의 신체적 폭력

1	다치게 할 수 있는 물건을 상대방에게 던진 적이 있다.
2	상대방의 팔을 비틀거나 머리채를 잡은 적이 있다.

3	상대방을 거칠게 밀친 적이 있다.
4	상대방을 아플 정도로 잡아채거나 움켜잡은 적이 있다.
5	상대방의 뺨을 때린 적이 있다.
6	칼 등 흉기를 상대방에게 사용한 적이 있다.
7	다치게 할 수 있는 물건(벨트, 몽둥이, 골프채 등)으로 때린 적이 있다.
8	상대방의 목을 조른 적이 있다.
9	상대방을 벽 쪽으로 세게 밀어붙인 적이 있다.
10	상대방을 마구 때린 적이 있다.
11	뜨거운 불 등으로 화상을 입힌 적이 있다.
12	상대방을 발로 찬 적이 있다.

다음 2016년 강원도 원주에서 발생한 교제 폭력 사건은 연인 관계에서 발생하는 신체적 폭력의 양상을 잘 보여준다(춘천지방법원원주지원 2017. 4. 20 선고 2016 고단 1266 판결):

사건개요

- 폭행: 2016년 5월 18일 23시경 원주시 한 호텔 객실에서 여자친구이던 피해자(여, 28세)와 말다툼을 하다가, 피해자가 나가겠다고 하자 손으로 왼쪽 뺨을 3회 때리고, 양손으로 목을 조른 후 어깨를 밀어 방바닥에 넘어지게 하는 등 폭행함
- 상해: 2016년 8월 15일 밤 8시경 원주시 소재 피고인의 주거지에서, 동거하던 피해자의 어깨를 손으로 밀어 바닥에 넘어뜨리고, 피해자가 일어나자 손으로 양쪽 뺨을 때려고, 피해자가 피고인의 뺨을 때리자 피해자의 양쪽 뺨을 여러 차례 때리고, 몸을 손으로 밀어 바닥에 넘어지게 하고, 피해자가 집 밖으로 뛰어나가자 쫓아가 손으로 오른쪽 팔을 잡아 꺾어 약 18일 동안의 치료가 필요한 상해를 입힘

범죄자 특성

- 벌금형 1회 외에는 형사처벌을 받은 전력이 없음

- 피고인이 몇 차례 합의를 시도했으나, 피해자는 피고인을 용서하지 않음
- 2017년 4월 20일, 춘천지방법원원주지원에서 징역 6월 선고

2. 정서적 폭력

정서적 폭력은 의도적으로 고함을 지르고 욕설이나 비난 등 언어폭력을 가하거나 물건을 부수고 폭력사용에 대해 위협을 하는 등, 상대에 대한 직접적인 물리적 폭력은 아니지만 심리적으로 고통을 초래하는 경우를 지칭한다. 정서적 폭력에는 통상 다음과 같은 행동들이 포함된다(〈표 2〉 참조)(홍영오 외, 2015; Straus et al., 1996).

표 2. 교제 관계에서의 정서적 폭력

1	욕을 하거나 모욕적인 말을 한 적이 있다.
2	고함을 지르거나 소리를 지른 적이 있다.
3	상대방과 다투다가 방이나 집 등에서 자리를 박차고 나간 적이 있다.
4	상대방을 괴롭히기 위해 악의에 찬 말을 한 적이 있다.
5	상대방을 뚱뚱하거나 못생겼다고 놀린 적이 있다.
6	상대방의 소유물을 부순 적이 있다.
7	상대방을 형편없는 사람이라고 비난한 적이 있다.
8	때리거나 물건을 던지겠다고 위협한 적이 있다.

다음 2018년 8월 울산에서 발생한 교제 폭력 사건은 연인 관계에서 발생하는 신체적 폭력과 함께, 상대의 소유물을 부수는 등 정서적 폭력의 양상 또한 포함되어 있다(울산지방법원 2019. 3. 14 선고 2018 고단 3306 판결):

사건개요

- 상해: 2018년 8월 21일 새벽 4시경 울산 소재 한 식당 앞 노상에서 여자친구인 피해자(여, 26세)가 운전하는 차량 안에서 이야기를 하던 중, 피해자가 이야기에 집중하지 아니하고 휴대폰을 계속 보는 것에 화가 난다는 이유로 주먹으로 피해자의 얼굴 부위를 때려 피해자에게 약 2주간 치료를 요하는

안구 및 안와조직의 타박상 등의 상해를 가함

- 재물손괴: 같은 날 새벽 4시 30분경, 위와 같은 이유로 화가 나 피해자 소유인 위 차량 양쪽 사이드미러를 발로 차 부러뜨려 수리비 7만 원이 들 정도로 피해자의 재물을 손괴함. 이후 새벽 5시경 울산 소재 한 원룸 주차장에서, 위와 같은 이유로 화가 나 그곳에 주차되어 있던 위 피해자 소유 승용차의 앞 및 옆 유리, 조수석 쪽 뒷문에 돌을 던져 수리비 120만 원이 들 정도로 피해자의 재물을 손괴함

범죄자 특성

- 2015년 4월 울산지방법원에서 특정범죄가중처벌 등에 관한 법률위반(도주차량) 죄 등으로 징역 8월, 집행유예 2년을 선고받고, 그 유예기간 중인 2016년 6월 같은 법원에서 특정범죄가중처벌 등에 관한 법률위반(도주차량) 죄 등으로 징역 8월을 선고받아 위 집행유예 선고가 실효되었으며, 포항교도소에서 그 형의 집행 중 2017년 7월 가석방됨
- 폭력행위 등으로 처벌받은 전력이 수회 있음에도 누범기간 중에 다시 이 사건 범행을 저지름
- 피해자와 합의 후 6개월이 경과하였음에도 합의금 지급 등 합의내용을 제대로 이행하지 않음
- 2019년 3월 14일, 울산지방법원에서 징역 8월 선고

3. 성적 폭력

성적 폭력은 상호 합의 없이 일방적으로 신체적 접촉을 하거나 원치 않는 상대에게 성적 행동을 강요하고, 상대의 동의 없이 신체 사진이나 영상을 촬영하는 행위 등을 가리킨다. 성적 폭력에는 통상 다음과 같은 행동들이 포함된다(〈표 3〉 참조)(홍영오 외, 2015; Straus et al., 1996).

표 3. 교제 관계에서의 성적 폭력

1	상대방이 원하지 않는데도 얼굴, 팔, 다리 등 몸을 만진 적이 있다.
2	상대방의 기분에 상관없이 키스를 한 적이 있다.
3	상대방이 원하지 않는데도 애무를 한 적이 있다.
4	상대방의 의사에 상관없이 가슴, 엉덩이 또는 성기를 만진 적이 있다.
5	신체적 폭력을 쓰진 않았으나, 상대방이 원하지 않는 성관계를 강요한 적이 있다.
6	성관계를 하기 위해 상대방을 잡거나 누르는 등의 완력을 사용한 적이 있다.
7	성관계를 하기 위해 상대방을 때리거나, 상대를 다치게 할 수 있는 흉기를 사용한 적이 있다.
8	성관계를 하기 위해 상대방을 위협한 적이 있다.
9	상대방이 원하지 않거나 동의한 적 없는 성관계 동영상이나 나체 사진을 찍은 적이 있다.
10	콘돔 없이는 성관계를 원하지 않는 상대방에게 콘돔을 사용하지 않고 성관계하도록 요구한 적이 있다.

4. 통제행동

교제 관계에서의 통제행동은 자신의 뜻대로 상대의 사고나 감정을 규정하며 상대의 대인관계를 제한하여 고립시키고, 일정이나 옷차림에 간섭하는 등 자신이 원하는 대로 상대가 행동하도록 강요하고 감시하는 등의 행위로 정의된다(World Health Organization, 2010). 과거에는 통제행동을 정서적 폭력 유형에 포함하기도 하였지만, 연인 관계를 위계적으로 지각하고 상대보다 관계에서 우위를 점유하기 위해 사용된다는 점에서 최근으로 올수록 정서적 폭력과는 별개의 유형으로 나누어 연구하고 있다(Johnson, Eriksson, Mazeroll, & Wortley, 2019). 특히 신체적, 정서적, 성적 폭력 등 여러 교제 폭력 유형 중 통제행동이 가장 빈번하게 발생한 것으로 나타난 바 있다(홍영오, 2017).

통제행동은 상대의 사고를 제한하고 감정을 무시하며 상대의 의사결정을 자신이 원하는 방향대로 조종한다는 점에서 더욱 그 폭력성에 주목할 필요가 있다(권진숙·박시현, 2019). 교제 관계에서 상대의 생각과 행동을 규제하고 조종하는 통제행동은 피해자로 하여금 장기적인 후유증을 초래한다(Matheson et al.,

2015). 통제행동은 신체적 폭력 등 다른 교제 폭력 유형을 예측하는 전조증상으로서, 관계의 위험성을 알려주는 신호로 작용하기도 한다(허수진·김보경·김범준, 2019).

통제행동에는 통상 다음과 같은 행동들이 포함된다(박지선, 2024; 홍영오 외, 2015).

표 4. 교제 관계에서의 통제 행동

1	상대방의 핸드폰, 이메일, 개인 블로그나 SNS 등을 자주 점검했다.
2	상대방의 옷차림을 제한했다.
3	상대방이 동아리나 모임 활동을 못 하게 했다.
4	상대방의 일정을 통제하고 간섭했다.
5	상대방과 통화가 될 때까지 계속해서 전화했다.
6	다른 사람과 통화하지 못하게 했다.
7	친구들을 못 만나게 했다.
8	누구와 함께 있는지 항상 확인했다.
9	다른 이성을 만나는지 의심했다.
10	상대방이 싫어하는 것을 하도록 만든 적이 있다.
11	상대방이 하는 일이 내 마음에 들지 않으면 그만두게 한 적이 있다.

교제 폭력 범죄자의 특성

교제 폭력 범죄자의 연령대는 20-30대가 약 60%를 차지하는 등 비교적 젊은 연령대에 집중되지만, 40대가 18%, 50대가 12%로 나타나는 등 다양한 범위에 분포해 있다는 점도 간과되어서는 안 된다(치안정책연구소, 2022).

교제 폭력에 영향을 미치는 요인에는 과거 아동기 학대 경험이나 음주 및 약물 남용 같은 배경 특성과 함께, 성역할태도나 폭력 허용도와 같은 태도 요인, 집착이나 분노 등의 특성 등이 다각도로 연구되어 왔다(양난미, 2009; 윤진·양승연·박병금, 2012; 주지현·서경현, 2015; Reyes, Foshee, Niolon, Reidy, & Hall, 2016; Shorey, Stuart, & Cornelius, 2011).

우선, 어린 시절 신체적 폭력과 같은 아동학대를 겪거나 가정폭력 피해를 직접 경험하거나 목격하는 경우, 성인이 되어 연인 간에 갈등이 발생하면 폭력으로 대응하려는 경향이 나타나 교제 폭력으로 이어지기도 한다(윤진·양승연·박병금, 2012; 이승규·최현정, 2021). 실제로 어린 시절 신체적, 정서적 학대를 부모로부터 당한 경험이 많을수록 연인 관계에서의 신체적, 정서적, 성적 폭력 및 통제행동을 저지를 위험이 더 높았다(홍영오, 2017). 또한, 성장기 부모와의 상호작용을 통해 안정적이지 못한 애착을 형성한 불안애착이 높을수록, 관계에 대한 걱정이 많고 버림받을 것에 대한 두려움이 높으며 상대에 집착하고 통제하려 하는 등 교제 폭력을 저지를 위험성이 더 높았다(허수진 외, 2019; Doumas, Pearson, Elgin, & McKinley, 2008). 덧붙여, 음주 문제와 약물 남용은 교제 폭력의 위험성을 높이는 것으로 드러났다(양난미, 2009; Lewis & Fremouw, 2001; Shoreyet al., 2011).

남성과 여성에게 각각 사회에서 바람직하다고 규정하는 역할대로 행동할 것을 기대하는 전통적 성역할 태도가 강할수록 교제 폭력의 위험도가 더 높았다(Reyes et al., 2016). 즉, 남성은 능동적이고 주도적으로, 여성은 수용적이고 협력적으로 행동할 것을 기대하는 성역할 태도가 강하게 형성된 사람일수록 교제 폭력 가해 경험이 더 많았다(김은경·엄애선, 2010). 또한, 대인관계 문제상황에서 대처수단으로 폭력을 사용하는 것이 정당하다고 생각하는 폭력에 대한 허용도가 높을수록, 연인 관계에서 신체적, 정서적, 성적 폭력 및 통제행동을 더 많이 보이는 것으로 나타났다(홍영오, 2017).

더불어, 관계에서 상대에 대한 의심과 질투가 많고 함께 있지 않으면 외로움을 느끼며 관계 속에서 계속 애정을 확인하고자 하는 집착 성향이 높을수록 신체적, 성적 교제폭력 가해 경험이 더 많았다(주지현·서경현, 2015). 또한, 분노 수준이 높을수록 연인 관계에서 신체적, 정서적 폭력 가해 수준이 더 높았다(김시원·박경, 2012; 양난미, 2009).

이와 더불어, 여기에서는 최근 국내외 선행 연구에서 교제 폭력과의 연관성이 집중적으로 탐구되고 있는 경계선 성격(박지선, 2024)과 자기애(원선호·배성만, 2020), 거부민감성(최단비·권호인, 2023), 관계중독(박미소·이지연, 2021), 내면화된 수치심(이인숙·최해림, 2005) 등의 심리적 특성에 대해 심층적으로 살펴보고자 한다.

1. 경계선 성격

버림받을 것에 대한 두려움과 불안정한 대인관계를 주요한 특징으로 하는 경계선 성격(borderline personality)은 교제 폭력과 관련이 높은 대표적인 특성으로 알려져 있다(이기은·이종현·김도연, 2020; Hines, 2008). 경계선 성격은 정서적 불안정과 충동성, 격렬한 대인관계, 자기 파괴적인 행동 등이 특징이다(홍상황·김영환, 1998; Morey, 2003). 경계선 성격은 대인 관계에서의 인지적 왜곡과도 관련이 있는데, 유기 불안이 심화되면 상대의 의도를 부정적으로 편향되게 해석하고, 사소하거나 중립적인 단서도 거절로 지각하며 과도하게 반응하기도 한다(Agrawal, Gunderson, Holmes, & Lyons-Ruth, 2004). 이러한 불안으로부터 스스로를 방어하기 위해 관계를 통제하려는 욕구를 느끼며, 특히 연인과 다른 이성과의 관계에 대한 과도한 의심과 불안으로 인해 상대를 감시하고 조종하기도 한다(Follingstad, Bradley, Helff, & Laughlin, 2002; Tragesser, & Benfield, 2012).

경계선 성격이 강하면 상대에 대한 집착 등 관계에서 불안정성이 높고, 특히 거부에 대한 두려움이 활성화되면 심한 분노를 느끼는 등 정서 조절에 문제를 보이며, 자기 손상 혹은 상대에 대한 폭력으로 이어지기도 한다(양승애·서경현, 2014; Hines, 2008). 경계선 성격은 연인과 같은 친밀한 관계 내 폭력과 관련이 높으며, 교제 폭력을 예측하는 요인으로 알려져 있다(조성진·곽대경, 2022; Bouchard, Sabourin, Lussier, & Villeneuve, 2009). 실제로, 경계선 성격이 강할수록 연인 관계에서 신체적, 정서적, 성적 폭력 및 통제행동을 더 많이 보이는 것으로 나타났다(홍영오, 2017).

2. 자기애

자신의 중요성을 과장하여 지각하며 우월감을 느끼고 다른 사람에 대해서는 낮은 공감을 보이는 자기애적 성격은 최근 교제 폭력에 영향을 미치는 요인으로 특히 주목받고 있다(김시원·박경, 2012). 정신장애의 진단 및 통계 편람(DSM-5: APA, 2013)에서 자기애는 자신을 매우 특별한 존재라 여기며 오만한 태도를 보이고, 남들과는 다른 특별대우를 기대하는 등의 성향을 일컫는다(Raskin & Terry, 1988). 자기애가 강한 사람은 자신의 능력과 가치를 과도하게 높게 평가하며 자아도취적이고, 타인에 대한 배려가 부족하며 타인에 영향력을 행사하여 자기 뜻대로 조종하고 착취하려는 태도를 보인다(Corry, Merritt, Mrug, & Pamp, 2008).

자기애는 다양한 하위요인으로 구성된 복합적인 개념으로, 임상 심리뿐만 아니라 성격, 건강, 사회 등 여러 심리학 분야에서 중요한 특성으로 연구되어 왔다(정남운, 2001; Emmons, 1987). 특히 공격성과 관련하여 자기애가 미치는 부정적 영향에 관한 연구가 국내외에서 꾸준히 진행되고 있다(신다혜·이인혜, 2021; Du, Miller, & Lynam, 2021). 즉, 웅대한 자기상을 지니는 자기애가 강할수록 다른 사람으로부터의 부정적 평가를 잘 받아들이지 못하며, 모욕감을 느끼고 쉽게 분노하여 공격성으로 이어지기도 한다(Kjærvik, & Bushman, 2021). 자기애가 강하면 대인 간 갈등 시 자아에 대한 위협을 느끼는 상황에서 상대에 대한 복수심에 폭력성을 표출할 가능성이 있다(Baumeister, Bushman, & Campbell, 2000).

자기애의 여러 하위요인 중에서도 특히 특권의식과 착취성은 대표적인 부적응적 속성으로, 공격성을 잘 예측하는 요인으로 알려져 있다(이은진·김영윤·김범준, 2010; Reidy, Zeichner, Foster, & Martinez, 2008). 특권의식은 자신이 남들보다 더 많이 갖고 누릴 가치가 있는 존재이며 더 나은 대접을 받을 자격이 있다고 생각하는 성향이다(Ackerman & Donnellan, 2013). 특권의식이 높으면 성공에 대한 높은 기대 때문에 자신이 원하는 결과를 얻지 못하는 상황에서는 더 쉽게 분노를 느끼며(Zitek & Jordan, 2021), 부정적 평가나 비판을 받았을 때 더 공격적으로 행동하는 경향을 보인다(Campbell, Bonacci, Shelton, Exline, & Bushman, 2004). 이러한 특권의식과 함께, 타인에 무관심하며 자기중심적이고 타인을 자기 뜻대로 조종하려 하는 경향인 착취성 또한 공격성을 예측하는 요인이다(Reidy et al., 2008).

자기애 성격이 강할수록 높은 특권의식으로 다른 사람으로부터의 거절이나 비판을 잘 받아들이지 못하고(Bushman, Bonacci, van Dijk, & Baumeister, 2003), 과장된 자기상을 유지하기 위해 의사결정을 주도하는 등 관계에서 상대를 지배하려 하는 특성을 보인다(Vrabel, Zeigler-Hill, Lehtman, & Hernandez, 2020). 결국, 자기애적 성격이 강할수록 적대적 태도를 보이며, 신체적, 정서적, 성적 유형의 교제 폭력을 실제로 더 많이 저지르는 것으로 나타났다(김나은·박지선, 2022; 남귀숙·이수진, 2020; Ryan, Weikel, & Sprechini, 2008). 또한, 자기애의 하위요인 가운데 공격성과 관련이 높은 것으로 알려진 특권의식이 높을수록 교제폭력의 또 다른 유형인 통제행동도 연인 관계에서 더 많이 보인다(이한울·박지선, 2022).

3. 거부민감성

거부민감성은 상대방과의 관계가 멀어지는 것에 대한 걱정이 많고 상대가 나를 떠나는 등 거부당할 것에 대한 불안이 높아, 대인관계에서 사소하거나 모호한 신호를 거부로 인식하는 경향이 높으며 여기에 과민하게 반응하는 특성을 일컫는다(박미소·이지연, 2021). 거부민감성이 높으면 타인이 나를 거부할 것이라는 기대가 높고 타인의 행동을 위협적이고 적대적으로 해석하는 편향을 보여 불안과 분노를 느끼며, 이에 높은 스트레스를 경험하고 예기치 못한 공격성을 보이는 등 과잉 반응하기도 한다(박명진·양난미, 2017; Zimmer-Gembeck, Nesdale, Webb, Khatibi, & Downey, 2016).

거부민감성이 높으면 거절당할 것에 대한 두려움 때문에 자신의 의사표시를 확실하게 하지 못하고 감정 표현도 억압하는 경향이 있어, 친밀한 관계의 사람과 갈등을 겪고 낮은 관계 만족도를 보인다(고은영·김미경, 2020). 거부민감성은 타인의 의도를 부정적으로 인식하여 대인 관계 전반에서 역기능을 초래하고, 특히 친밀한 관계에서 버려질 것에 대한 두려움으로 인해 상대를 통제하여 관계를 유지하려 폭력을 사용하기도 하는 등 교제 폭력을 예측하는 것으로 확인되었다(신지연·최수미, 2017; Downey, Feldman, & Ayduk, 2000). 즉, 버림받는 것에 대한 불안이 높고 거부 단서에 선택적으로 높은 주의를 기울이며 거부를 지각하면 격렬한 과잉 반응을 보이는 거부민감성이 높을수록 교제 폭력을 더 많이 저질렀다(최단비·권호인, 2023).

4. 관계중독

관계중독은 부적응적인 관계 맺기 양상의 하나로, 혼자 있는 것을 두려워하며 반드시 관계 속에 있어야 한다는 강박적 사고로 인해 해로운 관계임에도 불구하고 빠져나오지 못하고, 관계에 지나치게 의존하며 관계 경험 자체에 과도하게 몰입하는 특성을 지칭한다(선미진·서수균, 2021). 관계중독의 핵심은 친밀함에 대한 지나친 갈망을 스스로 통제하지 못하여 관계에 매달리게 되고, 현실을 직시하지 못하고 관계를 왜곡하여 지각하며 결국 삶에 부정적이고 파괴적인 결과를 초래한다는 점에 있다(이인재·양난미, 2020). 관계중독 경향을 보이는 사람들은 관계 속에 있지 않으면 불완전함을 느끼고, 자신의 공허감을 채우려 관계에 과도하게 집착하며 높은 불안과 질투, 소유욕으로 상대를 통제하려 하기도 한다(박미소·이지연, 2021; Redcay, & McMahon, 2021).

관계중독이 높으면 자신의 정서나 행동을 조절하는 데 어려움을 겪고, 자신이 경험하는 공허감을 관계를 통해서만 해결하려는 경향 때문에 파괴적이고 병리적인 관계라 해도 상대가 자신을 떠나가지 못하게 애쓰기도 한다(선미진·서수균, 2021). 관계중독이 높은 사람들은 관계 속에 있지 않으면 우울을 느끼며, 충동을 통제하지 못하고 금단 증상으로 인해 문제가 있는 관계라도 이를 갈구하고 관계를 맺거나 유지하고자 하려는 경향을 보인다(이인재·양난미, 2020; Redcay, & Simonetti, 2018).

관계중독은 교제 폭력과 관련이 높다. 즉, 관계중독이 높을수록 연인 관계에서 상대에게 교제 폭력을 더 많이 가하고(조영주 · 심은정, 2023), 정서적 폭력과 통제행동을 더 많이 보였다(박미소 · 이지연, 2021).

5. 내면화된 수치심

내면화된 수치심은 자신이 부족하고 못난 사람이라고 느끼는 등 자아를 부정적으로 인식하는 경험을 지속적으로 반복하며 수치심을 내면화하여 받아들인 것으로, 특정 상황에 대해 순간적으로 경험하는 정서가 아니라 대인 관계나 사회적 상황 속에서 만성적으로 경험하며 성격으로 굳어진 특질이다(이인숙 · 최해림, 2005). 이러한 부정적 자기 평가와 무가치감, 만성화된 부적절감은 불안, 분노, 적개심 등을 느끼는 심리적 불편감으로 이어지고, 타인의 평가에 민감하게 반응하는 등 대인 관계에 손상을 가져온다(이지연, 2008; Wojcik, Cox, & Kealy, 2019).

특히 타인이 자신의 결함이나 실수를 알아차릴 것이라는 부정적인 기대로부터 오는 두려움과 불안을 느끼고, 수치심으로부터 스스로를 방어하기 위해 자신에게 수치심을 유발한다고 인식하는 타인을 비난하거나 공격할 수 있다(김현진 · 김해란, 2018; Elison, Garofalo, & Velotti, 2014). 자신의 존재 중심에서 느끼는 내면화된 수치심이 높으면 스스로를 보잘것없고 결점이 많은 존재로 인식하고, 남들도 자신을 무시한다고 느끼기 때문에 대인 관계에서 적대적인 태도를 보이며 분노를 느끼고 공격성으로 표출될 수 있다(임정우 · 홍혜영, 2016).

실제로 내면화된 수치심은 연인 간 관계적 공격성으로 이어지기도 하며(정유지, 2022), 데이트 관계에서의 정서적 폭력과도 관련이 높다(Harper, Austin, Cercone, & Arias, 2005). 또한, 내면화된 수치심이 높을수록 친밀한 관계 내에서 신체적, 정서적 폭력을 더 많이 저지른다(Hundt & Holohan, 2012). 더불어, 내면화된 수치심이 높은 사람은 자신의 결점이 드러날 것을 우려해 관계에 과도하게 집착하며 자신을 보호하려 타인을 통제하려는 경향을 보이기도 하는데(이태영 · 심혜숙, 2011), 실제로 내면화된 수치심이 높을수록 연인 관계에서 상대에 대한 통제행동을 더 많이 보였다(박은선·박지선, 2024).

국내 교제 폭력 사례 - 창원 교제 폭력 사건(2020)

(출처: 창원지방법원 2021. 10. 29. 선고 2021 고단 2048 판결)

가-피해자 관계

피고인은 23세 여성인 피해자와 약 3개월(2020년 7월-2020년 10월) 간 연인 관계로 지냈다. 2020년 10월 7일, 피해자는 피고인에게 연인 관계를 끝낼 것을 요구하였고, 반면에 피고인은 피해자와 계속 교제를 이어가기를 원하는 상태였다.

범행 특성

1. 2020년 9월 6일 밤 23시경, 피고인은 피해자가 다른 남자로부터 문자메시지를 받은 것을 보고 화가 나 말다툼하다 손바닥으로 피해자의 머리를 때려 폭행하였다. 피해자는 당시 상황에 대해, 동네 친구로부터 온 메시지를 피고인이 보자 왜 다른 남자들과 연락하고 지내냐며 화를 내기 시작하였고, 이에 피해자가 이런 것까지 일일이 이야기를 해야 되는지 따지자 피고인이 손으로 머리를 때렸다고 진술하였다. 피해자는 피고인과 교제 중 피고인으로부터 맞은 것은 이때가 처음이라고 하였다.

피고인은 보름 후인 9월 21일에도, 성관계 장면을 촬영하자는 자신의 제안을 거절하는 피해자에게 화가 났다는 이유로 손으로 피해자의 목을 졸라 폭행하였다. 이어 9월 26일 밤 21시경, 피해자의 휴대전화를 보다 남자와 찍은 사진을 발견하자 화가 나 피해자의 다리와 손목 등을 때려 폭행하였다.

2. 피고인은 피해자가 다른 남자를 만났다는 이유로 2020년 9월 23일 오전 11시 40분부터 오후 13시 56분까지 약 2시간여 동안 문자메시지를 통하여 피해자에게 '죽이겠다, 닥쳐라.'라는 등의 내용을 전송하였다. 더 나아가 그때부터 2020년 10월 6일까지 총 25회에 걸쳐 '지켜본다, (피해자) 주변 가까운 사람들 모두 피해

본다, 집 쳐들어 간다, 진짜 끝까지 간다, 끝까지 괴롭힐 거야' 등 욕설을 섞은 내용을 포함한 메시지를 전송하였다.

3. 더불어, 피고인은 10월 7일 오전 8시경 연인 관계를 끝내자는 피해자에게 "평생 남자를 못 만나게 해 주겠다. 끝까지 괴롭혀주겠다."라고 말하는 등 피해자를 협박하였다.

범행 분석

피고인은 피해자의 머리를 손으로 때리고 목을 조르는 등의 신체적 폭력 외에도, 피해자가 다른 이성과 연락하거나 만나지 못하게 하며 피해자의 휴대전화와 SNS를 감시하는 등의 통제행동을 포함한 다양한 형태의 교제 폭력을 저질렀다.

피고인은 동종의 범죄를 저지른 전력은 없으나 징역형의 집행유예기간 중에 이 사건을 저질렀다. 피고인은 진지한 반성의 태도도 보이지 않았으며, 피해자 부모에게 고소를 취소하지 않으면 맞고소하겠다며 압박하는 전화를 하기도 하였다.

교제 폭력 피해자의 특성

교제 폭력 피해자들은 때로 연인으로부터의 신체적, 정서적 폭력의 심각성을 인지하지 못하거나, 피해 사실이 알려졌을 때 사생활이 노출될 것에 대한 걱정으로 신고하기를 꺼리고, 수치심 때문에 주변에 드러내지 않은 채 도움받기를 거부하기도 한다(우현진·장숙희·권호인, 2017). 그러나 교제 폭력은 친밀한 관계에서 발생하는 특성상 피해가 반복적으로 발생할 수 있고, 장기화될수록 점점 더 심각한 폭력으로 악화될 수 있다(이기은 외, 2020).

교제 폭력은 20-30대뿐만 아니라 40대, 50대, 60대 이상의 노년에 이르기까지 다양한 연령대의 피해자를 대상으로 발생한다(홍영오 외, 2015). 그러나, 국내 교제 폭력 관련 연구들은 대부분 청소년이나 대학생 등 비교적 젊은 층을 대상으로 진행됐다는 점이 한계로 지적되고 있다(최진·최가연·채정희·송연주, 2019). 더불어, 교제 폭력 유형 중에서도 신체적, 성적 폭력에 연구가 집중되어 왔고,

정서적 폭력에 관한 연구는 상대적으로 적은 편이다(홍영오, 2017). 그러나, 정서적 폭력의 경우 물리적 공격성이 겉으로 드러나지 않아 피해자들이 그 심각성을 경시하는 경향이 있으나, 다른 유형의 교제 폭력과 마찬가지로 높은 우울과 낮은 심리적 안녕감 등 피해자에게 중대한 후유증을 초래할 수 있다(이옥희·박중규, 2011; 정혜원·이승연, 2019).

교제 폭력 피해를 겪으면서도 관계에 머무르는 피해자의 특성 중 하나로 성역할 고정관념이 있다(최윤경·송원영, 2014). 성역할 고정관념은 전통적으로 남성과 여성으로 구분되는 성별에 따라 사회 안에서 규정하고 기대하는 특성과 역할을 구분하여, 남성의 경우 독립적이고 공격적인 역할을 할 것으로 기대하는 반면, 여성의 경우에는 의존적이고 순종적인 역할을 할 것으로 기대하는 경향을 일컫는다(Gerber, 1991). 이러한 성역할 고정관념이 강한 여성일수록 자기주장을 잘하지 못하며 연인과의 관계에서 거절을 하기 어려워하는 등 주도적 의사결정에 어려움을 겪어, 교제 폭력 허용도가 높고 실제로 교제 폭력 피해 경험이 더 많았다(손강숙·정소미, 2016; 최윤경·송원영, 2014).

교제 폭력 피해자들은 때로 연인과의 관계의 질이나 그 만족도를 객관적으로 평가하지 못하고, 폭력을 참고 견디면 결국 관계가 좋아질 것이라거나 자신이 노력하면 상대가 변할 것이라는 잘못된 믿음 때문에 관계에서 벗어나지 못하기도 한다(이은혜·이초롱·현명호, 2009). 즉, 상대의 폭력적인 면을 자신의 사랑으로 바꿀 수 있다는 등 관계나 상대에 대한 자신의 통제력을 과장되게 높게 인식할수록, 폭력적인 관계라도 종료하지 않고 유지할 가능성이 높은 것으로 나타났다(이정은·현명호·유제민, 2007).

흥미롭게도 집착과 관계중독, 폭력 허용도는 교제 폭력의 가해 위험성을 높이는 동시에, 피해 위험성을 높이기도 한다. 우선, 관계에서 상대에 대한 의심이 많고 집착 성향이 높을수록 신체적, 성적인 교제 폭력 피해의 경험이 더 많았다(주지현·서경현, 2015). 또한, 관계중독 성향이 높고 폭력에 대한 허용도가 높을수록 연인 관계에서 신체적, 심리적, 성적 폭력의 피해 경험이 더 많았다(최진 외, 2019). 특히 자신에게 해로운 관계임을 알면서도 벗어나지 못하고, 관계 유지를 위해 자신의 많은 것을 포기하고 고통을 감내하며 희생하는 등 상대의 요구를 거절하지 못하는 관계중독 경향이 높을수록, 연인 관계에서 신체적, 심리적, 성적 폭력 피해의 경험이 더 많았다(박진경, 2022; 이윤연·장현아, 2017; 조영주·심은정, 2023).

교제 폭력 피해자의 증상

교제 폭력을 당한 피해자들은 공포나 무기력 등 다양한 감정을 경험하며 복합적인 증상을 호소하고, 이후 후유증으로 나타나는 반응이나 행동이 개인에 따라 크게 달라질 수 있으며 그 심각성이나 지속성에 있어서도 상당한 개인차를 보인다(박경은·유영권, 2017). 교제 폭력은 피해자로 하여금 자존감의 저하를 불러올 수 있고, 정서적 둔감화나 마비를 야기하거나 사람에 대한 전반적인 불신을 초래하며 사회적인 활동에 위축을 가져와 전반적으로 삶의 질을 떨어뜨리는 등 장기적인 후유증을 불러올 수 있다(Beck et al., 2014). 또한 우울이나 불안, 수치심 등의 다양한 증상을 야기하는 등 피해자의 정신건강을 심각하게 저해하고, 정신적 고통이 두통이나 수면 장애 등의 신체화된 증상으로 발현되며 때로는 자해 시도 등 자기 파괴적 행동으로까지 이어지는 등 피해자에게 복합적인 증상으로 나타날 수 있다(Sabina & Straus, 2008). 특히 대인 간 장기적이고 반복적으로 발생하는 교제 폭력 발생 이후, 피해자들은 분노 폭발 등 정서 조절에의 어려움이나 신체화 증상, 수치심이나 죄책감의 심화 등 자기인식의 변화, 기억상실 등으로 나타나는 해리 증상, 대인관계 변화와 문제 등을 호소하는 복합 외상 후 스트레스 증상을 나타낼 수 있다(이기은 외, 2020; Gilbar, Dekel, Hyland, & Cloitre,, 2019).

연인 등 친밀한 관계의 사람으로부터 폭력을 당한 피해자들은 이후 대인 간 상호작용 등 일상에서 문제나 갈등이 발생했을 때 이에 대처할 수 있는 자신의 능력을 낮게 지각하고 쉽게 좌절하는 부정적 문제해결 지향성이 높아진 것으로 나타났다(Beck et al., 2014).

교제 폭력의 피해자들은 사건이 알려졌을 때 주변으로부터의 반응이나 신고 후의 조사 과정 등에서 복합적인 이차 피해에도 노출될 수 있다. 교제 폭력을 경험할 당시 피해자가 자책이나 무기력, 공포 등으로 인해 관계에서 빠져나오지 못하고, 자신이 변화하면 관계가 좋아질 것이라는 비합리적인 기대로 인해 폭력을 감내하는 경우, 오히려 관계 속에서 머무르며 관계를 끝내지 못한 피해자가 비난받기도 한다(우현진 외, 2017). 특히 폭력 허용도가 높은 사람들의 경우 친밀한 관계에서 발생하는 폭력의 심각성에 대한 인식이 낮으며, 피해자를 더 비난하고 폭력의 책임을 피해자에게 돌리는 경향이 나타났다(Eigenberg & Policastro, 2016).

주요 용어

KEY TERMS

교제 폭력	신체적 폭력	정서적 폭력
성적 폭력	통제 행동	경계선 성격
자기애	거부민감성	관계중독
내면화된 수치심	성역할 고정관념	폭력 허용도
복합 외상 후 스트레스	부정적 문제해결 지향성	이차 피해

Summaries

- 교제 폭력은 친밀한 관계에서 일어나는 폭력이라는 특성상 은폐되기 쉽고 신고로 이어지지 않는 경우가 많아 형사사법기관에 집계되지 않는 암수범죄가 많을 것으로 예상된다.
- 교제 폭력은 통상 교제 중인 연인 관계에서 양자 간 합의되지 않은 채 상대에 해를 끼칠 목적으로 신체적 혹은 정신적으로 고통을 주는 행위 등 상대가 원하지 않는 폭력을 일방적으로 행사하는 경우를 가리킨다.

- 교제 폭력의 유형으로는 통상 신체적, 성적 폭력 등의 물리적인 폭력과 함께 정서적(심리적) 폭력, 상대를 자신이 원하는 방향으로 행동하게끔 강제하고 상대의 생각이나 느낌을 규제하고 억압하는 통제행동 등이 포함된다.
- 교제 폭력에 영향을 미치는 요인에는 과거 아동기 학대 경험이나 음주 및 약물 남용, 성역할태도나 폭력 허용도, 집착이나 분노 등이 있다.
- 최근 들어 경계선 성격과 자기애, 거부민감성, 관계중독, 내면화된 수치심 등의 심리적 특성과 교제 폭력과의 연관성이 집중적으로 탐구되고 있다.
- 집착과 관계중독, 폭력 허용도는 교제 폭력의 가해 위험성을 높이는 동시에, 피해 위험성을 높이기도 한다.
- 대인 간 장기적이고 반복적으로 발생하는 교제 폭력 발생 이후, 피해자들은 분노 폭발 등 정서 조절에의 어려움이나 신체화 증상, 수치심이나 죄책감의 심화 등 자기인식의 변화, 기억상실 등으로 나타나는 해리 증상, 대인관계 변화와 문제 등을 호소하는 복합 외상 후 스트레스 증상을 나타낼 수 있다.

참고문헌 References

고은영·김미경 (2020). 거부민감성과 이성관계 만족의 관계에서 인지적 정서조절과 갈등해결전략의 이중매개 효과. *한국심리학회지: 학교, 17*(2), 181-198.

권진숙·박시현 (2019). 데이트 폭력 여성피해자의 강압적 통제 경험. *Journal of Korean Academy of Nursing, 49*(1), 46-58.

김나은·박지선 (2022). 자기애와 데이트 폭력의 관계에서 권위주의의 매개효과. *한국심리학회지: 여성, 27*(4), 285-304.

김시원·박경 (2012). 청소년의 내현적 자기애와 데이트폭력 가해와의 관계: 역기능적 분노의 매개효과. *청소년학연구, 19*(10), 121-141.

김은경·엄애선 (2010). 가정폭력 목격이 자녀의 데이트 성폭력에 영향을 미치는 과정에서 성역할태도의 매개효과. *한국심리학회지: 여성, 15*(4), 759-777.
김한균 (2023). '교제폭력'의 범죄 명명(命名)과 처벌 및 피해자보호 법제화. *형사정책, 35*(2), 81-103.
김현진·김해란 (2018). 대학생의 내면화된 수치심이 관계적 공격성에 미치는 영향-거부민감성의 매개효과. *청소년시설환경, 16*(3), 93-102.
남귀숙·이수진 (2020). 대학생의 내현적 자기애와 데이트폭력 가해와의 관계: 분노표현의 매개효과. *한국심리학회지: 학교, 17*(1), 87-107.
대검찰청 (2023). *교제폭력 등 폭력범죄 처벌 강화* (보도자료). 서울: 대검찰청.
박경은·유영권 (2017). 데이트폭력 피해여성의 심리내면에 관한 질적연구. *한국심리학회지: 상담 및 심리치료, 29*(3), 711-742.
박명진·양난미 (2017). 대학생 거부민감성척도 개발 및 타당화. *한국심리학회지: 상담 및 심리치료, 29*(1), 103-127.
박미소·이지연 (2021). 유기불안이 심리적 데이트폭력에 미치는 영향: 거부민감성과 관계중독의 매개효과. *한국콘텐츠학회논문지, 21*(4), 248-261.
박은선·박지선 (2024). 데이트 관계에서 내면화된 수치심이 통제행동에 미치는 영향: 자기몰입의 매개효과. *한국심리학회지: 문화 및 사회문제, 30*(1), 35-53.
박지선 (2024). 데이트 폭력 통제행동과 인지적 유연성: 부정적 문제지향과 경계선 성격의 순차매개효과. *형사정책, 36*(1), 37-62.
손강숙·정소미 (2016). 여대생의 성역할 고정관념과 데이트폭력허용도의 관계에서 성적 자기주장의 매개효과. *한국심리학회지: 여성, 21*(3), 441-457.
신다혜·이인혜 (2021). 자기애와 공격적 운전 간의 관계: 분노반추의 매개효과와 공감의 조절효과. *한국심리학회지: 임상심리 연구와 실제, 7*(3), 257-282.
신지연·최수미 (2017). 거부민감성, 비대칭패러다임이 데이트폭력 가해행동에 미치는 영향: 공격성의 매개효과. *한국심리학회지: 여성, 22*(4), 533-549.
양난미 (2009). 대학생 문제음주와 데이트폭력의 관계에서 특성분노의 매개효과. *상담학연구, 10*(4), 2539-2554.
양승애·서경현 (2014). 집착 성향과 대학생의 데이트 폭력 간의 관계: 경계선 성격의 매개효과를 중심으로. *청소년학연구, 21*(10), 315-336.

오주령·박지선 (2019). 성별 및 양가적 성차별주의가 데이트 폭력에 관한 인식에 미치는 영향. *한국심리학회지: 법, 10*(1), 47-65.

우현진·장숙희·권호인 (2017). 데이트폭력 피해여성의 경험에 관한 연구. *한국심리학회지: 여성, 22*(3), 315-335.

윤진·양승연·박병금 (2012). 가정폭력경험, 가부장적 성역할 태도, 열등감이 대학생의 데이트폭력 허용도에 미치는 영향. *청소년학연구, 19*(6), 79-107.

원선호·배성만 (2020). 내현적 자기애 성향이 데이트 폭력에 미치는 영향: 역기능적 분노의 매개역할과 인지적 공감의 매개된 조절효과 분석. *한국심리학회지: 건강, 25*(3), 549-567.

이기은·이종현·김도연 (2020). 데이트폭력 피해가 경계선 성격 경향성에 미치는 영향: 회복탄력성 및 사회적 지지를 통한 복합 외상 후 스트레스의 조절된 매개효과. *한국심리학회지: 임상심리 연구와 실제, 6*(1), 69-96.

이서진·박지선 (2021). 데이트 폭력에 미치는 특권의식의 영향에 관한 연구. *경찰학연구, 21*(4), 57-83.

이숙정·권호인 (2021). 남녀의 가해동기와 폭력 정당화가데이트 폭력 가해에 미치는 영향: 자기-상대방 상호의존성 모델 (APIM) 의 적용. *한국심리학회지: 문화 및 사회문제, 27*(4), 391-410.

이승규·최현정 (2021). 아동기 학대 경험과 데이트 폭력 행위: 거부민감성과 냉담-무정서 특질의 매개효과. *Korean Journal of Clinical Psychology, 40*(1), 1-11.

이옥희·박중규 (2011). 심리적 폭력경험과 심리적 증상과의 관계에서 인지요인의 매개효과. *한국심리학회지: 여성, 16*(4), 445-460.

이윤연·장현아 (2017). 아동기 외상과 데이트 폭력 피해의 관계: 유기도식과 관계중독의 이중매개효과. *한국심리학회지: 여성, 22*(2), 191-209.

이은진·김영윤·김범준 (2010). 대학생의 자기애 성향이 정신병질에 미치는 영향: 공격성의 매개효과를 중심으로. *한국심리학회지: 여성, 15*(3), 447-468.

이은혜·이초롱·현명호 (2009). 데이트 폭력 관계를 유지시키는 요인으로서 용서: 투자모델에 더하여. *한국심리학회지: 일반, 28*(2), 385-403.

이인숙·최해림 (2005). 내면화된 수치심 척도 (ISS) 의 타당화 연구—애착, 과민성 자기애, 외로움과의 관계. *한국심리학회지: 상담 및 심리치료, 17*(3), 651–670.

이정은·현명호·유제민 (2007). 폭력적 데이트관계 지속에 관한 투자모델의 수정-이타적 망상을 중심으로. *한국심리학회지: 건강, 12*(4), 983–995.

이지연 (2008). 내면화된 수치심과 방어유형, 정서표현의 관계. *상담학연구, 9*(2), 353–373.

이태영·심혜숙 (2011). 아동기 외상경험이 초기 성인기 대인관계문제에 미치는영향에서 내면화된 수치심의 매개효과. *상담학연구, 12*(6), 2273–2291.

이한올·박지선 (2022). 특권의식이 데이트 관계에서의 통제행동에 미치는 영향: 사회지배경향성과 사회비교경향성을 중심으로. *한국심리학회지: 문화 및 사회문제, 28*(4), 555–575.

임정우·홍혜영 (2016). 내면화된 수치심이 대학생의 관계적 공격성에 미치는 영향–역기능적 분노표현을 매개변인으로. *청소년시설환경, 14*(1), 63–75.

정남운. (2001). 자기애적 성격검사의 요인구조와 아이젱크 성격차원 및 자존감과의 관계. *한국심리학회지: 상담 및 심리치료, 13*(2), 221–237.

정유지 (2022). 내면화된 수치심이 연인관계 내에서의 관계적 공격성에 미치는 영향: 정서표현 양가성과 관계 불안정성의 매개효과. *인문사회 21, 13*(4), 993–1007.

정혜원·이승연 (2019). 성인진입기 심리적 데이트 폭력 피해와 관계 투자의 관계: 성별, 관계에 대한 암묵적 이론, 관계 지속 기간의 조절효과. *한국심리학회지: 여성, 24*(3), 263–282.

조성진·곽대경 (2022). 경계선성격의 데이트폭력 가해 영향 분석: 폭력허용도와 소득의 조절된 매개효과 중심으로. *한국범죄학, 16*(2), 169–188.

조영주·심은정 (2023). 비합리적 관계신념이 데이트폭력에 미치는 영향에서 관계중독의 매개효과: 성차를 중심으로. *한국심리학회지: 상담 및 심리치료, 35*(2), 587–608.

주지현·서경현 (2015). 부모와의 애착 및 이성과의 관계에서 집착과 데이트 폭력 간의 관계. *청소년학연구, 22*(5), 209-229.

창원지방법원 2021. 10. 29. 선고 2021 고단 2048 판결

최단비 · 권호인 (2023). 성인 남녀의 병리적 자기애가 데이트폭력 가해에 미치는 영향에서 거부민감성의 매개효과: 성차를 중심으로. *한국심리학회지: 문화 및 사회문제, 29*(4), 569-593.

최윤경 · 송원영 (2014). 여대생의 가정폭력경험이 데이트폭력 피해에 미치는 영향: 명시적· 암묵적 성 고정관념의 매개효과 검증. *한국심리학회지: 여성, 19*(4), 433-446.

최진 · 최가연 · 채정희 · 송연주 (2019). 성역할 태도, 관계중독, 폭력허용도 및 데이트폭력 피해 간의 관계. *학습자중심교과교육연구, 19*(8), 795-814.

치안정책연구소 (2022). *치안전망 2023.* 아산: 치안정책연구소.

치안정책연구소 (2023). *치안전망 2024.* 아산: 치안정책연구소.

허수진 · 김보경 · 김범준 (2019). 성인의 불안애착이 데이트폭력 가해행동에 미치는 영향: 통제행동의 매개효과. *한국심리학회지: 법, 10*(3), 195-214.

홍상황 · 김영환 (1998). 경계선 성격장애 척도의 타당화 연구: 대학생을 대상으로. *한국심리학회지: 임상, 17*(1), 259-271.

홍영오 (2017). 성인의 데이트폭력 가해요인. *형사정책연구, 28*(2), 321-353.

홍영오 · 연성진 · 주승희 (2009). *여성 대상 폭력에 대한 연구: 친밀한 관계에서의 폭력을 중심으로: 친밀한 관계에서의 폭력을 중심으로.* 서울: 한국형사정책연구원.

Ackerman, R. A., & Donnellan, M. B. (2013). Evaluating self-report measures of narcissistic entitlement. *Journal of Psychopathology and Behavioral Assessment, 35,* 460-474.

Agrawal, H. R., Gunderson, J., Holmes, B. M., & Lyons-Ruth, K. (2004). Attachment studies with borderline patients: A review. *Harvard Review of Psychiatry, 12*(2), 94-104.

American Psychiatric Association. (2013). *Diagnostic and statistical manual of mental disorders* (5th ed.). Washington, DC: Author.

Baumeister, R. F., Bushman, B. J., & Campbell, W. K. (2000). Self-esteem, narcissism, and aggression: Does violence result from low self-esteem or from threatened egotism?. *Current Directions in Psychological Science, 9*(1), 26-29.

Beck, J. G., Clapp, J. D., Jacobs-Lentz, J., McNiff, J., Avery, M., & Olsen, S. A. (2014). The association of mental health conditions with employment, interpersonal, and subjective functioning after intimate partner violence. *Violence Against Women, 20*(11), 1321- 1337.

Bouchard, S., Sabourin, S., Lussier, Y., & Villeneuve, E. (2009). Relationship quality and stability in couples when one partner suffers from borderline personality disorder. *Journal of Marital and Family Therapy, 35*(4), 446-455.

Bushman, B. J., Bonacci, A. M., Van Dijk, M., & Baumeister, R. F. (2003). Narcissism, sexual refusal, and aggression: testing a narcissistic reactance model of sexual coercion. *Journal of Personality and Social Psychology, 84*(5), 1027.

Campbell, W. K., Bonacci, A. M., Shelton, J., Exline, J. J., & Bushman, B. J. (2004). Psychological Entitlement: Interpersonal Consequences and Validation of a Self-Report Measure. *Journal of Personality Assessment, 83*(1), 29-45.

Corry, N., Merritt, R. D., Mrug, S., & Pamp, B. (2008). The factor structure of the Narcissistic Personality Inventory. *Journal of Personality Assessment, 90*(6), 593-600.

Doumas, D. M., Pearson, C. L., Elgin, J. E., & McKinley, L. L. (2008). Adult attachment as a risk factor for intimate partner violence: The "mispairing" of partners' attachment styles. *Journal of interpersonal violence, 23*(5), 616-634.

Downey, G., Feldman, S., & Ayduk, O. (2000). Rejection sensitivity and male violence in romantic relationships. *Personal Relationships, 7*(1), 45–61.

Du, T. V., Miller, J. D., & Lynam, D. R. (2021). The relation between narcissism and aggression: A meta analysis. *Journal of Personality. 90*(4). 574–594.

Eigenberg, H., & Policastro, C. (2016). Blaming victims in cases of interpersonal violence: Attitudes associated with assigning blame to female victims. *Women & Criminal Justice, 26*(1), 37–54.

Elison, J., Garofalo, C., & Velotti, P. (2014). Shame and aggression: Theoretical considerations. *Aggression and violent behavior, 19*(4), 447–453.

Emmons, R. A. (1987). Narcissism: theory and measurement. *Journal of Personality and Social Psychology, 52*(1), 11–17.

Follingstad, D. R., Bradley, R. G., Helff, C. M., & Laughlin, J. E. (2002). A model for predicting dating violence: Anxious attachment, angry temperament, and need for relationship control. *Violence and victims, 17*(1), 35.

Gerber, G. L. (1991). Gender stereotypes and power: Perceptions of the roles in violent marriages. *Sex Roles, 24,* 439-458.

Gilbar, O., Dekel, R., Hyland, P., & Cloitre, M. (2019). The role of complex posttraumatic stress symptoms in the association between exposure to traumatic events and severity of intimate partner violence. *Child abuse & neglect, 98,* 104–174.

Harper, F. W., Austin, A. G., Cercone, J. J., & Arias, I. (2005). The role of shame, anger, and affect regulation in men's perpetration of psychological abuse in dating relationships. *Journal of Interpersonal Violence, 20*(12), 1648–1662.

Hines, D. A. (2008). Borderline personality traits and intimate partner aggression: An international multisite, cross–gender analysis. *Psychology of Women Quarterly, 32*(3), 290–302.

Hundt, N. E., & Holohan, D. R. (2012). The role of shame in distinguishing perpetrators of intimate partner violence in US veterans. *Journal of Traumatic Stress, 25*(2), 191–197.

Johnson, H., Eriksson, L., Mazerolle, P., & Wortley, R. (2019). Intimate femicide: The role of coercive control. *Feminist Criminology, 14*(1), 3–23.

Kjærvik, S. L., & Bushman, B. J. (2021). The link between narcissism and aggression: A meta-analytic review. *Psychological Bulletin, 147*(5), 477–503.

Lewis, S. F., & Fremouw, W. (2001). Dating violence: A critical review of the literature. *Clinical psychology review, 21*(1), 105–127.

Matheson, F. I., Daoud, N., Hamilton-Wright, S., Borenstein, H., Pedersen, C., & O'Campo, P. (2015). Where did she go? The transformation of self-esteem, self-identity, and mental well-being among women who have experienced intimate partner violence. *Women's Health Issues, 25*(5), 561–569.

Morey, L. C. (2003). *Essentials of PAI Assessment.* Hoboken, NJ: John Wiley & Sons.

Murray, C. E., & Graybeal, J. (2007). Methodological review of intimate partner violence prevention research. *Journal of Interpersonal Violence, 22*(10), 1250–1269.

Raskin, R., & Terry, H. (1988). A principal-components analysis of the Narcissistic Personality Inventory and further evidence of its construct validity. *Journal of Personality and Social Psychology, 54*(5), 890–902.

Redcay, A., & McMahon, S. (2021). Assessment of relationship addiction. *Sexual and Relationship Therapy, 36*(1), 116–125.

Redcay, A., & Simonetti, C. (2018). Criteria for love and relationship addiction: Distinguishing love addiction from other substance and behavioral addictions. *Sexual Addiction & Compulsivity, 25*(1), 80–95.

Reidy, D. E., Zeichner, A., Foster, J. D., & Martinez, M. A. (2008). Effects of narcissistic entitlement and exploitativeness on human physical aggression. *Personality and Individual Differences, 44*(4), 865–875.

Reyes, H. L. M., Foshee, V. A., Niolon, P. H., Reidy, D. E., & Hall, J. E. (2016). Gender role attitudes and male adolescent dating violence perpetration: Normative beliefs as moderators. *Journal of Youth and Adolescence, 45,* 350–360.

Ryan, K. M., Weikel, K., & Sprechini, G. (2008). Gender differences in narcissism and courtship violence in dating couples. *Sex Roles, 58,* 802–813.

Sabina, C., & Straus, M. A. (2008). Polyvictimization by dating partners and mental health among US college students. *Violence and Victims, 23*(6), 667–682.

Shorey, R. C., Stuart, G. L., & Cornelius, T. L. (2011). Dating violence and substance use in college students: A review of the literature. *Aggression and Violent Behavior, 16*(6), 541–550.

Straus, M. A., Hamby, S. L., Boney–McCoy, S. U. E., & Sugarman, D. B. (1996). The revised conflict tactics scales (CTS2) development and preliminary psychometric data. *Journal of Family Issues, 17*(3), 283–316.

Tragesser, S. L., & Benfield, J. (2012). Borderline personality disorder features and mate retention tactics. *Journal of Personality Disorders, 26*(3), 334–344.

Vrabel, J. K., Zeigler–Hill, V., Lehtman, M., & Hernandez, K. (2020). Narcissism and perceived power in romantic relationships. *Journal of Social and Personal Relationships, 37*(1), 124–142.

Wojcik, K. D., Cox, D. W., & Kealy, D. (2019). Adverse childhood experiences and shame–and guilt–proneness: Examining the mediating roles of interpersonal problems in a community sample. *Child abuse &*

neglect, 98, 104233.

World Health Organization. (2010). *Preventing intimate partner and sexual violence against women: Taking action and generating evidence.* Geneva: World Health Organization.

World Health Organization. (2013). *Responding to intimate partner violence and sexual violence against women: WHO clinical and policy guidelines.* Geneva: World Health Organization.

Zimmer–Gembeck, M. J., Nesdale, D., Webb, H. J., Khatibi, M., & Downey, G. (2016). A longitudinal rejection sensitivity model of depression and aggression: Unique roles of anxiety, anger, blame, withdrawal and retribution. *Journal of abnormal child psychology, 44,* 1291–1307.

Zitek, E. M., & Jordan, A. H. (2021). Individuals higher in psychological entitlement respond to bad luck with anger. *Personality and Individual Differences, 168*(1), 110306.

제 11 장

스토킹

Contents

- 들어가며
- 스토킹의 정의 및 관련 법률
- 국내 스토킹 범죄 사례 - 서울 중구 오피스텔 살인 사건(2021)
- 스토킹 범죄자의 특성 및 유형
- 가해자-피해자 간 관계에 따른 국내 스토킹 사례
- 스토킹 피해
- 스토킹에 대한 통념

Questions

1. 스토킹의 정의는 무엇이고, 스토킹 행위에는 어떠한 유형이 있을까?
2. 스토킹 관련 국내 법률의 내용은 어떠할까?
3. 스토킹 범죄자의 특성은 어떠하며, 스토킹 범죄자의 유형에는 어떠한 것들이 있을까?
4. 스토킹 피해 실태와 특성은 어떠할까?
5. 스토킹과 관련된 통념에는 어떠한 것들이 있을까?

Objectives

1. 스토킹의 정의 및 관련 유형에 대해서 이해한다.
2. 스토킹 관련 국내 법률에 대해 학습하고, 해당 법률에 포함되는 각각의 행위에 대해 이해한다.
3. 스토킹 범죄자 및 피해자의 특성을 이해한다.
4. 온라인 스토킹의 특성에 대해서 살펴본다.
5. 스토킹 피해와 스토킹 관련 통념에 대해 이해한다.

Chapter 11

스토킹

들어가며

2022년 9월, 서울 신당역에서는 2019년 11월부터 2021년 10월까지 약 2년간 총 351회에 걸쳐 피해자에게 메시지를 보내는 등의 스토킹 혐의로 재판을 받던 피고인이 선고일을 앞두고 과거 자신이 함께 일했던 피해자를 근무지로 찾아가 살해하는 사건이 발생했다. 피고인은 피해자가 자신을 스토킹으로 경찰에 신고한 이후에도 합의를 요구하는 등 총 21차례에 걸쳐 피해자에게 메시지를 전송하는 등의 방법으로 스토킹을 멈추지 않았던 것으로 알려졌다. 이러한 신당역 살인 사건뿐만 아니라 2021년 12월 서울 송파구 살인, 2024년 11월 구미 스토킹 살인 등 최근 몇 년간 지속적이고 반복적인 스토킹 행위가 결국 살인 사건으로 이어지는 사례들이 보도되면서 스토킹 범죄에 대한 우려와 불안은 날로 높아지고 있다.

스토킹은 피해자의 주거지나 직장에 찾아가거나 기다리는 등 소위 오프라인에서 발생할뿐만 아니라, 특히 최근 들어서는 디지털 기기의 발달로 전화, 문자, SNS, 메신저 등 정보통신망을 이용한 온라인 스토킹으로도 확산되어 그 심각성이 급속도로 증가하고 있다. 온라인 스토킹은 익명성이 특징인 공간에서 서로 직접 대면하지 않은 채 제약 없이 급속도로 상호작용이 이루어지며 그 확산성과 전파성이 매우 높고, 전화나 문자메시지뿐만 아니라 이미지나 음향, 영상 등 그 방법이 날로 다양화되고 전문화되어 가고 있다.

국내에서는 1999년 처음으로 국회에서 스토킹처벌법이 발의된 지 22년 만인 2021년 10월에 '스토킹범죄의 처벌 등에 관한 법률'이 시행되었다. 해당 법률 시행 이래 경찰청이 집계한 스토킹 관련 신고 건수는 2022년에 총 29,565건, 2023년에 총 31,824건으로 보고되었다. 스토킹 범죄 발생 건수는 2022년에는 10,545건, 2023년에는 11,992건 발생한 것으로 집계되는 등 증가 추세에 있다(치안정책연구소, 2024).

2023년 사이버폭력 실태조사 결과, '특정인이 원치 않음에도 반복적으로 공포감, 불안감을 유발하는 이메일이나 문자(쪽지)를 보내거나, 블로그, SNS 등에 방문하여 댓글 등의 흔적을 남기는 행위'로 정의되는 사이버 스토킹과 관련하여 청소년의 피해 경험률은 6.5%로 사이버 언어폭력(33.1%)과 사이버 명예훼손(15.2%)에 이어 세 번째로 높았고, 성인의 사이버 스토킹 피해 경험률은 2.4%로 사이버 언어폭력(4.0%)에 이어 두 번째로 높았다. 또한, 20대 여성을 대상으로 온라인 스토킹 실태를 조사한 결과, 79.2%가 온라인 스토킹 피해를 경험한 것으로 집계되었다(한국여성정치연구소, 2021).

이처럼 스토킹 발생 건수는 증가 추세에 있으며, 온라인 스토킹 피해 또한 심각하다. 특히 스토킹은 친밀한 관계에서 발생하는 살인의 위험성을 예측하는 요인이기도 하다(Matias, Goncalves, Soeiro, & Matos, 2020). 이에, 여기에서는 우선 스토킹의 정의 및 유형에 대해 알아보고, 스토킹 관련 국내 법률에서 정하는 스토킹 행위에 대해 살펴볼 것이다. 또한 점차 심각성이 높아지고 있는 온라인 스토킹에 대해 알아본 뒤, 스토킹 범죄자의 다양한 특성 및 유형에 대해 살펴볼 것이다. 더불어, 스토킹 피해 실태 및 피해자 특성과 함께, 스토킹에 관한 사회적 통념에 대해서도 중점적으로 살펴볼 것이다.

스토킹의 정의 및 관련 법률

스토킹은 선행연구에서 여러 가지로 정의되는데, 먼저 Meloy와 Gothard(1995)는 고의적이고 악의적이며 반복적으로 다른 사람을 따라다니며 괴롭혀 타인의 안전을 위협하는 것("the willful, malicious, and repeated following and harassing of another person that threatens his or her safety")이라 정의하였다(p. 258). 또한, Pathé와 Mullen(1997)은 타인에게 반복적으로 원치 않는 침입과 의사소통을 하여 고통을 가하는 일련의 행위들("a constellation of behaviors in which one individual inflicts on another repeated unwanted intrusions and communications")로 스토킹을 정의하였는데, 여기서의 '침입(intrusions)'은 상대방을 따라다니거나, 근처에서 배회하거나, 감시하거나, 접근하는 등의 행위를 지칭한다(p. 12). 이어, Westrup(1998)은 a) 반복적으로 특정한 개인을 대상으로, b) 상대가 원하지 않고 침입적이며, c) 상대로 하여금 두려움이나 걱정을 유발하는 일련의 행위들("one of more of a constellation of behaviors that (a) are directed repeatedly towards a specific individual (the target), (b) are experienced by the target as unwelcome and intrusive, and (c) are reported to trigger fear or concern in the target")로 스토킹을 정의하였다(p. 276). 한편, 국내에서는 스토킹을 "자신의 일방적인 호감만을 이유로 상대방의 거부 의사를 무시하거나 오해하면서, 계속 쫓아다니거나 관심을 표명하거나 전화, 우편, 전자우편, 선물 등을 통해 상대방에 대한 접근을 시도함으로써 상대방에게 성가심이나 불쾌감, 또는 불안감이나 공포심을 불러일으키는 행위"로 정의하였다(박철현·이상용·진수명, 2000, p. 16). 이러한 스토킹의 정의에서 공통적으로 발견되는 몇 가지 요소는 첫째, 행위의 반복성이고, 둘째, 상대가 원하지 않는 행동으로 고통을 유발하며, 셋째, 상대로 하여금 안전에 대한 위협이나 공포를 불러온다는 점이다.

국내에서는 2021년에 '스토킹범죄의 처벌 등에 관한 법률'이 제정되어 시행되기에 이르렀다. 여기에서 스토킹 행위란 상대의 의사에 반하여 정당한 이유 없이 상대방이나 그의 동거인, 가족에게 특정 행위를 하여 상대로 하여금 불안감이나 공포심을 불러일으키는 행위를 지칭하는데, 이 스토킹 처벌법에서 정하는 구체적인 스토킹 행위는 다음과 같다.

참고

스토킹 처벌법

스토킹범죄의 처벌 등에 관한 법률(약칭: 스토킹처벌법)은 2021년 4월 20일 제정되어 2021년 10월 21일부터 시행되었다. 여기에서 "스토킹행위"란 상대방의 의사에 반(反)하여 정당한 이유 없이 상대방 또는 그의 동거인, 가족에 대하여 다음 중 어느 하나에 해당하는 행위를 하여 상대방에게 불안감 또는 공포심을 일으키는 것을 말한다(제2조 제1항). 구체적인 유형에는 다음이 포함된다:

가. 접근하거나 따라다니거나 진로를 막아서는 행위

나. 주거, 직장, 학교, 그 밖에 일상적으로 생활하는 장소(이하 "주거등"이라 한다) 또는 그 부근에서 기다리거나 지켜보는 행위

다. 우편·전화·팩스 또는 「정보통신망 이용촉진 및 정보보호 등에 관한 법률」 제2조 제1항 제1호의 정보통신망을 이용하여 물건이나 글·말·부호·음향·그림·영상·화상(이하 "물건 등"이라 한다)을 도달하게 하는 행위

라. 직접 또는 제삼자를 통하여 물건 등을 도달하게 하거나 주거등 또는 그 부근에 물건 등을 두는 행위

마. 주거등 또는 그 부근에 놓여 있는 물건 등을 훼손하는 행위

이러한 '스토킹 행위'가 지속적 또는 반복적으로 이루어질 때 '스토킹범죄'가 성립할 수 있다. 스토킹 범죄를 저지르면 3년 이하의 징역 및 또는 3천만 원 이하의 벌금에 처해질 수 있고, 흉기 등을 휴대하거나 이용하여 스토킹범죄를 저지르면 5년 이하의 징역 및 또는 5천만 원 이하의 벌금에 처해진다.

그러나 이처럼 스토킹처벌법 시행 중에도 신변보호를 받던 스토킹 피해자에 대한 살인 사건이 계속 발생하면서, 2023년 7월 11일 스토킹처벌법 내용 중 일부에 대한 개정이 이루어졌다. 개정된 법률의 핵심 사항은 스토킹행위 유형에 온라인 스토킹 행위를 추가하고(제2조 제1항), 반의사불벌죄 조항(제18조 제3항)을 삭제하여 신고 후 피해자가 처벌을 원치 않는다는 의사를 밝히더라도 가해자 처벌을 가능하게 한 것 등이다.

참고

스토킹 처벌법 개정

2023년 일부 개정된 스토킹처벌법에는 "스토킹행위"에 포함되는 내용이 일부 변경 혹은 추가되었는데, 구체적인 유형은 다음과 같다(제2조 제1항):

가. 상대방 또는 그의 동거인, 가족(이하 "상대방등"이라 한다)에게 접근하거나 따라다니거나 진로를 막아서는 행위

나. 상대방등의 주거, 직장, 학교, 그 밖에 일상적으로 생활하는 장소(이하 "주거등"이라 한다) 또는 그 부근에서 기다리거나 지켜보는 행위

다. 상대방등에게 우편·전화·팩스 또는 「정보통신망 이용촉진 및 정보보호 등에 관한 법률」 제2조 제1항 제1호의 정보통신망(이하 "정보통신망"이라 한다)을 이용하여 물건이나 글·말·부호·음향·그림·영상·화상(이하 "물건 등"이라 한다)을 도달하게 하거나 <u>정보통신망을 이용하는 프로그램 또는 전화의 기능에 의하여 글·말·부호·음향·그림·영상·화상이 상대방등에게 나타나게 하는 행위</u>

라. 상대방등에게 직접 또는 제삼자를 통하여 물건 등을 도달하게 하거나 주거등 또는 그 부근에 물건 등을 두는 행위

마. 상대방등의 주거등 또는 그 부근에 놓여 있는 물건 등을 훼손하는 행위

<u>바. 다음의 어느 하나에 해당하는 상대방등의 정보를 정보통신망을 이용하여 제삼자에게 제공하거나 배포 또는 게시하는 행위</u>

> 1) 「개인정보 보호법」 제2조 제1호의 개인정보
>
> 2) 「위치정보의 보호 및 이용 등에 관한 법률」 제2조 제2호의 개인위치정보
>
> 3) 1) 또는 2)의 정보를 편집·합성 또는 가공한 정보(해당 정보주체를 식별할 수 있는 경우로 한정한다)
>
> 사. 정보통신망을 통하여 상대방등의 이름, 명칭, 사진, 영상 또는 신분에 관한 정보를 이용하여 자신이 상대방등인 것처럼 가장하는 행위

특히 개정된 스토킹처벌법의 핵심 사항 중 하나인 온라인 스토킹은 사이버 공간에서의 익명성과 정보 확장성, 정보의 비소멸성 등으로 인해 오프라인에서 경험하는 스토킹 못지않게 심각하고 위협적으로 인식된다(한국여성정치연구소, 2021). 한국여성정치연구소(2021)에서는 온라인 스토킹을 "디지털 기기를 이용하여 피해자의 명시적 허가 없이 직접 또는 제삼자를 이용하여 1) 글, 말, 부호, 음향, 영상, 화상 또는 물건(기프트콘 등) 등을 도달하게 하는 행위, 2) 피해자의 개인정보를 사용(수집, 이용, 제공, 변형 포함)하는 행위, 3) 그리고 위 행위를 통해 개인의 생명과 신체, 생활의 안전 또는 (원치 않는 일을 겪지 않을) 자유를 침해하거나 합리적인 사람에게 공포의 불안감을 야기할 만한 행위"로 정의하였다. 온라인 스토킹은 정보의 확산 속도가 빠르고 공간 제약이 없이 범위가 넓으며, 종종 오프라인 스토킹과 함께 발생하고 가해자와의 분리가 어렵다는 특징이 있다(경기도여성가족재단, 2023). 주변에 온라인 스토킹을 해본 친구가 많을수록, 온라인 스토킹에 대한 허용적 태도가 클수록 온라인 스토킹 가해 경험이 많았다(이성식·신지민·임수경·임형연, 2020).

더불어, '스토킹방지 및 피해자보호 등에 관한 법률'(약칭: 스토킹방지법)이 2023년 1월 17일 제정되어 2023년 7월 18일부터 시행되었다. 스토킹처벌법이 발생한 스토킹범죄에 대한 처벌과 처리절차를 주요 내용으로 한 반면에, 스토킹방지법은 스토킹 예방과 피해자 보호·지원을 위해 국가기관과 지방자치단체의 스

토킹 예방교육 및 실태조사 등에 관한 책무, 피해자 지원시설의 설치 및 업무 등을 주된 내용으로 정하고 있다.

다음 국내에서 발생한 서울 중구 오피스텔 살인 사건은 스토킹이 살인이라는 강력범죄로 악화된 대표적인 사례로, 스토킹 예방의 중요성과 피해자 보호의 필요성을 여실히 드러내는 사건이라 할 수 있다.

국내 스토킹 범죄 사례 - 서울 중구 오피스텔 살인 사건(2021)

(출처: 서울중앙지방법원 2022. 6. 16. 선고 2021 고합 1194 판결)

가-피해자 관계

피고인은 35세 남성으로, 전 여자친구였던 32세 여성 피해자와 약 1년 6개월(2020년 1월경-2021년 6월 25일) 간 연인 관계였다. 2021년 6월 26일, 피고인의 거짓말과 경제적 무능력, 폭력 등으로 인해 피해자가 서울 중구의 한 오피스텔에 위치한 피해자의 집에서 피고인의 짐을 밖으로 빼놓고 결별 의사를 명확히 표시하였고, 계속 피해자에게 접근하려는 피고인에 대해 112 신고를 하여 피고인이 경찰관으로부터 스토킹 경고장을 발부받고 퇴거 조치 되도록 함으로써 서로 결별하게 되었다. 피고인은 이 사건 이전에는 1회의 소년보호사건송치 처분(특수절도죄와 도로교통법위반무면허운전) 죄 및 절도죄로 벌금 70만 원, 전자금융거래법위반죄로 벌금 200만 원을 선고받은 이외에는 별다른 형사처벌 전력이 없었다.

범행 특성

1. 피고인은 2021년 6월 26일 피해자와 결별한 이후에도 연락과 만남을 거부하는 피해자를 집요하게 찾아가 만나지 않으면 부모님 등 가족들까지 모두 죽이겠다는 협박, 주거침입, 감금 등을 저지르며 피해자를 괴롭혀 피해자와 강압에 의한 만남과 헤어짐을 반복해 왔다.

2. 피고인은 2021년 11월 7일 새벽 3시 40분경 피해자의 주거지에서 피해자를 죽이겠다고 협박하여 피해자의 112 신고를 받고 출동한 경찰관들에 의해 분리 및

퇴거조치를 당하였다. 이와 같이 스토킹 신고가 된 상황임에도 피고인은 11월 7일 새벽 4시 41분경부터 아침 07시 32분경까지 5회에 걸쳐 피해자의 주거지에 찾아가거나 피해자의 차량에서 피해자를 기다리는 행위를 지속한 것을 비롯, 11월 28일까지 11회에 걸쳐 피해자의 집에 찾아가 접근하거나, 피해자의 집이나 차에서 피해자를 기다리는 행위를 하거나, 피해자에게 통화를 시도하는 등 반복적으로 스토킹 행위를 하였다.

3. 11월 7일 스토킹 범죄 등으로 경찰에 사건이 접수된 후 피고인은 11월 9일 서울중앙지방법원으로부터 스토킹범죄 중단, 11월 9일부터 2022년 1월 8일까지 피해자의 주거지에서 100미터 이내 접근 금지, 피해자의 휴대전화 또는 이메일 등으로 연락하지 말 것 등의 잠정조치 결정을 통보받았다. 피해자는 11월 7일 경찰에 신변보호를 요청하여 11월 11일 112 긴급신변보호 대상자로 등록되었다.

4. 그러나 피고인은 이후에도 피해자의 집과 직장에 찾아가거나 휴대전화로 통화를 시도하는 등 피해자를 스토킹 하였다. 피고인은 잠정조치 통보를 받고 피해자를 죽일 생각을 했다며, 피해자가 연락과 만남을 계속 회피하고 신고를 취소하지 않자 살해하려는 마음을 더욱 확고히 갖게 되었다고 하였다. 피고인은 11월 9일 저녁 7시 45분경 피해자의 집으로 피해자를 찾아가고, 11월 10일 오후 1시경 또 피해자의 주거에 접근하고, 11월 18일 저녁 6시 18분경 피해자와 통화를 시도하고, 같은 날 피해자를 지켜보기 위해 피해자의 집 근처에서 기다리고, 11월 19일 오전 11시 5분경 피해자를 살해하기 위해 피해자의 집으로 찾아가 피해자의 주거에 접근하는 등 스토킹범죄에 대한 법원의 잠정조치 결정을 위반하였다.

5. 피고인은 2021년 11월 18일 부산에서 고속버스를 타고 서울로 올라온 후 살인 범행 시 자신의 얼굴을 가리기 위한 용도로 모자를 구입하고, 범행에 사용할 식칼을 구입하였다. 피고인은 다음날인 11월 19일 오전 11시 5분경 수사망을 피하고자 미리 준비한 모자와 안경을 착용하고 식칼을 소지한 채로 피해자의 주거지 건물 엘리베이터를 타고 지하 주차장으로 이동하여 피해자의 차량이 있는 것을 확인하였다. 이후, 비상계단을 통해 올라간 뒤 계단에 숨어서 피해자가 집에서

나오기를 기다리다가, 오전 11시 25분경 피해자가 집에서 나오는 것을 발견하였다. 피고인은 도망가려는 피해자를 붙잡아 식칼을 꺼내어 위협하면서 피해자의 집안으로 같이 들어갈 것을 요구하였다. 피해자가 거부하자, 11시 31분경 피고인은 다시 피해자를 비상계단으로 끌고 가려다가 피해자가 저항하자 칼을 찌를 듯이 위협하며 피해자에게 집 현관문을 열라고 강요하였다. 이어 피해자의 휴대전화를 빼앗고 식칼을 들이대며 "신고를 취소하라"라고 위협하다가, 겁에 질린 피해자가 자신의 말을 듣지 않는다는 이유로 11시 33분경 피해자의 목과 등, 가슴 부위 등을 14회가량 무차별적으로 찔렀고, 결국 피해자는 사망하였다.

범행 분석

1. 범행의 계획성: 피고인은 11월 10일 이후 인터넷을 통해 '칼로 찌를 때', '칼 손잡이 미끄럼' 등 흉기와 살해 방법 등을 검색하고, 흉기인 칼을 미리 준비하여 소지하였다.

2. 살해 이후 행동: 살해 직후 서울 소재 한 지하철 역으로 이동하여 역사 내 화장실에 피해자의 휴대폰을 버리고, 택시요금과 버스 승차권 등을 모두 현금으로 결제하고 버스를 타고 도주하여 대구의 한 모텔 요금 역시 현금으로 결제하는 등 치밀함을 보였다.

3. 수사 및 재판 시 피고인의 태도: 범행이 우발적이었다고 주장하며 피해자의 사망이 경찰의 늑장출동 탓이라고 그 책임을 돌리고, 사건의 발생 또한 피해자가 말을 듣지 않아서라고 진술하는 등 피해자의 탓으로 돌리는 행태를 보였다.

4. 피고인의 특성: 심리검사 결과 정서적 공감능력이 빈약하고 자신의 행동이 가져오는 결과에 대해 숙고하거나 책임을 지는 태도가 부족하며, 현실적이고 장기적인 목표가 부재한 것으로 나타났다.

피해자의 유족들은 피고인이 사회로 돌아오면 유족들에게 위해를 가할 것이 가장 두렵다고 진술하며 피고인에 대한 엄벌을 탄원하였다. 이 사건으로 피고인은 대법원에서 징역 40년을 선고한 원심을 확정받았고, 15년간 위치추적 전자장치 부착 명령을 받았다.

스토킹 범죄자의 특성 및 유형

국내 스토킹 범죄자의 연령대는 19세 미만이 2.2%, 20대가 22.3%, 30대가 21.0%, 40대가 21.0%, 50대가 20.0%, 60대 이상이 13.5%를 차지하는 등 20-50대에 걸쳐 비교적 고르게 분포해 있다(치안정책연구소, 2024). 한편, 온라인 스토킹에 대해 한국여성정치연구소(2021)에서 20대 여성 903명을 대상으로 조사한 결과 가해자 연령대는 20대(32.3%)가 가장 많았으나, 가해자의 나이를 알지 못하거나(23.6%) 가해자가 어떤 사람인지 모르는 경우(23.1%)도 상당히 많아 잘 모르는 사람으로부터의 온라인 스토킹 피해도 심각한 것으로 나타났다.

스토킹은 조현병이나 망상 장애와 같은 정신장애의 영향을 받을 수도 있으나(Dressing, Foerster, & Gass, 2011), 일반적으로 정신장애가 스토킹의 직접적 원인이 되는 경우는 드물다(Catanesi, Carabellese, La Tegola, & Alfarano, 2013). 다만 스토커는 타인을 신뢰하지 못하고 타인과의 관계 형성 및 유지에 어려움을 겪는 불안정 애착과 함께, 높은 경계선 성격 성향, 약물 남용의 문제를 보인다(Lewis, Fremouw, Ben, & Farr, 2001; Mullen, Pathé, Purcell, & Stuart, 1999).

모든 스토킹 범죄자가 폭력성을 보이지는 않으나, 때로 피해자나 그 가족 등 주변인을 대상으로 치명적인 폭력성을 보이며 때로는 살인 등 강력범죄로까지 확대되는 경우가 나타나므로 스토킹 범죄자의 폭력성 예측의 중요성이 강조되어 왔다(Rosenfeld & Harmon, 2002). 그간 스토킹의 폭력성을 예측하는 위험 요인으로는 피해자와의 관계, 위협 유무, 약물 남용, 범죄 전력 등이 알려져 왔다. 우선, 피해자와 전 연인 관계였거나 피해자를 위협한 경우 스토킹에서 폭력의 위험성이 높으며, 약물남용이나 폭력 범죄의 전력이 있는 경우 스토킹 폭력의 위험성이 높았다(McEwan, Mullen, MacKenzie, & Ogloff, 2009). 한편, 정신장애가 있는 경우에는 오히려 폭력의 위험성이 더 낮았다(Rosenfeld, 2004).

스토킹의 하위 유형은 동기에 따라 스토킹 범죄자를 총 다섯 가지로 나눈 Mullen et al.(1999)의 분류법이 대표적이다(McEwan, MacKenzie, Mullen, & James, 2012). 첫째, 거부형('the rejected stalker')은 가장 빈번하게 나타나는 유형으로, 이전에 친밀했던 관계가 끝난 후 화해나 복수 등의 목적으로 스토킹을 시작한다. 이들은 대부분 남성으로 정신장애와는 큰 관련이 없으며, 전 연인 관계였던 피해자를 대상으로 높은 폭력성을 보인다. 둘째, 친밀감 추구형('the intimacy seeker')은 자신이 일방적으로 애정하는 상대와의 관계를 갈망하며, 명백한 반대 증거에도 불구하고 상대 또한 그 사랑에 응할 것이라고 믿는다. 이 유형은 정신장애와 관련이 높은데, 상대도 자신을 사랑하는 등 서로 특별한 관계에 있다는 애정 망상을 가지고 있다. 이들은 사회적으로 고립되어 있으며 대인 관계에 미숙하고, 공격성은 비교적 낮지만 지속성이 가장 높은 특징이 있다. 특히 유명인을 대상으로 집착을 보이며, 상대의 거절과 같은 반응을 사랑의 표시로 왜곡하여 해석하기도 한다. 셋째, 무능한 구애형('the incompetent suitor')은 역시 관계를 맺기 위해 집착적으로 스토킹을 하지만, 지속적인 관계를 원하는 친밀감 추구형과는 달리 정신장애와는 관련성이 낮으며, 주로 가벼운 데이트 상대나 성적인 관계만을 추구한다. 이 유형 역시 대인 관계에서 상당히 미숙한 특징을 보이고, 상대의 감정에 무심하며 때로 상대를 위협하기도 한다. 넷째, 분노형('the resentful stalker')은 모욕을 주거나 부당한 행위 등을 해서 자신에게 해를 입혔다고 생각하는 상대에 대한 복수로 스토킹을 하며, 상대를 두렵게 하고 위협하려 한다. 이들은 편집형 성격 경향을 보이는데, 자신을 피해자라 생각하며 종종 타인의 의도를 의심하거나 악의적으로 해석한다. 이들은 자신의 행동이 정당하다고 생각하며, 온라인 스토킹을 비롯하여 피해자의 거주지나 차량에 접근하고 피해자의 지인들까지 괴롭히는 등 침입적(intrusive)인 행태를 보인다. 다섯째, 약탈형('the predatory stalker')은 피해자를 은밀하게 훔쳐보거나 전화상에서 일방적으로 외설적인 대화를 강요하는 등의 방법으로 성적 만족을 얻거나, 성폭력의 예비 단계로서 스토킹을 한다. 이들은 관음증 등의 성도착을 보이기도

하지만 심각한 정신장애와의 관련성은 낮으며, 과거 성폭력 등 범죄 전력이 있는 경우가 많다.

이러한 스토킹 범죄자의 개인적이고 심리적인 특성과 더불어, 스토킹이 발생하는 사회적 구조와 문화적 맥락이 함께 고려되어야 한다. 즉, 스토킹은 상대의 거부 의사를 받아들이지 않고 상대와의 관계를 자기 뜻대로 통제하려 하며 상대를 감시하고 위협하는 등 상대에 대한 강압적 통제(coercive control)를 포함한다(Davis, Swan, & Gambone, 2012). 특히 관계에서 남성이 우위를 차지하고 관계의 시작이나 종료 시 남성의 주도적이고 일방적인 행위가 허용 가능하다고 보는 사회일수록 스토킹을 범죄로 지각하지 않는 등 그 심각성을 낮게 평가하는 경향이 있다(김정혜, 2023; Lyndon, Sinclair, MacArthur, Fay, Ratajack, & Collier, 2012). 따라서, 스토킹 범죄의 발생에 있어 범죄자의 개인적 특성에만 주목하기보다는 그 범죄가 발생하는 사회적 환경과 문화적 요소 또한 고려하여야 한다.

가해자-피해자 관계에 따른 국내 스토킹 사례

스토킹은 서로 모르는 사이부터 지인이나 이웃, 전 연인 등 다양한 관계에서 발생한다(Brooks, Petherick, Kannan, Stapleton, & Davidson, 2021). 국내 스토킹처벌법위반 사건 판결문을 바탕으로 조사한 결과, (전) 연인 간 발생한 스토킹 사건의 경우가 가장 많았고(약 50%), 다음으로는 (전) 배우자 관계에서 발생한 사건(약 8%)이 많게 나타나는 등 약 58%가 친밀한 관계에서 발생하였다(한나라, 2023). 특히 친밀한 관계에서 발생하는 스토킹은 상대나 그 가족 등 주변인에 대한 신상이나 사적 정보에 대해 잘 알고 있어, 협박의 범위가 넓고 접근이 더 쉬우므로 피해자로 하여금 더 큰 공포심을 불러올 수 있다(경기도여성가족재단, 2023).

결별 후 스토킹(post-relationship stalking)은 이미 헤어진 전 연인을 대상으로 상대가 원치 않는 연락이나 감시, 따라다니기 등의 침입 행위를 지속적으로 하여 불안과 공포를 일으키는 것이다(Ferreira & Matos, 2013). 스토커 중에서 폭력을 쓰는 비율은 다른 관계보다 전 연인 관계에서 발생하는 스토킹에서 더 높으며(Brooks et al., 2021), 직접적인 위해를 가하겠다는 위협도 스토커와 피해자가 서로 아는 관계인 경우에 더 빈번하게 일어난다(Mohandie, Meloy, McGowan, & Williams, 2006). 스토킹의 지속성 또한 다른 관계보다 전 연인 관계에서 발생한 스토킹의 지속 기간이 가장 긴 것으로 나타났다(McEwan, Mullen, & MacKenzie, 2009). 피해 범위에 있어서도 전 연인 관계에서 발생한 스토킹은 서로 모르는 사이나 지인 간 발생한 스토킹에 비해서 피해자뿐 아니라 그 가족이나 친구들까지 위협하는 경우가 더 많았다(Sheridan & Davies, 2001).

한편, 직장 동료나 고용 관계 등 직장을 중심으로 발생하는 스토킹의 경우에도, 피해자의 개인정보에 비교적 접근이 용이하고 직장 내 상하 관계를 이용하여 해고 위협 등을 통해 피해자를 압박하는 등 지속적으로 발생하며 더 심각한 범죄로 악화될 수 있다는 점에서 위험성을 안고 있다(Sheridan, North, & Scott, 2019).

온라인 스토킹의 경우 20대 여성을 대상으로 조사했을 때 가해자가 전혀 모르는 사람이었던 경우가 가장 많았고, 다음으로는 지인(직장 동료, 친구 등), 온라인으로 만난 사람, 전 연인 등의 순으로 나타났다(한국여성정치연구소, 2021). 다음은 국내에서 발생한 실제 스토킹 사례들로, 다양한 가해자–피해자 간 관계에 따라 발생하는 스토킹 범죄의 복합적인 양상을 잘 보여 준다.

1. 전 연인 사이 발생한 스토킹 사례

(출처: 창원지방법원 2022. 2. 10. 선고 2021 고단 3869 판결)

가–피해자 관계

피고인은 47세 여성인 피해자와 약 2개월(2021년 8월–2021년 10월) 간 연인 관계로 지냈다. 2021년 10월 피해자는 피고인에게 이별 통보를 하였다.

범행 특성

1. 피고인은 2021년 11월 중순 밤 11시경 피해자 주거지 부근의 한 편의점 앞에

서성이면서 기다리거나 지켜보는 행위를 하였다.

2. 피고인은 2021년 11월 26일 오후 4시 31분경부터 밤 11시 27분경까지 휴대폰을 교체한다던 피해자가 연락이 닿지 않는다는 이유로 자신의 휴대폰으로 피해자에게 12회 전화하고, 다음 날인 11월 27일 밤 00시 02경부터 11월 28일 밤 11시 5분경까지 카카오톡으로 수차례에 걸쳐 "아직 안했어?, 아직도 안했어? 안한거야? 진짜 뭔데?"라는 등의 내용으로 반복적으로 메시지를 전송하였다.

범행 분석

피고인은 약 2개월간 교제했던 피해자가 이미 이별을 통보한 후에도 피해자의 주거지 부근에서 피해자를 기다리거나 지켜보고, 휴대폰으로 피해자에게 수차례 전화하거나 메시지를 보내는 등 온라인과 오프라인을 오가며 지속적 또는 반복적으로 스토킹 행위를 하였다.

2. 전 고용 관계에서 발생한 스토킹 사례

(출처: 춘천지방법원 2022. 1. 18. 선고 2021 고단 1184 판결)

가-피해자 관계

49세 남성인 피고인은 28세 남성인 피해자가 운영하는 배달대행업체에서 배달기사로 일을 하던 중 불성실한 근무태도로 인해 2021년 10월 23일경 피해자로부터 해고 통지를 받았다. 피고인은 2019년 10월 25일 춘천지방법원에서 특수상해죄로 징역 2년을 선고받고 2021년 8월 22일 춘천교도소에서 그 형의 집행을 종료하는 등 각종 폭력범죄 등으로 수차례 형사처벌을 받은 전력이 있다.

범행 특성

피고인은 피해자로부터 해고 통지를 받자 2021년 10월 23일 밤 8시 44분경 피해자의 휴대전화로 "전화하지마싶시오 전 악깡만 남은 사람입니다 열심히살아보려고한건대 첫날보터실수하고 내참을수가업내요"라는 문자메시지를 보낸 것을 비롯하여, 다음날인 10월 24일 오전 11시 54분경까지 총 22회에 걸쳐 피해자의 휴대전화로 위협적인 문자메시지를 보냈다. 피고인이 피해자에게 전송한 문자메시지 중에는 "징역특수살인미수로 7년살다가 나온지 5-60일되요 그래두 마음잡고 사려고노력했는대 사람을 그리우숫개 봐요...전 평생징역다녀써요 조금있다봐요"(10월 23일 밤 9시 31분), "당신죽일거면 나혼자두자신있써 난날망가트릴거 용서못하는거야"(10월 24일 밤 00시 24분) 등의 내용이 포함되어 있다.

범행 분석

피고인은 특수상해죄에 따른 징역 2년의 집행을 종료한 지 약 2개월 되는 시점에 이 사건을 저질렀다. 피고인은 고용주였던 피해자로부터 해고 통지를 받은 당일부터 피해자의 의사에 반하여 정당한 이유 없이 지속적 또는 반복적으로 휴대폰으로 메시지를 전송하여 불안감 또는 공포심을 일으키는 스토킹 행위를 하였다. 피해자는 상당한 정신적 고통을 호소하며 피고인에 대한 처벌을 원한다는 의사를 밝혔고, 피고인이 다시 자신을 찾아올까 봐 두렵다고 호소하기도 하였다.

3. 손님이 저지르는 스토킹 사례 1

(출처: 부산지방법원 2022. 4. 21. 선고 2021 고단 4469 판결)

가-피해자 관계

피고인은 50대 여성으로, 37세 남성인 피해자가 운영하는 약국에 약 1년 전부터 손님으로 찾아왔다. 피고인은 지적 장애인으로, 전과는 없다.

범행 특성

1. 피고인은 2021년 10월 21일 낮 12시 49분경 피해자가 운영하는 약국으로 찾아가 피해자에게 "마스크 내려 봐라, 뽀뽀는 해봤냐, 나는 키스 잘한다, 내 자궁은 튼튼하다, 내 마음은 변치 않을 거야.", "점심시간 언제냐, 저녁 같이 먹자."라는 등의 말을 건네면서 만남을 요구하며 피해자의 의사에 반하여 정당한 이유 없이피해자를 지켜보고 기다렸다. 이후 피고인은 같은 날 오후 1시 6분경, 오후 1시 30분경뿐만 아니라 11월 9일 오후 1시 51분경, 11월 13일 오후 12시 59분경,

오후 1시 17분경, 11월 18일 오후 2시 36분경 해당 약국으로 찾아가 피해자를 지켜보고 기다렸다.

2. 피고인은 2021년 11월 30일 부산지방법원에서 2022년 1월 29일경까지 「1. 피해자에 대한 스토킹범죄를 중단할 것을 명한다. 2. 피해자나 그 주거 및 직장 등으로부터 100미터 이내에 접근하지 말 것을 명한다. 3. 피해자의 휴대전화 또는 이메일 주소로 유선·무선·광선 및 기타의 전자적 방식에 의하여 부호·문언·음향 또는 영상을 송신하지 말 것을 명한다.」 라는 내용의 잠정조치 결정을 고지받았다. 그러나, 피고인은 2021년 12월 15일 오후 2시 50분경 다시 해당 약국에 찾아가 피해자를 지켜보았고, 같은 날 오후 3시 49분경 재차 위 약국에 찾아가 피해자를 지켜보았다.

범행 분석

피고인은 피해자의 의사에 반하여 정당한 이유 없이 피해자에 대하여 지속적·반복적으로 스토킹행위를 하여 피해자에게 불안감과 공포심을 일으켰다. 또한 피고인은 법원으로부터 잠정조치 결정을 고지받았음에도 불구하고, 피해자나 그 주거 및 직장 등으로부터 100미터 이내에 접근하지 말 것을 명한다는 내용의 잠정조치를 이행하지 아니하였다. 피해자는 이로 인해 상당한 고통을 겪었으며, 피고인에 대한 엄벌을 희망하였다. 이 사건으로 피고인은 징역 10월에 2년간의 집행 유예를 선고받았다.

4. 손님이 저지르는 스토킹 사례 2

(출처: 창원지방법원 2022. 4. 6. 선고 2022 고단 33 판결)

가-피해자 관계

피고인은 37세 남성으로, 2019년 5월 4일 한 백화점에서 40세 여성인 피해자가 매니저로 있는 향수 매장에서 향수를 구매하면서 피해자와 알게 된 사이이다. 피고인은 당시 피해자에게 호감을 품고 매달 4~5개의 향수를 구매하면서 피해자의 핸드폰 및 매장으로 전화 및 문자메시지를 보내는 등 호감을 표시하였으나,

피해자가 아무런 반응이 없자 피해자를 위협하거나 불안감을 유발하는 내용의 문자메시지를 보내기 시작하였다. 피고인은 2020년 7월 4일경부터 2021년 2월 21일경까지 약 8개월 동안 피해자에게 200개가 넘는 메시지를 보냈다. 이로 인하여 2021년 3월 18일 창원지방법원에 특정범죄가중처벌 등에 관한 법률위반(보복협박등) 죄, 정보통신망이용촉진 및 정보보호 등에 관한 법률위반죄 등으로 구속기소되어 실형을 선고받고, 2021년 11월 6일 창원교도소에서 만기 출소하였다.

범행 특성

피고인은 출소 이후 2021년 11월 23일 밤 10시 32분경부터 10시 48분경까지 피해자에게 "몇번이고 주저하고 망설인 끝에 글 남깁니다. 잘못했습니다. 누님.. 그리고 남편분께도 심심한 사과 드립니다. 혹시나 합의금이 부족했다면 더 드리겠습니다. 못난 A 올림", "누님께 평생 상처준점, 그리고 재판장님께 했던 다짐처럼 반성하겠습니다. 잘못했습니다", "잘못했습니다. 행복한 일들만 가득하십시오 꾸벅 그럼", "○○누나. 그리고 남편분께 감사합니다. 상처준 점 달게 받겠습니다. 저 평생 원망하고 미워하세요. 그게 속이 편합니다. 잘못했습니다. 그리고.. ○○누나 미안해요, 그럼" 등 수차례 문자메시지를 전송하였으나 피해자는 아무런 반응이 없었다.

그러자, 같은 날 밤 11시 30분경 피해자에게 "누나 저한테 원망 안 풀면 나 평생 누나 원망하고 미워하며 살거야. 그리고 합의해줘서 고마워. 나중에 합의금 더 줄게. 누나 마지막으로 잘못했습니다"라고 카카오톡 메시지를 전송하는 등 11월 29일 저녁 6시 5분경까지 총 54회에 걸쳐 피해자에게 문자메시지 또는 카카오톡 메시지를 전송하였다.

피고인이 피해자에게 전송한 문자메시지 중에는 "아버지가 저보고 자살하랍니다. 얼마든지요 공과사를 떠나 찾아가는일 없고 피해자에게 연락없다고 경찰서에 해주셔야죠. 전화하니 폰 끄시면된다고 합디다. 머 이런 경우가있습니까"(11월 28일 새벽 06시 22분), "내가어떻게해줬음싶어? 자살해줄까 아님 내가 누나한테 형님께 어찌해야하냐고 출소하고 하루가고통이야 나한테전화안오게해라고. 머

가부족한데 내휴대폰버릴까? … 누나쫌 그만해"(11월 28일 저녁 6시 45분), "내 사과안받아주면 너평생 못살거야 나너때문에죽고 너평생 미워하고 원망하며 살거야. 그래도 내 사과안받아줄거야? 내진심아니라니까징짜"(11월 28일 저녁 7시 27분) 등의 내용이 포함되어 있다.

범행 분석

피고인은 출소한 지 약 보름 만에 정보통신망 등을 이용해 피해자에게 불안감 또는 공포심을 유발하는 글을 지속적, 반복적으로 도달하게 하는 스토킹 행위를 하였다. 이 사건으로 피고인은 징역 1년 4월을 선고받았으며, 더불어 80시간의 스토킹 치료프로그램 이수를 명 받았다.

스토킹 피해

스토킹은 피해자로 하여금 장기적이고도 심각한 정신적, 신체적 고통과 함께 직업적, 경제적 어려움을 야기한다(Bailey & Morris, 2021). 피해자들은 스토킹을 겪은 이후 신변의 안전에 대한 두려움과 무력감, 타인에 대한 불신을 느끼고, 피해 당시의 생각이 계속 떠오르며 스토킹 피해가 반복될 것에 대한 두려움을 호소한다(Brewster, 2002). 또한, 혼자 외출하는 데에 어려움을 겪으며 전화번호를 변경하고, 직장이나 학교를 옮기거나 그만두는 등 일상의 전반에서 다양한 후유증을 호소한다(Sheridan et al., 2019).

특히 전 연인 등 친밀한 관계의 사람으로부터 스토킹 피해를 입은 경우 불안과 우울, 외상 후 스트레스 장애 등과 함께, 직장에서 업무 효율성의 저하와 경제적 어려움 등 여러 측면에서의 후유증을 겪는다(Rai, Villarreal-Otalora, Blackburn, & Choi, 2020). 이러한 피해의 후유증은 피해자의 회복탄력성 등 개인적 요인과 함께, 스토킹 행위의 심각성 및 침해의 정도, 피해자 보호 기관의 대응에 따라 달라진다(McEwan et al., 2009).

그러나, 스토킹 피해자 가운데 피해 사실이 주변에 알려지는 것을 꺼리는 경우가 많고, 서로 아는 관계에서 발생하기 때문에 경찰에 신고를 주저하거나 신고한 이후에도 보복에 대한 두려움 등으로 인해 사건처리를 원하지 않거나 가해자에 대한 처벌불원 의사를 표시하는 경우도 많다(이성대, 2014).

이처럼 다양한 스토킹 피해를 인지하고 판단하여 주변이나 경찰 등 관련 기관에 도움을 요청할 수 있도록 만들어진 스토킹 피해 진단도구에는 다음과 같은 항목들이 포함된다(한국여성인권진흥원, 2023).

표 1. 스토킹 피해 진단 도구(체크리스트)

1	누군가가 나에게 접근하거나, 따라다니거나, 길을 막아선 적이 있다.
2	누군가 일상생활 장소에서 나를 기다리거나, 지켜본 적이 있다.
3	누군가 직접 또는 다른 사람을 통해 내가 받고 싶지 않은 물건, 메모, 음식 등을 나의 일상생활 장소에 두고 간 적이 있다.
4	누군가 나의 일상생활 장소 또는 그 주변에 있는 물건 등을 부수거나, 집 초인종·(창)문을 두드리거나 부수려고 한 적이 있다.
5	누군가로부터 전화, 문자메시지, SNS 등을 통해, 내가 받고 싶지 않은 글, 사진, 영상 등을 받은 적이 있다.
6	누군가 (내 이름, 나이, 직업, 주소, 직장 등) 개인정보나 위치 정보를 다른 사람에게 보내거나, 온라인에 게시한 적이 있다.
7	누군가 나의 개인정보나 사진 등을 편집·합성하여 다른 사람에게 보내거나, 온라인에 게시한 적이 있다.
8	누군가 내 개인정보를 이용해, 나를 사칭하여 온라인(커뮤니티, SNS 등)에서 활동한 것을 본 적이 있다.
9	누군가가 나에게 접근하기 위해, 내 가족이나 동거인 등에게 위와 같은 행위를 한 적이 있다.

스토킹 피해를 경험한 총 256명을 대상으로 연구한 결과, 스토킹 이후 피해자가 단호하게 거부의사를 밝히거나(23.8%) 화를 내며(8.6%) 경찰에 신고하는 등(5.5%) 적극적으로 대응한 경우는 소수에 그쳤다. 오히려, 그 상황을 피했다(25.4%)는 응답이 가장 많았고, 저항하지 못하고 그냥 당했다는 응답이 14.5%, 온라인상에서 무시/차단한 경우가 11.3%로 나타나는 등 소극적 대응이 과반수를 차지하는 것으로 드러났다(경기대학교, 2021).

한편, 온라인 스토킹과 관련해서 한국여성정치연구소(2021)에서는 온라인 스토킹의 피해 유형을 다음과 같이 분류하였다:

표 2. 온라인 스토킹의 피해 유형

1	타인이 나의 허락 없이 내 개인정보에 접근하여 나의 사생활을 알아내려고 하였다.
2	타인이 나의 허락 없이 나의 개인정보를 알아내어 저장하였다.
3	타인이 나의 허락 없이 나의 개인정보를 이용하여 나를 사칭하였다.
4	타인이 나의 허락 없이 나의 개인정보를 내가 허락하지 않은 목적으로 사용하였다.
5	타인이 나의 허락 없이 나의 개인정보를 다른 범죄에 이용하였다.
6	타인이 나의 허락 없이 나의 개인정보를 유포하였다.
7	타인이 나의 허락 없이 나의 개인정보를 유포하여 제삼자의 범행을 부추겼다.
8	타인이 나의 허락 없이 나의 개인정보와 함께 합성사진이나 성적 모욕 등의 허위정보를 유포하였다.
9	타인이 나의 허락 없이 나와 관련된 허위정보를 임의로 사용하였다.
10	타인이 나의 허락 없이 내가 원하지 않는 글, 이미지, 음향 등을 나에게 보냈다.

한국여성정치연구소(2021)에서 20대 여성 903명을 대상으로 온라인 스토킹 피해 실태에 대해 조사한 결과, 위 10개 유형 중 79.2%(715명)가 하나 이상의 유형을 경험한 것으로 집계되었다. 온라인 스토킹 피해 유형 중 타인이 허락 없이 자신이 원하지 않는 글이나 이미지, 음향 등을 자신에게 보낸 경우가 54.0%로 나타났으며, 자신의 개인정보를 유포한 경우가 40.3%, 개인정보를 이용하여 자신을 사칭한 경우가 18.1%였다. 온라인 스토킹 피해 범위와 관련해서는 피해자 본인 외에 직장 동료나 친구 등 지인들이 본인 때문에 피해를 입었다고 응답한 경우가 41.1%로 나타났고, 가족이나 동거인의 경우에는 20.5%, 연인의 경우는 8.0% 등 주변 사람들까지 함께 피해를 입는 경우가 빈번하였다.

온라인 스토킹 피해자들은 이후 온라인상에 자신의 개인정보를 게시하는 것을 꺼리게 되었으며, 온라인상에서 자신의 흔적을 지우기 위해 과거의 게시물을 삭제하는 등 전반적으로 온라인 활동이 위축되었다고 보고하였다. 또한, 공포심이나 불안감을 느끼고, 누군가 자신을 해칠지도 모른다는 생각에 안전에 대한 두려움이 생겼으며, 누군가 자신을 계속 지켜보고 있다는 생각에 사로잡히는 등 다양한 정서적 피해 또한 입은 것으로 나타났다(한국여성정치연구소, 2021).

온라인 스토킹 피해자들은 이후 계정을 비공개로 전환하거나(19%), 가해자에게 항의하며 중단을 요구하기도 하고(14.5%), 해당 서비스 이용을 중단하거나 탈퇴(13.4%)하는 등 다양한 방식으로 대응하였다. 그러나, 경찰에 신고했다는 비율은 2.2%에 그쳤고, 대응하다가 포기하거나 아무 대응을 하지 않았다는 응답도 14.1%에 달하였다. 대응을 하지 않은 이유에 대해 신고해도 조치나 처벌이 이루어지지 않을 것이라 생각하는 등, 피해자들은 전반적으로 비교적 소극적인 대처 양상을 보이고, 온라인 스토킹에 대한 형사사법 기관의 처리나 조치에 대해 부정적인 기대를 가진 것으로 드러났다(한국여성정치연구소, 2021; Fissel, 2021). 실제로, 형사사법 기관에서 스토킹 피해자는 사건 신고가 지연된 것에 대한 의심이나 가해자를 옹호하는 수사관의 언행, 사건을 경미하게 취급하는 태도나 합의 종용 등 다양한 이차 피해를 경험하는 것으로 보고된 바 있다(송민진·박현정, 2021).

스토킹에 대한 통념

스토킹 통념(stalking myths)은 사회에서 구성원들이 스토킹 행위나 가해자, 피해자 등에 대해 통상적으로 공유하는 태도나 신념들을 일컫는데, 어떠한 행위가 스토킹에 해당되는지에 대한 판단이나 구애 행위와 스토킹 사이의 구분에 대한 지각 등을 포함한다(Sinclair, 2012). 이러한 스토킹 통념의 기저에는 스토킹을 정당화하고 심각한 문제가 아니라고 사소화시키며, 스토킹 발생의 책임을 피해자에 귀인하고 피해자를 비난하는 태도가 있다(조무용·김정인, 2016). 스토킹을 어떻게 지각하고 스토킹에 대해 어떠한 태도를 갖는지에 관한 대표적인 스토킹 통념에는 피해자들이 스토킹을 유발한다든가, 스토킹이 불편할 수는 있지만 심각한 일은 아니라든가, 애정 표현일 뿐인 행동에 피해자들이 예민하게 반응한다는 등의 내용이 포함된다(Copson & Marshall, 2002).

이러한 스토킹 통념은 특히 피해자와의 관계에 따라 영향을 받는데, 모르는 사람보다 전 연인 등 아는 관계에서 발생한 경우 사건을 스토킹으로 지각할 가능성이 더 낮았다(Becker, Ford, & Valshtein, 2021). 이는 온라인 스토킹의 경우에도 마찬가지여서, 전 연인 관계보다 서로 모르는 관계에서 발생했을 때 사건이 스토킹에 해당한다고 인식하고 그 심각성을 더 높게 평가하였으며, 가해자의 책임이 더 크다고 비난하는 반면, 피해자의 책임은 더 낮게 평가하였다(김현승·박지선, 2023). 또한 피해자와의 관계는 스토킹 사건 지각 및 피해자 판단에도 영향을 미치는데, 낯선 사람이나 지인보다 전 연인에 의한 스토킹 발생 시 해당 사건이 스토킹에 해당되지 않는다고 평가하고 피해자의 책임은 훨씬 더 크게 지각하였다(Chung, & Sheridan, 2022). 더불어, 서로 모르는 관계보다 전 고용 관계에서 스토킹 발생 시 가해자의 책임과 처벌은 낮게 평가하고, 피해자의 책임은 더 크다고 평가하며 피해자를 비난하는 경향을 보였다(조혜민·박지선, 2022).

이와 같은 스토킹 통념을 측정하는 대표적 척도로 McKeon, McEwan, & Luebbers(2015)의 스토킹 관련 태도 질문지(Stalking-related Attitude Questionnaire)가 있다. 총 34개 문항이며 3개의 하위 요인으로 이루어져 있는데, 우선 요인 1은 특히 가해자와 피해자가 서로 아는 관계일 때 스토킹의 심각성을 최소화하는 '스토킹은 심각하지 않다(Stalking isn't serious)'로 19개 문항(5, 8, 9, 11-17, 20, 21, 24, 26, 30-34번 문항)으로 이루어져 있다. 요인 2는 스토킹을 구애 행위로 지각하는 '스토킹은 로맨틱하다(Stalking is romantic)'로 7개 문항(1, 2, 3, 10, 18, 19, 28번 문항)이며, 요인 3은 '스토킹은 피해자의 탓이다(Victims are to blame)'로 5개 문항(6, 7, 23, 25, 27번 문항)으로 구성된다(문항 4, 22, 29 제외).

표 3. 스토킹 통념(McKeon et al., 2015)

1	남성이 여성을 따라다니는 것은 그것이 로맨스의 일부라면 어느 정도 허용되어야 한다(A man should be allowed to pursue a woman to a certain extent, if it is part of romance).
2	여성이 단 한 번이라도 거절하였다면 남성은 여성에게 더 이상 접근하지 않아야 한다(If a woman says no, even once, a man should leave her alone).
3	서로 전혀 모르는 남녀보다는 서로 교제 관계에 있었던 남녀의 경우에 더 남성은 여성을 쫓아다닐 권리가 있다(If a man and woman have been in a romantic relationship, the man has more right to pursue her than if they have never met).
4	여성은 너무 적극적인 것처럼 보이고 싶지 않기 때문에 처음에는 데이트를 거절하는 것이 일반적이다(It's normal for a woman to say no to a date at first because she doesn't want to seem too eager).
5	아내를 되찾으려는 것은 스토킹이 아니다(It's not stalking if you are trying to get your wife back).
6	데이트를 많이 하는 여성은 그렇지 않은 여성보다 스토킹 당할 가능성이 높다(A woman who dates a lot would be more likely to be stalked).
7	스토커를 거절하는 것은 스토커를 자극할 뿐이다(Saying no to a stalker will just provoke him).
8	여성이 거절했더라도 어느 정도의 반복적인 전화나 미행은 괜찮다(A certain amount of repeated phoning and following is okay, even if a woman has said no).
9	스토킹이라는 개념은 일시적인 유행일 뿐이다(The concept of stalking is just a fad).
10	누군가가 계속 쫓아다니면 여성은 우쭐해진다(Women find it flattering to be persistently pursued).
11	서로 아는 관계라면 그것은 사실 스토킹이라 볼 수 없다(It's not really stalking if you know the person and they know you).
12	사랑에 빠진 사람이 계속 누군가에게 연락을 취하는 것은 범죄로 간주되어서는 안 된다(Staying in contact with someone shouldn't really be seen as a crime, if you are actually in love).
13	여성이 그냥 남성을 무시하면 남성은 결국 멀어질 것이다(If a woman just ignored the man, he would eventually go away).

14	스토킹은 폭력의 일종이다(Stalking is a type of violence).
15	"처음에 성공하지 못하면 계속 다시 해봐라" 같은 생각이 스토킹을 용인한다("If at first you don't succeed, try, try again", ideas like this make stalking acceptable).
16	스토커는 성가신 존재이지만 범죄자는 아니다(Stalkers are a nuisance but they are not criminals).
17	정말 사랑에 빠졌다면, 상대가 거절하더라도 이를 받아들여서는 안 된다(If you were really in love with somebody, you wouldn't take no for an answer).
18	어떤 사람에게 스토킹으로 보이는 것이 다른 사람에게는 로맨틱한 것일 수 있다(What one person may see as stalking, another may see as romantic).
19	여성은 종종 진짜 마음과는 다른 말을 한다(Women often say one thing but mean another).
20	스토킹은 극단적인 형태의 구애 행위일 뿐이다(Stalking is just an extreme form of courtship).
21	실제 폭력이 없다면 범죄로 볼 수 없다(If there is no actual violence, it shouldn't be a crime).
22	어떤 여성들은 스토킹을 칭찬으로 여기며 실제로 스토킹 당하기를 원한다(Some women actually want to be stalked; they see it as a compliment).
23	어떤 여성들은 종종 전 남자친구에게 보복하기 위해 스토킹 피해를 입었다고 주장한다(Victims of stalking are often women wanting revenge on their ex-boyfriends).
24	계속 누군가를 따라다니고, 전화를 걸고, 선물을 남기는 것은 어느 누구에게도 사실상 상처를 주지 않는다(Repeatedly following someone, making phone calls and leaving gifts doesn't actually hurt anyone).
25	특정 유형의 여성은 스토킹을 당할 가능성이 더 높다(Certain types of women are more likely to be stalked).
26	스토킹은 형법이 아닌 민법으로 처리해야 한다(Stalking should be dealt with in civil, not, criminal law).
27	명확히 거절 의사를 밝힐 수 없는 여성은 스토킹을 당할 가능성이 더 높다(A woman may be more likely to be stalked if she cannot clearly say no).
28	여성이 조금이라도 여지를 준다면 남성은 계속 쫓아다닐 권리가 있다(If a woman gives any encouragement, the man has a right to continue his pursuit).
29	스토킹에 불편해하는 사람들은 남들보다 더 예민한 사람들이다(Those who are upset by stalking are likely more sensitive than others).

30	비록 귀찮더라도, 대부분의 여성은 스토킹으로 인해 적어도 조금은 기분이 좋아진다(Even if they were annoyed, most women would be at least a little flattered by stalking).
31	누군가가 계속 칭찬을 하며 좋은 선물을 준다면 스토킹은 훨씬 더 용인 가능하다(If someone continues to say nice things and give nice gifts, then stalking is far more acceptable).
32	모르는 사람에 의한 스토킹만이 진짜 스토킹이다(Stranger stalking is the only real stalking).
33	누구나 스토킹을 당할 수 있다(Any person could be stalked).
34	스토커는 어떤 형태로든 여지가 있을 때만 계속한다(Stalkers only continue because they get some sort of encouragement).

이처럼 스토킹 피해자나 가해자, 스토킹 범죄에 대한 왜곡되고 편향적인 신념 및 태도는 스토킹 범죄를 예방하고 피해자를 효과적으로 지원하는 데 저해 요인으로 작용할 수 있다(Boehnlein, Kretschmar, Regoeczi, & Smialek, 2020). 특히 낯선 사람에 의한 스토킹보다 전 연인 등 아는 관계에서 발생하는 스토킹의 심각성을 더 낮게 지각하는 등의 스토킹 통념은, 가해자의 재범뿐만 아니라 피해자의 신고나 도움 추구 행동 등에 영향을 미칠 수 있다(Weller, Hope, & Sheridan, 2013). 실제로, 스토킹 사건의 심각성 인식은 피해자뿐만 아니라 가족 등 주변인의 경찰 신고에도 영향을 미치는 요인으로 나타났다(Fernández-Cruz, 2021; Scott & Sheridan, 2011). 또한 스토킹 통념은 스토킹 가해자의 유죄 판단에도 영향을 미쳐, 스토킹 통념이 강할수록 가해자를 유죄 판단할 가능성이 낮은 것으로 나타났다(McKeon et al., 2015). 이처럼 스토킹 통념은 스토킹 범죄에 대한 형사사법 기관의 대처와 개입, 이로 인한 이차 피해에도 영향을 줄 수 있으므로, 이에 대한 인식 개선은 시급한 과제라 할 수 있다(김은영, 2016).

주요 용어

KEY TERMS

스토킹	온라인 스토킹	스토킹 처벌법
스토킹 방지법	거부형	친밀감 추구형
무능한 구애형	분노형	약탈형
결별 후 스토킹	이차 피해	스토킹 통념

Summaries

- 스토킹 발생 건수는 증가 추세에 있으며, 온라인 스토킹은 익명성이 특징인 공간에서 서로 직접 대면하지 않은 채 제약 없이 급속도로 상호작용이 이루어지며 그 확산성과 전파성이 매우 높고, 그 방법이 날로 다양화되고 전문화되어 가고 있다.
- 국내에서는 2021년에 '스토킹범죄의 처벌 등에 관한 법률'이 제정되어 시행되기에 이르렀는데, 여기에서 스토킹 행위란 상대의 의사에 반하여 정당한 이유 없이 상대방이나 그의 동거인, 가족에게 특정 행위를 하여 상대로 하여금 불안감이나 공포심을 불러일으키는 행위를 지칭한다.
- 2023년 7월 11일 개정된 스토킹처벌법의 핵심 사항은 스토킹행위 유형에 온라인 스토킹 행위를 추가하고, 반의사불벌죄 조항을 삭제하여 신고 후 피해자가 처벌을 원치 않는다는 의사를 밝히더라도 가해자 처벌을 가능하게 한 것 등이다.
- 2023년 7월 18일부터 시행된 스토킹방지법은 스토킹 예방과 피해자 보호·지원을 위해 국가기관과 지방자치단체의 스토킹 예방교육 및 실태조사 등에 관한 책무, 피해자 지원시설의 설치 및 업무 등을 주된 내용으로 한다.
- 스토킹은 조현병이나 망상 장애와 같은 정신장애의 영향을 받을 수도 있으나, 일반적으로 정신장애가 스토킹의 직접적 원인이 되는 경우는 드물다.
- 스토커는 타인과의 관계 형성 및 유지에 어려움을 겪는 불안정 애착과 함께, 높은 경계선 성격 성향, 약물 남용의 문제를 보인다.

- 스토킹의 폭력성을 예측하는 위험 요인으로는 피해자와의 관계, 위협 유무, 약물 남용, 범죄 전력 등이 있다. 피해자와 전 연인 관계였거나 피해자를 위협한 경우, 약물남용이나 폭력 범죄의 전력이 있는 경우 스토킹 폭력의 위험성이 높다.
- 스토킹의 하위 유형은 동기에 따라 스토킹 범죄자를 총 다섯 가지(거부형, 친밀감 추구형, 무능한 구애형, 분노형, 약탈형)로 나눈 Mullen et al. (1999)의 분류법이 대표적이다.
- 스토킹 범죄의 발생에 있어 범죄자의 개인적 특성에만 주목하기보다는 그 범죄가 발생하는 사회적 환경과 문화적 요소 또한 고려하여야 한다.
- 친밀한 관계에서 발생하는 스토킹은 상대나 그 가족 등 주변인에 대한 신상이나 사적 정보에 대해 잘 알고 있어, 협박의 범위가 넓고 접근이 더 쉬우므로 피해자로 하여금 더 큰 공포심을 불러올 수 있다.
- 피해자들은 전반적으로 소극적인 대처 양상을 보이고, 온라인 스토킹에 대한 형사사법 기관의 처리에 대해 부정적인 기대를 가지고 있다.
- 스토킹 통념은 스토킹 범죄에 대한 형사사법 기관의 대처와 개입, 이로 인한 이차 피해에도 영향을 줄 수 있다.

참고문헌 References

경기대학교 (2021). *스토킹 방지 입법 정책 연구.* 서울: 국회 여성가족위원회.

경기도여성가족재단 (2023). *스토킹·데이트(교제)폭력 피해자 지원 안내서.* 수원: 경기도여성가족재단.

김은영 (2016). 스토킹행위에 대한 인식과 경찰개입의 필요성 판단에 관한 분석연구. *한국사회와 행정연구, 27*(3), 93-112.

김정혜 (2023). 강압적 통제로서 친밀한 파트너 스토킹의 특성과 대응 방향. *여성연구, 117*(2), 39-62.

김현승·박지선 (2023). 사이버 스토킹 사건 판단에 피해자와의 관계와 대인관계 유능성, 관계적 공격성이 미치는 영향. *한국심리학회지: 여성, 28*(2), 255-275.

박철현·이상용·진수명 (2000). *스토킹의 실태와 대책에 관한 연구.* 서울: 한국형사정책연구원.

방송통신위원회 · 한국지능정보사회진흥원 (2024). *2023 사이버폭력 실태조사.* 대구: 한국지능정보사회진흥원.

송민진·박현정 (2020). 스토킹의 현주소와 피해자 보호에 관한 연구. *법이론실무연구, 9*(2), 141-170.

이성대 (2014). 보복범죄방지를 위한 사전적 개입방안: 스토킹행위에 대한 개입방안을 중심으로. *미국헌법연구, 25*(1), 115-153.

이성식·신지민·임수경·임형연 (2020). 사이버스토킹의 설명요인에 관한 연구. *형사정책, 32*(2), 97-122.

조무용·김정인 (2016). 성평등의식과 성차별주의가 스토킹통념 지각에 미치는 영향. *한국심리학회지: 여성, 21*(1), 109-134.

조혜민·박지선 (2022). 스토커-피해자 관계에 따른 사건 판단 차이: 내면화된 수치심의 매개효과를 중심으로. *한국심리학회지: 법, 13*(3), 205-225.

치안정책연구소 (2024). *치안전망 2025.* 아산: 치안정책연구소.

한국여성인권진흥원 (2023). *스토킹 피해 진단 도구(체크리스트)·해설서.* 서울: 한국여성인권진흥원.

한국여성정치연구소 (2021). *온라인 스토킹의 실태 및 대응 방안.* 서울: 국회 여성가족위원회.

한나라 (2023). 스토킹범죄의 양형 현황과 양형기준 수립 방향. *한국여성정책연구원 세미나자료,* 14-43.

Bailey, B., & Morris, M. C. (2021). Longitudinal associations among negative cognitions and depressive and posttraumatic stress symptoms in women recently exposed to stalking. *Journal of Interpersonal Violence, 36*(11-12), 5775-5794.

Becker, A., Ford, J. V., & Valshtein, T. J. (2021). Confusing stalking for romance: Examining the labeling and acceptability of men's (cyber) stalking of women. *Sex Roles, 85*(1), 73–87.

Boehnlein, T., Kretschmar, J., Regoeczi, W., & Smialek, J. (2020). Responding to stalking victims: Perceptions, barriers, and directions for future research. *Journal of Family Violence, 35*(7), 755–768.

Brewster, M. P. (2002). Trauma symptoms of former intimate stalking victims. *Women & Criminal Justice, 13*(2–3), 141–161.

Brooks, N., Petherick, W., Kannan, A., Stapleton, P., & Davidson, S. (2021). Understanding female–perpetrated stalking. *Journal of Threat Assessment and Management, 8*(3), 65.

Catanesi, R., Carabellese, F., La Tegola, D., & Alfarano, E. (2013). Coexistence and independence between a mental disorder and female stalking. *Journal of Forensic Sciences, 58*(1), 251–254.

Chung, K. L., & Sheridan, L. (2022). Perceptions of stalking: Examining perceivers' country of origin, perpetrator–target prior relationship, and the mediating effect of victim responsibility. *Journal of Interpersonal Violence, 37(21–22),* NP19644–NP19663.

Copson, G., & Marshall, N. (2002). Police care and support for victims of stalking. *Psychological perspectives for prevention, policing and treatment* (pp. 49–62). Chichester, UK: Wiley.

Davis, K. E., Swan, S. C., & Gambone, L. J. (2012). Why doesn't he just leave me alone? Persistent pursuit: A critical review of theories and evidence. *Sex Roles, 66,* 328–339.

Dressing, H., Foerster, K., & Gass, P. (2011). Are stalkers disordered or criminal? Thoughts on the psychopathology of stalking. *Psychopathology, 44*(5), 277–282.

Fernández–Cruz, V. (2021). Formal coping strategies for victims of stalking: Factors associated with reporting to the police. *Spanish Journal of*

Legal Medicine, 47(4), 136–142.

Ferreira, C., & Matos, M. (2013). Post-relationship stalking: The experience of victims with and without history of partner abuse. *Journal of Family Violence, 28,* 393–402.

Fissel, E. R. (2021). The reporting and help-seeking behaviors of cyberstalking victims. *Journal of Interpersonal Violence, 36*(11–12), 5075–5100.

Lewis, S. F., Fremouw, W. J., Ben, K. D., & Farr, C. (2001). An investigation of the psychological characteristics of stalkers: Empathy, problem-solving, attachment and borderline personality features. *Journal of Forensic Sciences, 46*(1), 80–84.

Lyndon, A. E., Sinclair, H. C., MacArthur, J., Fay, B., Ratajack, E., & Collier, K. E. (2012). *An introduction to issues of gender in stalking research. Sex Roles, 66,* 299–310.

Matias, A., Gon alves, M., Soeiro, C., & Matos, M. (2020). Intimate partner homicide: A meta-analysis of risk factors. *Aggression and Violent Behavior, 50,* 101358.

McEwan, T. E., MacKenzie, R. D., Mullen, P. E., & James, D. V. (2012). Approach and escalation in stalking. *Journal of Forensic Psychiatry & Psychology, 23*(3), 392–409.

McEwan, T. E., Mullen, P. E., & MacKenzie, R. (2009). A study of the predictors of persistence in stalking situations. *Law and Human Behavior, 33,* 149–158.

McEwan, T. E., Mullen, P. E., MacKenzie, R. D., & Ogloff, J. R. (2009). Violence in stalking situations. *Psychological Medicine, 39*(9), 1469–1478.

McKeon, B., McEwan, T. E., & Luebbers, S. (2015). "It's not really stalking if you know the person": Measuring community attitudes that normalize, justify and minimise stalking. *Psychiatry, Psychology and Law, 22*(2), 291–306.

Meloy, J. R., & Gothard, S. 0995). Demographic and clinical comparison of obsessional followers and offenders with mental disorders. *American Journal of Psychiatry, 152,* 258–263.

Mohandie, K., Meloy, J. R., McGowan, M. G., & Williams, J. (2006). The RECON typology of stalking: Reliability and validity based upon a large sample of North American stalkers. *Journal of Forensic Sciences, 51*(1), 147–155.

Mullen, P.E., Pathé, M. & Purcell, R. (2009). *Stalkers and their victims* (2nd ed.). Cambridge, UK: Cambridge University Press.

Mullen, P.E., Pathé, M., Purcell, R., & Stuart, G.W. (1999). Study of stalkers. *American Journal of Psychiatry, 156,* 1244–1249.

Pathé, M., & Mullen, P. E. (1997). The impact of stalkers on their victims. *The British Journal of Psychiatry, 170*(1), 12–17.

Rai, A., Villarreal-Otálora, T., Blackburn, J., & Choi, Y. J. (2020). Correlates of intimate partner stalking precipitated homicides in the United States. *Journal of Family Violence, 35,* 705–716.

Rosenfeld, B. (2004). Violence risk factors in stalking and obsessional harassment: A review and preliminary meta-analysis. *Criminal justice and Behavior, 31*(1), 9–36.

Rosenfeld, B., & Harmon, R. (2002). Factors associated with violence in stalking and obsessional harassment cases. *Criminal Justice and Behavior, 29*(6), 671–691.

Scott, A. J., & Sheridan, L. (2011). 'Reasonable' perceptions of stalking: The influence of conduct severity and the perpetrator-target relationship. *Psychology, Crime & Law, 17*(4), 331–343.

Sheridan, L., & Davies, G. M. (2001). Violence and the prior victim-stalker relationship. *Criminal Behaviour and Mental Health, 11*(2), 102–116.

Sheridan, L., North, A. C., & Scott, A. J. (2019). Stalking in the workplace.

Journal of Threat Assessment and Management, 6(2), 61.

Sinclair, H. C. (2012). Stalking myth-attributions: Examining the role of individual and contextual variables on attributions in unwanted pursuit scenarios. *Sex Roles, 66,* 378–391.

Weller, M., Hope, L., & Sheridan, L. (2013). Police and public perceptions of stalking: The role of prior victim-offender relationship. *Journal of Interpersonal Violence, 28*(2), 320–339.

Westrup, D. (1998). Applying functional analysis to stalking behavior. In J. R. Meloy (Ed.), *The psychology of stalking: Clinical and forensic perspectives* (pp. 275–294). San Diego, CA: Academic Press.

제3부

범죄 수사와 심리학

제 12 장

범죄자 프로파일링

Contents

- 들어가며
- 범죄자 프로파일링의 정의와 역사
- 프로파일링 관련 용어들
- 범죄자 프로파일링의 과정
- 프로파일링 추론 과정에서 나타나기 쉬운 오류와 편향
- 프로파일러의 전문가적, 윤리적 가이드라인
- 범죄자 프로파일링의 한계와 문제점, 앞으로의 방향

Questions

1. 범죄자 프로파일링 기법의 정확한 정의는 무엇일까?
2. 국내 범죄 수사 과정에 실제로 범죄자 프로파일링 기법이 적용된 사례에는 어떠한 것이 있을까?
3. 프로파일링과 관련하여, MO 혹은 signature라는 용어를 들어본 적이 있는가? 이 용어들의 정확한 정의는 무엇일까?
4. 범죄자 프로파일링의 과정은 어떻게 진행될까?
5. 프로파일링 추론 과정에서 프로파일러가 주의해야 할 오류에는 무엇이 있을까?
6. 프로파일러를 위한 전문가적, 윤리적 지침을 세운다면, 어떠한 것이 있을까?
7. 범죄자 프로파일링의 한계와 문제점에는 어떠한 것이 있을까? 이러한 것들은 어떻게 극복 가능할까?

Objectives

1. 범죄자 프로파일링 기법의 정의에 대해 학습하고, 국내외에서 프로파일링 기법이 발전해 온 역사를 알아본다.
2. 프로파일링 관련 주요 용어들을 숙지한다.
3. 범죄자 프로파일링의 과정을 이해한다.
4. 연역적 프로파일링과 귀납적 프로파일링의 차이점을 알아본다.
5. 프로파일링 추론 과정에서 나타나기 쉬운 오류와 편향에 대해 알아본다.
6. 프로파일러의 전문가적, 윤리적 가이드라인을 숙지한다.
7. 범죄자 프로파일링의 한계와 문제점을 이해하고, 앞으로의 발전 방향에 대해 생각해 본다.

Chapter 12

범죄자 프로파일링

들어가며

범죄자 프로파일링은 범행 현장에서 범죄자가 나타낸 여러 행동의 분석을 통해 범죄자의 배경 특성(나이, 교육 수준, 직업, 전과, 결혼 여부, 피해자와의 관계, 성격 특성, 심리적/정신적 장애, 거주지에서 범행 현장 사이의 거리 등)을 추론하여 범인 검거에 기여하는 수사 기법을 일컫는다(Douglas, Ressler, Burgess, & Hartman, 1986). 즉, 범죄 현장에 범죄자의 평소 습성이나 일상적인 행동 방식 등이 고스란히 반영되어 있다는 전제 하에(Holmes & Holmes, 2002), 범죄 현장의 분석을 바탕으로 범죄자의 인지적, 정서적, 행동적 특성에 대한 포괄적인 이해를 통하여 수사 방향을 설정하고 전략을 제시하여, 범죄자의 유형을 밝혀내고 수사망을 좁혀 나감으로써 궁극적으로 범인 검거에 기여하고, 검거 이후에는 효과적인 신문 전략을 제시하는 등 다각적 기능을 수행하는 수사 기법을 일컫는다(Pinizzotto & Finkel, 1990; Turvey, 2002).

최근 수 년 간 이러한 범죄자 프로파일링 기법에 대한 관심은 미국과 영국을 비롯하여 전세계적으로 급증해 왔고, 특히 국내에서는 2000년대에 들어 우리 사회에 큰 충격과 공포를 몰고 온 연쇄 살인이나 성범죄 사건 수사에 이러한 프로파일링 기법이 활용되었다.

그러나 특히 미국 영화나 드라마 등 미디어에서 묘사하는 프로파일링 기법이나 프로파일러들의 활약은 실제에 비해 상당 부분 과장되거나 왜곡된 면이 있다(박지선·최낙범, 2011; Herndon, 2007; Kocsis, 2007). 또한, 범죄자 프로파일링 기법에 대한 대중적 관심에 비해, 이를 제대로 소개하는 학술 문헌은 많지 않은 실정이다. 따라서 본 장에서는 우선 범죄자 프로파일링의 정의와 역사에 대해 살펴본 후, 프로파일링 관련 용어들과 프로파일링 과정에 대해 알아볼 것이다. 다음으로, 프로파일러의 전문적, 윤리적 가이드라인에 대해 짚어 본 후, 범죄자 프로파일링의 한계와 문제점, 앞으로의 발전 방향에 대해서 살펴볼 것이다.

범죄자 프로파일링의 정의와 역사

범죄자 프로파일링이 특히 범인에 관한 실마리를 찾기 힘들거나 범행 동기를 파악하기 어려운 사건에 적용될 수 있는 중요한 수사 기법으로 간주되기 시작한 것은 비교적 최근이다. 1980년대 후반 미 연방 수사국(Federal Bureau of Investigation; FBI) 행동과학부(Behavioral Science Unit; BSU)에서는 범죄자 프로파일링을 "범죄자가 저지른 범행의 분석을 통해 범인의 주요한 성격적, 행동적 특성을 밝혀내는 수사 기법"이라고 정의내리고(Ressler, Burgess, & Douglas, 1988), 프로파일링을 활용한 수사 과정을 소개하였다.

그러나 사실 프로파일링의 개념은 범죄 수사의 역사와 함께 비교적 오랫동안 존재해 왔다. 예를 들어 1888년 영국 런던에서 발생했던 잭 더 리퍼(Jack The Ripper) 연쇄 살인 사건과 관련하여, 경찰 소속 의사였던 Bond 박사가 살인범의 범행 방식에 근거하여 범죄자에 대한 상세한 특징을 추론하여 제공한 바 있다.

이 외에, 가장 성공적인 범죄자 프로파일이 제시되었던 사건은 1950년대 정신의학자 James Brussel이 뉴욕 시에서 발생한 Mad Bomber 사건에 대해 범죄자의 프로파일을 제공한 것이다. 1950년대 뉴욕 시는 무려 16년 동안이나 검거되지 않으면서 Grand Central 역과 공립 도서관 등 뉴욕 시의 다양한 명소에 폭탄을 설치한 연쇄 폭파범("Mad Bomber")때문에 곤욕을 치르다가, 당시 저명한 정신 의학자 Brussel에게 사건에 대한 자문을 구했다.

그림 1. Mad Bomber의 협박 편지

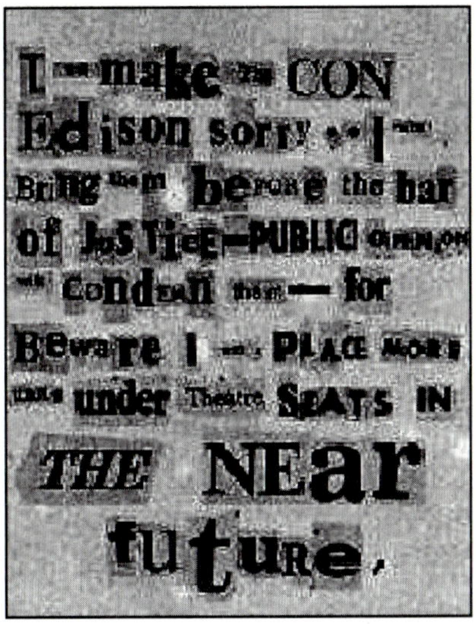
I make CON Edison sorry I Bring them before the bar of JUSTICE—PUBLIC OPINION condemn them — for Beware I PLACE MORE under Theatre SEATS IN THE NEar future.

Brussel(1968)은 범인의 협박 편지, 범죄 현장 사진, 그리고 범죄자가 손수 제조한 폭탄에 대한 분석을 포함해 여러 가용한 모든 정보들을 검토한 뒤, 폭파범의 성격, 생활 방식, 거주지, 옷 입는 성향 등에 대한 세부적인 프로파일을 제시하였다. 보다 구체적으로, Brussel은 범인이 뉴욕과 인접해 있는 Connecticut에 이모나 여자 형제와 살고 있는 동유럽계의 편집증 환자라고 결론지었다. 또한 Brussel은 범인이 매우 심각한 병을 앓고 있고, 교회를 규칙적으로 나가며, 공손하고 예의바르며 외형적으로 너무나 단정한 사람이라고 추론했다. 다음은 Brussel(1968)이 추론한 범인에 대한 프로파일의 일부이다:

> 미혼이고, 40세에서 50세 사이이며, 내성적인 남성임. 비사교적이지만, 반사회적은 아님. 매우 숙련된 기계공으로 도구를 잘 다룸. 여자에 관심이 없음.

고졸 학력. 직장에서 비판을 받을 때 순간적으로 매우 격렬하게 그 분노를 표출할 수 있음. 범행 동기는 아마도 직장에서의 해고나 질책일 것임. 분노는 계속해서 커지고 있음. 현재 또는 과거에 Consolidated Edison(미국의 전기 회사)에서 일하는(혹은 일했던) 근로자임.

또한 Brussel은 형사들에게 범인의 의복에 대해서도 언급했는데, 두 줄로 단추가 달린 양복을 입고, 보통 단추를 모두 채우고 다닐 것이라고 이야기한 것으로 알려져 있다(Schlesinger, 2004). Brussel의 프로파일은 경찰이 의심하고 있었던 용의자들 중 한 사람(George Metesky)과 상당 부분 일치했는데, 그는 이전에 Consolidated Edison에 근무했던 자로 그 회사에 대해 엄청난 불만이 있었다. Brussel의 프로파일에 범인은 정확하게 맞아떨어졌고, 심지어 경찰들이 Metesky를 체포하러 갔을 때, 그는 두 줄 단추식의 양복을 단추가 모두 잠긴 채로 입고 있었다고 알려져 있다(Schlesinger, 2004).

그림 2. 연행되는 Mad Bomber George Metesky

Brussel은 범죄자의 행동 양식을 연구하고, 그러한 행동을 보였을 만한 사람의 유형에 대한 추론을 제공함으로써 이러한 프로파일을 도출하였다. 다시 말해서 Brussel은 폭파범에 대한 범죄 현장 정보를 모두 훑어보고, 폭탄 제조에 쏟은 엄청난 시간과 정확성을 알아채고 나서, 범인이 평소에도 매우 계획적이고 치밀하며 융통성이 없는 사람일 것이라고 결론을 내린 것이다. 이러한 추론 과정은 범죄자에 대한 심리학적 프로파일링의 토대가 되었다(Schlesinger, 2004).

그림 3. James Brussel

뉴욕의 Mad Bomber 사건에 대한 Brussel의 프로파일 이후, 범죄자 프로파일링 기법은 더욱 주목받았다. 그러나, 이러한 종류의 프로파일은 프로파일러의 개인적 경험이나 직관에 상당 부분 의존한다. 즉, 프로파일러가 이전에 범죄자들과 대면했던 자신의 경험을 통해, 범행 현장에서의 범죄자 행동을 분석함으로써 범죄자에 대한 결론을 도출해내는 것이다(Ressler et al., 1988). Bond나 Brussel 이후의 많은 범죄자 프로파일러들 또한 범죄자의 특징을 판단하는데 있어 그들의 개인적 경험에 의존하여 왔다. 실제로 응용적 수사 기법으로서 현대의 프로파일링 기법을 고안해 낸 FBI에서도 전문가의 실무 경험에 근거한 이러한 방식을 사용한다(Schlesinger, 2004). 그러나 행동적 프로파일을 추론하는 절차가 경찰 수사에 정확하게 적용되기 위해서는 명확하고 일관성이 있어야 한다(Alison, Bennell, Mokros, & Ormerod, 2002).

1960년대와 70년대 미국 내 연쇄 살인의 증가와 맞물려, 1970년대 이후 FBI에서는 버지니아 콴티코에 위치한 FBI 아카데미에 프로파일링 관련 부서인 행동과학부(Behavioral Science Unit)를 설치하기에 이르렀다. 1990년대 이후 강력 범죄 분석 센터(NCAVC; National Center for the Analysis of Violent Crime)의 연구 및 교육 기관으로, 이들은 프로파일링 절차를 조직화하고 수년 동안의 수사 경험을 응축하여 미래의 요원들과 프로파일러 양산을 위해 교육 과정을 구축함으로써 프로파일링 훈련을 실시해 왔다(Douglas, Burgess, Burgess, & Ressler, 2006). 또한 FBI는 1985년에 전국에 걸쳐 미해결 살인 사건과 실종자들에 대한 정보가 있는 데이터베이스인 강력 범죄자 검거 프로그램(Violent Criminal Apprehension Program; ViCAP)을 실시했다(Ressler et al., 1988). ViCAP 데이터베이스의 정보 처리 센터와 더불어, FBI는 범죄 현장에 남겨진 범인의 행동 양식, 부검 보고서, 그리고 경찰 수사 기록에 기반을 두고 미제 사건의 프로파일을 모으기 시작했다(Fox & Levin, 1999). 이러한 프로파일은 전형적으로 범인의 나이, 배우자 관계, 직업, 범죄 기록, 피해자와의 관계, 그리고 앞으로의 범죄 가능성들을 추론한다(Fox & Levin, 1999).

한편, 영국에서는 University of Liverpool의 범죄수사 심리학 센터(Centre for Investigative Psychology)를 중심으로 프로파일링과 관련된 심리학적 연구가 활발히 진행되어 왔다. 이들이 밝히는 범죄자 프로파일링의 과정은 'A-C 등식'이라고 불리는 것으로서, 범죄자가 범죄 현장에서 보인 행동(Actions)을 범죄자의 사회심리학적 배경 정보(Characteristics)에 연결시키는 과정을 일컫는다(Canter & Youngs, 2003). 이들은 최소 공간 분석(Smallest Space Analysis; SSA)을 비롯한 다차원적 측정 방법(Multi-Dimensional Scaling procedures; MDS)을 통해 살인, 성범죄, 방화, 사기, 강도, 스토킹 등 다양한 범죄를 방대한 데이터 중심으로 연구하여 왔다.

그림 4. University of Liverpool

국내 범죄 수사에 범죄자 프로파일링 기법이 도입된 역사는 그리 길지 않은데, 2000년 2월 서울지방경찰청에 범죄분석실이 생기게 되면서 프로파일링 전담 수사관이 활동하기 시작하였고, 2004년에는 경찰청에 현장감식요원, 법최면 수사관, 거짓말탐지기 검사관, 범죄 심리 관련 자격증 소지자 등으로 구성된 '범죄분석팀(Violent Crime Analysis Team)'이 출범하였다. 2005년부터는 '범죄분석요원'이라는 명칭으로 주로 심리학이나 사회학 석사 학위 소지자인 약 3-40명 정도의 프로파일러들이 채용되어 각 지방 경찰청에 배치되었다(김지영·박지선·박현호, 2009). 이들의 주요 업무는 범인 유형 및 동기 분석 등을 통해 수사 방향 설정을 지원하고, 수사 관련 여타 부서와 협력하여 범인 검거를 지원하며, 피의자 신문기법 제시 및 용의자 면담과 심리 검사 실시 등을 포함한다(김지영 외, 2009). 2012년 1월에는 경찰청 과학수사센터 내에 범죄행동과학계 소속 행동분석팀이 운영되어, 범죄 행동 분석 및 지리적 프로파일링 등을 지원하는 등 프로파일링의 보다 전문적이고 다각적인 활용을 위해 노력하고 있다.

이러한 범죄자 프로파일링은 범죄 수사 과정에서 범죄자와 관련된 모든 정보에 대한 분석을 제공하여 수사 방향과 구체적 전략을 제시하여 수사망을 좁혀 나가는 데 일조하고(Bartol & Bartol, 2008), 프로파일링 과정에서 추론된 범죄자의 성격이나 행동에 대한 심층적 이해를 통해 용의자가 체포된 이후 효과적인 신문 전략과 면담 기법을 제시하는 데에도 기여할 수 있다(Holmes & Holmes, 2002). 프로파일링은 연쇄 살인이나 성범죄와 같은 사건뿐만 아니라, 방화, 강도, 절도, 스토킹, 인질 협상 같은 범죄나 협박 편지를 쓴 사람을 알아내는 데에도 사용된다(Casey-Owens, 1984; Reiser, 1982).

이와 더불어, 범죄자 프로파일링은 동일한 범죄자에 의해서 저질러진 연쇄 사건의 유사성을 분석하는 연계 분석(linkage analysis)이나, 범행 현장의 위치나 특성을 바탕으로 범죄자의 거주지를 추정하는 지리학적 프로파일링(Rossmo, 2000) 등 그 영역을 점차 다각도로 확장해 나가고 있다. 예를 들어 프로파일링 과정에서 나타난 범행 수법의 유사성 분석 결과는 일련의 범죄를 한 범죄자에게 연결시키는 행동적 연계 분석의 중요한 기초가 되어 미제 사건의 해결에 기여할 수 있다(Woodhams, Bull, & Hollin, 2007). 연계 분석에 대해서는 다음 장에서 자세히 다룰 것이다.

지리학적 프로파일링의 바탕이 되는 범죄 현장의 분석을 위해서는 범죄자가 피해자와 처음으로 조우한 곳이나 폭력이나 강간, 살인이 발생한 곳, 피해자의 시신을 유기한 곳 등 범행과 관련된 다양한 장소에 대한 정보가 요구된다(박광배·배현정, 2001; Rossmo, 2000). 이 외에도 주변에 골목길이나 고속도로 등 연결도로가 있는지, 대중교통 수단(버스, 지하철 등)을 통해 접근 가능한 곳인지, 해당 지역이 주거/상업/유흥 지역인지 등에 대한 추가적인 분석도 필요하다(박광배·배현정, 2001; Rossmo, 2000).

지리학적 프로파일링은 이러한 범죄 현장의 지정학적 특성 및 범인의 지리적 이동성에 바탕을 두고 프로파일을 작성하는 것으로, 범죄자가 잘 아는 곳에서 피해자를 물색한다는 가정에 근본을 두고 있다(Rossmo, 2000). 따라서 집에서 멀어질수록 범죄를 저지를 가능성은 적어지지만, 그러나 범인들은 또한 자신이 살고 있는 바로 그곳에서는 범죄를 저지르지 않는 경향이 있으므로 범행의 완충 지대가 생성된다(Rossmo, 2000). 이러한 방법으로 지리학적 프로파일러들은 범인의 거주지를 예측하기 위해 노력하며, 연쇄 사건인 경우 범행 현장의 일관성 분석을 통해 다음 범행 장소를 예측해 범죄를 예방하는 데에도 기여한다(박철현, 2004; 임준태, 2006; 임준태, 2009).

그림 5. 지리학적 프로파일링 시스템의 예

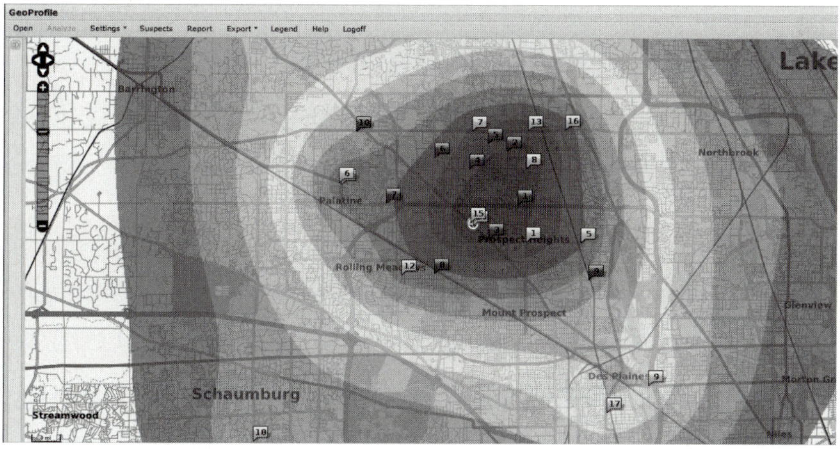

범죄자의 거주지를 추정하는 지리학적 프로파일링 기법은 미국, 영국, 캐나다 등 선진국들을 중심으로 수많은 범죄 수사에서 활용되는 등 그 적용 범위를 넓혀 가고 있으며(임준태, 2006; Innes, 2003), 범행 현장의 위치와 주변에 자리한 주택가, 주차장, 도로, 공원, 강 등의 여러 지형적 요소를 참고로 범죄자의 거주지일 확률이 높은 지역을 지도로 표시하는 소프트웨어의 개발로 과학적인 지리 추정을 통해 범죄 사건 해결에 기여하고 있다(Rossmo, 2000). 미국의 CrimeStat이나 캐나다의 Rigel 등 선진국들의 지리학적 프로파일링 소프트웨어 개발과 더불어, 국내에서도 경찰청 소속 프로파일러들을 중심으로 GeoPros라는 지리학적 프로파일링 시스템이 개발되어 범죄 사건 해결에 기여하고 있다.

프로파일링 관련 용어들

범죄 현장에 남겨진 단서들을 확인하는데 있어 일반적으로 지문이나 혈흔과 같은 법과학적 증거가 비교적 가장 신뢰로운 단서라고 할 수 있으나, 이러한 법과학적 증거는 범죄 현장에서 쉽게 제거될 수 있고, 현장에 아예 남아있지 않는 경우도 많다(Davies, 1991). 그러나 법과학적 증거와는 달리 범죄자의 행동적 증거(범행 수법, 흉기의 종류와 사용한 방식, 시신 유기 방법 등)는 항상 범죄 현장에 남아있고, 이는 범죄자의 배경 특성을 추론하고 유형을 나타내는 데 유용한 행동 지표가 된다(Salfati, 2000).

범죄 현장에서 발견되는 모든 것들은 범행을 저지른 사람에 대한 무언가를 나타낸다. 수사관들은 범죄 현장에 남겨진 증거들을 해석하고, 범행 수법에 대한 분석을 통해 범행 동기를 찾으려 애쓰며, 이를 토대로 범죄자가 누구인지에 좀 더 가깝게 접근할 수 있는 실마리를 찾게 된다(Douglas et al., 1986). 일반적으로 일상적인 행동을 할 때 나타나는 행동 양식은 범죄를 저지르는 범죄자의 행동에서도 역시 드러난다(Canter & Youngs, 2003). 범죄 현장에서 이러한 개인의 고유하고 특정화된 행동 양식을 구분해 냄으로써 수사관은 범죄자에 대해 더 많은 것을 알아낼 수 있고, 유사한 범죄를 저지르는 다른 범죄자들을 구분할 수 있게 된다(Douglas et al., 2006). Douglas 외(2006)는 범죄 현장에서 나타나는 범죄자의 행동을 다음과 같이 범행 수법(modus operandi; MO), 개인화(personation) 혹은 표식(signature), 그리고 범죄 현장 위장(staging)의 세 가지로 구분하였다.

범행 수법(modus operandi; MO)은 말 그대로 범죄자가 범행을 저지르는 데 필요한 행동들을 일컫는다. 범행 수법은 시간이 지남에 따라 유동적으로 바뀔 수 있다(Douglas et al., 2006). 이러한 MO의 변화에는 범죄자의 이전 범행에서의 경험이나 실수, 피해자의 반응 등이 영향을 미칠 수 있다. 또한 범인이 범행을 저지르면 저지를수록 효율성을 높이기 위해 범행 수법을 바꾸기도 한다(Schlesinger, 2004).

반면 개인화(personation)란 범행을 저지르는 데 굳이 필요하지 않거나 특별한 목적을 알 수 없는, 범죄자만의 고유하고 특이한 행동을 일컫는다. 즉, 범행 자체의 실행과는 큰 연관이 없으나, 범인에게 정신적, 성적 만족감을 주는 범인의 의식적(ritualistic) 행동이다(Schlesinger, 2004). 예를 들어 피해자의 시신을 특정한 형태로 배치한다든지, 시신의 특정 부위를 절단하거나 훼손한다든지 하는 방법으로 범죄자는 범죄 현장에 자신만이 알고 있는 특별한 의미를 부여한다(Hazelwood & Warren, 2003; Keppel, 2000). 시신이 특정한 자세를 취하는 것은 흔한 일이 아니며, 이것은 보통 범인이 남기고 싶은 특정한 메시지(예: 자신의 분노, 혹은 힘에 대한 열망 등)를 피해자를 도구로 써서 전달하려는 것을 나타낸다(Douglas et al., 2006). 피해자에게 과도한 상처를 입히는 과잉살상(overkill) 또한 범행을 실행하는 데 필요한 행동의 범위를 넘어서는 것으로, 주로 범죄자와 피해자가 아주 가까운 관계일 때 나타나는 경우가 많다(Douglas et al., 2006). 이러한 개인화는 보통 폭력이나 강간, 살인 등 폭력적 행위와 관련된 범죄자의 환상에서 비롯되는 경우가 많은데, 범죄자가 오랜 시간 동안 상상해 왔던 이러한 행동들이 범행을 저지를 때 수면 위로 드러나게 된 것이다(Prentky et al., 1989; Schlesinger, 2004).

앞서 성적 살인과 관련하여 소개한 고창 살인 사건에서, 범죄자가 피해자를 알몸인 채로 묘지 위에 십자 형태로 전시하여 놓은 것이나, 또 다른 피해자의 허벅지 살점을 회칼로 도려내어 가져가는 등의 행위는 범행을 실행하는 데 필요한 행동의 범위를 넘어서는 것으로, 범죄자의 고유하고 지극히 내면적인 표현인 개인화의 한 형태라고 볼 수 있다.

특히, 연쇄범이 일련의 범죄 사건에서 반복적으로 이러한 개인화된 행동을 나타낼 때 이를 표식(signature)이라 한다. 표식은 범죄자의 폭력적 환상에서 비롯된 자신의 고유한 성적, 가학적 의식(ritual)이 발현된 상태일 가능성이 많은데, 범죄 현장에 자신의 내면을 투사시켜 나타나는 결과이다(Keppel, 1995; Prentky et al., 1989). 많은 연쇄 사건에서 이러한 표식은 매우 독특하기 때문에, 같은 범인에 의해서 저질러진 다양한 범죄들을 연결시키는 데 중요한 역할을 한다(Keppel, 2000). 주목할 것은 연쇄 사건에서 각각의 상황에 따라 이러한 표식이 매번 나타나지는 않을 수 있으나, 행동으로 드러나는 표식은 표면적으로 다르다고 할지라도 범행의 근간이 되는 의식(ritual)의 핵심은 변화되지 않고 범죄 현장에 투영되어 있다는 점이다(Douglas et al., 2006).

행동 되돌리기(undoing) 역시 개인화의 한 형태인데, 피해자의 얼굴을 가리거나 옷을 입히고, 시신을 씻기는 등의 행동을 통해 범행에 대한 후회의 의미로 나타나는 경우가 많다(Douglas et al., 2006). 특히 범죄자와 피해자 사이에 친밀한 관계가 있거나, 피해자가 범인에게 상징적인 의미가 있는 어떤 중요한 사람을 의미할 때 나타난다(Douglas et al., 2006).

위장(staging)이란 사건 현장을 의도적으로 바꿔놓는 것으로, 범죄 현장을 본인이 아닌 다른 사람이 저지른 것처럼 보이도록 꾸미는 것을 일컫는다. 위장은 보통 수사에 혼선을 주기 위해서 행해지는 경우가 많은데, 특히 가해자가 피해자와 깊은 연관이 있는 사람일 때 주로 나타난다(Douglas et al., 2006). 수사관은 사건 현장이 조작되었는지에 대해서 법과학적 증거나 피해자의 특성, 사건 현장의 세부 사항 등 모든 요소를 면밀히 잘 살펴보아야 하는데, 예를 들어 강도 사건으로 보이는 현장인데 귀중품이 그대로 남아있는지, 혹은 침입이 용이한 장소를 놔두고 다른 곳을 통해 침입한 흔적이 남아있는지 등을 매우 신중하게 살펴보아야 한다(Douglas et al., 2006).

주목할 점은, 범행 당시 범인은 매우 큰 스트레스 상태에 있으며, 모든 것을 논리적으로 판단하기 어려운 시간적, 상황적 압박을 받고 있고, 자신이 가지고 있는 범죄나 범죄 현장에 대한 제한된 지식으로 위장을 시도하기 때문에 사건 현장을 조작할 때 종종 실수를 한다는 점이다(Douglas et al., 2006). 따라서 사건 현장과 범행 전반에 걸쳐 비일관적이고 정교하지 못한 점들이 드러날 수 있으므로, 수사관은 모든 사건 현장을 하나하나 면밀히 조사해야 하는 동시에 사건 전체를 하나의 큰 틀에서 통합적으로 봐야 한다(Douglas et al., 2006).

범죄자 프로파일링의 과정

Douglas 외(1986)는 프로파일 생성 과정을 6단계로 나누어 소개하였다. 우선 첫 번째는 범죄 현장 증거 수집 단계로, 범죄 현장에 남아있는 흉기 등의 물리적 증거와 부검 결과 등의 법의학적 증거, 경찰의 초동 수사 기록과 범죄 현장 사진 등을 포함한 가용한 모든 정보를 수집하는 단계이다. 두 번째는 의사 결정 단계로, 1단계에서 수집된 범죄 현장 증거들을 체계적으로 배열하고 조직화하여, 범죄자의 초기 의도를 파악하고 범행 유형을 판단하며, 범행의 시간적/공간적 요인 등 범죄에 영향을 미친 요인들을 판단하고 피해자의 위험 요소를 평가한다. 세 번째는 범죄 평가 단계로, 범행 동기를 파악하고 범죄 현장에서 가해자와 피해자 모두의 행동과 사건 발생 과정을 역동적으로 재구성한다. 네 번째는 범죄자 프로파일 작성 단계로, 범죄자의 배경 정보와 신체적 특성 등을 포함한 범죄자 프로파일을 생성하고, 범행 전후에 해당 범죄자가 했을 법한 행동을 분석하여 수사에 도움이 될 만한 정보들을 추려 낸다. 다섯 번째는 수사 단계로, 프로파일러는 수사팀에 범인의 프로파일을 제공하여 수사에 활용되도록 한다. 이후에 용의자를 검거하게 되면, 최종적으로 프로파일의 정확성을 검토하는 것이 그 마지막 단계이다.

한편, Turvey(2002)는 범죄자 프로파일링의 과정을 논리 전개 방식에 따라 다음과 같이 두 가지 형태로 나누어 소개하였다.

1. 연역적 프로파일링

연역적 프로파일링은 범행 현장에 남아 있는 증거와 범죄자의 행동적 증거에 기초하여 범죄자의 특성과 성격을 기술하는 것이다(Turvey, 2002). 즉, 해당 범행 현장에 초점을 맞추어 법과학적·행동적 증거를 분석하고, 범행을 재구성하여 범죄자의 특성을 추론한다(Turvey, 2002).

앞서 소개했듯이, 정신의학자 James Brussel(1968)이 뉴욕 시에서 발생한

Mad Bomber 사건에 대해 범인의 협박 편지, 범죄 현장 사진, 그리고 범죄자가 손수 제조한 폭탄에 대한 분석을 포함해 여러 가용한 모든 정보들을 검토한 뒤, 폭파범의 성격, 생활 방식, 거주지, 옷 입는 성향 등에 대한 세부적인 프로파일을 제시한 것이 연역적 프로파일링의 한 예라고 할 수 있다.

연역적 프로파일링은 가해자와 피해자, 범죄 현장 사이의 역학을 분석하고 범행을 역동적으로 재구성하여 범죄자의 특성을 추론하기 때문에 프로파일러의 고도의 전문성이 요구된다(Alison & Canter, 1999). 따라서, 프로파일 작성 과정에서 많은 시간이 소요되어 효율성이 떨어지고, 현장 증거 분석 및 프로파일 작성 과정에서 프로파일러의 심리학, 사회학, 법과학적 지식 등 개인적 역량과 경험에 지나치게 의존하게 되어 신뢰성에 문제가 있을 수 있고, 전문가 양성에 많은 시간과 비용이 든다는 점 등이 단점으로 지적된다(권창국, 2002).

2. 귀납적 프로파일링

귀납적 프로파일링 기법은 비슷한 유형의 범죄를 저지른 사람들은 공통되는 성격과 특성을 공유한다는 전제하에, 유사한 범죄를 저지른 다른 범죄자들의 특성에 대해 축적된 자료를 바탕으로 평행하게 해당 범죄자의 특성에 대한 추론을 하게 된다(Turvey, 2002). 즉, 범죄자들의 범행 수법을 분석하여 유사한 행태를 보이는 일련의 범죄자 군 혹은 유형으로 분류한 뒤, 유형별로 이들의 사회인구학적 배경 특성의 유형을 구분하여 대비시키는 방식으로, 특정 범죄 발생 시 그와 유사한 범행 수법을 보였던 범죄자들의 사회인구학적 배경 정보를 짚어내어 범죄 수사에 일조할 수 있도록 하는 것을 목적으로 한다(김지선 외, 2009).

앞서 소개했듯이, FBI 행동과학부에서 범행 현장에서의 행동을 기반으로 해서 성적 살인 범죄자들을 조직형(organized) 혹은 비조직형(disorganized) 범죄자의 두 가지 유형으로 분류하고, 두 유형의 성적 살인 범죄자들 각각에 해당하는 배경 특성을 정리한 것(Ressler, Burgess, Douglas, Hartman, & D'Agostino, 1986)은 귀납적 프로파일링을 위한 토대라고 할 수 있다.

유형론은 특정 기준에 따라 정의된 여러 개의 범주로 범죄자들을 분류하는 것인데, 프로파일링에서 유형론은 범죄 현장에서의 행동 양식 사이의 차이를 구별해 내거나, 이러한 범죄 현장에서의 행동 양식을 다양한 범죄자의 생활 방식이나 범죄자의 배경에 연결시키는 것을 의미한다(Canter & Youngs, 2003). 즉, 우선 현장에서의 범인의 행동과 관련된 정보를 분석한 뒤 범죄 현장의 여러 유형들을 분류하는데, 이 행동 유형들은 범인의 연령, 직업, 전과나 현장에서 범죄자의 거주지까지의 거리와 같은 심리사회적 정보들과 연계되어 용의자의 범위를 좁혀 궁극적으로 범인을 검거하는 데 기여하도록 쓰인다(Ressler et al., 1988).

최근에 프로파일링에 대한 과학적 근거를 제시하려는 연구들 가운데, 특히 여러 유형의 범죄자들 사이에 범죄를 저지르는 방식에 있어서의 차이를 구분하려는 연구가 진행되고 있다. 범죄자 유형론은 강간, 살인, 방화, 강도나 다른 범죄에 대해서도 연구되고 있다(예: 김경옥·이수정, 2005; 김지선·박지선·최수형, 2009; 김지영 외, 2009; 박지선·최낙범, 2010; Salfati & Canter, 1999). 이러한 유형론 관련 연구는 다양한 목적으로 사용될 수 있다(김지선 외, 2009). 첫째, 범행 수법과 동기에 대한 분석을 통해 범죄자들의 유형을 나누어 다각도로 접근하여 이들을 보다 심층적으로 이해할 수 있는 기반을 마련할 수 있다. 둘째, 범죄 행동 유형 간의 범죄자의 사회인구학적 특성 차이를 밝혀내어, 각각의 범행 수법 유형에 맞는 범죄자 프로파일을 구성하는 것이 가능하다. 셋째, 추후에 범죄 수사와 관련하여, 아직 해결되지 않은 범죄 사건이나 새로이 발생한 범죄 사건에 대하여 범행 당시 범죄자의 접근 방식과 범행 수법에 대한 피해자나 목격자의 진술을 바탕으로 범죄자의 행동 유형을 밝히고, 그 유형과 연관된 범죄자의 배경 정보 및 범죄 내용들을 추론하여 빠른 사건 해결을 돕고 이에 따른 추후 범죄 피해를 예방하는 데 일조할 수 있다. 또한 범죄자가 다시 범죄를 저지를 위험성을 평가하고, 재활이나 치료 프로그램을 설계하는데 있어서도 범죄자를 유형별로 구분하는 이러한 접근은 매우 유용하게 쓰일 수 있다.

프로파일링 추론 과정에서 나타나기 쉬운 오류와 편향

범죄자 프로파일을 생성할 때, 범죄 현장에 남겨진 행동적 증거에 기초에서 범죄자의 제반 사회인구학적 배경 특성을 추론하는 과정은 인간의 의사 결정 과정에서 나타나는 많은 인지적 왜곡이나 편향에 취약하기 쉽다(Alison & Canter, 1999). 따라서, 프로파일 생성 과정에서 전문가가 범하기 쉬운 다음과 같은 사고 오류와 편향에 대해 각별한 주의가 필요하다.

1. 사고에 있어서의 휴리스틱(heuristics)

Tversky & Kahneman(1973)은 인간이 보이는 많은 의사 결정 과정에서의 오류에 대해 지적해 왔다. 이 가운데 프로파일링과 비교적 관련성이 높은 것은 가용성 추단법(availability heuristic)이라 불리는 것으로, 사람이 확률을 판단할 때 단순히 자신의 기억에서 가장 쉽게 이용할 수 있는 정보나 사건에만 의존하는 정보 회상에서의 편향이 일어난다는 것이다(Tversky & Kahneman, 1973).

즉, 프로파일러의 경우 전체 범죄자 인구에서 특정 행동이나 범행 수법이 나타날 가능성과 그와 관련된 범죄자의 특성을 체계적이고 과학적으로 접근하기보다는, 자신에게 깊은 인상을 남겼거나 중요한 영향을 주었던, 자신의 기억에서 접근이 용이한 범죄자를 단순히 떠올리고 이에 근거해서만 특정 결론에 도달하는 오류를 범할 수 있다.

다른 편향에는 기준점 및 조정 추단법(anchoring and adjustment heuristic)이 있는데, 이는 사람들이 '기준점'에 의해 사고가 편향되는 경향이 있음을 가리킨다(Tversky & Kahneman, 1974). 다시 말해서 사람들은 어떠한 판단을 할 때, 자신이 이미 알고 있는 것이나 이전에 들은 것에 기점을 두고 사고하는 경향이 있다. 즉, 프로파일링 과정에 있어 만약 수사관이 프로파일러에게 유력한 용의자를 언급한다면, 프로파일 생성 과정에서 해당 용의자의 특성이 기점으로 작용하여 객관적인 범죄자 특성 추론을 심각하게 저해하고, 또한 후에 이 용의자가 이후에 수사에서 배제된다고 할지라도 이 사전 정보는 여전히 편향 효과를 줄 수 있다 (Alison & Canter, 1999).

2. 편향적 가설 검증(biased hypothesis testing)

편향적 가설 검증은 이론을 반박하는 정보보다는 이론을 지지하는 정보를 선택적으로 추구하는 경향성이다(Snyder & Cantor, 1979). 즉, 인간의 의사 결정 과정에서 자신의 신념을 지지하는 증거에만 초점을 두고 그것에 반대되는 증거는 무시하는 경향을 갖게 한다(Snyder & Swann, 1978). 이러한 편향은 이용 가능한 증거에 대한 인식이나 해석을 왜곡시켜, 중립적 정보를 자신의 신념을 강화하기 위해서 사용하고, 우리가 이미 지니고 있는 가설이나 신념을 지지하는 증거에 더욱 가중치를 부여하여 사고하게 한다(Snyder & Cantor, 1979). 실제로, Furnham & Alison(1994)은 중립 정보를 제시했을 때 경찰이 통제 집단보다 용의자가 유죄라고 믿는 경향이 더욱 높음을 발견하였다.

수사 과정에서, 프로파일러는 용의자가 유죄임을 지지하는 증거에만 집중하고 반박 증거는 선택적으로 무시하거나 본인에게 유리한 방향으로 재해석할 수도 있다. 즉, 범죄를 저질렀을 가능성이 있는 특정 용의자들을 열거하고 이를 지지하는 증거를 찾는데 주력할 뿐, 자신이 틀렸을 가능성이나 해당 용의자가 범인이 아님을 가리키는 단서는 무시할 수 있으므로 주의를 요한다(Alison & Canter, 1999).

이때 특히 주의할 것은, 우리는 정보 출처의 권위가 높다고 생각할수록 제시된 의견에 보다 쉽게 설득될 가능성이 높으므로(Milgram, 1974), 만약 프로파일러가 상당한 전문 지식을 보유한 전문가로 고려된다면 이러한 사고 과정에 있어서의 편향이 객관적 검증 없이 수사 과정을 크게 왜곡할 우려가 있다는 점이다 (Alison & Canter, 1999).

3. 집단 사고(groupthink)

비효율적인 결정을 초래하는 집단의 효과가 프로파일링 과정에서도 나타날 수 있다. Janis(1982)는 비효율적인 집단 과정에 근거하여, 집단 내에서 부적절한 판단이 내려지는 과정과 주요 원인들을 다음과 같이 확인하였다. 우선 응집력이 아주 강한 집단의 구성원들이 본인들이 내린 결정에 대해서 다른 정보나 대안들을 고려하지 않아도 된다고 확신하는 경우, 부적절한 사고 오류를 범할 가능성이 있다. 또한 조직의 획일성을 향한 강한 압력을 주어 구성원 개인이 집단 대다수의 의견과 일치되지 않는 태도를 표현하는 것을 억제하는 경우, 대안적 사고가 이루어지기 어렵고 비효율적인 의사 결정이 내려지기 쉽다. 또한 집단 내에서 집단의 결정을 반대하는 사람에 대한 직접적인 압력을 행사하는 경우, 이는 만장일치의 착각으로 이어지기도 한다.

이러한 집단 사고의 폐단에 빠지지 않으려면, 수사 과정에서 프로파일러는 자신의 능력과 그 한계를 인식하고, 체계적이고도 객관적인 지식의 축적에 근거하여 수사에 대한 판단을 내리며, 또한 수사팀 전체에서 범죄자의 행동에 대한 해석이나 배경 특성의 추론에 있어서 적극적으로 다른 정보나 대안들을 고려하고 지적해야 한다(Alison & Canter, 1999).

4. 사후과잉확신 편파(hindsight bias)

사후과잉확신 편파(hindsight bias: Fischhoff, 1975)는 사람들이 어떠한 사건의 결과나 결론을 알고 난 이후에는, 마치 결과를 알기 전부터 자신이 이미 모든 것을 알고 있었던 것처럼 믿는 경향을 일컫는다. 예를 들어, 경찰관이 당면한 사건을 수사하던 도중에는 수사 방향을 어디로 잡아야 할지, 면식범인지 아니면 비면식범인지에 대해 갈피를 잡지 못하다가, 사건이 해결된 후에는 자신이 처음부터 범인이 누구인지 알고 있었던 것처럼 이야기하며 자신이 사건에 대해서 맞췄던 부분에 대해서만 기억하고, 완전히 틀린 부분에 대해서는 잊을 수도 있다.

그렇다면, 이러한 과정을 통해 프로파일러가 모호한 진술이나 예측만을 내놓거나 심지어 사건과 맞지 않는 추론을 보이는 경우에도, 후에 사건의 진실이 밝혀진 이후 프로파일러가 맞게 예측한 부분만이 부각되고 그렇지 못한 부분은 잊힌다든지 하는 등 사건 해결에 확실한 기여를 한 것처럼 믿게 유도될 수 있다(Alison & Canter, 1999).

따라서, 성공적인 프로파일링이란 외견상으로 '범죄자에 대해 얼마나 많은 사항을 정확하게 맞추었나'에 근거해서 평가하기보다는, 범죄 현장에 남아있는 증거 등 사실적 요소에 근거하여 얼마나 과학적 절차에 따라 범죄자의 행동과 관련 특징들을 추론하였는가에 따라서 평가되어야 한다(Alison & Canter, 1999).

프로파일러의 전문가적, 윤리적 가이드라인

비교적 새로운 영역인 범죄자 프로파일링 관련, 수사 과정에서 프로파일러들을 위한 전문가적, 윤리적 가이드라인은 국내외를 통틀어 거의 논의된 바가 없다. 그 결과, 프로파일러가 도출해 낸 추론 과정이나 내린 결론에 대해서 어느 정도의 타당성과 신뢰성이 존재하는지에 대한 확신을 하기가 힘들고, 생성된 프로파일이나 프로파일러의 전문가적 의견에 어느 정도 수사관들이 의존해야 하는지에 대한 의문이 제기되어 왔다(Alison, West, & Goodwill, 2004).

프로파일링이 범죄 수사 과정에 기여할 수 있는 토대를 견고히 하기 위해서, 프로파일링 과정에서 프로파일러들이 주의해야 할 점과 수사팀과의 효율적인 협력 관계 구축을 위한 행동 규범 등 프로파일러들을 위해 전문적, 윤리적으로 보다 명확하고 구체화된 가이드라인에 대해 논의할 필요가 있다(Alison & Canter, 1999).

1. 수사팀과의 관계에서 유의할 점

우선 프로파일러는 수사팀으로부터 사건에 대해 알려진 모든 사실과 자료를 제공받아야 한다(Alison & Canter, 1999). 범죄 현장 분석을 할 때 바탕이 되는 정보는 범행의 내용과 사건 현장 사진, 그리고 주변 지역의 지도들을 포함한 사건 현장에 대한 묘사, 부검 등의 결과를 포함한 법과학적 정보, 피해자의 특성 및 배경 정보 등이다(Douglas et al., 1986). 이때 사건에 직접적으로 관련되지 않은 사람, 즉, 가능하다면 특정 용의자를 의심하지 않는 누군가가 프로파일러에게 이를 설명하는 것이 바람직할 수 있다(Alison & Canter, 1999).

만약 사건에서 지목되는 용의자들이 있다고 하더라도, 용의자에 대한 정보를 알게 되는 것은 프로파일링 과정에서 부적절한 왜곡과 편중을 야기할 수 있으므로 이에 관련된 정보는 프로파일러가 사건 현장을 분석할 동안에는 절대로 알려져서는 안 된다(Alison & Canter, 1999; Douglas et al., 2006). 즉, 프로파일러가 결론을 내리는 데 있어 선입견을 심어줄 수 있고, 해당 용의자에게 수사가 맞춰지도록 분석이 왜곡될 가능성도 있다(Alison & Canter, 1999).

2. 추론의 출처

프로파일러는 항상 자신의 추론의 근거가 되는 것을 밝히고 인용해야 한다(Alison & Canter, 1999). 예를 들어 만약 자신이 어떠한 추론에 이르게 된 이론적, 실증적 토대가 있다면, 적절한 문헌의 참고를 통하여 어떤 연구를 인용하였는가에 대한 설명이 제시되어야 한다(Alison & Canter, 1999).

예를 들어 프로파일러가 피해자의 상해 부위와 정도를 토대로 어떤 살인 사건이 면식범에 의해 저질러졌다는 주장을 한다고 가정할 때, 그 추론의 근거는 프로파일러의 제한적이고 개인적인 경험에 의존하기보다는 국내 살인 사건을 대상으로 해서 면식범과 비면식범 각각에 의해 저질러진 살인 사건에서의 피해자의 상해 부위와 정도에 대해 차별되는 패턴이 나타남을 검증한 실증적 연구에 토대가 되었을 때 더욱 신뢰롭고 타당하게 설득력을 얻을 수 있을 것이다.

3. 능력

현시점에서 프로파일링에 어떤 특별한 기술이나 전문 지식, 자격이 필요하다는 명확한 기준이 존재하지 않고, 프로파일러로서의 학문 분야나 전문성에 대한 공식적인 합의 또한 존재하지 않는다(김지영 외, 2009; 박지선·최낙범, 2012; 허경미, 2008). 그러므로 프로파일러는 자신의 능력의 한계를 인식해야 하며, 프로파일에 관한 자문을 제공하고 수사 방향을 이끌어나가기에 충분한 기술과 능력을 가지고 있는가에 있어서 끊임없이 자문하고, 본인이 갖고 있는 전문적 역량의 한계 내에서 노력해야 한다(Alison et al., 2004; Alison & Canter, 1999).

프로파일링의 한계와 문제점, 앞으로의 방향

범죄자 프로파일링은 일선 수사관들이 찾지 못한 추가적인 실마리를 제공하는 등 수사에 실질적인 도움을 줄 수 있는 도구이다. 그러나 프로파일이 부정확할 수 있으며, 경찰 수사를 잘못된 방향으로 이끌어 수사에 심각한 결과를 초래할 수 있다는 한계 또한 명심해야 한다(Ormerod, 1996). 즉, 아주 경험이 많고 능력 있는 프로파일러에 의해 작성되었을지라도, 프로파일이 사건을 해결한다는 보장은 없으며, 모든 프로파일이 실질적으로 경찰 수사에 영향을 미치는 것은 아니다(Alison & Canter, 1999).

범죄자 프로파일링은 분명 새롭고 영향력 있는 수사 기법이기는 하나 수사에 쓰이는 여러 도구 중 하나일 뿐이며, 과학수사나 탐문수사, 통신수사, 잠복수사 등의 다양한 수사기법(김재민·박노섭·이동희·최정호·장윤식, 2009)과 함께 궁극적으로 범인 검거에 기여할 뿐, 이러한 수사 기법들을 완전히 대체하고 독자적으로 쓰여 범인의 신원을 밝혀내는 기법은 아니다(곽대경, 2001; Douglas et al., 1986; Holmes & Holmes, 2002). 프로파일링은 전체 수사 과정에 있어서 물적 증거와 함께 범죄자의 범행 동기, 성격, 범행 당시 심리 상태 등을 추정하여 수사망을 좁히는 역할을 하게 되는데, 일선 경찰관들은 프로파일링이 정작 범인 검거에는 전혀 도움이 되지 않는다며 수사 과정에서 실제 활용도에 있어서는 실패한 기법이라고 주장하는 경우도 있다(곽대경, 2001; 김지영 외, 2009). 따라서 프로파일링 기법에 대하여 비현실적인 기대를 갖는 경우 오히려 사건 해결을 저해하는 요인이 될 수도 있기 때문에, 다음과 같은 프로파일링의 한계를 정확히 인식해야 한다.

1. 타당성과 신뢰성

시간이 지나면서 프로파일링의 타당성과 신뢰성의 검증에 대한 요구가 증가되었으나, 프로파일링에 적용되는 추론 과정에 대해 실증적이고 과학적 연구가 이

뤄진 경우는 매우 드물다. Pinizzotto & Finkel(1990)은 처음으로 프로파일링의 타당성에 대한 연구를 수행하였는데, 이들은 프로파일러의 범죄 수사 경험에 근거하여 이루어지는 대부분의 프로파일링이 많은 부분 오류에 취약하다는 점을 지적했다.

범죄자 프로파일링 기법에 대한 관심이 커지고 실제 수사에의 활용도가 높아지면서, 경찰이나 전문가들을 대상으로 프로파일링의 유용성과 정확성에 관한 설문조사가 여러 차례 진행되어 왔다. 예를 들어, 범죄자 프로파일링 기법의 신뢰도와 타당도에 관한 FBI의 연구에서, 프로파일링 기법이 사용된 총 192개의 사건 가운데 최종 해결된 88개의 사건 중 프로파일링이 용의자를 밝혀내는 데 실질적으로 도움이 된 경우는 17%에 지나지 않는 것으로 조사되었다(Teten, 1995). 또한 영국에서 진행된 Copson(1995)의 연구에서, 프로파일링이 수사 방향 설정을 주도한다고 응답한 경찰관은 16.3%, 사건 해결 자체에 도움이 된다고 응답한 경찰관은 14.1% 밖에 되지 않았다. 또한 미국 법정 심리학회 회원 등 전문가 총 187명을 대상으로 한 범죄자 프로파일링의 과학적 타당성과 신뢰성에 관한 설문 조사에서는, 응답자의 약 70%에 달하는 숫자가 이에 대한 회의를 표시하였다(Torres, Boccacini, & Miller, 2006). 이러한 결과들은 공통적으로, 국내 범죄 수사에서 프로파일링 활용 사례가 점차 증가하고 있는 현시점에서 프로파일링과 관련하여 지속적인 타당성, 신뢰성 검증 작업이 이루어져야 할 필요성을 강하게 시사한다.

그러나 간과하지 말아야 할 것은, 과학적으로 프로파일링의 타당성과 신뢰도가 검증된 사례는 극히 소수임에도 불구하고, 프로파일링이 범죄 수사에 도움이 되는지에 대한 인식은 비교적 긍정적이라는 사실이다. 예를 들어, 위에서 언급한 Copson(1995)의 연구에서, 경찰관들의 53.8%가 프로파일링이 사건에 대해 유용한 정보를 제공해 준다고 대답하였고, 또한 82.6%는 프로파일링이 수사에 실질적으로 도움이 된다고 응답하였다. 이는 프로파일링에 대한 형사사법기관 실무자들의 신뢰나 실제 사건 해결에 있어 아직 그 수준이 미약함을 보여주지만, 한편으로 프로파일링 기법이 범죄나 범죄자에 대한 정보를 제공하여 사건의 이해를 돕고 전반적인 수사에 도움이 된다고 인지하고 있음을 드러낸다(박광배·배현정, 2001). 또한, 프로파일링의 과학적 타당성과 신뢰성에 있어서 회의를 표시한 미국 법정 심리학회 회원 등 전문가들도, 프로파일링 기법이 궁극적으로 범죄 수사에 도움이 되는지에 대해서는 90% 이상이 '그렇다'고 답한 것으로 나타났다(Torres et al., 2006).

결국, 프로파일링 기법에 대한 지나친 신뢰 혹은 과도한 비난의 극단적인 평가를 내리기보다는, 프로파일링 기법에 대한 제대로 된 이해와 동시에 그 한계 또한 인정하고 받아들여 앞으로 범죄 수사에 한층 더 기여할 수 있도록 지속적인 노력이 기울어져야 할 것이다.

2. 프로파일링 관련 연구의 확장과 새로운 방법론의 도입

그동안 프로파일링 관련 선행 연구에서도 범죄자 프로파일링 기법은 특히 연쇄 살인이나 이상 동기 범죄 등에 유용한 것으로 보고되어 왔다(경찰청, 2009; 곽대경, 2001; Douglas et al., 1986; Holmes & Holmes, 2002). 그러나 범죄자 프로파일링 기법의 정의 자체가 범행 현장에서 범죄자가 나타낸 범행 수법이나 행동 분석을 통해서 범죄자의 배경 특성을 추론해 범인 검거에 기여하는 수사 기법이므로, 연쇄 살인 이외에 여러 다양한 유형의 범죄 수사(강도, 절도, 방화 등)에도 기여할 수 있는 가능성이 충분하고, 실제로 방화나 강도 등 다양한 종류의 범죄에 있어 범죄자 유형 분류 등 프로파일링 관련 연구들이 진행되어 오고 있다(김경옥·이수정, 2009; 박지선·최낙범, 2010; 박철현, 2004; 임준태, 2009). 따라서 살인이나 성범죄에 주로 편중되어 있는 프로파일링 관련 연구 분야를 앞으로는 이러한 다양한 범죄 유형에도 적용 가능하도록 그 범위를 한층 더 확장해 나가는 노력이 필요하다.

또한 현재 프로파일링 관련 실증 연구들, 특히 범죄자 유형 분류와 관련된 연구들은 외국 사례가 대다수를 차지하고, 이와 관련한 국내 범죄자 유형 분류법 관련 연구는 극소수에 불과하다. 따라서, 외국의 범죄자 유형 분류 체계를 국내 범죄자들의 행동 및 배경 특성과 비교하여 수정·보완하는 작업이 시급하다(곽대경,

2001; 박광배·배현정, 2001). 이를 위해서는 국내 범죄 자료의 축적과 함께 체계적인 데이터베이스의 구축이 필요하고, 이를 기반으로 하여 범죄자의 범죄 현장 행동 유형과 배경 특성을 연결시키는 연구가 진행되어야 한다(곽대경, 2001; 박광배·배현정, 2001).

그림 6. 최소 공간 분석(SSA)의 예(김지영 외, 2009)

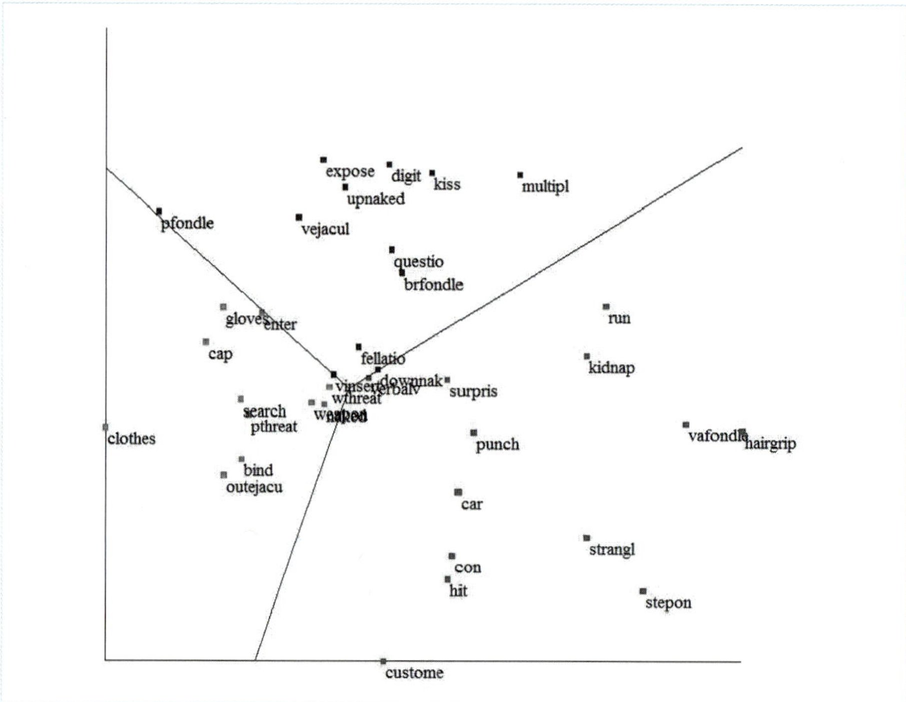

방법론에 있어서, University of Liverpool의 범죄수사 심리학 센터(Centre for Investigative Psychology)에서 진행되어 온 프로파일링에 관한 연구들은 기존의 범죄 연구에서 흔히 사용되는 빈도 분석이나 교차 분석과 같은 방법론 외에 다차원적 측정 방법(Multi-Dimensional Scaling procedures; MDS)을 사용하여 다양한 범죄자 유형 분류법과 프로파일링 기법을 연구하여 왔다. 다차원적 측정 방법은 변인들 간의 구조적 관계를 지리적 공간에 나타내는 기법으로(Maslovaty, Marshall, & Alkin, 2001), 그중 하나인 최소 공간 분석(Smallest

Space Analysis; SSA)은 변인들 간의 관계를 최소한의 공간적 차원 안에서 설명하는 데 쓰이는 기법이다. 최소 공간 분석은 범죄 현장 행동들을 변인으로 하여 변인들 간에 유사성이 높을수록, 즉 같은 범죄 현장에서 함께 나타날 확률이 높은 행동들일수록 각 변인에 해당하는 점들이 가상의 지리적 공간 안에서 가깝게 나타나게 된다(Borg & Shye, 1995).

범죄 행동들 사이의 유사성을 나타내는 최소 공간 분석은 범죄 현장에서 나타나는 행동들을 몇 가지 유형으로 분류할 때 유용하게 사용될 수 있어 영국, 미국뿐만 아니라 호주, 캐나다 등 여러 나라에서 살인, 강간, 방화 등 다양한 종류의 범죄를 저지른 범죄자들의 유형을 분류하는 데 사용되어 왔다(예: Alison & Stein, 2001; Salfati & Taylor, 2006). 따라서 국내에서도 기존의 범죄자 혹은 범죄 행동을 연구하는 데에 사용했던 방법론 외에 범죄 현장 행동 분석에 최소 공간 분석 기법을 사용하여 범죄자 행동 유형을 분류해 볼 수 있을 것이다.

3. 프로파일러 자격과 교육

범죄자 프로파일러로서 갖추어야 할 자격이나 전문 분야가 실제로 무엇이고, 이것이 범죄 행동으로부터 배경 특성을 추론하는 문제와 어떻게 관련되는가에 대해서 합의가 이루어진 바는 아직 없다(김지영 외, 2009; 박지선·최낙범, 2012; 허경미, 2008; Alison & Canter, 1999). 만약 프로파일러가 자신의 견해를 주장하는데 있어 객관적 근거 없이 자신의 직관과 경험에만 근거하여 의견을 주장한다면, 편향된 결론을 초래하여 그 타당성과 신뢰성에 심각한 한계를 가져온다(Alison et al., 2004; Alison & Canter, 1999). 경험이 많은 수사관이나 프로파일러가 개인적 확신을 보인다고 해서 그것이 진실임에 틀림없다고 단순하게 추정해서는 안 되며, 모든 의견들은 신중하게 검토하고 다루어져야 한다(Alison & Canter, 1999).

전문적인 프로파일러가 되기 위해서는 범죄자의 성격 특성과 심리적 장애, 범행 동기 등을 파악하고 효율적인 심리 검사의 실시와 면담을 위해 심리학적 지식은 필수이고, 범행 현장에서 흉기의 사용이나 피해자 부검 결과, 물리적 증거에 대한 이해를 위해 다소의 법의학적 지식도 필요하며, 범죄자의 배경 특성 파악에 있어 해당 사회의 인구통계학적 분포를 고려해야 하므로 사회학에 대한 지식도 일정 수준 요구된다고 볼 수 있다(곽대경, 2001; 박지선·최낙범, 2012; 허경미, 2008). 물론 이에 앞서 경찰이라면 누구나 가지고 있어야 할 형법 등의 법률적 지식뿐만 아니라, 다른 수사기법과의 연계 및 협력을 위해 다양한 분야에 대한 이해와 현장 경험, 수사관들과의 협력 체계 또한 중요하다(김지영 외, 2009; 허경미, 2008).

또한 프로파일러가 구성한 범죄자 프로파일에 대해서, 일선 수사관들은 프로파일링의 정의와 과정, 수사에 사용될 수 있는 범위와 그 한계 등을 인식하고 수사를 위해 무엇이 유용한 지에 대한 최상의 판단을 할 수 있도록 프로파일에 대한 객관적인 평가를 할 수 있어야 한다(Alison, Smith, & Morgan, 2003). 비교적 새로운 분야인 프로파일링에 대해 익숙하지 못한 수사관들은 프로파일링의 이면에 무엇이 과학적 근거가 되는지 모르고 있을 수 있으며, 프로파일의 정확성이나 과정에 대한 해결되지 않은 의문을 지닌 채로 프로파일에서 제시한 내용을 이용하여 사건 해결에 활용하는 데 어려움을 겪을 수도 있다(Alison & Canter, 1999). 따라서, 프로파일링 관련 학문적 발전을 일선 수사관들에 전달하는 교육과 훈련 또한 동시에 수반되어야 할 것이다(허경미, 2008).

주요 용어 KEY TERMS

범죄자 프로파일링	FBI 행동과학부	James Brussel
Mad Bomber	범죄분석요원	연계 분석
지리학적 프로파일링	MO	개인화(Personation)
표식(signature)	행동 되돌리기(undoing)	위장(staging)
연역적 프로파일링	귀납적 프로파일링	유형론
사후과잉확신 편파	휴리스틱	가용성 추단법
기준점 및 조정 추단법	편향적 가설검증	대안적 사고

집단 사고	전문가적, 윤리적 가이드라인
다차원적 측정 방법	최소 공간 분석(SSA)

Summaries

- 범죄자 프로파일링은 범행 현장에서 범죄자가 나타낸 여러 행동들의 분석을 통해 범죄자의 배경 특성을 추론하여 범인 검거에 기여하는 수사 기법을 일컫는다.
- 범죄자 프로파일링은 범죄자의 인지적, 정서적, 행동적 특성에 대한 포괄적인 이해를 통하여 수사 방향을 설정하고 전략을 제시하여, 유형을 밝혀내고 수사망을 좁혀 나감으로써 궁극적으로 범인 검거에 기여하고, 검거 이후에는 효과적인 신문 전략을 제시하는 등 다각적 기능을 수행한다.
- 프로파일링은 연쇄 살인이나 성범죄와 같은 사건뿐만 아니라, 방화, 강도, 절도, 스토킹, 인질 협상 같은 범죄나 협박 편지를 쓴 사람을 알아내는 데에도 사용된다.
- 범죄자 프로파일링은 연계 분석(linkage analysis)이나 지리학적 프로파일링(Rossmo, 2000) 등 그 영역을 점차 다각도로 확장해 나가고 있다.
- 개인화(Personation)란 범행을 저지르는 데 굳이 필요하지 않거나 특별한 목적을 알 수 없는, 범죄자만의 고유하고 특이한 행동을 일컫는다. 즉, 범행 자체의 실행과는 큰 연관이 없으나, 범인에게 정신적, 성적 만족감을 주는 범인의 의식적(ritualistic) 행동이다.
- 연쇄범이 일련의 범죄 사건에서 반복적으로 개인화된 행동을 나타낼 때 이를 표식(signature)이라 한다.
- 위장(staging)이란 사건 현장을 의도적으로 바꿔놓는 것으로, 범죄 현장을 본인이 아닌 다른 사람이 저지른 것처럼 보이도록 꾸미는 것을 일컫는다.
- 프로파일 생성 과정에서 개인의 특정한 경험이나 견해에 기초하여 만들어진 추론은 인간의 의사 결정 과정에서 나타나는 많은 인지적 왜곡이나 편향에 취약하기 쉽다.

- 성공적인 프로파일링이란 범죄 현장에 남아있는 증거 등 사실적 요소에 근거하여 얼마나 과학적 절차에 따라 범죄자의 행동과 관련 특징들을 추론하였는가에 따라서 평가되어야 한다.
- 프로파일러의 경우 자신에게 깊은 인상을 남겼거나 중요한 영향을 주었던, 자신의 기억에서 접근이 용이한 범죄자를 더욱 명확하게 기억하고 이에 근거해서만 특정 결론에 도달하는 오류를 범할 수 있다.
- 프로파일링 과정에 있어 만약 수사관이 프로파일러에게 유력한 용의자를 언급한다면, 이 용의자가 이후에 수사에서 배제된다고 할지라도 이 사전 정보는 편향 효과를 줄 수 있다.
- 프로파일러는 용의자가 유죄임을 지지하는 증거에만 집중하고, 자신이 틀렸을 가능성이나 해당 용의자가 범인이 아님을 가리키는 단서는 무시할 수 있으므로 주의를 요한다.
- 범죄에 대한 분석이 끝나기 전에 용의자에 대한 정보를 알게 되는 것은 프로파일링 과정에서 부적절한 왜곡과 편중을 야기할 수 있다.
- 프로파일러는 수사에서 추론 과정이나 결과물에 대한 구체적이고도 정밀한 정보와 기록을 가지고 있어야 한다.
- 프로파일러는 자신의 능력의 한계를 인식해야 하며, 프로파일에 관한 자문을 제공하고 수사 방향을 이끌어나가기에 충분한 기술과 능력을 가지고 있는가에 있어서 끊임없이 자문하고, 본인이 갖고 있는 전문적 역량의 한계 내에서 노력해야 한다.
- 프로파일링 기법에 대한 지나친 신뢰 혹은 과도한 비난의 극단적인 평가를 내리기보다는, 프로파일링 기법에 대한 제대로 된 이해와 동시에 그 한계 또한 인정하고 받아들여 앞으로 범죄 수사에 한층 더 기여할 수 있도록 지속적인 노력이 기울어져야 할 것이다.
- 살인이나 성범죄에 주로 편중되어 있는 프로파일링 관련 연구 분야를 앞으로는 이러한 다양한 범죄 유형에도 적용 가능하도록 그 범위를 한층 더 확장해 나가는 노력이 필요하다.
- 국내 범죄 자료의 축적과 함께 체계적인 데이터베이스의 구축이 필요하고,

이를 기반으로 하여 범죄자의 범죄 현장 행동 유형과 배경 특성을 연결시키는 연구가 진행되어야 한다.

- 국내에서도 기존의 범죄자 혹은 범죄 행동을 연구하는 데에 사용했던 방법론 외에 최소 공간 분석 기법을 사용하여 범죄자 행동 유형을 분류해 볼 수 있다.

참고문헌 References

경찰청 (2009). *살인사건분석.* 서울: 경찰청.

곽대경 (2001). 경찰수사를 위한 범죄심리연구의 활용방안. *한국경찰학회보, 3,* 1-21.

권창국 (2002). 범죄자 프로파일링 증거(criminal profiling evidence)의 활용과 문제점에 관한 검토, *형사정책연구, 13,* 247-280.

김경옥·이수정 (2005). 범죄자 프로파일링을 위한 연쇄살인 범죄의 유형 고찰. *한국심리학회지: 사회 및 성격, 19(1).* 131-149.

김경옥·이수정 (2009). 범죄현장 행동에 근거한 방화범죄의 유형분류에 관한 연구. *한국심리학회지: 사회 및 성격, 23(4).* 131-146.

김재민·박노섭·이동희·최정호·장윤식 (2009). *경찰수사론.* 용인: 경찰대학.

김지선·박지선·최수형 (2009). *청소년대상 성범죄자 유형 분류와 프로파일링.* 서울: 보건복지가족부.

김지영·박지선·박현호 (2009). *연쇄성폭력범죄자 프로파일링과 프로파일링 제도 연구.* 서울: 한국형사정책연구원.

박광배·배현정 (2001). 범죄자 프로화일링(Criminal Profiling)의 유용성: 수사실무를 위한 미시적 활용과 정책평가를 위한 거시적 활용. *한국심리학회지: 일반, 21(1),* 1-24.

박지선·최낙범 (2010). 범죄 행동을 통한 대인 강도 범죄자의 유형별 분류에 관한 연구. *한국공안행정학회보, 19,* 207-235.

박지선·최낙범 (2011). 범죄자 프로파일링 관련 신문기사 내용분석. *한국경찰연구, 10(3),* 35-53.

박지선·최낙범 (2012). 범죄자 프로파일링에 대한 인식과 발전방향. *한국콘텐츠학회 논문지, 12(6),* 413-423.

박철현 (2004). 지리적 프로파일링을 이용한 연쇄방화범의 거주지 추정: 동래연쇄방화사건의 사례. *형사정책, 16(2),* 61-92.

임준태 (2006). 지리학적 프로파일링을 통한 한국의 연쇄강력범죄 분석. *한국경찰연구, 5(2),* 161-188.

임준태 (2009). 연쇄방화범 프로파일링과 이동특성. *한국공안행정학회보, 37,* 369-402.

허경미 (2008). *범죄 프로파일링(criminal profiling) 기법의 효과적인 활용방안.* 용인: 치안정책연구소.

Alison, L., Bennell, C., Mokros, A., & Ormerod, D. (2002). The personality paradox in offender profiling: A theoretical review of the processes involved in deriving background characteristics from crime scene actions. *Psychology, Public Policy, and Law, 8,* 115-135.

Alison, L. J. & Canter, D. V. (1999). Professional, legal, and ethical issues in offender profiling. In D. V. Canter & L. J. Alison (Eds.), *Profiling in policy and practice* (pp. 21-54). Oxford: Wiley.

Alison, L. J., Smith, M. D., & Morgan, K. (2003). Interpreting the Accuracy of Offender Profiles, *Psychology, Crime and Law, 9(2)*, 185-195.

Alison, L. J. & Stein, K. L. (2001). Vicious circles: Accounts of stranger sexual assault reflect abusive variants of conventional interactions. *Journal of Forensic Psychiatry, 12,* 515-538.

Alison, L., West, A., & Goodwill, A. (2004). The academic and the practitioner: Pragmatists' views of offender profiling. *Psychology, Public Policy, and Law, 10,* 71-101.

Bartol, C. R. & Bartol, A. M. (2008). *Criminal Behavior: A psychosocial approach (8th ed.).* New Jersey: Pearson Prentice Hall.

Borg, I. & Shye, S. (1995). *Facet theory: Form and content.* Thousand Oaks, CA: Sage Publications, Inc.

Brussel, J. S. (1968). *Casebook of a crime psychiatrist.* New York: Grove.

Canter, D. V. & Youngs, D. (2003). Beyond Offender Profiling: The need for an investigative psychology. In D. Carson & R. Bull (Eds.), *Handbook of psychology in legal contexts* (2nd ed., pp. 171–205). Oxford: Wiley.

Casey–Owens, M. (1984). The anonymous letter–writer: A psychological profile? *Journal of Forensic Sciences, 29,* 816–819.

Copson, G. (1995). "Coals to Newcastle? Part 1: A Study of Offender Profiling." *Police Research Group Special Interest Series: Paper No. 7.* London: Home Office Police Department.

Davies, A. (1991). The use of DNA profiling and behavioral science in the investigation of sexual offences. *Medicine, Science and Law, 31,* 95–101.

Douglas, J. E., Burgess, A. W., Burgess, A. G., & Ressler, R. K. (2006). *Crime Classification Manual* (2nd edition). California: John Wiley & Sons.

Douglas, J. E., Ressler, R. K., Burgess, A. W., & Hartman, C. R. (1986). Criminal profiling from crime scene analysis. *Behavioral Sciences and the Law, 4,* 401–421.

Fischhoff, B. (1975). Hindsight and foresight: The effect of outcome knowledge on judgment under uncertainty. *Journal of Experimental Psychology: Human Perception and Performance, 1,* 288–299.

Fox, J. A. & Levin, J. (1999). Serial murder: Popular myths and empirical realities. In M. D. Smith & M. A. Zahn (Eds), *A sourcebook of social research* (pp. 165–175). Thousand Oaks, CA: Sage Publications.

Furnham, A. & Alison, L. J. (1994). Theories of crime, attitudes to punishment and juror bias amongst police, offenders and the general public. *Personality and Individual Differences, 17(1),* 35–48.

Hazelwood, R. R. & Warren, J. (2003). Linkage analysis: Modus operandi, ritual, and signature in serial sexual crime. *Aggression and Violent Behavior, 8,* 587–598.

Herndon, J. S. (2007). The image of profiling: Media treatment and general impression, In R. N. Kocsis (Ed.), *Criminal profiling: International theory, research, and practice* (pp. 303–323). Totowa, New Jersey: Humana Press.

Holmes, R. M. & Holmes, S. T. (2002). *Profiling violent crimes: An investigative tool* (3rd ed.). California: Sage Publications.

Innes, B. (2003). *Profile of a criminal mind.* London: Amberj Books.

Janis, I. L. (1982). *Groupthink: Psychological studies of policy decisions and fiascos.* Boston: Houghton-Mifflin.

Keppel, R. D. (1995). Signature murderers: A report of several related cases. *Journal of Forensic Sciences, 40,* 670–674.

Keppel, R. D. (2000). Investigation of the serial offender: Linking cases through M.O. and signature. In L. B. Schlesinger (Ed.), *Serial offenders: Current thought, recent findings* (pp. 121–134). Boca Raton, FL: CRC Press.

Kocsis, R. N. (2007). Skills and accuracy in criminal profiling, In R. N. Kocsis (Ed.), *Criminal profiling: International theory, research, and practice* (pp. 365–382). Totowa, New Jersey: Humana Press.

Maslovaty, N., Marshall, A. E., & Alkin, M. C. (2001). Teachers' perceptions structured through facet theory: Smallest space analysis versus factor analysis. *Educational and Psychological Measurement, 61,* 71–84.

Milgram, S. (1974). *Obedience to authority.* New York: Harper & Row.

Ormered, D. C. (1996). Psychological profiling. *The Journal of Forensic Psychiatry, 7(2),* 341–352.

Pinizzotto, A. J. & Finkel, N. J. (1990). Criminal personality profiling: An outcome and process study, *Law and Human Behavior, 14,* 215–233.

Prentky, R. A., Burgess, A. W., Rokous, F., Lee, A., Hartman, C., Ressler, R., & Douglas, J. (1989) The presumptive role of fantasy in serial sexual homicide. *American Journal of Psychiatry, 146,* 887–891.

Reiser, M. (1982). Crime–specific psychological consultation. *The Police Chief,* 53–56.

Ressler, R. K., Burgess, A. W., & Douglas, J. E. (1988). *Sexual homicide: Patterns and motives.* New York: Free Press.

Ressler, R. K., Burgess, A. W., Douglas, J. E., Hartman, C. R., & D'Agostino, R. B. (1986). Sexual killers and their victims: Identifying patterns through crime scene analysis. *Journal of Interpersonal violence, 1,* 288–308.

Rossomo, D. K. (2000). *Geographic profiling.* Boca Raton, FL: CRC Press.

Salfati, C. G. (2000). The nature of expressiveness and instrumentality in homicide: Implications for offender profiling. *Homicide Studies, 4,* 265–293.

Salfati, C. G. & Canter, D. V. (1999). Differentiating stranger murders: Profiling offender characteristics from behavioral styles. *Behavioral Sciences and the Law, 17,* 391–406.

Salfafi, C. G. & Taylor, P. J. (2006). Differentiating sexual violence: A comparison of sexual homicide and rape. *Psychology, Crime & Law, 12,* 107–125.

Schlesinger, L. B. (2004). *Sexual murder: Catathymic and compulsive homicides.* CRC Press LLC.

Snyder, M. & Cantor, N. (1979). Testing hypotheses about other people: The use of historical knowledge. *Journal of Experimental Social Psychology, 15,* 330–342.

Snyder, M. & Swann, W. B. (1978). Hypothesis–testing processes in social interaction. *Journal of Personality and Social Psychology, 36,* 1202–1212.

Teten, H. (1995). Offender profiling. In W. Bailey (Ed.), *The encyclopedia of police science.* New York: Garland.

Torres, A., Boccacini, M., & Miller, H. (2006). Perceptions of the validity and utility of criminal profiling among forensic psychologists and psychiatrists, *Professional Psychology: Research & Practice, 37,* 51–58.

Turvey, B. (2002). *Criminal profiling: An introduction to behavioral evidence analysis* (2nd ed.). London: Academic Press.

Tversky, A. & Kahneman, D. (1973). Availability: A heuristic for judging frequency and probability. *Cognitive Psychology, 5,* 207–232.

Tversky, A. & Kahneman, D. (1974). Judgment under uncertainty: Heuristics and biases. *Science, 185,* 1124–1131.

Woodhams, J., Bull, R., & Hollin, C. R. (2007). Case linkage: Identifying crimes committed by the same offender. In R. N. Kocsis (Ed.), *Criminal profiling: International theory, research, and practice* (pp. 117–133). Totowa, New Jersey: Humana Press.

제 13 장

연계 분석

Contents

- 들어가며
- 연계 분석의 정의와 절차
- 연계 분석의 가정
- 연계 분석의 심리학
- 연쇄범의 행동에 있어서의 일관성과 변화
- 연계 분석의 타당성
- 행동적 연계 분석 사례

Questions

1. 연쇄 범죄자가 일련의 범행을 저지를 때, 시간이 지나도 일관적인 행동을 보일까?
2. 연쇄범의 행동적 일관성에 영향을 미치는 요인에는 어떠한 것이 있을까?
3. 초범인 범죄자들과 범죄를 저지른 전력이 있는 범죄자들 사이에는 범행에 있어 어떠한 차이점이 있을까?
4. 다양한 범행 수범들 간에 행동 일관성에 있어 차별성이 존재할까? 만약 존재한다면, 다른 범행 수법보다 더욱 일관적인 범행 수법에는 어떠한 것이 있을까?

Objectives

1. 연계 분석의 정의에 대해 학습하고, 연계 분석의 절차를 이해한다.
2. 연계 분석을 위한 바탕이 되는 기본 가정에 대해 알아본다.
3. 연계 분석의 토대가 되는 성격 심리학적 이론을 숙지하고, 이를 범죄자의 행동에 적용한다.
4. 효율적인 사건 연계를 위한 방안들을 알아본다.

Chapter 13

연계 분석

들어가며

행동적 연계 분석(behavioral linkage analysis)이란 범죄자의 범행 당시 행동적 일관성에 기초해서 동일한 범죄자에 의해 저질러진 일련의 범죄들을 밝혀내는 과정으로 정의된다(Woodhams & Toye, 2007). 보통 불상의 용의자에 의해 행해진 범죄들을 연관 짓기 위해 DNA나 지문과 같은 법과학적 증거가 사용될 수 있으나, 사실상 범죄 현장에 아무런 법과학적 증거들이 남겨져 있지 않는 경우가 많고(Davies, 1991), 특히 범행이 여러 지역에 걸쳐 저질러지는 경우 각각의 범행으로부터 법과학적 증거를 모아 연계시키기가 어려울 수도 있다(Egger, 1990). 연계 분석은 이러한 상황에서 특히 유용하게 활용될 수 있기 때문에, 이를 실제 범죄 수사에 적용시켜 사건을 해결하고 범죄를 예방하려는 수사관들의 꾸준한 관심 대상이 되어 왔다.

본 장에서는 우선 연계 분석의 정의와 절차에 대해 살펴본 후, 연계 분석의 바탕이 되는 심리학적 이론들을 살펴보고, 연쇄범들의 행동에 있어서의 일관성과 변화에 대해 짚어 보았다. 또한 연계 분석의 타당성과 법정에서 증거로서의 허용성에 대해 살펴보았다. 마지막으로 실제로 발생했던 일련의 사건을 통해 범행 수법의 일관성을 살펴봄으로써, 동일한 범죄자에 의해 저질러졌을 가능성을 살펴보는 행동적 연계 분석 사례를 소개하였다.

그림 1. 법과학적 증거들

연계 분석의 정의와 절차

연계 분석은 여러 범행에 나타나는 행동의 유사성을 근거로, 동일한 범인에 의해서 행해졌을 가능성이 있는 범죄들을 밝히는 분석이다(Woodhams & Toye, 2007). 다른 말로 비교에 의한 사건 분석(comparative case analysis: Bennell & Canter, 2002)이나 사건 연계(case linkage: Woodhams, Bull, & Hollin, 2007)라고도 불리며, 행동 분석의 한 가지 유형으로 설명되어 왔다(Davies, 1991). 연계 분석은 비면식범에 의한 강간이나 살인과 같은 범죄에 가장 많이 적용되고 있으나, 침입 절도나 강도와 같은 재산 범죄에도 적용될 수 있다(Bennell & Canter, 2002; Bennell & Jones, 2005).

동일한 범죄자에 의해 저질러졌을 가능성이 높은 일련의 범죄들을 같이 수사하는 것은 다음과 같은 여러 가지 면에서 유용할 수 있다. 첫째, 이중으로 업무가 이루어지기 보다는 동시에 여러 범죄 수사를 진행하여 수사를 위한 노력이 하나로 결집될 수 있어, 제한된 자원을 활용하여 경찰력을 더욱 효율적으로 운용할 수 있게 된다(Woodhams, Bull, & Hollin, 2007). 또한 각각의 범죄 현장에서 수집된 범죄자에 대한 증거나 정보가 결합될 수 있으므로, 잠재적으로 용의자를 더욱 신속하게 체포하는 결과로 이어질 수 있으며(Grubin, Kelly, & Brundsdon, 2001), 범죄자의 범행을 증명할 때 논거를 더욱 강화시킬 수 있는 이론적 근거를 제시하는 데도 유용하게 쓰일 수 있다(Woodhams, Bull, & Hollin, 2007).

또한 범행 수법에 있어서의 행동적 유사성 분석 결과는, 다음 범행 지역이나 범행 대상이 될 수 있는 피해자의 특성에 대한 예측을 가능하게 하여 범죄 예방에도 일조할 수 있다(Woodhams & Toye, 2007). 또한, 연계 분석 과정을 통하여 미제 사건으로 남아 있는 범죄를 이미 검거된 범죄자가 저지른 범죄와의 유사성 분석으로 조사한다면, 미제 사건의 해결에도 기여할 수 있는 측면이 있다(Woodhams, Hollin, & Bull, 2007).

연계 분석은 다음과 같은 절차에 의해 진행된다. 우선, 연계 분석의 첫 번째 단계에서는 범죄에 대한 모든 관련 정보들을 수집하는데, 이러한 사건 관련 정보에는 범행의 내용과 피해자의 진술, 범죄 현장 사진, 부검 결과 보고서 등이 포함된다(Douglas, Ressler, Burgess, & Hartman, 1986).

모든 관련 정보들을 수집하고 난 뒤에는 범인이 나타낸 행동 목록을 구성해야 한다(Woodhams, Bull, & Hollin, 2007). 일단 행동 목록이 만들어지면 다음 단계에서는 유사한 행동이 나타난 범행들을 찾아낸다. 이때 행동이 일어난 상황 또한 고려되어야 하는데, 이는 두 범행에서 다르게 나타난 행동이 피해자의 행동이나 제삼자의 출현과 같은 상황적 영향에 의한 것으로 설명될 수도 있기 때문이다(Woodhams, Bull, & Hollin, 2007).

범행 간의 유사성과 차이점을 확인하는 과정에서 중요한 것은 그러한 행동들의 기저율(base rate)을 고려하는 것이다(Woodhams, Bull, & Hollin, 2007). 두 범죄가 유사한 행동을 공유하고 있으나 만약 그러한 행동이 그 유형의 범죄에서 일반적으로 빈번하게 일어나는 것이라면, 이렇게 기저율이 높은 행동은 동일한 범죄자가 그 두 범죄를 저질렀다고 주장하는 근거가 되어서는 안 된다(Woodhams, Bull, & Hollin, 2007).

범행들 사이에 발생한 행동의 유사성과 차이점을 고려하고 나서, 분석가는 최종적으로 해당 범죄들을 동일한 범죄자가 저질렀을 가능성이 있는가에 대한 판단을 내린다(Woodhams, Bull, & Hollin, 2007). 두 범죄가 다수의 유사한 행동들을 공유하는 경우에도, 분석가는 이러한 유사성이 우연의 일치인지, 아니면 다른 요인에 의한 것인지를 재차 고려해야 한다(Grubin et al., 2001).

그림 2. 동일한 범죄자에 의해 저질러졌을 가능성이 높은 일련의 범죄들

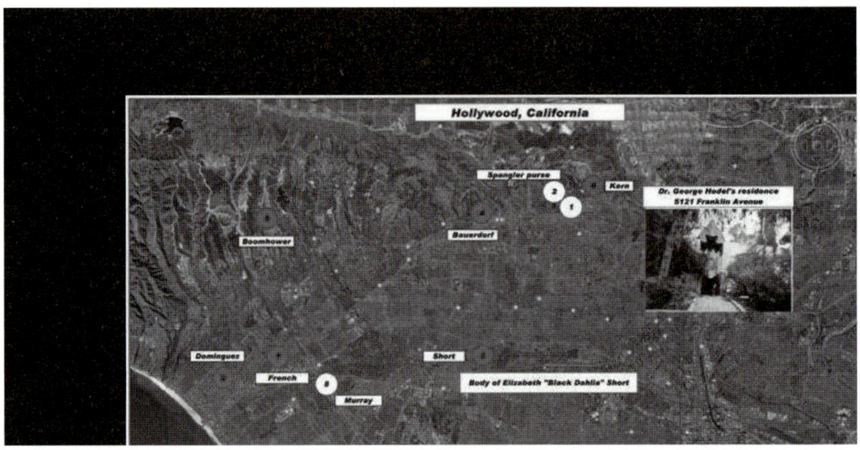

연계 분석의 가정

범죄를 연계하는 과정은 두 가지 핵심 가정에 근거한다. 첫 번째 가정은 범죄자는 범죄를 행하는데 있어서 일관성을 갖는다는 것이다(offender consistency hypothesis: Canter, 1995). 두 번째 가정은 서로 다른 범죄자들이 범죄를 저지르는 방식에 있어서 차별성이 존재한다는 것이다(offender differentiation hypothesis: Canter, 1995). 즉, 동일한 범죄자가 저지른 범죄를 연계시키는 것

이 가능해지려면, 서로 다른 범죄자들 사이에는 행동적 차별성이 나타나야 한다. 만약 특정 연쇄 범죄자가 상당히 일관된 방식으로 범죄를 저지르더라도, 대부분의 범죄자들이 모두 그와 동일한 방식으로 범죄를 저지른다면 한 범죄자의 범행과 다른 범죄자의 범행을 구별하는 것은 불가능하게 될 것이다. 따라서, 사건 연계를 하기 위해서는 범죄자 내 일관성(within-offender consistency)뿐만 아니라 범죄자 간 차별성(between-offender variability) 가정 또한 충족되어야 한다.

우선, 연계 분석의 첫 번째 가정인 범죄자가 범죄 행동에서 일관성을 보이는가에 관해서, 성범죄(Grubin et al., 2001; Santilla, Junkilla, & Sandnabba, 2005)나 살인(Salfati & Bateman, 2005), 방화(Santilla, Fritzon, & Tamelander, 2005), 침입 절도(Bennell & Canter, 2002; Bennell & Jones, 2005)나 강도(Woodhams & Toye, 2007)와 같은 범죄 유형에 대해서 연구가 이루어진 바 있다. 예를 들어 Knight, Warren, Reboussin, & Soley(1998)는 연쇄 강간범의 행동 일관성을 연구했고, 그 결과 총기 사용 여부, 피해자의 의복 절단 여부 등과 같은 일부 행동들에 있어서 높은 일관성이 드러났다고 보고했다.

이 연구들은 모두 범죄자들이 범행에서 어느 정도의 일관성을 보인다는 것을 나타내어 사건 연계의 첫 번째 가정을 지지하고, 결론적으로 행동 유사성에 근거하여 범죄들을 연계시킬 수 있다는 것을 검증하였다(Woodhams, Hollin, & Bull, 2007).

다음으로, 연계 분석의 두 번째 가정인 동일 범죄자에 의해 행해진 범죄들이 다른 범죄자들에 의한 범죄들과 구별될 수 있는가에 대한 연구들 또한 진행되어 왔다(Bennell & Canter, 2002; Bennell & Jones, 2005; Woodhams & Toye, 2007). 예를 들어 연쇄 강간 범죄 사건에서 가장 큰 일관성을 보였던 행동들과 함께 범죄자들을 성공적으로 구별하게 해주는 행동들이 선별되었다(Grubin et al., 2001; Santilla, Junkilla, & Sandnabba, 2005). 이상의 연구들은 모두 한 범죄자가 저지른 범행은 다른 범죄자가 저지른 범행과 어느 정도의 타당성을 가지고 구별될 수 있음을 보여주었다. 결과적으로 이러한 연구들은 범죄들을 연계시키는 것이 가능하며, 동일한 범죄자가 보이는 행동의 일관성과 서로 다른 범죄자 간의 행동 차별성에 대한 연계 분석의 두 가지 가정이 모두 지지된다고 보고했다(Woodhams, Hollin, & Bull, 2007).

연계 분석의 심리학

연계 분석의 두 가지 핵심 가정은 개인 내 행동 일관성과 개인 간 행동 차별성을 수 십 년 동안 연구해 온 성격 심리학과 밀접한 관련이 있다.

그림 3. 행동에 영향을 미치는 성격의 다양성

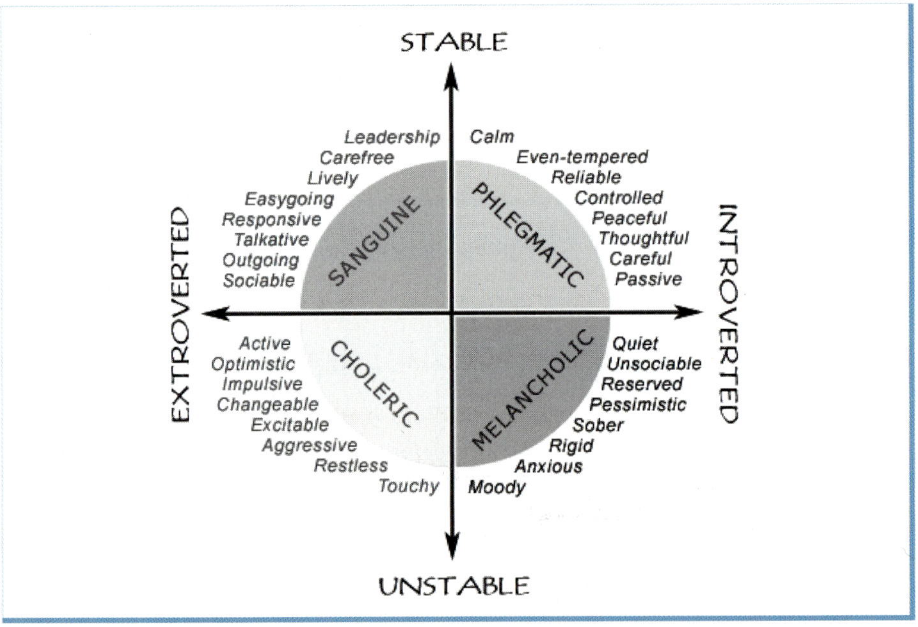

우선, 사람들이 행동하는 방식에 있어 시간과 상황에 걸쳐 일관적인가에 대한 질문은 수 십 년 동안 성격 심리학자들의 연구에서 초점이 되어왔다. 특히 1970년대 성격 심리학의 사람 대 상황(person versus situation) 논쟁 혹은 소인주의 대 상황주의(dispositionism versus situationism) 논쟁은(Mischel & Peake, 1983), 사람의 행동이 각자의 고유한 성격 특질로 인해 여러 다양한 상황에도 일

관 되게 나타나리라는 사람들의 일반적인 생각이, 실제로 이를 검증한 경험적 연구들을 통해 지지되지 않았기 때문에 오랫동안 지속되었다(Allport & Vernon, 1933; Hartshorne & May, 1928; Mischel, 1968; Newcomb, 1929).

다시 말해서, 일부 심리학자들은 사람이 자신의 성격 특질 때문에 행동에 있어 일관성을 보인다는 관점을 유지했으나(사람 중심적 입장: Allport, 1937), 다른 심리학자들은 인간의 행동에 범상황적 일관성(cross-situational consistency)은 존재하지 않으며 상황에 따라 행동에 커다란 차이가 있다고 주장했다(상황 중심적 입장: Bem & Allen, 1974; Jones & Nisbett, 1972; Kelley, 1967).

50여 년 간의 논쟁 끝에, 현재는 사람과 상황이 서로 함께 상호작용하여 행동에 영향을 미친다는 잠정적 결론에 도달했다(Mischel, Shoda & Mendoza-Denton, 2002; Shoda & Mischel, 2000). 특히 Mischel(1999)은 상황이 '성격 체계'를 통해서 그 사람의 고유한 특성과 의미 있는 상호작용을 한다고 주장했다. 이러한 성격 체계는 근본적으로 목표, 기대감, 신념, 행동 전략, 기억 등과 같은 정신적 표상들로 구성되는데, 이것의 활성화나 억제가 외현적으로 나타나는 행동을 결정하게 된다(Mischel et al., 2002). 즉, 사람이 당면 상황을 어떻게 해석하는가가 특정한 인지와 정서의 활성화를 초래하고, 이는 결국 전략의 활성화로 이어져 궁극적으로 행동이 나타나게 된다(Shoda, Lee-Tiernan & Mischel, 2002). 이때 특정 행동 전략이 활성화될 가능성은 이전의 상황과 현재 상황이 얼마나 유사한가의 정도와 관련되는데(Meyer, 1990), 서로 다른 상황이 한 사람에 의해서 유사하게 평가될 때 유사한 인지, 정서를 이끌어 내고(Mischel, 1999), 그 결과 일관된 행동이 나타난다(Furr & Funder, 2003; Shoda, Mischel & Wright, 1993).

이 외에도 행동 일관성의 정도에 영향을 미치는 여러 요소들이 존재한다. 우선 행동 일관성은 행동 유형에 따라서 다양하게 나타날 수 있다. 예를 들어, 외부 자극에 대한 반응으로 추출되는 행동들에 비해, 개인이 즉흥적으로 표출하는 행동들이 더 큰 일관성을 보인다(Funder & Colvin, 1991). 또한 상황에 대한 빈번한 경험이나 익숙함은 행동 일관성을 증가시킨다(Greene, 1989). 또한 행동 간격이 짧을수록 행동 일관성이 더 큰 것으로 나타났다(Pervin, 2002).

이처럼 연계 분석의 첫 번째 가정인 개인 내 행동 일관성에 대해서는, 성격 심리학 연구 결과 개인이 당면한 상황이나 행동의 유형, 상황에 대한 익숙함이나 행동의 간격 등 여러 가지 요인이 영향을 미치는 것으로 나타났다. 그러나 연계 분석의 두 번째 가정인 개인 간 행동 차별성에 있어서, 성격 심리학 연구들은 대체로 이를 지지한다. 즉, 사람들은 각자의 고유한 성격 체계로 인하여, 동일한 상황이라도 그에 반응하는데 있어서 서로 구별되는 행동 방식을 갖는다(Shoda, Mischel, & Wright, 1994; Zayas, Shoda, & Ayduk, 2002). 즉, 사람들은 각자 자신만의 독특한 성격 체계를 지니고 있기 때문에, 사람들이 상황을 인식하는 방법은 매우 다양하고, 따라서 동일한 상황 내에서도 서로 행동 차별성이 나타난다(Wright & Mischel, 1987).

연쇄범의 행동에 있어서의 일관성과 변화

1. 범죄자의 행동 일관성

Canter(1995)는 범죄자가 범행을 저지르는 방식에는 시간이 지나도 어느 정도의 일관성이 존재한다고 주장한다. 몇몇 실증 연구들(예: Grubin et al., 2001; Lundrigan & Canter, 2001; Santtila, Junkkila, & Sandnabba, 2005)은 범죄자들이 범죄를 저지르는 방식에 실제로 어느 정도 일관성이 존재한다고 보고해왔다.

예를 들어, Warren, Hazelwood, & Reboussin(1991)은 연쇄 강간범들의 대부분이 일련의 범행에 걸쳐 많은 행동에 있어 주목할 만한 변화를 보이지 않았다고 보고했다. Bennell & Canter(2002) 또한 연쇄 주거침입 범죄자들이 범행 당시 저지르는 행동을 조사한 결과, 대상 주거지에 출입하는 방법에 있어 일관성이 나타난다고 보고했다. 역시 상습 주거침입 범죄자들의 행동을 탐구한 Yokota & Canter(2004) 또한, 침입 절도의 4가지 유형(주거지, 공공시설, 산업시설, 상업시설)에 있어 상당수의 범죄자들이 여러 범행에 걸쳐 내내 일관적으로 특정한 유형의 절도만을 저질렀다고 보고했다. 더불어 Salfati & Bateman(2005)은 23명의 범죄자에 의해 저질러진 69건의 연쇄 살인 사건을 조사한 뒤, 각각의 범죄자들이 연쇄적으로 범행을 저지르는 동안 일관적으로 같은 유형의 범죄 행동을 나타냈다고 보고했다.

2. 범죄자의 행동 변화

한편, 많은 연구들(Dale, Davies, & Wei, 1997; Hazelwood, Reboussin, & Warren, 1989)은 범죄자들이 일련의 범행 동안에 상당히 변화하는 모습을 보인다고 보고했다. 예를 들어, 연쇄 강간범들이 사용하는 대화 전략(위협, 칭찬, 사과 등)을 탐구한 결과, 일련의 범행 동안 강간범들은 상황에 따라, 또 피해자의 반응에 따라 능동적으로 언어 전략을 선택하고 바꾸는 등 행동이 상당히 변화한다는 것이 드러났다(Dale et al., 1997). 게다가, 연쇄 강간범들이 나타내는 성적 행동들 또한 시간이 지남에 따라 변화한다(Hart et al., 2003).

이전에 성적 살인에서 살펴본 고창 살인 사건에서도, 채 두 달이 되지 않는 범행 간격 동안 범죄자의 여러 범행 수법에 있어서의 극적인 변화를 살펴볼 수 있다. 우선, 첫 번째 살인 범행에서는 범죄자가 사전에 아무런 범행 도구를 준비하지 않고 맨손으로 피해자를 제압해 끌고 가다가 질식사에 이르게 한 반면, 두 번째 범행에서는 여러 도구들(노끈과 포장용 비닐끈, 칼 등)을 사전에 준비해 와서 이를 피해자의 목을 조르고 손과 발을 결박하는 데 사용하였다. 이러한 도구의 사용은 범죄자로 하여금 피해자를 보다 손쉽게 제압하고 살해 또한 용이하도록 돕는 역할을 한다. 또한, 첫 번째 범행에서는 범죄자가 살인을 계획한 것은 아니고 강간을 저지르기 위해 피해자를 제압하는 과정에서 우발적으로 사망에 이르게 한 것으로 보이나, 두 번째 범행에서 범인이 미리 칼을 준비해 오고, 장시간 동안 피해자를 고문하는 등 그 폭력성과 잔인함이 여러 범행 수법을 통해 두드러지게 증가하여 나타나고, 피해자의 살점을 도려내어 가져가는 행동 또한 첫 번째 범행과는 눈에 띄게 다르며, 처음부터 살인을 염두에 두고 범행을 저질렀을 가능성을 높인다.

이렇게 범행 당시에 범죄자의 행동이 변화하는 데에는 그에 영향을 미치는 복잡한 요인들이 존재한다. 사실, 동일한 범죄자가 저지른 범죄라도 두 가지 범죄 현장이 완벽히 일치하는 것은 거의 불가능에 가깝다. 즉, 행동의 일관성에 영향을 미칠 수 있는 환경적 요인(범행 장소나 시간), 그리고 서로 다른 피해자들로부터의 반응 등 구별되는 특징들이 항상 존재한다.

범죄자의 행동적 일관성에 영향을 미치는 이러한 주요 요소들 중 하나는 범행 당시 범죄자–피해자 간의 상호작용이다(Douglas & Douglas, 2006). 특히 사람을 대상으로 한 범죄의 경우 범행이 범죄자–피해자 간 상호작용으로 이루어지며, 이때 피해자의 반응이 범죄자의 행동에 변화를 야기할 수 있다는 결과들이 보고되어 왔다(Hazelwood & Burgess, 2001). 예를 들어 어떤 강간범이 범행 당시 피해자를 제압하는데 어려움을 겪는다면, 다음에 범행을 저지를 때에는 줄이나 끈 등의 결박 도구를 가져오거나 흉기를 사용하는 등 범행 수법을 바꿀 수 있다(Douglas & Douglas, 2006).

범죄자의 과거 경험 또한 행동 일관성에 영향을 미칠 수 있다. 범죄자들은 자신의 실수 등 경험으로부터 학습하여 변화할 수 있다(Canter, 1994). 예를 들어, 어떤 범죄자가 밤에 창문을 부수고 남의 집에 침입하여 귀중품을 훔치고 달아나는 범행을 저지른 뒤, 시간이 지남에 따라 여러 번의 경험을 통해서 검거될 확률을 낮추고 더 많은 금전적 이익을 취하기 위해 범행 수법을 낮 시간에 빈 집에 들어가는 것으로 변화시킬 수 있다(Douglas & Douglas, 2006).

특히 범죄자가 자신이 저지른 실수로 인해 검거되면, 이후 또 범죄를 저지를 때 같은 실수를 반복하지 않으려는 노력을 보인다(Hazelwood & Burgess, 2001). 예를 들어, 만약 남의 집에 침입하기 위해 창문을 부쉈다가 검거되고 형을 살았다면, 석방되고 난 후 다시 범행을 저지를 때에는 그와 같은 실수는 절대 하지 않으려 할 것이다(Douglas & Douglas, 2006).

Douglas & Douglas(2006)는 특히 재소 경험이 차후 범행에서의 범죄자의 행동에 영향을 미친다고 주장했다. 이외에도 경찰 수사 혹은 재판 절차와 관련된 경험, 미디어 등과 같은 요인들로 인해 범죄 행동에서의 변화가 일어날 수 있다(Davies, 1992).

3. 범죄 지능의 발달

일련의 범행 동안의 범죄자의 행동의 변화는 특히 범죄 지능 발달(criminal sophistication)의 맥락에서 연구되어 왔다. 초보인 범죄자들은 범죄를 수행하는 것에 있어서 다소 충동적이고 서투른 면이 있고(Canter, 1994), 특히 이들이 경찰의 수사 기법에 익숙하며 고도의 법과학적 지식을 갖고 있을 가능성은 낮다(Hazelwoods & Burgess, 2001). 반면에, 범죄 경험이 있는 범죄자는 이전의 범행이나 이전 사건과 관련된 수사나 재판 절차에서 습득한 법과학적 지식을 범행 당시 더 보여, 범행 후 현장에서 지문이나 혈흔 등의 증거를 제거하는 것과 같은 행동을 보일 수도 있다(Hazelwoods & Burgess, 2001).

그림 4. 범행 현장에 남겨진 지문

실제로, Hazelwood & Burgess(2001)는 강간범의 행동을 보면 그가 초범인지 전과가 있는지를 가늠할 수 있다고 했다. 더 숙련된 범죄자들은 검거되지 않기 위해 훨씬 더 치밀하게 행동하는데, 예를 들어 범행 동안 자신의 신원이 노출되지 않도록 주의하고, 범행 후에도 신고를 하지 못하도록 피해자를 위협하는 등의 행

동들을 보인다(Hazelwood & Burgess, 2001).

실제로, Davis(1997)가 총 210명의 강간범과 그들의 전과를 조사한 결과, 성범죄 전과가 있는 사람이 그렇지 않은 사람과 비교했을 때 범행 후 정액을 인멸한 비율이 네 배 이상 높았으며, 범죄 경력이 없는 사람일수록 범행 현장에 지문을 남기거나 피해자에게 얼굴을 노출하는 실수를 저지르는 경향이 높다고 보고했다. 또한 Park, Schlesinger, Pinizzotto, & Davis(2008)는 피해자가 한 명인 강간범들과 비교했을 때 연쇄 강간범들이 증거를 없애고 피해자들의 저항을 저지하는 것에 더욱 능숙하게 행동하였다고 보고했다.

이러한 일련의 범행 동안의 범죄자의 행동 변화는 인간의 발달과 성숙에 대한 발달 심리학자 Piaget의 관찰과 그 맥락을 같이 한다(Canter, 1994). 즉, 인간은 아이에서 어른으로 성숙해 가면서 점차적으로 추상적인 사고가 가능해진다. 범죄 경력이 없는 범죄자는 범행 당시 자신의 신분을 노출시키지 않기 위해서나 증거를 인멸하려고 노력할 때도 서투름이 엿보이는 등 인지적 정교화를 거의 나타내지 않는다(Hazelwood & Burgess, 2001). 그러나 시간이 지나고 범죄 경력이 쌓이면서 범죄 행위를 더욱 추상적으로 볼 수 있게 되며, 범행에 당면하기 이전에 선행 사건과 결과를 머릿속으로 그려볼 수 있게 됨으로써 치밀한 범행 사전 계획과 함께 범행 후 증거 인멸 등 범죄 지능의 발달을 드러내는 행위를 더욱 두드러지게 나타내게 된다(Canter, 1994).

특히 범죄 지능(criminal sophistication)과 관련하여, 이전에 범죄를 저질러 본 경험이 있는 범죄자일수록 초범에 비해 범행 후 지문이나 혈흔을 지우는 등 검거 가능성을 줄이기 위한 노력에 있어 높은 법적 인식(forensic awareness)을 보인다(Park et al., 2008). 따라서 범행 당시 자신의 신분을 노출시키지 않기 위한 노력(얼굴 가리기, 모자 쓰기, 장갑 착용)이나 증거 인멸 시도(흉기 제거하기, 지문이나 혈흔 제거)를 보이는 등, 시간이 지남에 따라 진화하는 범행 수법을 보이게 된다는 결과들이 실제로 보고되어 왔다(Hazelwood & Burgess, 2001; Park et al., 2008).

4. 범죄자의 가학성 변화

일부 연쇄 강간범들은 피해자를 상대로 보이는 공격성의 수준(예를 들어, 단순히 붙잡는 것에서부터 피해자를 칼로 찌르는 것 등)이나 성폭력의 강도(예를 들어, 입을 맞추는 것에서 질 내 성기 삽입 등)에 있어 시간이 지남에 따라 더욱 심각해지는 경향이 있다(Hazelwood et al., 1989). 즉, 폭력과 피해자의 저항, 범행 지속 시간 사이의 상호작용을 조사한 결과, 일부 범죄자들은 처음 범행에서 마지막 범행까지 이르는 동안 점점 더 심각한 폭력을 사용하고, 범행 간격이 점점 더 짧아졌으며, 항문 삽입이나 이물질의 삽입과 같은 가학적 행동을 시간이 지날수록 더 많이 나타냈다(Hazelwood et al., 1989).

시간이 갈수록 가학적 행동이 심화되는 현상은 범죄자들의 가학적 성적 환상과 관련하여 광범위하게 연구되어 왔다(Warren, Hazelwood & Dietz, 1996). 성적으로 가학적인 범죄자의 대부분은 어린 시절부터 다양한 가학적 환상을 발달시키는데(Geberth & Turco, 1997), 머릿속에서 반복되는 예행연습을 통해 환상은 점점 구체적이고 폭력적으로 발전되어, 강간 범행 동안에 피해자를 대상으로 그러한 환상의 내용을 실행하기에 이른다(Prentky et al., 1989).

5. 행동 간 일관성의 차이

주목할 점은, 시간이 흘러도 어떤 행동은 다른 행동보다 더 일관적으로 남아있는 등 행동에 따라 일관성의 정도가 다르다는 점이다(Funder & Colvin, 1991). 실제로, 서로 다른 범죄 행동의 일관성의 정도에 있어 차이가 존재한다(Bennell & Canter, 2002). 예를 들어, Grunbin 외(2001)는 연쇄 강간 범죄자들이 피해자에 대한 성적 행동이나 범행 후 도주하는 방법에 있어서 보다는 피해자를 통제하는 방식에서 훨씬 더 높은 일관성을 보였다고 보고했다. 또한 Bateman & Salfati(2007)는 연쇄 살인범의 다양한 행동(흉기 사용, 시신 처리, 절도, 성적 행동, 피해자 절단, 계획/통제) 가운데, 범행을 계획하고 피해자를 통제하는 방식에서 가장 큰 일관성이 나타났다고 보고했다. 게다가, Woodhams & Toye(2007)는 강도 범행에서 피해자를 통제하기 위해 무기를 사용하는 등의 통제 관련 행동이, 서로 다른 범죄자들이 저지른 범행을 구별하는데 있어 계획성이나 대상물 선택 관련 행동들보다 더 나은 결과를 보였다는 것을 확인했다.

특히 상황적 요인에 덜 영향을 받으며 해당 범죄자에게 비교적 더 고유한 행동들이 그렇지 않은 행동들보다 일관성이 더 높은 것으로 나타났다(Woodhams & Toye, 2007). 예를 들어, 강도나 침입 절도에서 훔치는 물품들은 상황에 따라 좌우될 수 있지만, 어느 장소를 범행 대상으로 선택할 것인지와 목격자를 통제하기 위해서 어떻게 할 것인가에 대해서는 범인이 더 큰 통제력을 갖게 될 것이고, 이는 보다 높은 일관성으로 이어질 수 있다(Woodhams, Bull, & Hollin, 2007).

그림 5. 캐나다의 연계 분석 시스템 ViCLAS(Violent Crime Linkage Analysis System)

만약 어떤 범죄 행동들이 다른 행동들보다 더 큰 일관성을 보이고, 따라서 사건 연계의 더욱 정확한 예측 요인으로 작용한다면, 이것은 범죄 수사에 있어 실용적인 함의를 갖는다. 범죄를 연계시키는 과정은 분석가들에게 상당한 인지적 과부하를 갖게 하므로(Santtila, Korpela & Hakkanen, 2004), 여러 종류의 범죄 현장 행동에 있어 그 행동 일관성의 정도의 차이를 분석하고, 그중 일관성의 정도가 가장 높은 행동 유형을 선별하여, 연계 분석 과정에서 이렇게 일관성이 상대적으

로 높은 소수의 연계 지표들에 가중치를 두는 등의 초점을 맞추는 것은 전체적으로 효율성을 높일 수 있다(Woodhams, Bull, & Hollin, 2007).

또한 행동 일관성의 정도의 차이를 밝히는 것은 범죄 데이터베이스를 위한 정보의 수집과 입력에 있어 중요한 시사점을 제공해준다(Yokota & Watanabe, 2002). 즉, 같은 범죄자가 저지른 범행들 내에서 더욱 일관적으로 나타나고, 다른 범죄자들 사이에 차별성 또한 높은 행동들은 보다 신뢰로운 연계 지표가 되고, 이러한 행동들의 수집과 입력에 초점을 두는 것은 시간적인 효율성을 더욱 증대시켜, 보다 정확하고 효율적인 사건 연계가 이루어질 수 있다(Woodhams, Hollin, & Bull, 2007).

연계 분석의 타당성

연계 분석의 타당성을 저해하는 여러 가지 요인이 존재한다. 우선, 사건 연계를 위한 범죄 내용 분석에 있어 적용되는 행동 목록을 조사하는 데 있어, 각각의 행동이 해당 사건에서 존재하는지 존재하지 않는지를 기록할 때, 내용이 풍부하지 못하거나 질적으로 좋지 않은 자료는 이 과정에서 어려움을 야기할 수 있다(Alison, Snook & Stein, 2001; Canter & Alison, 2003). 연계 맹목성(linkage blindness: Egger, 1984)이란 실제로는 같은 범죄자에 의해 저질러진 사건들인 경우에도, 범행들 사이의 시간 혹은 지역적 간격이 크거나 범행 간 유사성에 대한 수사관의 전문성이 부족하여 사건들 사이의 연계성을 간파하지 못하는 경우를 가리킨다(박광배·배현정, 2001). 특히 불완전한 기록과 부실하게 조사된 행동 목록을 바탕으로 연계 분석을 시도할 때 이는 문제가 될 수 있으며, 이로 인해 범죄들 간의 잠재적인 연계성을 간파하지 못할 수도 있다(Woodhams, Bull, & Hollin, 2007).

연계 분석이 타당하게 이루어졌다 하더라도, 법정에서 연계 분석에 관한 증거의 허용성에 있어서는 논쟁이 계속되고 있다. 범죄 간의 유사성에 대한 전문가 증거는 미국의 법정 절차에서 허용되어 왔지만(Hazelwood & Warren, 2003),

여기에는 일부 한계가 존재한다.

예를 들어, State of New Jersey v. Fortin 사건에서 FBI 행동과학부 요원이며 프로파일러인 Robert Hazelwood는 두 범죄 간의 유사성에 대해 증언하는 것은 허용되었지만, 두 범죄를 저지른 사람이 동일범이라는 전문가 의견을 제시하는 것은 허용되지 않았다(Hazelwood & Warren, 2003; State of New Jersey v. Fortin, 2000). 이를 허용하지 않은 법적 결정의 근거는 (1) Hazelwood의 연계 분석이 충분한 과학적 신뢰성을 갖고 있지 못하며, (2) Hazelwood와 몇몇 학자들 이외에는 연계 분석을 수행하는 사람이 거의 없고, (3) 연계 분석은 학계의 정밀한 검증을 받지 않았다는 것이었다(Hazelwood & Warren, 2003; State of New Jersey v. Fortin, 2000).

따라서 사건 연계 분석에 대한 전문가의 증언이 법정에서 허용 가능한 증거로 인정되기 위해서는, 견고한 이론적 기초를 가지고 수행되는 방식의 표준화를 통해 과학적 연구 결과가 축적되는 것이 매우 중요하다(Woodhams, Bull, & Hollin, 2007).

행동적 연계 분석 사례

다음은 미국 뉴저지에서 실제로 발생한 일련의 범죄 사건들에 관한 간략한 설명이다. 연계 분석은 범죄자의 범행 당시 행동적 일관성에 기초해서 동일한 범죄자에 의해 저질러진 일련의 범죄들을 밝혀내는 과정이므로(Woodhams & Toye, 2007), 다음 다섯 건의 사건에서 나타난 범행 수법의 유사성과 범죄자의 표식(signature)에 바탕을 두고, 각각의 사건을 저지른 범죄자의 배경 특성에 대한 추론과 동시에 해당 사건들이 동일한 범죄자에 의해서 저질러졌을 가능성에 대해 살펴보겠다.

Crime Scene #1

무단 주거침입 신고 전화를 받고 경찰이 출동했다. 집주인 부부는 마침 그날 두 딸(각각 19세와 17세)을 남겨 둔 채 휴가를 떠난 상태였다. 낮 동안 두 딸이 외출해 있다가 첫째 딸이 먼저 집에 돌아왔을 때, 집 안의 침실 하나하나에 모두 누군가 침입한 흔적이 있었다. 침입은 화장실 창문을 통해 이루어진 것으로 보였다. 특히 방 안의 서랍을 뒤진 흔적이 있었고, 속옷을 포함한 옷가지들이 방바닥에 떨어져 있었다. 그러나 돈이 될 만한 물건들은 가져가지 않은 것으로 밝혀졌다.

Crime Scene #2

일주일 뒤, 첫 번째 범행 현장과 가까운 이웃에서 또 무단 주거침입 사건이 발생했다. 이번에는 범인이 나뭇가지에 가려진 1층 창문으로 침입하기 전 전화선을 끊어놓았다. 역시 돈이 될 만한 물건들은 가져가지 않았으나, 침실 안의 서랍 속에 있던 옷가지들이 방바닥에 떨어져 있었다. 또한 범인이 세탁실로 간 흔적이 남아있었는데, 여성의 속옷을 포함한 옷가지에 정액의 흔적이 검출되었고, 동시에 옷가지에 표백제를 뿌린 흔적이 남아 있었다.

Crime Scene #3

2주 후, 범죄 현장 1과 2에서 2.5km 정도 떨어진 곳에서 또 다른 무단 주거침입 사건이 발생하였다. 범인은 아침 8시 30분경 부엌문을 통해 침입하기 전 우선 전화선을 끊어놓았다. 그런데 범인이 2층 침실에 들어서는 순간, 침대 위에 누워있던 여인이 잠에서 깨어 소리를 지르기 시작하였다. 그러자 범인은 램프로 여인의 머리를 상처가 날 때까지 여러 번 때리고는, 여인의 잠옷 가운을 찢고 집 밖으로 도망갔다.

Crime Scene #4

18개월 정도가 흐른 후, 한 백인 여성의 시신이 뉴저지 바닷가의 한 폐쇄 도로 끝의 주차 지역 옆 구덩이에서 발견되었다. 시신은 커다란 종이 상자로 덮여 있었고, 피해자의 머리와 상체는 쓰레기봉투로 덮여 있었다. 또한 피해자의 다리는 허벅지까지 비닐봉지로 덮여 있었다. 피해자는 셔츠와 신발이 벗겨진 상태였으나, 청바지는 반쯤 열려있었다. 현장에서는 향수 냄새가 강하게 풍겼다. 표백제가 몸 전체에 부어져 있었으며, 휴지 조각들이 상자 안에서 발견되었다. 사인은 목 조르기로 인한 질식사로 판명되었다. 피해자는 20대 초반으로, 여름 동안 바닷가에서 또래의 여성들과 같이 살고 있었다.

Crime Scene #5

6주 뒤, 22세 백인 여성의 시신이 범죄 현장 4에서 16km 정도 떨어진 곳의 다리 밑에서 발견되었다. 피해자는 발가벗겨진 상태로 담요에 덮여 있었다. 사인은 질식사로, 끈이나 줄이 사용되었을 것으로 추정되었다. 피해자의 온몸에 표백제가 부어져 있었다. 피해자는 20대 중반의 백인 남자와 술집에서 새벽 2시경 손을 잡고 떠난 것으로 알려졌다.

우선 Crime Scenes 1, 2, 3의 공통점을 살펴보면, 모두 서로 멀지 않은 이웃에서 여성(과 남성)이 사는 주거지에 무단 침입했다. 또한 돈이 될 만한 물건을 가져가지 않은 점도 주목할 만한데, 이는 범행 동기가 금전적 이익이 아니라는 것을 가리킨다.

한편, Crime Scenes 1과 2, 3의 차이점은 침입하기 전 범죄자가 전화선을 끊어놓은 점(범행 2, 3에서만)인데, 이는 무단 침입하는 범죄자들이 쉽게 생각하고 실행에 옮길 수 있는, 기저율이 낮지 않은 행동이다. 이러한 차이점을 서로 다른 범죄자가 범행을 저지른 증거라고 단정 짓기보다는, 오히려 한 범죄자의 MO가 시간이 지나고 범죄 경험이 쌓임에 따라 유동적으로 진화했을 가능성을 가리킨다고 볼 수도 있다.

주목할 점은 범죄 현장 모두에서 직접적인 성행위는 없었으나, 모든 범죄 현장에 성적인 요소가 개입되어 있다는 점이다. 즉, 범죄 현장 모두에서 범죄자는 여성의 속옷에 대한 집착을 드러내었다.

첫 번째 범죄 현장에서 부모와 두 딸이 사는 집에 마침 부모가 휴가를 떠난 날 범인이 침입한 것은 우연일 수도 있으나, 그보다는 범죄자가 이 집의 구성원에 대해 알고 있으며, 한동안 이 집을 관찰하고 있었을 가능성이 있다. 특히, 대부분의 성도착자들이 두 가지 이상의 성도착적 증상들을 함께 나타내는 경향이 있다는 사실에 비추어 볼 때(Abel, Becker, Mittelmen, Cunninham-Rathner, Rouleau, & Murphy, 1987), 성적 도착과 관련하여 물품음란증과 함께 관음증도 의심해 볼 수 있다. 또한 이것이 가능하기 위해서는 범죄자가 범죄 현장 1, 2, 3에서 그리 멀지 않은 곳에 살고 있을 가능성이 높다.

두 번째 범죄 현장에서 세탁실에 있던 옷가지에 정액의 흔적이 검출된 것은, 직접적인 성행위가 없이 범죄자가 물품(여성의 속옷)만으로 성적 흥분에 도달했다는 것을 보여주는, 성도착의 보다 직접적인 근거라고 할 수 있다. 또한 옷가지에 표백제를 뿌린 흔적은 정액을 통해 자신의 신원이 노출될 것을 우려하여 범죄자가 나타낸 행동으로 볼 수 있다.

세 번째 범죄 현장에서 범인은 램프로 피해자에게 반복적인 상해를 가하는 등 폭력성을 드러냈는데, 이를 통해 범인이 평소 분노에 차 있고 공격성이 높은 사람이라고 단정 짓기보다는, 오히려 누워있던 피해자가 잠에서 깨어 갑자기 소리를 지르기 시작한 것에 당황하여 반사적으로 이를 과잉 진압하려는 행동으로 나타난 것이라는 해석이 보다 정확할 것이다. 여기에서 특이한 점은 범죄자가 여인의 잠옷 가운을 찢고 집 밖으로 도망간 점인데, 이미 피해자를 폭력으로 제압한 상황에서 (성폭력 등을 포함한) 기타 범죄를 저지르지 않고 사라진 점은 범죄자가 이전에 대인 범죄를 저질러 본 적이 없을 것이라는 추측을 가능케 한다. 또한 그럼에도 불구하고, 이러한 상황에서 여성의 속옷에 대한 집착을 드러낸 점이 특이할 만하다.

다음으로 Crime Scenes 4, 5의 공통점을 살펴보면, 우선 이전의 범죄 현장들과 달리 단순한 주거 침입이나 상해가 아닌, 살인이 발생했다는 점이고, 또한 피해자들의 시신을 사람들의 눈에 잘 띄지 않는 곳으로 옮겨 유기한 점이다. 사인이 질식사이고, 피해자의 온몸에 표백제가 부어져 있었던 점 또한 공통적이다.

한편 Crime Scenes 4와 5의 차이점은 시신을 유기하면서 종이 상자나 쓰레기

봉투, 비닐봉지, 휴지 조각 등 다양한 도구가 사용된 네 번째 현장과는 달리 다섯 번째 현장에서는 담요 하나만이 사용된 점과, 네 번째 현장에서는 맨손으로 피해자를 질식사시킨 것으로 추정되나 다섯 번째 현장에서는 끈이나 줄이 사용되었을 것으로 추정되는 점이다. 시신이 발견될 당시 네 번째 사건의 피해자는 옷이 부분적으로 탈의되어 있었던 반면, 다섯 번째 사건의 피해자는 완전히 탈의되어 있었던 점도 차이가 있다.

그러나 이러한 차이점이 범죄 현장 4와 5에서 서로 다른 범죄자가 범행을 저지른 지표라고 단정 짓기보다는, 역시 한 범죄자의 MO가 시간이 지나고 범죄 경험이 쌓임에 따라 유동적으로 진화했을 가능성을 배제할 수 없다. 피해자 살해 시 줄이나 끈의 사용은 맨손으로 범행을 저지르는 것보다는 살인을 보다 수월하게 저지르는 데 기여했을 가능성이 높고, 시신 유기 시에도 다양하고 복잡한 도구의 사용보다는 담요 하나를 준비하여 유기를 보다 용이하게 했을 가능성이 높다고 볼 수 있다.

가장 주목할 점은 두 범죄 현장 모두에서 피해자의 온몸에 표백제가 부어져 있었던 점이다. 이러한 범행 수법은 다른 범죄자들에게서는 거의 나타나지 않는 행동으로, 분명 범행을 저지르기 위해 반드시 필요한 행동은 아니었다. 그렇다면, 피해자의 온몸에 표백제를 부은 행동은 사건 4와 5(그리고 2)에서 반복적으로 일관 되게 나타났으며, 범행을 저지르기 위해 반드시 필요한 것은 아니면서 다른 범죄자들과 구별되는 범죄자의 고유한 특성을 특정하게 드러내는 개인화된 지표, 즉 표식(signature)이라고 볼 수 있다(Douglas & Douglas, 2006).

네 번째와 다섯 번째 범죄 현장에서 범죄자의 특성에 대해 추론해 본다면, 시신 유기의 방식을 통해 아주 단순하게는 차량을 소유한 사람이라는 점을 특정지을 수 있다. 네 번째 사건에서 20대 초반의 피해자가 바닷가에서 또래의 여성들과 같이 살고 있었던 점은 우연일 수도 있으나, 만약 범죄자가 이에 대해 알고 있었다면 피해자를 지켜보고 있었을 가능성을 의심해 볼 수 있다. 또한 다섯 번째 사건에서 피해자가 마지막으로 목격된 시점, 즉 술집에서 새벽 2시경 떠날 당시 함께 손을 잡고 나간 백인 남자가 만약 범행과 연관이 있다면, 그는 이성에게 매력적으로 보일 수 있는 외모나 언변을 소유했을 가능성이 높다. 또한 네 번째와 다섯 번째 범죄 현장에서 범인이 맨손으로 피해자의 목을 조르거나 줄이나 끈 등을 이용해서 교살한 점은 본 사건들을 성적 살인과 관련하여 생각해 볼 여지를 남긴다.

다섯 가지 범행을 함께 놓고 보았을 때, 반드시 외현적으로 드러나는 것은 아니나 공통적으로 발견되는 특성은 (상황적으로 가능했음에도 불구하고) 직접적인 성행위의 부재와 성도착(물품음란증, 관음증 등)의 징후들이다. 범죄 현장 1, 2, 3 모두에서 범행 동기는 금전적 이익이나 원한/분노의 표출이 아니었고, 그보다는 일반적인 성행위를 통해 얻는 성적 만족과는 질적으로 다른, 여러 형태의 성도착적 행위들을 통한 성적 만족이라고 볼 수 있다. 이는 직접적인 성행위를 통해 얻는 흥분과는 다른 성적 만족을 살인을 통해 얻으려는 성적 살인범들의 특성과 자주 연관되어 나타나는 특성으로(Bromberg, 1961; MacDonald, 1986), 네 번째와 다섯 번째 범죄 현장에서 범인이 맨손으로 피해자의 목을 조르거나 줄이나 끈 등을 이용해서 교살한 점과 함께 본 사건들을 성적 살인의 맥락에서 해석할 수 있는 가능성을 강하게 시사한다.

또한 표백제의 사용은 범죄 현장 2, 4, 5에서만 발견되었으나, 이 세 가지 사건만을 따로 떨어뜨려놓고 생각하기에는 범죄 현장 1, 2, 3 사이의 지리적, 행동적 유사성을 무시하기 어렵다. 특히 표백제의 사용은 기저율이 아주 낮은, 극도로 희귀한 행동이며, 즉 범죄자 간 차별성이 높아 동일한 범죄자에 의해 저질러졌을 가능성을 높이는 표식이라는 점에서 본 사건들의 연계 가능성을 높인다고 할 수 있다.

결론을 살펴보자면, 여기 다섯 개의 사건은 모두 동일한 범죄자에 의해 저질러진 것이다. 범죄자는 Schlesinger(2004)의 살인 분류 체계(4장 참조)에 따르면 강박적 살인 범죄자에 해당한다고 볼 수 있는데, 환경이나 상황적 영향 등 외부적 요인으로 인해 살인을 저지르기 보다는 범죄 행동을 저지르려는 내적 충동, 특히 성적 동기가 근원적인 토대가 된다. 범행이 반복되었으며, 여러 범행에 걸쳐서 그 수법이 유사하고 의식적인(ritualistic) 방식으로 행해진 점도 강박적 살인의 특성과 일치한다고 볼 수 있다.

여기 다섯 개 각각의 범행들은 점차 그의 범죄 행동의 상승적 진행을 보여주는데, 단순한 주거침입으로 시작해서 폭행, 그리고 살인에 이르는 과정을 통해 동일한 범죄자의 시간에 걸친 변화를 보여준다는 점에서 매우 흥미롭다고 할 수 있다. 실제로, 많은 성적 살인범들이 주거침입의 전과가 있으며(Schlesinger & Revitch, 1999), 이들은 자신의 성적 도착의 대상인 물건(이 경우에는 여성의 속옷)을 훔치는 것에서 시작하여 주거침입을 통해 폭행 또는 살인으로 발전한다는 점도 본 사건과 연관 지었을 때 높은 시사점을 갖고 있다.

주요 용어

KEY TERMS

연계 분석	행동 목록	기저율(base rate)
범죄자 내 일관성	범죄자 간 차별성	사람 대 상황 논쟁
소인주의	상황주의	범상황적 일관성
범죄 지능	법적 인식	연계 지표
연계 맹목성		

Summaries

- 행동적 연계 분석이란 범죄자의 범행 당시 행동적 일관성에 기초해서 동일한 범죄자에 의해 저질러진 일련의 범죄들을 밝혀내는 과정이다.
- 효율적인 사건 연계를 위해서는 전국적인 수사 조직 간의 정보 공유와 효율적인 의사소통이 필요하고, 특히 사건 연계가 수행되는 방법의 표준화가 이루어질 수 있기 위해서는 대규모 범죄 데이터베이스의 개발과 유지가 필요하다.

- 연계 분석은 범죄자 내 일관성(within-offender consistency) 가설과 범죄자 간 차별성(between-offender variability) 가설에 바탕을 두고 있다.
- 범죄자의 행동적 일관성에 영향을 미치는 요소들에는 범행 당시 범죄자-피해자 간의 상호작용, 범죄자의 과거 경험, 경찰 수사 혹은 재판 절차에의 경험, 미디어 등이 있다.
- 여러 종류의 범죄 현장 행동 유형에 있어 그 행동 연속성의 정도의 차이를 분석하고, 그중 연속성의 정도가 가장 높은 행동 유형을 선별한다면 연계 분석 시 전체적으로 효율성을 높일 수 있다.
- 사건 연계 분석에 대한 전문가의 증언이 법정에서 허용 가능한 증거로 인정되기 위해서는, 견고한 이론적 기초를 가지고 수행되는 방식의 표준화를 통해 과학적 연구 결과가 축적되는 것이 매우 중요하다.

참고문헌 References

박광배·배현정 (2001). 범죄자 프로화일링(Criminal Profiling)의 유용성: 수사실무를 위한 미시적 활용과 정책평가를 위한 거시적 활용. *한국심리학회지: 일반, 21(1),* 1-24.

Abel, G. G., Becker, J. V., Mittelman, M. S., Cunningham-Rathner, J., Rouleau, J. L., & Murphy, W. D. (1987). Self-reported sex crimes of nonincarcerated paraphiliacs. *Journal of Interpersonal Violence, 2,* 3-25.

Alison, L. J., Snook, B. & Stein, K. (2001). Unobtrusive measurement: Using police information for forensic research. *Qualitative Research, 1,* 241-254.

Allport, G. W. (1937). *Personality: A psychological interpretation.* New York: Holt.

Allport, G. W. & Vernon, P. E. (1933). *Studies in Expressive Movement*. New York: Macmillan.

Bateman, A. L. & Salfati, C. G. (2007). An examination of behavioral consistency: Using individual behaviors or groups of behaviors in serial homicide. *Behavioral Sciences and the Law, 25,* 527–544.

Bem, D. J. & Allen, A. (1974) On predicting some of the people some of the time: The search for cross-situational consistencies in behavior. *Psychological Review, 81,* 506–520.

Bennell, C. & Canter, D. V. (2002). Linking commercial burglaries by modus operandi: Tests using regression and ROC analysis. *Science and Justice, 42,* 1–12.

Bennell, C. & Jones, N. (2005). Between a ROC and a hard place. *International Journal of Investigative Psychology and Offender Profiling, 2,* 23–41.

Bromberg, W. (1961). *The mold of murder: A psychiatric study of homicide.* New York: Grune & Stratton.

Canter, D. V. (1994). *Criminal shadows*. London: Harper Collins.

Canter, D. V. (1995). Psychology of offender profiling. In R. Bull & D. Carson (Eds.), *Handbook of psychology in legal contexts* (pp. 343–355). Chichester: Wiley.

Canter, D. V. & Alison, L. J. (2003). Converting evidence into data: Use of law enforcement archives as unobtrusive measurement. *Qualitative Report, 8,* 151–176.

Dale, A., Davies, A., & Wei, L. (1997). Developing a typology of rapist' speech. *Journal of Pragmatics, 27,* 653–669.

Davies, A. (1991). The use of DNA profiling and behavioral science in the investigation of sexual offences. *Medicine, Science and Law, 31,* 95–101.

Davies, A. (1992). Rapists' behavior: A three aspect model as a basis for analysis and the identification of serial crime. *Forensic Science International, 55,* 173–194.

Davis, A. (1997). Specific profile analysis: A data-based approach to offender profiling. In J. L. Jackson & A. A. Bekerian (Eds.), *Offender profiling: Theory, research and practice* (pp. 191–207). Chichester: John Wiley and Sons.

Douglas, J. E. & Douglas L. K. (2006). Modus Operandi and the signature aspects of violent crime. In J. E. Douglas, A. W. Burgess, A. G. Burgess, & R. K. Ressler (Eds.), *Crime Classification Manual* (pp. 235–277). California: John Wiley & Sons.

Douglas, J. E., Ressler, R. K., Burgess, A. W., & Hartman, C. R. (1986). Criminal profiling from crime scene analysis. *Behavioral Sciences and the Law, 4,* 401–421.

Egger, S. (1984). A working definition of serial murder and the reduction of linkage blindness. *Journal of Police Science and Administration, 12,* 348–357.

Egger, S. (1990). *Serial murder: An elusive phenomenon.* New York: Praeger Publishers.

Funder, D. C. & Colvin, C. R. (1991). Explorations in behavioral consistency: Properties of person, situations and behaviors. *Journal of Personality and Social Psychology, 60,* 773–794.

Furr, R. M. & Funder, D. C. (2003). Situational similarity and behavioral consistency: Subjective, objective, variable-centered, and person-centered approaches. *Journal of Research in Personality, 38,* 421–447.

Geberth, V. J. & Turco, R. N. (1997). Antisocial personality disorder, sexual sadism, malignant narcissism, and serial murder. *Journal of Forensic*

Sciences, 42, 49–60.

Greene, J. O. (1989). The stability of nonverbal behaviour: An action–production approach to problems of cross–situational consistency and discriminativeness. *Journal of Language and Social Psychology, 8*, 193–220.

Grubin, D., Kelly, P., & Brundson, C. (2001). *Linking serious sexual assaults through behaviour.* London: Home Office Research Development and Statistics Directorate.

Hart, S. D., Kropp, P. R., Laws, D. R., Klaver, J., Logan, C., & Watt, K. A. (2003). *The Risk for Sexual Violence Protocol (RSVP): Structured professional guidelines for assessing risk of sexual violence.* Vancouver, BC: The British Columbia Institute Against Family Violence.

Hartshorne, H. & May, M. A. (1928). *Studies in the nature of character, 1: Studies in deceit.* New York: Macmillan.

Hazelwood, R. R. & Burgess, A. W. (2001). The behavioral oriented interview of rape victims: The key to profiling. In R. R. Hazelwood & A. W. Burgess (Eds.), *Practical aspects of rape investigation: A multidisplinary approach* (pp. 115–131). Boca Raton: CRC Press.

Hazelwood, R. R., Reboussin, R., & Warren, J. (1989). Serial rape: Correlates of increased aggression and the relationship of offender pleasure to victim resistance. *Journal of Interpersonal Violence, 4*, 65–78.

Hazelwood, R. R. & Warren, J. (2003). Linkage analysis: Modus operandi, ritual, and signature in serial sexual crime. *Aggression and Violent Behavior, 8*, 587–598.

Jones, E. E. & Nisbett, R. E. (1972). The actor and the observer: Divergent perceptions of the causes of behavior. In E. E. Jones, D. E. Kanouse, H. H. Kelley, R. E. Nisbett, S. Valins, & B. Weiner (Eds.), *Attribution: Perceiving the causes of behavior* (pp. 79–94). Morristown, NJ: General

Learning Press.

Kelley, H. H. (1967). Attribution theory in social psychology. *Nebraska Symposium on Motivation, 15,* 192–238.

Knight, R. A., Warren, J. I., Reboussin, R., & Soley, B. J. (1998). Predicting rapist type from crime–scene variables. *Criminal Justice and Behavior, 25,* 46–80.

Lundrigan, S. & Canter, D. (2001). A multivariate analysis of serial murders' disposal site location choice. *Journal of Environmental Psychology, 21*, 423–432.

MacDonald, J. M. (1986). *The murderer and his victims* (2nd ed.). Springfield, IL: Charles C Thomas.

Meyer, J. R. (1990). Cognitive processes underlying the retrieval of compliance–gaining strategies: An implicit rules model. In J. P. Dillard (Ed.), *Seeking compliance: The production of interpersonal influence message* (pp. 57–73). Scottsdale, AZ: Gorsuch Scarisbrick Publishers.

Mischel, W. (1968). *Personality and assessment.* New York: Wiley.

Mischel, W. (1999). Personality coherence and dispositions in a cognitive–affective personality system (CAPS) approach. In D. Cervone & Y. Shoda (Eds.), *The coherence of personality: Social–cognitive bases of consistency, variability and organisation* (pp. 37–60). London: Guilford Press.

Mischel, W. & Peake, P. K. (1983). Analyzing the construction of consistency in personality. In M. M. Page (Ed.), *Nebraska symposium on Motivation, 1982: Personality – Current theory and research* (Vol. 30, pp. 233–262). Lincoln, NE: University of Nebraska Press.

Mischel, W., Shoda, Y., & Mendoza–Denton, R. (2002). Situation–behavior profiles as a locus of consistency in personality. *Current Directions* in *Psychological Science, 11,* 50–54.

Newcomb, T. M. (1929). *The consistency of certain extrovert–introvert behavior patterns in 51 problem boys.* New York: Columbia University, Teachers College, Bureau of Publications.

Park, J., Schlesinger, L. B., Pinizzotto, A. J., & Davis, E. F. (2008). Serial and single–victim rapists: Differences in crime–scene violence, interpersonal involvement, and criminal sophistication. *Behavioral Sciences and the Law, 26,* 227–237.

Pervin, L. A. (2002). *Current controversies and issues in personality* (3rd ed.). New York: Wiley.

Prentky, R. A., Burgess, A. W., Rokous, F., Lee, A., Hartman, C., Ressler, R., & Douglas, J. (1989). The presumptive role of fantasy in serial sexual homicide. *American Journal of Psychiatry, 146*, 887–891.

Salfiti, C. G. & Bateman, A. L. (2005). Serial homicide: As investigation of behavioral consistency. *Journal of Investigative Psychology and Offender Profiling, 2,* 121–144.

Santilla, P., Fritzon, K., & Tamelander, A. L. (2005). Linking arson incidents on the basis of crime scene behavior. *Journal of Police and Criminal Psychology, 19,* 1–16.

Santtila, P., Junkkila, J., & Sandnabba, N. K. (2005). Behavioural linking of stranger rapes. *Journal of Investigative Psychology and Offender Profiling, 2,* 87–103.

Santtila, P., Korpela, S., & Hakkanen, H. (2004). Expertise and decision making in the linking of car crime series. *Psychology, Crime, and Law, 10*, 97–112.

Schlesinger, L. B. & Revitch, E. (1999). Sexual burglaries and sexual homicide: Clinical, forensic, and investigative considerations. *Journal of American Academic Psychiatry and Law, 27,* 227–238.

Schlesinger, L. B. (2004). *Sexual murder: Catathymic and compulsive homicides.* Boca Raton, Florida: CRC Press.

Shoda, Y., Lee-Tiernan, S., & Mischel, W. (2002). Personality as a dynamical system: Emergence of stability and distinctiveness from intra- and interpersonal interactions. *Personality and Social Psychology Review, 6,* 316-325.

Shoda, Y. & Mischel, W. (2000). Reconciling contextualism within the core assumptions of personality psychology. *European Journal of Personality, 14,* 407-428.

Shoda, Y., Mischel, W., & Wright, J. C. (1993). The role of situational demands and cognitive competencies in behavior organization and personality coherence. *Journal of Personality and Social Psychology, 65,* 1023-1035.

Shoda, Y., Mischel, W., & Wright, J. C. (1994). Intra-individual stability in the organization and patterning of behavior: Incorporating psychological situations into the idiographic analysis of personality. *Journal of Personality and Social Psychology, 67,* 674-687.

State of New Jersey v. Fortin (2000). 745 A.2d 509 (N. J.).

Warren, J. I., Hazelwood, R. R., & Reboussin, R. (1991). Serial rape: The offender and his rape career. In A. W. Burgess (Ed.), *Rape and Sexual assault III: A research handbook* (pp. 275-311). New York: Garland Publishing Inc.

Warren, J. I., Hazelwood, R. R., & Dietz, P. E. (1996). The sexually sadistic serial killer. *Journal of Forensic Sciences, 41,* 970-974.

Woodhams, J., Bull, R., & Hollin, C. R. (2007). Case linkage: Identifying crimes committed by the same offender. In R. N. Kocsis (Ed.), *Criminal profiling: International theory, research, and practice* (pp. 117-133). Totowa, New Jersey: Humana Press.

Woodhams, J., Hollin, C. R., & Bull, R. (2007). The psychology of linking crimes: A review of the evidence. *Legal and Criminological Psychological Psychology, 12*, 233–249.

Woodhams, J. & Toye, K. (2007). An empirical test of the assumptions of case linkage and offender profiling with serial commercial robberies. *Psychology, Public Policy and Law, 13*, 59–85.

Wright, J. C. & Mischel, W. (1987). A conditional approach to dispositional constructs: The local predictability of social behavior. *Journal of Personality and Social Psychology, 53*, 1159–1177.

Yokota, K. & Canter, D. (2004). Burglars' specialisation: Development of thematic approach in investigative psychology. *Behaviormetrika, 31*, 153–167.

Yokota, K. & Watanabe, S. (2002). Computer-based retrieval of suspects using similarity of modus operandi. *International Journal of Police Science and Management, 4*, 5–15.

Zayas, V., Shoda, Y., & Ayduk, O. N. (2002). Personality in context: An interpersonal systems perspective. *Journal of Personality and Social Psychology, 70*, 851–900.

Index

저 / 자 / 소 / 개

박 지 선

약 력

- 2001 서울대학교 영어교육과, 심리학과 학사(복수전공)
- 2003 영국 University of Liverpool, Investigative Psychology 석사
- 2004 서울대학교 심리학과 대학원 사회심리학 석사
- 2009 미국 John Jay College of Criminal Justice, CUNY Forensic Psychology 박사

- 현 숙명여자대학교 사회심리학과 교수(2015. 03 ~)
- 전 국립경찰대학 교수(2010.02 ~ 2015.02)
- 전 한국형사정책연구원 범죄연구센터 부연구위원(2009.02 ~ 2010.02)

경 력

- 대법원 양형위원회 전문위원
- 법원 전문심리위원
- 경찰청 과학수사 자문위원
- 서울지방경찰청 프로파일링 연구회 자문위원
- 통계청 범죄분류 자문위원
- 한국사회및성격심리학회 학술위원장
- 한국법정심리학회 학술위원장
- 한국여성심리학회 편집위원장
- 한국심리학회지 : 일반 부편집위원장
- 한국사회및성격심리학회 편집위원장
- 한국형사정책학회 이사
- 한국경찰연구학회 이사
- 대한범죄학회 이사
- 한국CSI학회 이사

도서출판
그린

범죄심리학 제4판

초 판 발행 ▶	2012년 8월 14일
개정판 발행 ▶	2016년 8월 25일
제 3 판 발행 ▶	2021년 3월 4일
제 4 판 발행 ▶	2025년 6월 20일
저 자 ▶	박 지 선
발행처 ▶	도서출판 **그린**
발행인 ▶	윤 덕 우
출판등록 ▶	제8-161호(1995. 5. 3.)
주소 ▶	경기도 파주시 가람로116번길107 운정한강듀클래스411호 (우) 10896
전화 ▶	02) 333-2574, 2575
Fax ▶	02) 333-2561
E-mail ▶	greenpress@greenpress.co.kr
Homepage ▶	http://www.greenpress.co.kr

정가 : 25,000원

ISBN : 978-89-5727-371-5 (93180)